Agile Missions Impossible

Miriam Sasse (Hrsg.)
Agile Missions Impossible

mit Geschichten von

Lucienne Bangura-Nottbeck, Katharina Badalamenti, Magdalena Bauerdick, Wiebke Borgers, Maria Brockmeyer, Jesús Cabello, Ornella Corigliano, Conny Dethloff, Konstantin Diener, Benjamin Dittrich, Alexander Dobry, Daniel Dubbel, Ellen Duwe, Ina Eiling, Stefanie Fehr-Hoberg, Robert Fuhrmann, Volker Gutberlet, Fabian Henze, David Hillmer, Felicitas Huppertz, Ahmet Keysan, Bastian Kinietzny, Nicolas Korte, Alexander Krause, Sören Krüger, Ralf Kruse, Dennis Lange, Franziska von Martens, Frederik Meseck, Robin Morán, Matthias Kuchem, Andrea Kuhfuß, Cosima Laube, Sven Lindberg, Christian-Friedrich Lindemann, Vivien Mahn, Thomas Michl, Adriane Niepel, Lisbeth Ott, Juliane Pilster, Joachim Pfeffer, Markus Roehle, Miriam Sasse, Nadine Schramer, Sebastian Schneider, Arne Schröder, Felix Stein, Jessica Thamm, Lutz W. Tschense, Dorothea Ward, Josephin Woschick, Andreas Wübbeke, Jana Wurdig, Nadine Zasadzin, Florian Meyer und Jan Köster

Bibliografische Information der deutschen Nationalbibliothek
Die Deutsche Nationalbibliothek verzeichnet diese Publikation in der Deutschen Nationalbibliografie. Detaillierte bibliografische Daten sind im Internet über http://dnb.d-nb.de abrufbar.

Dieses Werk ist urheberrechtlich geschützt.
Alle Rechte, auch die der Übersetzung, des Nachdrucks und der Vervielfältigung dieses Buches, oder Teilen daraus, vorbehalten. Die Verwendung von Texten und Abbildungen, auch auszugsweise, ist ohne schriftliche Genehmigung des Verlages urheberrechstswidrig und damit strafbar. Dies gilt insbesondere für die Vervielfältigung, Übersetzung oder die Verwendung in elektronischen Systemen.
Es wird darauf hingewiesen, dass die im Buch verwendeten Bezeichnungen sowie Markennamen und Produktbezeichnungen der jeweiligen Firmen im Allgemeinen warenzeichen-, marken- oder patentrechtlichem Schutz unterliegen.
Alle Angaben und Programme in diesem Buch wurden mit größter Sorgfalt kontrolliert. Weder Autoren noch Verlag können jedoch für Schäden, die in Zusammenhang mit der Verwendung dieses Buches stehen, haftbar gemacht werden.

Erste Auflage
Copyright © 2023 peppair GmbH,
Oberweiler 2, 88239 Wangen im Allgäu, info@agile-short-stories.de

Lektorat:	Melanie Kocer, Bad Sulza
Cover:	Miriam Sasse, Paderborn
Illustrationen:	Miriam Sasse, Paderborn
Profilbider:	Egi Renggana, Indonesien
Satz:	Joachim Pfeffer, Wangen im Allgäu
Herstellung:	BoD – Books on Demand, Norderstedt

ISBN Printausgabe:	978-3-947487-20-2
ISBN eBook:	978-3-947487-21-9

Inhalt

Pre-Mission 9

Ziel verfehlt, Mission erfolgreich
Das dämliche Video 21
Das Känguru, das aus der Wüste kam 29
Wie Scrum und Kanban in die Amtsstube kamen 34
Führung nach Bandmaß in der Hamsterrad GmbH 42
Epilog 1: Ziel verfehlt, Mission erfolgreich 54

Eine Mission, die keiner wollte
BeeAgileGame 61
Change – oder: Die Pauschalreise nach nirgendwo 69
Wie OKR erst abgeschafft werden musste 77
Testmanager unter erschwerten Bedingungen 83
Team-Reorganisation mit Babybauch 90
Mit Agilität durch die Datenschutz-Wüste 99
Lernen, Naivität und Austausch 108
Epilog 2: Eine Mission, die keiner wollte 115

Agil trotz oder wegen Corona
Mit 3D-Druck gegen die Pandemie 125
Die Frankfurter Buchmesse und Scrum 136
Sommer, Sonne, Laptop 143
Virtueller Marathon 149
SPIEL.digital 158
Hell YES – AGIL dank Corona 166
Organisationaler Schutzraum in Zeiten von Corona 180
Epilog 3: Agil trotz oder wegen Corona 188

Privatsache – wenn's persönlich wird
Mischen Impossible –Ansichten eines Teams 195
Von dem, der auszog, um Teamleiter zu werden 204

Ingas Reise in die Agilität...216
Eine Scrum Masterin im Selbstzweifel......................225
Mein Ego kommt selten allein..................................233
Epilog 4: Privatsache, wenn's persönlich wird.............243

Wenn die Welt verrücktspielt
Kollaboration fights Klimakrise.................................253
Von Null auf Scrum in weniger als 9 Monaten 264
Immaqa – eine Reise ins Ungewisse................................277
NoWork: Wenn die Arbeit liegen bleibt........................286
Déjà-vu mit Hindernissen..294
Denn sie wissen noch nicht, was sie wirklich brauchen.302
Epilog 5: Wenn die Welt verrücktspielt........................312

Gegeneinander statt miteinander
Die drei Kulturzonen 321
Agile Events – vom Jammern zum aktiven Mitmachen 329
Die Wunder und Tücken des Loslassens.......................338
Das ZAM4all der KfW...348
New Show in Town »Agilität für alle!«..........................359
Epilog 6: Gegeneinander statt miteinander 375

Gute Absicht reicht nicht
Ausprobieren geht über Studieren...............................383
Die New Work-Falle...394
Mindset: Let's do it like Karate-Kid..............................403
Sustainable Pace im Führungsteam 412
Culture eats agility for breakfast 424
Plan A for AARRGH!..432
Einmal hin und weg – eine Weihnachtsgeschichte 438
Ein Unterschied, der einen Unterschied macht..............446
Neuer Geschäftsführer, dieselben Sessel.......................458
Wenn Teamfindungsworkshops scheitern....................466
Epilog 7: Gute Absicht reicht nicht 472

Ein Ideal, das nie existierte
Navigieren in Zwickmühlen 485
Einen hohen Preis bezahlt..493
Co-Leadership: Stellvertretung² 500
Der Coach ohne Eigenschaften...510
Sechs Könige am Übergang 519
Epilog 8: Ein Ideal, das nie existierte................................527

Post-Mission 533

Pre-Mission

Vielen Dank, dass du die Mission angetreten hast, dieses Buch zu lesen.

Wir möchten dich mitnehmen auf die agile Reise von 55 Agentinnen und Agenten der AMF, der Agile Mission Force, die am Band 2 dieser Buchreihe beteiligt waren. Dieses Buch entstand mit Leidenschaft, Schweiß, Tränen und ganz viel Freude und Humor von allen Beteiligten in nur sechs Monaten. Aber fangen wir einmal ganz von vorne an, bei dem Moment, in dem die Idee für diese Bücherreihe entstand …

Der Gedanke, ein Buch über unsere Geschichten aus dem agilen Arbeitsalltag herauszubringen, reifte in meinem Kopf schon sehr lange. Damals bin ich Joachim immer wieder damit auf den Keks gegangen, dass ich unsere Geschichten aufschreiben möchte. 2019 hat er dann gesagt: »Ok, ich bin dabei!« und die Reise der Agile Short

Stories begann. Wir hatten uns im Mai 2019 ganz schön viel vorgenommen, denn im Dezember sollte das Buch bereits erscheinen. Wir wurden immer wieder gewarnt: »Das ist in der Zeit nicht möglich!«, »Warum startet ihr mit 60 Autorinnen und Autoren? Das ist wahnsinnig viel Organisation! Es reichen doch auch zehn bis zwölf!«, »Manche werden einen hundsmiserablen Schreibstil haben! Die schreiben doch nicht alle regelmäßig. Es ist unmöglich, allen zu einem passablen Schreibergebnis zu verhelfen!«, »Das ist viel zu viel Zeit, die dafür draufgeht! Bücher rentieren sich doch gar nicht!« – Die Versuchungen waren hoch, das ganze Unterfangen wieder abzusagen. Denn sowohl Joachim als auch ich waren und sind sehr beschäftigte Menschen – Tag und Nacht, beruflich und privat in diversen agilen Missionen unterwegs. Da rutschte die Priorität des Buchprojektes häufiger weiter nach unten. Dann wiederum gab uns die Energie der großen Autorengemeinschaft den passenden Ruck, um weiterzumachen. Das kleine oder große Dankeschön, die Nachfragen aus dem Geschäftsalltag nach unserem Buch und dann das »Commitment«: Wir Agilisten predigen es immer wieder. Wenn du dich selbst dazu verpflichtet hast, dann zieh es auch durch! – Wir machten weiter, nahmen uns eine Woche Inselurlaub, um intensiv die Geschichten zu lesen und Feedback zu geben. Danach arbeiteten wir in »Zeitzonen«: Ich, Miriam, arbeitete an den Themen bis spät nachts und Joachim stand sehr früh auf, um an den Ergebnissen weiterzuarbeiten.

Es hat geklappt! Autorinnen und Autoren versammelten sich in einem Video-Call, um den Veröffentlichen-Button gemeinsam zu drücken. Am 6. Dezember 2019 erschien der Band 1 »Agile Short Stories« und allein im Dezembermonat verkauften wir über 600 Bücher. Der Erlös geht seitdem jedes Jahr an die Organisation Flying Hope.

Im Januar und Februar 2020 bereiteten wir unsere Lesereise vor – wir akquirierten die allerbesten Locations wie eine atemberaubende Hotellobby in München, eine Rooftop Bar in Zürich, eine Strandbar in Hamburg, ein geschichtsträchtiges Haus in Berlin und das Gelände einer populären Fernsehsendung.

Doch dann kam Corona. Unsere Lesereise konnten wir nicht gemeinsam antreten. Stattdessen war ein Umplanen notwendig und wir organisierten einzelne Online-Lesungen, an denen sogar eine Autorin teilnahm, die mit dem Segelboot dank Covid in Französisch-Polynesien feststeckte. Zusätzlich erschien der Podcast »Agile Leseecke«, in dem wir zu Beginn ausschließlich Geschichten aus dem Band 1 der Agile Short Stories vorlasen.

Auf den letzten Seiten der Agile Short Stories kündigten wir bereits ein Band 2 an und uns erreichten im Jahr 2020 bereits erste Geschichten von Interessenten, die gerne im Band 2 dabei sein wollten. Uns fehlte allerdings während der Corona-Zeit die Energie, um an einem zweiten Band zu arbeiten.

Unter den allerersten Namensvorschlägen für Band 1 waren Ideen für Untertitel wie »49 Geschichten, alle mit einer Mission: Agile«, »49 Agile Missionen« und auch »49 Agile Missions Impossible«. Wir entschieden uns aber für »49 Geschichten vom Agilwerden und Agilbleiben«.

Unser Aufruf für die Geschichten für Band 1 lautete damals: Was hat dich zur Agilität geführt? Was begeistert dich daran? Warum ist Agilität heute ein wichtiges Thema für dich? Warum widmest du dich so intensiv diesem Thema oder hast es zu deinem Beruf gemacht? – Erzähl uns von den Funken, den Aha-Momenten und den Schlüsselerlebnissen auf deinem Weg der Agilität. – Da passte das »Agilwerden und Agilbleiben« im Untertitel am besten.

Der erste Band war vor allem für die Zielgruppe derer, die sich zum ersten Mal mit dem Thema Agilität beschäftigen. Dafür ergänzten wir nachträglich hinten im Buch ein Glossar der verwendeten agilen Begriffe, das auch unter www.agile-short-stories.de zu finden ist.

Im zweiten Band möchten wir eine Zielgruppe mit mehr Erfahrung ansprechen. Die Zielgruppe der fortgeschrittenen Anfänger, die sich bereits selbst auf einer agilen Mission im Arbeitskontext befindet. Wir möchten über die kritischen Momente sprechen. Die Situationen, wo man am liebsten alles hinwerfen möchte. Wo man kurz davor ist, aufzugeben. So manche Mission in Richtung Agilität stellt sich irgendwann als schwierig oder nahezu unmöglich heraus. Mit dem Buch möchten wir aufzeigen, wo es sich lohnt weiterzumachen und wo man einen neuen Blickwinkel benötigt.

Genauso wie wir beschlossen, nach der Corona-Zeit weiterzumachen und die »Nach-Geschichte«, das letzte Kapitel von Band 1, weiterzuschreiben. Es gab viele Zeichen, die dafürsprachen. Für den Band 2 greifen wir deshalb den alten Untertitel wieder auf:

»Agile Missions Impossible«

Das erste Mal las ich diesen Ausdruck in einem Blogartikel von Brian Lucas 2012. Damals stand ich noch am Anfang meiner eigenen agilen Reise, hatte gerade meine Doktorarbeit verteidigt und den Titel erhalten. Die Überschrift sprach mich an, hatte ich doch gerade eine Mission Impossible möglich gemacht. Brian Lucas beschreibt die »Checkliste der Unmöglichkeiten« und ich konnte bei sehr vielen einen Haken machen – leider. Wenn du agile Ansätze einführen möchtest, hast du laut Brian Lucas bei diesen Punkten sehr schlechte Karten:

1. Keine direkte Verbindung zu Ihren »echten« Endkunden
2. Eine Geschäftsleitung, die das Konzept nicht wirklich versteht oder es nicht finanziert
3. CIOs, die das Gefühl haben, dass Agile nur eine weitere Modeerscheinung oder eine Bedrohung für ihre liebgewonnene Hierarchie ist
4. Architekten, die keine Ahnung haben, wie man Anwendungen in einem Framework zusammenfügt
5. Projektmanager, die sich als Scrum Master degradiert fühlen und die Kontrolle einfach nicht abgeben wollen
6. Benutzer, die nicht in der Lage sind, ihre eigenen Bedürfnisse zu verstehen, geschweige denn sie zu artikulieren
7. Geschäftssystemanalytiker, die 6 Monate in der Analyse-Paralyse verbringen wollen
8. Entwickler, die sich wie Onkel Joe an der Kreuzung bewegen und immer noch Softwarefehler haben
9. Betriebsmanagement mit drakonischen Verfahren und Inquisitionsausschüssen
10. Tester, die keine Testpolitik, keinen Testplan, keine agilen Werkzeuge und keine Ausbildung haben
11. Handbuchschreiber, die immer die letzten sind, die über neue Funktionen Bescheid wissen
12. Vertriebsmitarbeiter, die keine Ahnung haben, was die Software wirklich kann
13. Kundenbetreuer, die völlig unengagiert sind.

Dreizehn wunderbare Unmöglichkeiten, bei denen es in jedem Fall um Menschen geht. Oftmals handelt es sich um Probleme, die schon seit Jahren im Unternehmen existieren, aber nie ans Tageslicht kommen. Sie liegen zum größten Teil nicht an den Menschen, sondern an den Unternehmensstrukturen, die diesen Zustand nahezu erzwingen. Die Büropolitik bringt alles zum Verstummen, auch wenn es den Mitarbeitenden selbst bekannt ist.

Als Nächstes hörte ich den Ausdruck von Volkmar Denner, dem ehemaligen Vorsitzenden der Geschäftsführung der Robert Bosch GmbH, der über Agilität bei Bosch sprach. Die Agile Mission Impossible lautete: »Agile Projekte in eine agile Organisation einbetten« – für ihn eine durchaus mögliche Mission.

Andreas Ulrich sprach auf der Konferenz »Agile beyond IT« 2019 von seiner eigenen Agile Mission Impossible. Er ist mit seiner Mission ebenfalls als Autor in diesem Buch dabei.

Im März 2021 erschien im Magazin »managerSeminare« ein Artikel von Stefan Kaduk und Dirk Osmetz mit dem Titel »Agilität in Organisationen: Mission Impossible?«. Sie stellen die entscheidende Frage, ob Agilität in Organisationen überhaupt möglich ist. Oder ist es von Anfang an eine unmögliche Mission? Wenn man dem Wesen und dem Sinn und Zweck von Organisationen aus der soziologischen Brille Rechnung trägt, ist »Agilität« schwierig bis unmöglich. Organisationen streben nämlich vor allem Stabilität und Balance an, sie wehren sich vor zu vielen Irritationen.

Als wir über das Konzept für dieses Buch nachdachten, dachten wir natürlich auch an die Filmreihe »Mission: Impossible« mit Tom Cruise in der Rolle des Agenten Ethan Hunt. Zeitgleich mit unserem Buch wird im Juli 2023 der erste Teil des letzten Filmes der Reihe erscheinen. – Was für ein Zufall!

Die folgenden Kategorien bzw. Kapitel dieses Buches sind an den Schwerpunkten der »Mission: Impossible«-Filme angelehnt:

1. Ziel verfehlt, Mission erfolgreich
2. Eine Mission, die keiner wollte
3. Agil trotz und wegen Corona
4. Privatsache: wenn's persönlich wird
5. Wenn die Welt verrücktspielt
6. Gegeneinander statt miteinander
7. Gute Absicht reicht nicht
8. Ein Ideal, das nie existierte

Bei »Mission: Impossible« lernen wir, dass das IMF-Team von Ethan Hunt sehr viel Freiraum erhält, um mit Neuem zu experimentieren. IMF, die Impossible Mission Force – ein echtes Team, das sich vertraut, das Ambivalenzen aushält und klaren Prinzipien folgt. Das braucht es auch bei den »Agile Missions Impossible«. Vielleicht werden es dann »Agile Missions Possible«.

Und da sind wir wieder beim AMF, unseren 55 Agentinnen und Agenten der Agile Mission Force. Unsere Superheldinnen und Superhelden, die es wagten, die verschiedensten agilen Missionen anzutreten. Für alle Leserinnen und Leser haben sie ihre Geschichten als Kurzgeschichte, Bericht oder Reportage zu Papier gebracht. Das, was du gerade in den Händen hältst, hat eine lange und anstrengende Reise hinter sich.

Im Dezember 2022 konnte sich jede und jeder mit einem unmöglichen agilen Missionsbericht bewerben – erstmal nur als Kurzbeschreibung in zehn Sätzen. Uns erreichten über 100 Einsendungen, aus denen wir 49 auswählten. Wie auch im Band 1, den Agile Short Stories, wollten wir wieder genau 49 Geschichten zusammentragen. Genau wie schon Ernest Hemingway in »49 short stories« 1938 die historische Basis für diesen Schreibstil in seiner Anthologie legte.

Zwischen Dezember 2022 und Juni 2023 schrieben wir intensiv an unseren Geschichten. Erst allein, dann mit

Feedback von mir, dann im Tandem als Autorenpaar, dann mit Lektorin. So reiften die Geschichten und Berichte immer weiter. Ein paar Autoren verloren wir auf dem Weg, denn ihr Berichtsthema wurde zwar angenommen, sie schafften es aber zeitlich nicht, den Bericht zu schreiben. Dadurch gab es ein paar nachträglich Nominierte, die in kürzester Zeit ihren Bericht schrieben, um doch noch im Buch dabei zu sein.

Wir alle freuen uns, dass diese Mission mit diesem Buch möglich wurde.

Wir wünschen dir viel Freude bei den Einblicken und Durchblicken unserer agilen Missionen, von denen wir dir auf den folgenden Seiten berichten möchten.

Los geht's!

Miriam Sasse
Paderborn, April 2023

Ziel verfehlt, Mission erfolgreich

Das dämliche Video

Wie ist es wohl, Gruppenleiter in einer IT-Abteilung eines Konzerns zu werden? Matthias hat frisch die Leitung der web-Gruppe mit zwölf Mitarbeitern und einem dualen Studenten übernommen. Diese Gruppe wurde bisher von vier Helden geführt, an denen sich die anderen Gruppenmitglieder orientiert haben. Sie waren ein echt gutes Führungsteam, auch wenn nur einer von ihnen offiziell Führungskraft war. Echte Teamarbeit, über das Führungsteam hinaus, gab es allerdings nicht. Das war auch nicht nötig, denn das System hat auch so außerordentlich gut funktioniert. Häufig hat die web-Gruppe Aufgaben übernommen, die für andere Entwicklungsgruppen zu schwierig waren. Man konnte sich immer auf die Qualität der Ergebnisse verlassen. Die Gruppe *hat* gut funktioniert, denn alle vier Helden haben die Gruppe kürzlich verlassen. Sie werden anderswo gebraucht. Damit herrscht ein Führungs- und Kompetenzvakuum. Die verbleibenden zwölf Mitarbeiter suchen jemand, an dem sie sich wieder orientieren können. Sie erwarten von Matthias, diese Lücke zu füllen. Schließlich ist er die neue Führungskraft der Gruppe.

Eine der Kernaufgaben der web-Gruppe besteht in der Entwicklung von Webseiten für die verschiedenen Marken des Konzerns. Eine komplexe Aufgabe, bei der Vielzahl an Marketinggruppen und weiteren Stakeholdern. Als zusätzliche Herausforderung sind die eingesetzten Technologien veraltet und müssen modernisiert werden. Der letzte Held, der die Gruppe verlassen hat, hatte bereits eine neue technologische Richtung eingeschlagen. Eine neue Technik, die kaum eines der verbleibenden Gruppenmitglieder wirklich kennt. Eigentlich kennt sich nur Anna damit aus. Sie ist das neueste Mitglied der Gruppe und seit drei Jahren dabei. Alle anderen sind schon seit zehn Jahren oder länger da.

Matthias ist schnell bewusst, dass er die Lücke, die die vier Helden hinterlassen haben, nicht allein füllen kann. Die Welt ist und wird viel zu komplex. Auch im Duo mit Anna wird das nicht reichen. Es braucht also neue Führungsansätze für die Gruppe. Matthias will die Kollegen ermächtigen und in der Selbstorganisation unterstützen. Es ist absehbar, dass die Anforderungen immer weiter steigen und die Gruppe skalieren muss. Das wird mit dem vertrauten Heldenansatz, der die Gruppe bisher so erfolgreich gemacht hat, nicht funktionieren.

Da kommt es Matthias gerade gelegen, dass sich Thorsten bei ihm meldet. Er ist der Marketingleiter einer der größten Marken des Konzerns. Bisher wurden deren Webseiten ohne Beteiligung der web-Gruppe entwickelt, was nicht selten Probleme verursacht hat. Er hat von der neuen technologischen Basis der Gruppe gehört und wünscht sich einen kompletten Relaunch des Markenauftritts. Dieser soll modern aussehen und von den Redakteuren leicht gepflegt werden können. Keine leichte Aufgabe, da es dazu über 100 Vertriebsagenturen gibt. Für jede davon muss ein eigener Internetauftritt generiert werden. Dabei müssen die jeweiligen Besonderheiten der Agenturen herausgestellt werden. Immerhin passt die neue Technologie hier perfekt, auch wenn sich eigentlich nur Anna damit auskennt. Der erste Webauftritt, der damit umgesetzt wurde, hatte ähnliche Anforderungen bezüglich generierter Agentursseiten. Es sollte also machbar sein.

Thorsten bringt Lena mit, seine neue Gruppenleiterin für das Onlinemarketing. Lena und Matthias sind gleich auf einer Wellenlänge. Sie sind beide erst kürzlich Gruppenleiter geworden und wollen sich beide in ihrer neuen

Rolle beweisen. Lena sieht das Projekt genau wie Matthias als große Chance und den Auftakt einer guten Zusammenarbeit, auch für weitere Projekte. Leider hatte sie bisher keine Berührungspunkte mit agilem Arbeiten. Sie ist gedanklich schon wasserfallartig in das Projekt gestartet. Eine Werbeagentur hat bereits ein komplettes Design für den neuen Auftritt erstellt, samt Quellcode für die Oberfläche. Frust macht sich bei Anna und Matthias breit. Dieses Vorgehen hat früher schon mit anderen Auftraggebern zu Problemen geführt. Wollen sie wirklich so in das Projekt starten? So ganz können sie Lena im ersten Anlauf nicht davon überzeugen, dass das ein Problem sein könnte. Immerhin ist sie offen dafür, neue Wege bei der zukünftigen Zusammenarbeit zu gehen.

Matthias will sichergehen, dass das Projekt die besten Voraussetzungen hat und bittet deshalb Anna darum, sich primär auf dieses Projekt zu fokussieren. Für den restlichen Teil der web-Gruppe wird das schwierig, weil Annas Kompetenzen mit der neuen Kerntechnologie überall gebraucht werden. Wenn jedoch die Zusammenarbeit mit dieser Marketinggruppe nicht gut startet, werden alle über viele Jahre Probleme haben. Das Projekt muss einfach ein Erfolg werden. Leider ergibt sich, dass eigentlich keine weiteren web-Entwickler zur Verfügung stehen. Letztendlich kommt nur noch der duale Student dafür infrage, der gerade mit seinem Studium fertig geworden ist und jetzt voll in die web-Gruppe mit einsteigt. Immerhin ist das eine großartige Möglichkeit für ihn und er freut sich, dabei zu sein. Dazu kommt noch ein externer Entwickler, der für das Projekt gewonnen werden kann.

Matthias beauftragt nach Rücksprache mit Lena eine Trainerin für einen zweitägigen Kick-Off. Dort vermittelt sie agile Konzepte und hilft gleichzeitig, das Projekt aufzusetzen. Lena bringt noch zwei Mitarbeiterinnen mit ins Projekt ein, die fachlich mitarbeiten sollen. Der Kick-Off ist ein unglaublicher Erfolg. Matthias hatte gehofft, dass das Projektteam einzelne agile Praktiken aufgreifen würde. Stattdessen entscheidet sich das Team im Kick-Off direkt dazu, das ganze Scrum Framework zu adaptieren. Lena übernimmt die Rolle als Product Owner und es entsteht ein Scrum Team für dieses Projekt.

Im Rahmen des Kick-Offs wird von Lena auch die Vision für den neuen Webauftritt vermittelt. Das Bauchgefühl aller Beteiligten ist, dass innerhalb von sechs Monaten ein maßgeblicher Stand erreicht werden kann. Damit werden sechs Monate als Projektlaufzeit vereinbart und auch nach außen kommuniziert. Tatsächlich kann das Entwicklerteam innerhalb von zwei Wochen eine erste rudimentäre Webseite liefern. Alle hieran beteiligten Stakeholder (Teilnehmer des Reviews) sind begeistert. Ein Projekt liefert doch normalerweise erst am Ende des Projekts ein echtes Ergebnis und hier wird ihnen schon nach zwei Wochen etwas gezeigt.

Nach vier Monaten Projektlaufzeit meldet sich Anna bei Matthias, weil es ein Problem mit der Product Ownerin Lena gibt. Das Entwicklerteam weiß nicht mehr weiter und bittet ihn um Unterstützung. War Lena ihrer neuen Aufgabe vielleicht nicht gewachsen? Es wurden gute Fortschritte erzielt, allerdings wurde es zeitlich langsam eng bei der Menge der Wünsche bis zum Projektende. Jetzt gibt es zu allem Überfluss auch noch eine neue Story im Backlog, die plötzlich höchste Priorität hat. Auf der Startseite soll ein Video in den Hintergrund eingebettet werden. Damit soll die Webseite einen noch moderneren Look bekommen.

Sicherlich ein toller Effekt und den Trends in der Webentwicklung folgend. Allerdings stellt das die Entwickler vor große technische Herausforderungen. Die Werbeagentur, die das Design gemacht hat, hat ohne Abstimmung mit den Entwicklern schon den Code für die Video-Einbettung geliefert. Doch dieser ist völlig inkompatibel zu der bisherigen Implementierung. Es werden dafür fundamentale Änderungen am Quellcode des Layouts benötigt. Dabei gibt es andere wichtige Backlog-Items, von denen klar ist, dass die Marke ohne deren Umsetzung nicht mit der Seite live gehen wird. Wenn das jetzt umgesetzt wird, ist das ganze Projekt gefährdet. Das Entwickler-Team ist aufgebracht und stellt sich geschlossen gegen die Fachseite.

Matthias ist versucht, Lena anzurufen und sie sarkastisch zu fragen, ob sie das Projekt sabotieren will. Zum Glück besinnt er sich eines Besseren. Er weiß, wie wichtig das Projekt für sie ist. Doch auch ein weiterer Versuch des Entwicklerteams, sie zur Vernunft zu bringen, scheitert.

Dann ruft er Lena doch an. »Wir können nicht einfach so eine langweilige Konzernseite machen, wir müssen die Leute begeistern, das muss knallen«, sagt sie. Ihr ist klar, dass damit das Risiko stark erhöht wird, nicht alles Nötige rechtzeitig umzusetzen. In dem Gespräch wird Matthias nochmal klar, dass er angetreten ist, die Mitarbeiter zu ermächtigen und gerade auf bestem Weg ist, genau das zu unterwandern. Lena ist völlig überzeugt davon, dass das der richtige Schritt ist – auch wenn Matthias sich das nicht vorstellen kann. Als ob dieses dämliche Video einen Unterschied machen würde. Ermächtigen heißt allerdings auch, den Kollegen zu vertrauen und sie im Zweifelsfall ihre eigenen Fehler machen zu lassen. Sie einigen sich darauf, dass es Lenas Aufgabe ist, zu priorisieren und es wie von ihr gewünscht umgesetzt wird. Sollte es irgendwie schiefgehen, werden sie das gemeinsam tragen und schon irgendwie lösen. Matthias bittet das Entwicklerteam darum, Lena zu vertrauen und weiterzumachen.

Zum Ende der sechs Monate wäre das Projekt eigentlich beendet. Beim Review und in der Retrospektive könnte man versuchen, es sich schönzureden, dass gerade so genug zusammengekommen ist, um live zu gehen. Aber letztlich will das keiner im Team. Zu viele Elemente sind nur rudimentär umgesetzt, vor allem im Bereich der generierten Agenturwebseiten. Natürlich ist der Vorfall mit dem Hintergrundvideo nicht der einzige Grund, warum noch wichtige Punkte offen sind und manche Sachen gefühlt nicht richtig fertig sind. Wahrscheinlich waren sechs Monate auch einfach zu ambitioniert für so ein großes Projekt. In der Erwartung des Stakeholder-Feedbacks und wie es jetzt weitergeht, haben dieses Thema jedoch alle im Hinterkopf. Immerhin hat das Projekt angekündigt, nach sechs Monaten liefern zu wollen, schließlich ist es die ganze Zeit schon »potentially shipable«.

Tatsächlich sind die Stakeholder, gerade die wichtigen mit Entscheidungskompetenz und Einfluss, völlig begeistert von der neuen Webseite und ganz besonders von dem Hintergrundvideo. Sie feiern es als großen Erfolg, so eine moderne Webseite zu haben und bestehen darauf, weiter in dieses Projekt zu investieren. Zwei Monate später ging die Webseite dann live, mit sehr positivem Feedback, besonders im Vergleich zur vorigen Seite.

Im Nachhinein betrachtet lagen Matthias und das Entwicklerteam mit ihrer Einschätzung, wie wichtig das Feature mit dem Video ist, völlig daneben und Lena hatte den Trend und die Wichtigkeit richtig erkannt. Es war ganz entscheidend für den ersten Eindruck bei allen Stakeholdern und hat damit für eine positive Grundstimmung gesorgt. Genau dafür ist der Product Owner da. Diskussionen um Prioritäten sind wichtig, doch am Ende des Tages muss er entscheiden dürfen und das Vertrauen bekommen, dass es die bestmögliche Entscheidung ist.

Thorsten, der Marketingleiter, hat bei der Veröffentlichung freundlicherweise deutlich darauf hingewiesen, dass es ein Teamerfolg auf Basis der agilen Arbeit ist. Damit konnte er die direkte agile Zusammenarbeit mit der web-Gruppe auf Dauer zementieren und auch darüber hinaus bekam das Thema agiles Arbeiten große Aufmerksamkeit und Akzeptanz im Konzern.

Dieses Projekt ist mit der Veröffentlichung dieses Buches nun viele Jahre her. Es war einer der entscheidenden Grundsteine für die Einführung agiler Arbeitsweisen in diesem Konzern und dient auch heute noch als wichtige Referenz für erfolgreiches agiles Arbeiten. Zwei Jahre später hat Anna die Leitung der web-Gruppe übernommen. Die gesamte Gruppe arbeitet nur noch in agilen Teams. Diese kurze Geschichte bildet nur einen kleinen

Teil dessen ab, was ich alles bei diesem Projekt lernen durfte. Ich blicke gerne auf diese Erfahrung zurück und bin allen Beteiligten dankbar für die gegenseitige Unterstützung und das entgegengebrachte Vertrauen.

Matthias Kuchem

begleitet Führungskräfte als Coach, Trainer und Berater. Dies macht er in seiner Rolle als Abteilungsleiter (und Prokurist) in der IT eines deutschen Versicherungskonzerns – und darüber hinaus als freiberuflicher Coach für Führungskräfte.

Mehr Infos zu Matthias findest du unter www.MatthiasKuchem.de

Das Känguru, das aus der Wüste kam

Unglaublich, das ist doch eindeutig eine Zusage! Wenn ich es nicht vollkommen missverstanden habe, dann haben wir unseren bisher größten Kunden an Land ziehen können. Über 800 Mitarbeitende, drei Standorte und über 100 Teams, die remote organisiert sind. Wirklich der ideale Kunde, mit einer perfekten Passung zu unserem Produkt. Ich kann mich noch genau an den ersten Kontakt erinnern, sehr kurz getakteter Video-Call mit dem Head of Digital, wenig Zeit für Beziehungsaufbau und einer klaren Erwartungshaltung: »Was bringt uns denn eure App?«.

»Plattform«, ertönt die Stimme von Björn, unserem CEO, in meinem Kopf, denn das sagt er immer, da wir ja viel mehr als eine App und stets bemüht sind, genau auf den Punkt zu bringen, warum wir einen Mehrwert für unseren potenziellen Kunden schaffen können.

Kurze Vorstellungsrunde und es geht los. »Sie wissen, wie schwer es ist, in einer hybriden Welt den regelmäßigen Kontakt mit Mitarbeitenden und Kunden zu halten – Wir nutzen die verbindende Kraft des Sports und schaffen völlig neue Berührungspunkte!«

»Ok, und wie machen Sie das?«

In ähnlicher Form laufen die meisten Kundengespräche ab, wir erläutern das Zusammenspiel aus App und Dashboard und präsentieren unsere Lösung im Detail. Zusammengefasst schaffen wir für unsere Kunden ein individualisiertes digitales Langzeit-Event, das die gewünschten Zielgruppen zusammenbringt und gemeinsames Tippen, Chatten und Interagieren ermöglicht. Im Mittelpunkt stehen dabei Sportereignisse, wie Bundesligaspiele, die Formel 1 oder auch die Fußball-Weltmeisterschaft. Der Kunde lädt seine Zielpersonen ein und hat die Möglichkeit, in den regelmäßigen Austausch zu gehen, Umfragen und Abstimmungen zu schalten und Touchpoints zu schaffen, um seine Inhalte präsentieren und vermitteln zu können.

»Gut, verstanden. Das könnte für uns tatsächlich interessant sein«, sagt der Head of Digital und berichtet, dass seit Corona die meisten Mitarbeitenden remote unterwegs sind und Kaffeeküche, Kantine und Co kaum noch eine Rolle spielen. Das lockere soziale Miteinander lässt sich digital schwer erzeugen und viele zufällige Begegnungen und Informationen finden einfach nicht mehr statt.

»Wir nehmen das in die nächste Teambesprechung, wenn es für alle spannend ist, könnte es schnell gehen.«

Es ging tatsächlich schnell, denn den Folgetermin hatten wir bereits ein paar Wochen später.

»Wir brauchen einen Wettbewerb, der für alle irgendwie interessant ist. Wir haben fast 50/50 Frauen und Männer und Alter von bis. Schafft ihr das noch für die Winter-WM?«

»Können wir auf jeden Fall schaffen, wenn von eurer Seite Unterstützung da ist.«

»Kein Problem, von uns sind zwei, drei Leute dabei. Ihr bildet einfach ein Team und organisiert euch selbst.«

Das klingt ja mal flexibel und unkompliziert, fast schon agil! Jetzt muss es nur noch umgesetzt werden. Die nächsten Schritte gehen schnell, Messenger-Gruppe, Teams, Planer und so weiter. Im ersten Call lernt sich das Team kennen und die Ziele werden besprochen, alle Informationen werden geteilt und es geht los. Wir sind geradezu begeistert, das Tempo ist hoch, die Beteiligten wirklich engagiert und verlässlich. Die wichtigsten Schritte sind schnell erledigt und das Setting steht. Der Kunde will nun eine interne Testphase mit freiwilligen Mitarbeitenden starten, damit zum Start der WM in Katar wirklich alles perfekt ist.

Wirklich perfekt, was soll jetzt noch schiefgehen?

Die Testphase läuft ziemlich gut an und es sind viele motivierte Testpersonen dabei. Wir nutzen verfügbare Freundschaftsspiele der WM-Teilnehmer und können so App und Dashboard zusammen mit unserem Kunden-Fanciety-Team testen. Die Mechanik läuft super – Onboarding, Tipp-Prozess, Chatfunktion – alles funktioniert einwandfrei und die Testuser finden sich ohne große Eingewöhnungsphase zurecht.

»Klasse, jetzt starten wir mal eine Abstimmung!«, ruft ein Teammitglied und drückt auf die Tasten. Die Push-Benachrichtigungen gehen raus, die Aktivität in der App steigt an und die User stimmen ab. Mega, genau so soll es doch laufen!

»Mensch Leute, das war wirklich eine tolle und effektive Zusammenarbeit – die Winter-WM kann kommen!«, sagte ich und meinte es auch so.

»Oh, die Abstimmung ist aber schon krass«, schreibt ein Teammitglied des Kunden. »Ja, ist wirklich super – einfach und unkompliziert!«, antworte ich stolz.

»Das meine ich nicht, schaut euch mal das Abstimmungsergebnis an!«

Freut ihr euch auf die WM in Katar? – 89 % Nein

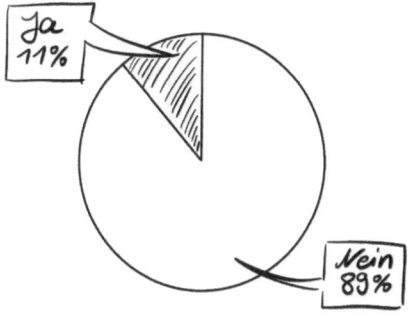

»Ja gut, sicherlich, klar«, würde der Kaiser jetzt sagen. Wir waren da nicht ganz so entspannt. Kurze interne Feedbackrunde und das Stimmungsbild war eindeutig, wir sollten mal vorsichtig schauen, wie repräsentativ diese Aussage für die gesamte Mitarbeiterschaft ist. Auch hier ging es wieder schnell, die Berichterstattung in der Öffentlichkeit wurde immer intensiver und mittlerweile war die WM für viele einfach ein unangenehmes Thema. Boykottieren, anschauen, ignorieren, die Unsicherheit war groß. Zu groß für ein soziales und verbindendes Firmenevent.

»Das können wir so nicht machen… sorry … geht so einfach nicht!«

Unser Ansprechpartner auf Kundenseite suchte die richtigen Worte und überlegte, was die nächsten Schritte sein könnten. Welche Alternative könnte es geben, die idealerweise das komplette Gegenteil dieser WM in der Wüste darstellen würde? Ein Event, das alle Mitarbeitende mitnimmt und eine positive Stimmung entfachen kann?

»Was ist denn mit der Frauen-WM? Die ist doch direkt nächstes Jahr? Das Thema Frauenfußball ist momentan mega hot! Wir haben die EM mit der ganzen Familie geschaut!«

Eine wirklich interessante Idee, die da aus dem Team kam. Frauen-WM in Australien und Neuseeland. Das ist doch mal ein Gegenentwurf zu Katar, von der Wüste zum Känguru.

Bei der Vorstellung bekam ich direkt gute Laune. Der Kunde bekam diese gute Laune zum Glück ebenfalls, beendete das Projekt »Katar« und rief die Mission »Road to Women's World Cup« aus.

Aus einem vierwöchigen Event ist nun eine langfristige Zusammenarbeit geworden. Die gute Teamleistung spielte hier – wie im Fußball – eine entscheidende Rolle.

Nach dem Spiel ist vor dem Spiel, oder:

Ziel verfehlt, Mission erfolgreich!

Prof. Dr. Sven Lindberg
ist Professor für Psychologie an der Universität Paderborn. Gründer des Start-ups Fanciety, Botschafter des Excellence Start-up Center Garage33 und Beirat des In Safe Hands e. V.

Wie Scrum und Kanban in die Amtsstube kamen

Agilität und öffentliche Verwaltung passen angeblich nicht zusammen. Das habe ich ziemlich oft zu hören bekommen. Dabei hat meine eigene Reise in die agile Welt genau dort begonnen: in einer Amtsstube als Leiter eines Kulturamtes. Mit meinem Scheitern beim Versuch, mit klassischen Projektmethoden zu arbeiten.

Die Vorgeschichte

2008 habe ich begonnen, bei einer Stadtverwaltung zu arbeiten. Das Thema bürgerschaftliches Engagement war im Kulturamt angesiedelt. Rund 30 ehrenamtliche Mitarbeitende wirkten dort bei der Gestaltung des Kulturprogramms mit. Bereits in der Stellenausschreibung stand fest, dass eine Freiwilligenagentur im Kulturamt angesiedelt und aufgebaut werden sollte. Dass das Thema bürgerschaftliches Engagement eine der zukünftigen Hauptaufgaben definierte, hatte mich sofort angesprochen und neugierig gemacht. Deshalb hatte ich mich direkt beworben. Obwohl ich vorher noch nie im Kulturmanagement gearbeitet hatte, bekam ich ein wenig überraschend den Zuschlag. Ich bewegte mich damals also in »unbekannten Gewässern« und musste das Umfeld fachlich erst einmal erkunden. Was ich damals noch nicht wusste: Agile Methoden eignen sich genau dafür.

Organisationszweck und Engagementmotive in Einklang bringen als Hauptaufgabe der »Führung«

Mit Begeisterung startete ich damals direkt durch. Wie ich es gelernt hatte, machte ich mich sofort daran, anhand einer Projektorganisation mit Projektstrukturplan erste Meilensteine für die geplante Freiwilligenagentur zu entwickeln.

Doch schon in den ersten Tagen musste ich meine ersten Lektionen lernen. Bürgerschaftlich engagierte Menschen, die ehrenamtlich arbeiten, sind wesentlich bunter. Sie haben eine ganz andere Motivationslage als Menschen, die einer beruflichen Tätigkeit nachgehen. Erschwerend kam hinzu: Die meisten unserer ehrenamtlichen Mitstreiter waren fast doppelt so alt wie ich. Lebenserfahrene Menschen, die sich aus dem aktiven Berufsleben zurückgezogen hatten und jetzt einen Mittdreißiger als »Chef« vorgesetzt bekamen.

Ehrenamt bedeutet, dass ich als hauptamtliche Kraft über wenige Möglichkeiten verfügt habe, sie in irgendeiner Form »disziplinarisch« zu lenken oder zu steuern. Einfach etwas anordnen? Keine Chance. Unsere ehrenamtlichen Kräfte waren freiwillig hier: »Ich mache das, weil ich es will und nicht, weil ich es muss. Wenn es für mich Stress bedeutet, dann höre ich auf.« Sie machten es aus eigener Energie und eigenem Antrieb. Und auf was sie Wert legten, was ihr Antrieb für ihr Engagement war, war mindestens so vielfältig wie die Charaktere und Erfahrungshintergründe. Sie wollen selbst entscheiden, was sie machen und wie sie es machen oder zumindest die Notwendigkeit erkennen und verstehen.

Was in einer »professionellen« Organisation selbstverständlich erscheint, ist es in diesem Kontext leider nicht. Pläne? Standardprozesse? Routinen? Sie machen nur bedingt Freude und sind lästig. Wenn man zu sehr auf Formalia drängt, auch wenn sie notwendig sind, schlägt das direkt auf die Motivation durch. Ehe man sich versieht, sind die ehrenamtlichen Mitstreiter weg. Oder wie es eine Ehrenamtliche ausdrückt: »Ich kann jeder Zeit gehen, wenn es mir nicht gefällt. Ich muss ja nicht. Wenn mir etwas nicht guttut und mir nicht gefällt, dann mache ich es nicht mehr.« Heißes Eisen, wie ich immer wieder feststellen musste. Auf der einen Seite die Bedürfnisse unserer Ehrenamtlichen, die gerne auch Verantwortung übernehmen wollten, aber bitte so, wie sie es für richtig halten, und auf der anderen Seite die »Regularien« einer Verwaltung, die auf die Einhaltung von Formalia pocht: »Wie Ihre Ehrenamtlichen die Abrechnung für das Konzert machen, geht nicht Herr Michl. Wir müssen da schon die Vorgaben einhalten, sonst kriegen wir irgendwann Ärger.«

Da die Motive für das Engagement so vielfältig wie die Engagierten selbst waren, war dies die erste Herausforderung. Und diese war nicht immer so leicht mit meinem Verständnis professioneller Zusammenarbeit in Einklang zu bringen. Die Hauptfrage war: »Wie bekommen wir die Bedürfnisse der Ehrenamtlichen mit den Bedürfnissen der Stadtverwaltung in Einklang?« Beständiges Kommunizieren und Überzeugen, immer wieder dafür gewinnen und möglichst viel vom notwendigen Formalismus von unseren ehrenamtlichen Mitstreitern fernzuhalten, das war eine unserer Hauptaufgaben. Noch dazu, dass diese auch Wert darauf legten, bei den Aufgaben, an denen sie sich beteiligten, ein gewichtiges Wort mitreden zu dürfen. Mit anderen Worten, die Situation war hochgradig komplex. Ein mitunter schwieriger Spagat. Auf der einen Seite die Bedürfnisse der Organisation, des »Auftraggebers« und auf der anderen die der freiwilligen Mitarbeiter*innen. Beides musste ständig in Ausgleich gebracht werden.

Für mich und meine hauptamtlichen Mitarbeitenden bedeutete dies sehr viel Vermittlungsarbeit. Immer wieder aufs Neue. In beide Richtungen.

Wenn der Plan ständig von der Realität eingeholt wird, braucht es einen anderen Rahmen

Aber nicht nur im Umgang mit unseren ehrenamtlichen Mitstreiter*innen im Kulturamt bemerkte ich recht schnell, dass der »klassische Ansatz« an seine Grenzen stößt. Oft erzeugt er mehr Probleme, als er löst. Zu der

Zeit, an der ich dort anfing, startete ein Bürgerbeteiligungsprozess mit einer Zukunftswerkstatt. Es sollte nicht der Einzige bleiben, die ich während meiner Zeit dort begleiten durfte. Die Freiwilligenagentur, die entwickelt und aufgebaut werden sollte, war nur eines von mehreren Projekten. Und dieses Projekt wollte so gar nicht durchstarten, wie wir es geplant hatten. Das war der Moment meines furiosen Scheiterns mit klassischen Projektmethoden, der mir den letzten Schubs in Richtung Agilität geben sollte.

Unsere erste »Realitätsklatsche« bekamen wir, nachdem wir unseren durchdachten Projektmeilenstein und die zugehörige Projektorganisation für die Freiwilligenagentur präsentiert hatten. Von offizieller Seite alles kein Prob-

lem. Grünes Licht vom Stadtoberhaupt. Die Idee einer Freiwilligenagentur fanden alle Beteiligten super. Also loslegen. Dafür braucht es jedoch Unterstützung. Es sollte schließlich eine bürgerschaftlich getragene Organisation werden, die mit professioneller Unterstützung der Stadtverwaltung durchstartet. So zumindest der Plan. Dafür braucht es also freiwillige Mitstreiter*innen. Aber schon hier ging es los. Längerfristig verpflichten? Auf mehrere Aufrufe fand sich niemand. Selbst Einzelgespräche mit engagierten Menschen brachten uns nicht weiter.

Das Problem: Zwar sahen alle, mit denen wir im Gespräch waren, den Bedarf, aber es gab niemanden, der bereit war, sich in einem Projekt zu engagieren, das zu Beginn in erster Linie den Aufbau einer Organisation erforderte. Ich bekam öfter zu hören: »Das ist alles zu bürokratisch und zu formal mit viel zu wenig Spaß. Wissen Sie, ich habe eh schon wenig Zeit, warum soll ich mich mit so etwas belasten? Wenn ich mich engagiere, möchte ich etwas tun, erleben, ohne den ganzen Stress und Papierkram.«

Wir stellten fest, dass das Problem, welches wir lösen wollten, nämlich das bürgerschaftliche Engagement in Vereinen und Initiativen zu stützen, indem wir engagierte Mitmenschen mit ihnen zusammenbringen, das gleiche Problem wie unsere Zielgruppe selbst beinhaltete. Es fehlte an engagierten Menschen, die sich des Themas annehmen konnten. Die aktiven und engagierten Mitmenschen waren bereits mehrfach gebunden. Oder wie es ein Vereinsvorsitzender zum Ausdruck brachte: »Die Idee ist super, Herr Michl. Aber ich habe leider schon zwei Ehrenämter, eine Familie und noch einen Beruf. Da geht nicht noch mehr.« Ergo mussten wir unsere Pläne schnell anpassen und einen neuen Weg suchen. Der Ansatz war, im Zuge der geplanten Zukunftswerkstatt das Thema Unterstützung des Ehrenamts einfließen zu lassen und zu schauen, was dabei herauskommt. Explorativ in kleinen Schritten herantasten, ganz wie man es als Agilist macht. Das gelang allerdings wieder etwas anders als erwartet. Heraus kam der Wunsch nach einer koordinierenden Stelle bei der Stadt, die hauptamtlich getragen wurde, und die als Mittler zwischen den Akteuren und zentraler Ansprechpartner agieren und möglichst die bürokratischen Hürden senken sollte. Aus der Freiwilligenagentur wurde im ersten Entwurf eine »Stabsstelle Freiwilligenarbeit«.

Frühes und schnelles Feedback der »Zielgruppe« und das konkrete Beobachten in der Praxis bringt uns voran

»Stabsstelle« klang für uns unkompliziert. Für uns war klar, es ist eine »Einheit« außerhalb der Linienstruktur mit Querschnittsfunktion. Nicht so für die engagierten Mitmenschen. Schnell bekamen wir das Feedback, dass dies doch sehr nach Militär, Hierarchie und straffer Organisation klingen würde. Mit einem Augenzwinkern erklärte mir eine ältere Dame: »Sie sind dann der Feldwebel, der dann die Kommandos gibt.« Das war weder das Ziel noch attraktiv, um die Menschen zu gewinnen, die wir brauchten. Wir drehten in der immer noch laufenden Zukunftswerkstatt den Spieß kurzerhand um und baten die Beteiligten, von denen viele zur späteren Zielgruppe gehören würden, ihre Vorstellungen zu präzisieren und auszuarbeiten. Aus der Stabsstelle wurde ein Netzwerk mit Geschäftsstelle. Ein Logo, ein Flyer, alles entstand mit einer Gruppe engagierter Teilgebender im Zusammenspiel in nur wenigen Wochen. Mein Job dabei war, wie ein Scrum Master in einem Scrum Team, Hindernisse auflösen zu helfen. Das Stadtoberhaupt war dabei das Pendant zum Product Owner, der genau diesen Job innehatte. Nur wussten wir zu dem Zeitpunkt nichts von diesen beiden Rollen und Scrum als

Framework. Diese Lernlektion nahmen wir auch aus der gesamten Zukunftswerkstatt, aus der zahlreiche Projektideen entstanden, ebenfalls mit. Es waren tolle Ideen dabei. Verschiedenste Experimente von der »Mitfahrgelegenheit« über Reparaturwerkstätten, Bürgerbus bis hin zum Lotsenpunkt für Alltagshilfen.

Wir hatten bereits gelernt, dass die Realität oft nicht mit den getroffenen Erwartungen übereinstimmt. Und so war es dann auch mit einzelnen Projekten, von denen einige zum selbstlaufenden Erfolg wurden, während andere nicht so funktionieren sollten wie gehofft. Wir mussten unsere Annahmen in der Realität prüfen und anpassen. In diesem Sinne war meine Rolle bei diesen Projekten wieder ähnlich: Vergleichbar zu den agilen Rahmenwerken als Facilitator, Unterstützer, Coach, Vermittler wirken und dabei unterstützen, dass Hindernisse behoben werden.

Wir lernten schnell, dass wir frühes Feedback in kurzen Abständen von unseren »Stakeholdern« brauchten. Frühe Rückmeldung bedeutet, schneller zu lernen, was wir besser machen können, indem wir früh erkennen, was funktioniert und was nicht. Wir brauchten kurze Feedbackzyklen. Besonders hilfreich war der konkrete Bezug zur praktischen Umsetzung. Nicht die graue Theorie auf dem Papier lieferte uns die spannenden Erkenntnisse. Sondern das konkrete Tun aus der Praxis in greifbaren und kleinen Projekten.

Und so fand die Agilität ihren Weg in die Amtsstube

Wir waren mit der Absicht gestartet, etwas Neues aufzubauen. Eine gute Absicht allein reicht aber nicht. Es braucht auch die passenden Strukturen und den Rahmen sowie die Bereitschaft, sich auf eine »Lernreise« einzulassen und sich selbst zu hinterfragen. Hierfür fand ich im agilen Manifest und den verschiedenen agilen Rahmenwerken die passende Inspiration. Das beständige Weiterentwickeln und Verbessern, das Teil der Agilität ist, ist eine wertvolle Unterstützung. Genau deshalb bin ich fest davon überzeugt, dass agile Ansätze sehr gut zur öffentlichen Verwaltung passen. Sie muss, wie alle anderen Organisationen auch, komplexe Herausforderungen meistern und immer wieder neue Lösungen entwickeln. Das zeigt sich gerade auch am Beispiel des Engagements von Ehrenamtlichen und Freiwilligen, über das ich meinen Zugang zu agilen Ideen rund um Scrum, Kanban und Co. gefunden habe. Aus meinem Scheitern mit klassischen Methoden begann meine Entdeckungsreise der agilen Welt, die ihren Weg in die Amtsstube gefunden hat.

Thomas Michl
arbeitet seit 2018 als Agile Coach für ein Beratungsunternehmen. Davor war er viele Jahre bei einer Stadtverwaltung als Amtsleiter, Fachbeauftragter für bürgerschaftliches Engagement und am Ende seiner kommunalen Zeit als Stabsstelle für Querschnittsaufgaben tätig. In dieser Zeit hat er die Agilität für sich entdeckt, um die komplexen Herausforderungen in seinem Arbeitsalltag zu bewältigen. Vieles von dem, was er an Erfahrung im Kontext des bürgerschaftlichen Engagements über Partizipation, Beteiligung und Moderation von Gruppenprozessen gelernt hat, nutzt er heute für seine Tätigkeit als Veränderungsbegleiter und Teamcoach in Unternehmen und Behörden. Er ist nicht nur ein begeisterter Agilist, sondern auch ein großer Freund der japanischen Lesart von Lean Management. Er gehört zu den Gründungsmitgliedern des Forums Agile Verwaltung, einer Plattform für kollegiale Beratung und Unterstützung von Agilisten in der öffentlichen Verwaltung.

Führung nach Bandmaß in der Hamsterrad GmbH

Es ist ein grauer, regnerischer Tag im März 2023. Das letzte Meeting steckt mir in den Knochen. Wieder mal hatten wir eine wiederholte Vorbesprechung zu einer Verhandlung zum Übergang eines agilen Projektes in die vorherrschende Linienstruktur. Ich verlasse die Firmenzentrale der HAMSTERRAD GmbH in Willingen an der Muss und gebe mir nicht einmal Mühe, mich und meine Post-its trocken ins Auto zu bekommen. Kaum bin ich auf der Autobahn, kann ich meine Tränen nicht mehr zurückhalten. Seit über drei Jahren zerrt mich das Projekt »Skalierung von Business Coaching« (SBC) wild auf der Skala zwischen Superheldin und Superschurkin umher.

Unwillkürlich muss ich schmunzeln. Wer hätte 2019 gedacht, dass ich 2023 Tränen vergieße für ein Projekt, welches seit über 3 Jahren das Projektziel immer noch nicht erreicht hat, eine ausgesprochen gelungene Reputation besitzt und die Organisation reizt wie ein großer roter Triggerpunkt.

Rund neun Monate vor Corona herrscht in der HAMSTERRAD GmbH Aufbruchsstimmung. Im gegründeten Hamsterrad Lab sammeln sich alle Projekte und Innovationsinitiativen für Produkte und Digitalisierungsvorhaben. Mittlerweile hat sich eine großzügige, agile Projektstruktur etabliert. Alle sind sich einig – die digitale Transformation ist allumfassend und dringend notwendig. Auch ausreichend Projekte zu Themen wie Kulturentwicklung, Lernen und Befähigung sind initiiert.

Hoch engagiert und erfreut über die Entwicklung meiner HAMSTERRAD GmbH während meines zweijährigen Sabbaticals, verlasse ich meine Stelle als Controllerin und finde mich in Projekten zu Kultur- und Lernthemen wieder. Endlich kann ich Themen nachgehen, die zu meinen Arbeitspräferenzen passen. Meine zahlreichen Ideen sind hier scheinbar erwünscht. Und dennoch: Ich erinnere mich zwar an zahlreiche Theorien und Modelle zum Thema Veränderung aus dem Studium, aber diese Erfahrungen und Kenntnisse bringen mich hier in den Themen keinen Zentimeter weiter.

Es widerstrebt mir, in trendigen Meetings Woche um Woche zu besprechen, wie wir die Belegschaft und die Führungskräfte der Hamsterrad GmbH begeistern könnten, die angestrebte, offene, agile, hierarchiearme und kreativitätsfördernde Kultur für mehr Kundennutzen zu leben.

Wahrscheinlich liegt dieses persönliche Widerstreben an meinen persönlichen Recherchen zu wirkungsvoller Organisationsentwicklung, denn die bringen mich in die Welt der Organisationssoziologie. Was ich verstehe: Strukturen schaffen Verhalten. Was ich beobachte: Es sind sich alle einig, dass es eine andere Kultur benötigt und die Liste der Anforderungen und Appelle an Mitarbeitende und Führungskräfte wird länger und länger.

Mein innerlicher Schmerz wird wöchentlich größer.

Entschädigt werde ich zu jedem unserer Präsenzmeetings des gesamten Hamsterrad Labs. Hier wird echte Hierarchiearmut gelebt! Mit Bob, Head of PFKL (Hamsterrad Lab Portfolio Führung, Kultur und Lernen) bespreche ich oft am Rande der Meetings, wie ich meine persönlichen Stärken in die Kulturthemen einbringen kann.

Ich sehe ihn vor mir: Auf einem weißen Sofa sitzend macht er mir zunächst ein wenig attraktives Angebot. »Übernimm doch das Projekt: SBC!«. Eine Coaching Plattform für die Vermittlung von externen Business Coaches hat den Weg in die HAMSTERRAD GmbH gefunden. »Cloudbetrieb, technische Einbindung und Benutzermanagement – so gar nicht mein Fall«, denke ich mir still. Das kann ich einfach nicht laut sagen. Seit Monaten bitte ich Bob mir Verantwortung für ein eigenes Thema zu übertragen. Meine Laune bessert sich am nächsten Morgen. Bob ruft mir freudig entgegen: »Hast du dich für die Product Owner Stelle entschieden? Dieses Thema mit der Coachingplattform ist größer als gedacht. Wir etablieren flächendeckend ein neues (agiles) Führungsverständnis. Von Willingen an der Muss bis nach Hamburg sollen die Führungskräfte ein Mindset erlangen, das in Transformationsfragen zuträglich ist. Mit all deinen Ideen und deiner Energie bist für das Projekt genau die Richtige!«

Auftrag klar – Problem noch abwesend

So viel war klar: Es ist maximal unklar, ob Business Coaching via Videochat in den ausgeprägten Strukturen der

Hamsterrad GmbH Anklang findet. In den 70er Jahren als Familienunternehmen gegründet und mit Standorten in ganz Deutschland, ist die Verbundenheit zu Präsenzmeetings und der Firmenzentrale in Willingen an der Muss deutlich ausgeprägt.

Ich finde mich wieder in zahllosen Meetings zur Auftragsschärfung. Vertreter verschiedener Ressorts (Innovation, HR, Vertrieb, usw.) erklären mir mit unterschiedlicher Begeisterung, dass marktbeobachtende Mitarbeitende aus den wichtigsten Abteilungen ihrer Ressorts Anbieter auf dem Markt entdeckt haben, die digitales Coaching anbieten. Ein Anbieter zeige sich besonders flexibel und ein Pilotszenario könne zeitnah starten.

Darüber hinaus haben alle Beteiligten auf Managementebene unterschiedliche Vorstellungen, was möglich sei, wenn das Coaching-Produkt einmal im Portfolio der Hamsterrad GmbH wäre. Idealerweise wird gleichzeitig am neuen Führungsverständnis gearbeitet. Synergien sind schnell erkannt – was wäre denn, wenn in einer mittelfristigen Zukunft Business Coaching Führungskräfte dabei unterstützt (endlich) Teil der Veränderung zu werden? Und wenn die Hamsterrad GmbH die Veränderung dadurch messen könnte!

Laut dem agilen Projektmanagementplan war es nun die Aufgabe meines Projektteams, die Vorphase eines agilen Projektes zu durchlaufen und eine WKW-Frage (»Wie können wir…?« – aus dem Design Thinking) zu entwickeln.

Ja, was haben wir denn für ein Problem, was wir lösen?

Ein Elefant bahnt sich an

Zunächst führe ich mit dem Projektteam eine ausführliche Kulturanalyse durch. Wir finden im Unternehmen tatsächlich Führungskräfte, die bereits ein Business Coaching

genutzt haben. Coaching erhalten wohl vorzugsweise Führungskräfte, die
- aus Sicht eines Managers ein Problem sind oder tatsächlich haben (Problemzentrierung)
- von ihrer übergeordneten Führungskraft eine Freigabe für die Coaching-Themen erhalten haben
- ein mehrstufiges Antragsverfahren durchlaufen
- Zeit haben sich halb- oder ganztägig in Präsenz mit dem Coach zu treffen
- deren Bereich über etwas Budget für externe Personalentwicklung verfügt.

Führungskräfte des C-Levels erhalten nur externes Coaching, niemals internes Coaching. Alle anderen Führungskräfte erhalten externes Coaching, wenn sie es nötig haben. Einige Führungskräfte investieren privat Geld und Zeit in Business Coaching, da sie ihre Stärken weiterentwickeln möchten und sich auf neue Zusammenarbeitsmodelle einstellen, jedoch kein Problem vorweisen können. Für Personen, die keine Führungskräfte sind, ist es nahezu ausgeschlossen, offiziell ein Business Coaching zu erhalten.

Was wir zu dem Zeitpunkt nicht wissen und sonst keiner ahnt: Wir konzentrieren uns in der Analyse konkret auf entscheidbare Strukturelemente (z.B. Antragsverfahren, Regeln zur Inanspruchnahme, Personenkreis, usw.)

Die öffentlich im Managementsprech anschlussfähige WKW-Frage für die nächste Projektphase ist auch gefunden: »Wie können wir es schaffen, Führungskräfte, die besonders veränderungsfähig sind, dabei zu unterstützen, ihre Haltung nachhaltig weiterzuentwickeln?«

Wir befinden uns mitten im 1. Lockdown. Das Projekt SBC erhält den Zuschlag zur ersten richtigen Projektphase – Anhand eines Testszenarios haben wir den Auftrag, die Nutzbarkeit einer Plattform für die Vermittlung von externen Business Coaches zu untersuchen. Kollateralnutzen werden auch von uns erwartet, zum Beispiel Transformation und Veränderungsverhalten endlich messbar zu machen.

Meine Arbeit wird garniert durch virtuelle Flurgespräche.

»Ann, du solltest schon wissen, das wird kein Zuckerschlecken mit HR – dort müssen noch einige die vier Räume der Veränderung durchlaufen.«

»Ann, wir haben uns im letzten HR-Meeting schon gefragt, welche Hidden Agenda du verfolgst!«

»Was glaubst du denn, welche Hidden Agenda ich habe?«

»Das weiß ich doch nicht. Seit Jahren gehört Business Coaching zu unserem ureigensten HR-Geschäft und nun kommst DU plötzlich mit einer Plattform um die Ecke. Das ist doch Kalkül!«

»Ann, ich habe gehört, ihr startet ein Pilotszenario für Business Coaching. Ich bin seit zwei Monaten in einer fachlichen Führungsrolle. HR sagt aber, ich zähle nicht als Führungskraft. Sicher darf ich auch nicht teilnehmen an diesem Pilotszenario!«

Die Reifen quietschen, ich muss scharf bremsen und werde aus meinen Gedanken gerissen. Was habe ich nicht alles in den drei Jahren gelernt!

Phase 1 – Weglassen ist das neue Hinzufügen

Mit dem ersten Pilotszenario lassen wir so ziemlich fast alle Regeln weg, die das Unternehmen bisher kennt (z. B. Antragsverfahren, Zustimmung der übergeordneten Führungskraft, hierarchieverordnetes Coaching, Problemrechtfertigung, Entnahme aus bereichsinternem Weiterbildungsbudget, usw.). Wir haben jedoch mehr Interessensbekundungen zur Teilnahme als Plätze.

Stattdessen setzen wir auf kommunikative Auseinandersetzung im Unternehmen, denn Arbeitsbeziehungen regeln sich meist gegenseitig:

Wir erarbeiten eine klare Kommunikation zum Ablauf und Kontingent des Pilotszenarios.

Wir wählen eine spitze Nutzergruppe und sprechen vorzugsweise Personen an, die qua Organigramm oder laut Kaffeeküchen (Führungs-)Verantwortung in agilen Zusammenarbeitsformen übernehmen. Dabei achten wir darauf, dass verschiedene Unternehmenszweige der HAMSTERRAD GmbH angesprochen werden und nicht nur Mitarbeitende aus dem Hamsterrad Lab teilnehmen.

Wir überlassen die Entscheidung der Teilnahme den potenziellen Nutzenden. Zur Orientierung empfehlen wir ihnen, ihren Entwicklungswunsch in Referenz zur tatsächlichen unternehmerischen Herausforderung zu bringen und mit einer vertrauten Person zu besprechen, mit der sie eng zusammenarbeiten.

Im Laufe des Pilotszenarios etablieren wir kurze virtuelle Lernräume, in denen sich die Teilnehmenden »siloübergreifend« begegnen können. Dabei reden sie über Erfahrungen, Erlebnisse und Wahrnehmungen und unser Projektteam lernt etwas über die formellen und informellen Strukturen des Unternehmens.

Mir ist bewusst: Ich kann so nonchalant über diese Phase erzählen, weil zwei wesentliche Faktoren dem Projektteam Schutz verschaffen:

Bob verteidigt unsere Vorgehensweise gegenüber jeder kritischen Stimme mit den Worten: »Die HAMSTERRAD GmbH will Innovation, dann müsst ihr das Projektteam auch mit Pilotszenarien lernen lassen. Die Projektphasen geben das so vor!«

Ina, eine weitere »Head of« im Hamsterrad Lab, sorgt mit Macht und Einfluss dafür, dass wir technisch nicht scheitern. Cloud-Betrieb mit 75½ Unterauftragnehmern in einem Familienunternehmen, das nur mit deutschen Servern arbeitet? Das geht nur mit Ina an unserer Seite!

Das Testszenario endet und der Net Promoter Score liegt bei 9,9 von 10. Zu dieser Zeit bin ich verzweifelt: Ich erkenne das Potenzial der entstehenden Kommunikationsräume und Mitarbeitende erzählen berührende Geschichten über die Kraft von Potenzialentfaltung. »A fool with a tool is still a fool« – Ich stehe mit einer grundsätzlich funktionierenden Plattform in den Händen da und würde das Projekt SBC am liebsten beenden. Zu groß scheint mir die Gefahr der Übergriffigkeit auf Führungskräfte in der Organisation. Ich beobachte organisches Wachstum und Veränderungsfähigkeit im Unternehmen. Andererseits habe ich für meine Managementpitches immer noch keinen Beweis für eine messbare Verhaltensveränderung.

Phase 2 – Nützt ja nichts: Ein zweites Pilotszenario muss her

Die immer noch nicht messbare Verhaltensänderung und fehlende Steuerungsmöglichkeit begründet ein zweites Pilotszenario. Im Wesentlichen beobachten wir folgende Kernaspekte:

Wir stellen das Coachingangebot divers auf und verhindern eine ausschließliche Abhangigkeit von einem Coachingangebot. Verwandte Themen und Akteure zu Business Coaching finden sich in einem Netzwerk wieder, das organisch wächst und handelt.

Wir etablieren den Begriff »Person mit Führungsverantwortung«. Jeder potenzielle Teilnehmende an einem Business Coachingprodukt setzt sich zu seinem Coachingbedarf mit einem Tandempartner (eine Person, zu der ein Vertrauensverhältnis besteht und die einen nahen Bezug zur täglichen Arbeit des Teilnehmenden hat) auseinander. Es gibt nach wie vor keine Zugangsbeschränkungen.

Alle Teilnehmenden werden Teil eines unternehmensweiten Netzwerks. Dort finden sie Kommunikationsräume und Beratungsformate, in denen strukturelle Elemente der HAMSTERRAD GmbH besprechbar gemacht werden. Langsam wird es üblich, nicht mehr über Schuldige zu debattieren, sondern Zusammenhänge herzustellen und Verhalten zu erklären. »Haltungsirrtum« und »Steuerungsillusion« dürfen jetzt auch mal in einem Meeting ausgesprochen werden.

Bis heute ist niemand aus diesem Netzwerk ausgetreten. Stattdessen treten Mitarbeitende auf Empfehlung ein, ohne dass sie ein Coachingangebot genutzt haben.

Und wieder verzweifle ich. Ich sehe mit eigenen Augen, wie Menschen Verantwortung übernehmen, sich persönlich weiterentwickeln und den gesetzten Rahmen ihrer Rolle und Funktion in der Organisation zugunsten des Marktes der HAMSTERRAD GmbH ausgestalten. Die Reputation des Projektes SBC im Unternehmen ist äußerst gut.

Anschlussfähige Managementkommunikation ist und bleibt jedoch mein Endgegner. Einen Beweis für eine messbare Verhaltensveränderung habe ich immer noch nicht. Und mir ist nach wie vor bewusst: Diesen kann und will ich nicht erbringen. So sind Termine mit dem Management durchaus herausfordernd.

»Frau Ann, ich bin ganz und gar nicht zufrieden. Ich sehe auf ihren vorbereiteten Folien zu wenig Substanz, wie Sie Führungskräfte ins Coaching bringen, die es bitter nötig haben. Außerdem legen Sie sofort dar, wie die jeweilige Führung in den Prozess eingebunden wird, schließlich muss diese den Erfolg des Coachings kontrollieren!«

Es ist Bob zu verdanken, dass ich bei der Empfehlung geblieben bin, Business Coaching als Angebot in die HAMSTERRAD GmbH zu integrieren. Er hat nicht ganz unrecht, wir sprechen mittlerweile über ca. 250 aktive und ehemalige Nutzende sowie ca. 650 Menschen in dem unternehmensweiten internen Netzwerk. Das Projekt SBC ist mittlerweile über die Unternehmensgrenzen hinweg bekannt und es gibt keine plausible Begründung für eine Beendigung des Projektes bei der vorhandenen Reputation.

Anschließend an das zweite Pilotszenario werden die Business Coachingangebote dauerhaft (aber immer noch im Rahmen des Projektes) in das Unternehmen etabliert.

Rückblickend betrachtet, haben vier Kernerkenntnisse unser Projektteam durch Entscheidungen und die Gestaltung des unternehmensweiten internen Netzwerks in diesem widersprüchlichen und komplexen Umfeld navigiert:

1. Das Menschenbild entscheidet. Unter der Annahme, dass die Mitarbeitenden intrinsisch motiviert sind, ihr Bestes für die Kunden der HAMSTERRAD GmbH zu geben, ist es ausgeschlossen, Business Coaching über starre Regeln und Prozesse abzubilden. Wir vertrauen darauf, dass Menschen sich entfalten und ihren Wertbeitrag beruflich einbringen wollen. Immer weg von äußerer Motivierung (zum Beispiel durch ein Angebot der Personalentwicklung) hin zu strukturellen Entscheidungen, die intrinsische Motivation freilegen.

2. Führungskraft qua Organigramm ist nicht automatisch Führung in der HAMSTERRAD GmbH. Überall dort, wo sich der Markt der Organisation stark verändert, übernehmen Menschen Verantwortung für unternehmerische Probleme. Business Coaching orientiert sich also nicht an Stellenbezeichnungen, sondern an tatsächlichen unternehmerischen Problemen, die gelöst werden.

3. Das Üben individueller Reflexion stärkt Menschen mehrdimensional, berufliche Herausforderungen zu betrachten. Die Dynamik der Märkte der HAMSTERRAD GmbH nimmt drastisch zu. Das

regionale B2C-Geschäft ist längst dem internationalen Geschäft, Online-Verkaufsplattformen und einem steigenden Gebrauchtwarenhandel gewichen. Neben einer klugen Organisationsstruktur ist das Unternehmen darauf angewiesen, dass Menschen sich persönlich in veränderlichen Umwelten und Anforderungen bewegen können.
4. Finger weg von Verhaltensappellen! Wir machen uns nichts vor, echte minimalinvasive Organisationsentwicklung nimmt zunächst die Struktur in den Fokus. Leichtfertige Verhaltensappelle absorbieren die Aufmerksamkeit der Teilnehmenden und lenken den Suchscheinwerfer eher auf Helden und Schuldige als auf sinnvolle/sinnfreie Strukturen für mehr Verantwortungsübernahme.

März 2023

Das Projekt SBC existiert immer noch. Die Messbarkeit von Verhaltensänderungen haben wir nicht gefunden. Die (selbst entdeckte) Mission, Strukturen statt Schuldige in den Fokus zu rücken, ist geglückt. Staunend stehe ich vor den Kuriositäten des Unternehmens und begleite seit 5 Monaten (immer noch als Product Owner) den unternehmenspolitischen Konflikt, wer an welcher Stelle Personalentwicklung machen will. Ist Business Coaching nun Personalentwicklung oder auch Organisationsentwicklung? Wie schön wäre es, für so manchen Akteur auf diesem Spielfeld doch einfach mal kräftig die Silotür zuzuschlagen und auf zukünftige Kollaboration zu verzichten!

Und deshalb Tränen der Freude und Erleichterung: Das organisch gewachsene unternehmensweite interne Netzwerk ist ein Ort, an dem Mitarbeitende den Fokus auf Wirksamkeit am Markt legen und gemeinsam (entlastend) Strukturen und Funktionen auf die Schliche kommen.

Es sind auch Tränen der Anstrengung: Ich weiß, wir müssen ran an die Struktur. Hier ist niemand schuld. Wirksamkeit kann entstehen – ja, auch für das scheinbar so verstaubte zentrale HR-Ressort. Doch die Organisation streitet mit sich selbst.

Vivien Mahn und Benjamin Dittrich

sind Gründer*in von INVIBE Organizations. Viviens Mission ist es mit Menschen Wirkungsraum für die Arbeit der Zukunft zu gestalten. Dazu kommt sie Kultur- und Strukturmustern in Unternehmen auf die Schliche und sie bringt systemkluge, unkonventionelle Impulse in ihre Arbeit ein.

Benjamins Antrieb ist die Interaktion mit Menschen. In der Begleitung von Teams und Organisationen ist er immer auf der Suche nach dem Maximum an Reflexionsmöglichkeit für alle Beteiligten, um die Lerneffekte auf dem höchsten Niveau zu halten. In ihrer Arbeit mit Einzelpersonen, Teams und Unternehmen setzen Vivien und Benjamin den Fokus auf echte unternehmerische Probleme und begegnen immer wieder echter (unentdeckter) Verantwortungsübernahme. Deshalb können sie, wie hier in diesem Bericht, zahlreiche spannende Geschichten erzählen.

Epilog 1: Ziel verfehlt, Mission erfolgreich

Unsere vier ersten Agile Missions Impossible führten uns zu vier ganz unterschiedlichen Schauplätzen: ein internes Projekt für Webseiten, ein Start-Up, das Kulturamt einer Stadt sowie eine Initiative zur Organisationsentwicklung in einem großen Unternehmen.

Für Nervenkitzel sorgten die nicht erreichbaren Ziele. Es sind Geschichten, die Matthias, Sven, Thomas sowie Vivien und Benjamin in ihrem Arbeitsalltag gefunden haben. Sie sind es wert, erzählt zu werden, sie sind authentisch und könnten sich so gleich morgen an unserem eigenen Arbeitsplatz abspielen.

Den Drahtseilakt vollziehen unsere Autorin und die Autoren zwar nicht im CIA-Hauptquartier an der Decke hängend – wie es im ersten Film der Mission: Impossible-Reihe unser Agent Ethan Hunt vollbringt. Dafür aber balancieren sie auf dem schmalen Grad zwischen dem, was im Arbeitskontext möglich ist und was nicht. Mehrere Ziele sind nicht mehr erreichbar, die eingeschlagenen Wege führen nicht mehr zu dem, was man eigentlich erreichen wollte. Festzuhalten an dem, was nicht möglich ist, wäre Verschwendung von Zeit, Geld und eigener Kraft.

Im ersten Film der Mission: Impossible-Reihe erleben wir in den ersten Minuten, wie unser Protagonist Ethan Hunt sein gesamtes Team in einem Einsatz verliert. Er ist einer Maulwurfjagd auf den Leim gegangen und wird jetzt auch noch selbst beschuldigt, der Maulwurf zu sein.

Im Arbeitsalltag sehen wir ebenfalls nur einen Teil dessen, was sich um unseren Arbeitseinsatz herum abspielt. Wir lernen erst mit der Zeit die verschiedenen Rädchen kennen, die ineinander greifen. Wir akzeptieren mit der Zeit andere Perspektiven und Bewertungen der Situationen und erkennen die Muster schneller, die es zu umschiffen gilt, um die Mission dennoch zum Erfolg zu führen.

Im Nachhinein schaut vieles einfach aus. Nur damals, als wir in der Situation steckten, wussten wir nicht, wie es ausgeht. Wir gehen tausend unterschiedliche »Was-wäre-wenn«s durch und haben Angst vor möglichen verheerenden Ausgängen.

Was wäre, wenn das Produkt nicht rechtzeitig fertig wird?

Was wäre, wenn niemand mehr freiwillig an den Themen mitarbeitet?

Was wäre, wenn der Kunde abspringt?

Was wäre, wenn ungeliebte Kontrollmechanismen entstehen?

Was wäre, wenn meine Leistung nicht anerkannt wird?

Jetzt kommt es auf das Timing und auf die richtige Idee an.

Ethan Hunt gibt nicht auf, er stellt sein eigenes Team zusammen und schleust sich selbst tief in die verstecktesten und illegalsten Winkel der Geheimagenten-Strukturen ein.

Genau die richtige Idee zur richtigen Zeit – aber alles andere als bequem.

Vor allem ist es nicht intuitiv: statt aus der Schusslinie zu gehen, sich genau in den heißesten Punkt zu begeben.

Die Initialzündung für diese Idee kommt manchmal genau in dem Moment, wo wir sie am wenigsten erwarten. Natürlich braucht es dafür einen etwas anderen, schrägen Blickwinkel auf das Leben.

Unsere Autorin und die Autoren der Berichte dieses Kapitels müssen einzelne Ziele aufgeben.

Es sind ambitionierte Ziele, die die Organisation gerne erreicht hätte. Es sind sehr konkrete Ziele, die mit jedem Arbeitspaket und jedem Meeting weiterverfolgt wurden.

Matthias Team hat es nicht geschafft, alle vorgegebenen Elemente für die Website detailliert umzusetzen. **Sven** konnte mit seinem Team nicht erreichen, dass sich die Mitarbeitenden des Kunden auf die WM in Katar freuen.

Thomas hatte mit klassischen Projektmanagement-Methoden keinen Erfolg und konnte sein Team nicht direkt steuern und Aufgaben anordnen.

Vivien und **Benjamin** sahen, dass Verhaltensänderungen von Führungskräften nicht messbar waren und sich als Ziel nicht eigneten.

Nach einer langen Zeit die Ziele noch nicht erreicht zu haben, ist immer nur eine Seite der Medaille.

Auf der anderen Seite stehen die großen Lernerfolge, die Erfahrung, um die man reicher ist. Wir lernen unser Arbeitsumfeld, unser Produkt, unsere Dienstleistung und unsere Kunden besser kennen. Wir bewirken niemals nichts. Vieles ist anders als vorher: Das Vertrauen in Personen und Produkte ist gewachsen. Rollen und Arbeitsweisen haben sich ausgebildet, die in Zukunft noch stärker gebraucht werden. Die Menschen und die Organisation werden sich weiterhin an diese Erlebnisse erinnern und werden sich beim zukünftigen Handeln daran orientieren.

In den vier Berichten der Agile Missions Impossible lesen wir, wie Missionen dennoch erreicht werden können.

Epilog 1: Ziel verfehlt, Mission erfolgreich | 57

Die Mission ist mehr als die Summe ihrer operativen Ziele. Die Mission richtet sich vor allem nach außen. Womit identifizieren sich Mitarbeiter, Teams und die Organisation? Welche Werte haben sie und wonach richten sie sich aus? Wie nehmen die Kunden und der gesamte Markt uns wahr?

Matthias schreibt, wie begeistert die Stakeholder von dem innovativen Hintergrundvideo waren und wie sie die moderne Website gefeiert haben. Zusätzlich hat sich das Vertrauen in und der Respekt für die Product Ownerin gestärkt. Die Mission »Weniger Heldentum, mehr Selbstorganisation im Team« war erfolgreich.

Sven zeigt, wie im Handumdrehen ein anderes Sportevent eingesetzt wurde. Der Women's World Cup sorgte nicht nur für Begeisterung beim Kunden, sondern zeigte auch, wie schnell und selbstverständlich Anpassungen möglich sind. Die Mission »in der hybriden Welt den Kontakt halten« war geglückt.

Thomas hat nicht nur erfolgreich die Mission »Freiwilligen-Agentur« auf die Beine gestellt. Es wirkt fast beiläufig, wie er eine komplett neue Arbeitsweise und Kultur in das Kulturamt einbringt. Für die Zukunft sind sie mit veränderten Rollen, einer einladungsbasierten Führung, kürzeren Iterationen und frühem Feedback besser gerüstet.

Vivien und Benjamin berichten von einer erfolgreichen Einführung der Coaching-Plattform – Nur messen lässt sich dies an anderen Kriterien. In ihrem Bericht lernen wir viel über die Wirkungen, die kleinste Initiativen haben können, und über die Erkenntnisse, die man über die eigene Organisation erlangt. Versucht die Organisation durch so ein Tool übergriffig zu werden? Lässt sich ein Rahmen herstellen, in dem Regeln wie Antragsformulare, Budgetregulierungen oder Bewilligungsstrukturen außer Kraft gesetzt werden können? Können Strukturen statt Schuldige in den Fokus gerückt werden? Lernt die Organisation, wie sie an ihren Strukturen in kleinen, wirkungsvollen Schritten arbeiten kann?

Am Ende entpuppt sich jede Mission als Gewinn.

Ethan Hunt kann sich am Ende rehabilitieren, gilt nicht mehr als Maulwurf, hat die verdeckten Machenschaften aufgedeckt und ist der Held der Geschichte.

Im wahren Leben werden wir vielleicht nicht so offiziell gefeiert und die Mission ist nicht in der ganzen Welt auf der großen Leinwand zu sehen, aber dennoch:

Wir sind der Held oder die Heldin unserer eigenen Geschichte.

Und gäbe es nicht die verfehlten Ziele, die Höhen und Tiefen, wäre es langweilig, schnell vergessen und nicht erzählenswert.

Eine Mission, die keiner wollte

BeeAgileGame

Du bist doch nur die Handlangerin von Britta!« Ich war schockiert! Niemals hatte ich erwartet, dass mein Versuch, dem Team etwas Gutes zu tun, so missverstanden wurde. Aber zurück auf Anfang. Vor einigen Jahren war ich Scrum Masterin in zwei Entwicklungsteams, die auf ihre eigene Art Scrum machten, den Umständen entsprechend kreativ uminterpretiert. Ich war schon seit 10 Jahren in dieser und ähnlichen Rollen unterwegs und es gab immer einige Anpassungen.

Britta, die Product Ownerin, freute sich über meine Unterstützung für ihre Teams. »Endlich weniger Termine und Organisation! Ich habe wirklich genug zu tun mit dem Backlog und muss mich endlich wieder richtig auf das Fachliche konzentrieren können!« Der Fokus auf den Inhalt und die Umsetzung eines Projektes kommt häufig in Konflikt mit dem Fokus auf die Teams und deren Bedürfnisse. Ein üblicher Rollenkonflikt, wenn die Rolle Scrum Master nicht durch eine eigene Person abgedeckt war. Unsere Zusammenarbeit verlief sofort Hand in Hand. Für das Entwicklungsteam und Britta war meine Rolle als Scrum Masterin vollkommen transparent.

Die Anforderungen kamen nicht nur von Britta, sondern von weiteren Ideengebern mit verschiedenen Bezeichnungen. Nachforschungen bei all diesen Personen ergaben, wenn es um Entscheidungen ging, zeigten alle Finger auf eine Person, egal, ob es um Design, Konzeption, Entwicklung, Events, Content, … ging – Spoiler, es war nicht Britta!

Je mehr ich mit anderen Menschen aus dem Projekt sprach, desto mehr Fragezeichen sah ich in den Gesichtern. Meine Rolle, Verantwortung und Kompetenzen wurden immer weicher. Erste Zweifel kamen in mir auf. Wird hier wirklich agil gearbeitet? Was sollte meine Rolle beitragen? Wie sollte ich Verantwortung für den Entwicklungsprozess tragen, der von x Personen laufend übersteuert oder am Ende per Veto komplett überstimmt wurde? Natürlich kam dieses Veto von der Person, auf die bei jeder Entscheidung alle Finger zeigten: Arnold.

Arnold hatte die Hoheit über das Projekt und wahnsinnig viel zu tun. Strategie und Geld waren seine Themen, aber auch die Liebe zum Detail. So konnte er bei der Teilnahme an manchen Meetings auch mal alles auf den Kopf stellen: »Also wenn der Button dort nicht blau wird, brauchen wir gar nicht live zu gehen!« Das Projekt war Arnolds Baby und er vertrat es innerhalb der Firma und darüber hinaus. Natürlich war er der wichtigste Mensch im Projekt, dem das Ergebnis gefallen musste – oder nicht? Was war mit der Zielgruppe?

Das Ziel des Projektes war es, eine Möglichkeit zum Austausch der internen Mitarbeiter zu unterschiedlichen Themen zu schaffen. Mit der Zeit wurde es mehr und mehr zu einer Marketingplattform für Artikel und Events. Artikel gab es im Internet mehr als genug, die Frage nach der Zielgruppe blieb. Was sollte die Kollegen motivieren, täglich vorbeizuschauen?

Mir kamen so einige Ideen für Experimente: Witz des Tages, um die Kollegen täglich zu locken, Einsatz von Gamification, damit sie blieben,... So könnte eine »sterile« Marketingplattform etwas aufgelockert werden. Leider wurde größtenteils ein Veto eingelegt. Umgesetzt wurden Auszeichnungen, zum Beispiel, wie viele Artikel jemand geschrieben hat. Der Gedanke, Spielmechaniken zu verwenden, um die intrinsische Motivation zu steigern und Begeisterung zu erzeugen, war etwas anders gedacht. Die Kollegen sollten mit Spaß die Plattform nutzen und dabei das tun, wofür die Plattform gemacht wurde.

Das Problem

Nach einiger Zeit wurden die Scrum Teams zu einem Team zusammengelegt. Die Frage stand im Raum, ob man meine Rolle bei einem einzigen Team noch brauchte. Auch ich fragte mich oft genug, ob dieser Konflikt um meine Verantwortlichkeiten noch zielführend war. Ohnehin wurde ins Team eingegriffen, weil es »wirklich wichtig« oder »einfach nicht zu ändern« war. Die Frage aller Priorität hing weiterhin an Arnold. Glaubte Arnold, er habe mehr Expertise auf allen Gebieten als seine Mitarbeiter? Hatte Arnold das falsche Team, oder traute er ihnen einfach nichts zu …?

Eines war klar: Ohne ein besseres Vertrauensverhältnis zwischen allen Beteiligten konnte meine Rolle nichts bewirken.

Eines Tages erhielt ich die Information über Zweifel von Arnold an meiner Rolle. »Er denkt, du bist von Britta vorgeschickt, damit sie ihre Themen durchsetzt!« Bitte was? Ich wollte unterstützen, um zu entlasten. Nicht wegen Britta! Nichts an mich reißen! Keine »hidden Agenda«! Sondern weil es die Rolle eines Scrum Masters ist! Ich wollte lediglich die Rolle ausfüllen, zu der ich ins Projekt geholt wurde.

Da war es wieder, dieses Störgefühl: Hatte das alles hier noch einen Sinn?

Nach dem ersten Schock versetzte ich mich in Arnolds Perspektive. Enttäuscht, aber auch angespornt suchte ich Wege, das Entwicklerteam mit dem Umfeld näher zusammenzubringen. Immer wieder zuckte der Gamification-Ansatz in mir auf und immer wieder unterdrückte ich ihn. Nach weiteren erfolglosen Gesprächen entschied ich: Standardverhalten löst hier kein Problem. Also wieso nicht etwas vollkommen anderes ausprobieren?

Die Idee
Ein Konzept musste her. Es sollte zwei Ziele erfüllen: Erstens unseren aktuellen Konflikt auf spielerische und leichtere Art anzugehen, als über Hierarchiestufen historisch gewachsene Meinungen zu diskutieren. Zweitens aufzuzeigen, dass Gamification hilfreich sein kann, um Leute zu motivieren und zu involvieren.

Rahmenbedingung: Schnell umsetzbar und unkompliziert in bestehende Prozesse integrierbar. Konzept. Geschichte. Digitales Spielbrett. Fertig.

Ich stellte es Britta und ein paar anderen vor: »Nur eine Stunde pro Sprint, für jedes Teammitglied zeitlich frei einteilbar.« Ein Plus an Motivation der Teammitglieder. Die Integration direkt in die Retrospektiven hatte den Vorteil, dass wir auch Arnold erst einmal nicht mit einbeziehen mussten. Um beide Ziele zu erreichen, sollten im Laufe der nächsten Wochen auch andere Projektmitarbeiter teilnehmen. So wäre es möglich, trotz Hierarchie und anderer Belange, ein unkonventionelles Miteinander zu fördern.

BeeAgileGame
Das Entwicklerteam und Britta erschienen remote in der Retrospektive. Wir nutzten ein neues digitales Whiteboard mit Spielfeld.

Die Geschichte eröffnete den Termin und erzählte vom Jahr 2222, einer Klimakatastrophe, einer unbewohnbaren Oberfläche, Arbeitsrobotern und einem Stromausfall, der die Menschheit vernichten würde. Das Team wurde zu Drohnenpiloten von Roboterbienen, um die Maschine zu reparieren und die Ursache zu beseitigen. Acht Wochen Trainingscamp standen vor der großen Mission an.

Den Start machte eine Standortbestimmung des Teams in Hinsicht der agilen Werte, dann ging es weiter auf das digitale Spielfeld. Die Einführung folgte: Kennenlernen des Spielfeldes, Regeln, mögliche Züge, Runden etc. Der Grundgedanke: Pro Runde gab es einen agilen Wert, den wir etablieren und festigen würden.

Runde 1 startete mit »Commitment«. Hierzu gab es von mir einen Impuls zu entsprechenden Fragen, unter anderem: Wo müssen welche Rollen zu was committet sein? Wo gibt es häufig Probleme damit? Anschließend gab es eine Aufgabe, die im Laufe des Sprints bis zur folgenden Retrospektive erledigt werden musste.

Für dieses Mal war der spielerische Anteil vorbei.

Ich fieberte auf die nächste Retrospektive hin, die gestellte erste Aufgabe war klein und zum Eingewöhnen. Wurde die Aufgabe von den Kollegen erledigt?

Runde 2 startete mit einem Rückblick auf die Aufgabe. »So habe ich das noch nie betrachtet.« Ich lächelte in Gedanken: Perspektivwechsel ist so wichtig! Alle Erfahrungen und Ergebnisse wurden auf dem Whiteboard neben dem Spielfeld-Bereich festgehalten. Danach durften die Spieler auf dem Spielfeld ihre Belohnungen einsammeln und an eine digitale Tafel, ebenfalls auf dem Whiteboard, hangen. Die Belohnungen waren Werkzeuge, die sie später noch brauchen sollten, um die Maschine zu reparieren. Es machte somit Sinn, die gestellten Aufgaben zu bearbeiten, um möglichst viele Werkzeuge zu sammeln. Die Belohnungen hatten demnach noch einen weiteren Zweck und waren nicht ausschließlich Status-Abbildungen der erbrachten Leistung.

Anschließend ging es mit dem Impuls zum nächsten Wert weiter, Anwendungsbeispiele, Probleme und Kniffe, ein Blick auf die Eingangseinschätzung des Teams und eine neue Aufgabe für die nächsten zwei Wochen. Da die Bienen-Spielfiguren auf dem Spielbrett wild durcheinander flogen, bildeten die Bienen jede Runde andere Grup-

66 | Agile Missions Impossible

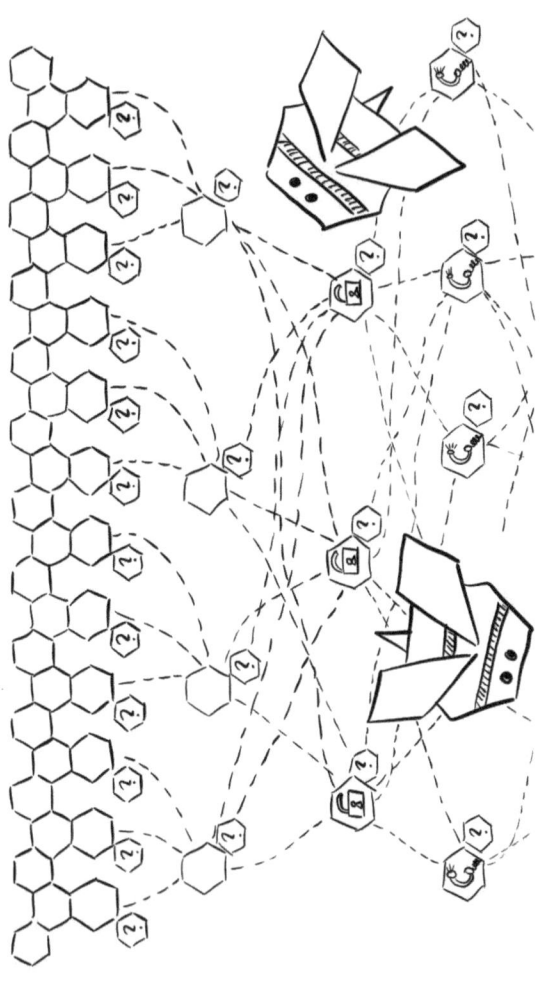

pen-unabhängig von verschiedenen Standorten, Sprachen oder Rollen der Mitarbeiter.

So verbrachten wir die nächsten Wochen, Runde um Runde. Ich passte die Aufgaben der aktuellen Teamsituation an und Belohnungen wurden gesammelt. Es gab Geheimmissionen für einzelne Kollegen. »Was darf ich denn sagen? Wie soll ich das machen?«, hier musste kreativ gedacht werden!

Irgendwann bezogen wir in den Aufgaben andere Projektmitglieder, die inzwischen von dem Spiel gehört hatten, mit ein. Beispielsweise beim Thema: »Openness«. Wir förderten ein Kennenlernen und ein »aktives Zuhören« über Teamgrenzen hinweg. Was hat die Person für eine Aufgabe, wo liegen die Herausforderungen? Wo gibt es Schnittstellen? Was könnte man an der Zusammenarbeit verbessern? Und vieles mehr. »Jetzt weiß ich endlich mal, was die so machen!«, schrieb ein Entwickler auf eine Karte. Was für ein gelungener Austausch! Das i-Tüpfelchen war der Anruf der Interviewteilnehmerin, die sich freute, die Entwickler auch mal kennenzulernen. »So ruft man doch mal schneller an, als wenn man sich nicht kennt!« Im Feedback waren Aufgaben, bei denen solch ein Austausch stattfand, mit Abstand beliebter, als ausschließlich teaminterne Aufgaben.

In der Endrunde hatten wir einen besonderen Gast in der Retrospektive: Die Motte! Sie hatte den Defekt der Maschine ausgelöst! Somit musste sich das Team in 2 Gruppen aufteilen: Eine löste das Rätsel um die Maschine, nutzte die gesammelten Werkzeuge und reparierte sie. Die andere Gruppe musste die Motte bekämpfen und erhielt dazu ein Programmierrätsel.

Das war das Ende des Spiels: 4 Monate, 8 Sprints, 7 Werte, 10 Aufgaben, 1 Team.

Geschafft – siegreich und gut gelaunt!

Und Arnold?

Arnold konnten wir leider noch nicht mit einbeziehen, aber vielleicht hat sich eine Biene auf den Weg gemacht und einen Samen weitergetragen.

Adriane Niepel

ist jederzeit vielseitig unterwegs. Ob in der Konzeptgestaltung, Strategiearbeit, Workshopmoderation, Potenzialentfaltung oder Familienorganisation. Sie findet Lösungen, die unkonventionell und kreativ sind. Kommentar eines Kollegen: »Als Problem hätte ich Angst vor dir!«

www.ninjaadventures.de

Change – oder: Die Pauschalreise nach nirgendwo

Sonja saß gedankenversunken im Büro der Geschäftsleitung ihres Arbeitgebers, einer mittelständischen Mediaagentur. An diesem dunklen Februarmorgen hatte sie den Drang nach einem Tapetenwechsel. Das Reiseprospekt kam ihr wieder in den Sinn, das sie abends zuvor im Briefkasten hatte. Pauschalreisen… Eine seltsame Erfindung, dachte sie sich. Sonja liebt es, mit wenigen Dingen in ihrem Rucksack einfach loszuziehen und sich ganz auf die Reise einzulassen. Reisen verändert!

»Guten Morgen, Frau Schneider. Einen Espresso?«, mit diesen Worten riss der Geschäftsführer Sonja aus ihrem Tagtraum. Sie sammelte sich kurz. »Sehr gerne, danke«, antwortete sie. »Hören Sie, Frau Schneider. Sie kennen ja unsere aktuelle Wirtschaftslage. Unsere Wettbewerber ziehen mit ihren innovativen Media-Produkten an uns vorbei und werben hier unsere besten Kunden ab.« Er stellte eines der Espressotässchen neben ihr Notizbuch. »Das geht so nicht weiter. Wir brauchen eine echte Transformation. Wir müssen innovativer werden, agiler und schneller. Die Kommunikationsabteilung arbeitet schon an den neuen Unternehmenswerten und die Personalabteilung entwickelt unter Hochdruck die neuen Führungsleitlinien. Das Strategieteam hat die neue Organisationsstruktur für die agilen Teams vorgelegt. Ich weiß ja mittlerweile, ohne unsere Mitarbeiter und Mitarbeiterinnen geht hier nichts. Deshalb möchte ich, dass Sie das Change Projekt steuern, damit unsere Leute in die neue Kultur überführt werden. In sechs Monaten laufen wir dann hier im neuen Modus. Sie bringen doch New Work-Erfahrung mit. Ich glaube, Sie sind genau die richtige Person dafür!« Düm-düm-düdididüm-düm… »Es tut mir leid, aber ich muss …« – Der MS Teams Klingelton kündigte den nächsten Termin an und so stahl sich Sonja leise aus seinem Büro.

Ich packe meinen Koffer und nehme mit…

Der Kick-Off fand direkt eine Woche später statt. Britta aus der Kommunikationsabteilung warf die neu erarbeiteten Unternehmenswerte auf die Leinwand des Meetingraums. »Die sind noch absolut confidential«, sagte sie. Auf der Powerpoint-Folie stand: Mut, Offenheit, Innovationsgeist, Kundenfokus, Zusammenarbeit.

Außerdem berichtete sie ihre Ideen für die Kommunikationskampagne: Sie will ein Big-Bang-Event für Führungskräfte aufsetzen, aufwendige Videos mit der Geschäftsleitung drehen, in denen die neuen Unternehmenswerte und Führungsleitlinien erklärt werden, und Postkarten mit poppigen Farben und frechen Sprüchen guerillamäßig im Unternehmen verteilen lassen.

»Die neuen Führungsleitlinien werden gerade mit Fokusgruppen gesoundet und sind noch nicht ready«, knüpfte Stefan an. Stefan ist der Personalentwickler in der Runde. Er hat für den großen Auftakt schon einen Top Speaker zum Thema agile Führung gefunden, berichtet er. »Sonst kommt ja keiner der Führungskräfte. Außerdem müssen alle Mitarbeitenden zu den Themen Agilität, Umgang mit Veränderung und Eigenverantwortung geschult werden. Da sind wir schon dran.«

Steffi aus der Strategieabteilung schneite eine halbe Stunde zu spät rein. Die neue Organisationsstruktur könne sie noch nicht teilen, weil vertraulich. Aber alles sei wasserdicht, wurde ja schließlich mit einer Strategieberatung erarbeitet. Damit segelte sie wieder von dannen. Keine Zeit, leider, meinte sie, aber schön, dass es jetzt richtig losgeht.

Change – oder: Die Pauschalreise nach nirgendwo | 71

Nach dem Meeting pulte Sonja nachdenklich die Pinnnadeln von der Pinnwand, um die Notizen einzusammeln. An diesem Tag haben sie die Stakeholder analysiert, Maßnahmen gesammelt, einen Zeitplan inklusive Meilensteinen und sogar einen Kommunikationsplan erarbeitet. Sie hatten auch Ziele für das Change Projekt gesetzt:
- Alle Führungskräfte kennen die agile Struktur und leben die neuen Führungsleitlinien.
- Alle Mitarbeitenden haben die Schulungen absolviert.
- Die Veranstaltungen sind echte Ereignisse und machen Spaß!
- Im September arbeiten alle in der neuen Struktur.

Sie beschlich ein mulmiges Gefühl. Das Change Projekt nach Lehrbuch kam ihr vor, als würde ein riesiger Tanker mit voller Fahrt in einen Ozean auslaufen wollen. Sonja wurde bewusst, dass sie spät in das Vorhaben eingeweiht wurde. Das Projektteam, die Teilprojekte, die Herangehensweise des Projektes: Alles war bereits festgelegt, als sie als Projektkoordinatorin an Bord kam. Mit ihren Nachfragen zu den Projektzielen und was alle unter »Organisation 2.0« verstehen, fühlte sie sich ein bisschen als Störenfried und Bremserin in einem bereits abgestimmten Team.

Auf Safari
Ausgewählte Führungskräfte wurden auf eine agile Lernreise geschickt, um bereits agile Unternehmen zu besuchen, Einblicke in ihre Arbeitsweise zu bekommen und von ihnen zu lernen. Externe Speaker sprachen über ihre Ansätze der agilen Arbeit in einer hippen Location im Berlin-Style. Eine Agentur organisierte alles, Sonja war für alle internen Themen zuständig. Nachdem sie erste Einladungen an die Führungskräfte gesendet hatte, bekam sie Anfragen wie: »Wer holt mich ab und bringt mich zum Flug-

hafen?« oder »As I am an international, can I travel with my German visa?« Sonja fühlte sich immer mehr wie eine Reise- statt Change-Begleitung.

Wolken im Paradies

Zur Eröffnung des »Big Bang Event« hielt der Geschäftsführer eine Ansprache und spielte erstmals den Video Trailer zur Kampagne ab. Es gab Applaus. Zudem erklärte er die neue Rolle der Führungskräfte: Ab sofort heißen sie nicht mehr »Führungskräfte«, sondern »Product Owner.« Nach dem Event erfuhr Sonja, was dahinter steckte: Gemeinsam mit einer agilen Strategieberatung wurde ursprünglich eine Struktur erarbeitet, in der die Teams ihre Geschäftsbereiche selbst organisieren und weiterentwickeln. Allerdings hätte das zur Folge, dass 40 Prozent der Führungskräfte nicht mehr gebraucht werden. Die restlichen 60 Prozent geben ihre Führungsaufgaben ins Team oder an ein »Core Team« ab und definieren ihre Rollen neu, z. B. als Team Coaches oder Produktverantwortliche. Nach vertrauensvollen Gesprächen mit dem Top Management entschied die Geschäftsleitung dann, dass das so nicht umsetzbar wäre. So änderte sich offiziell der Titel. Was genau sich für die Rolle der Führungskräfte änderte, wurde auf dem Event nicht kommuniziert.

Inzwischen kam die erste Führungsgruppe von der agilen Lernreise zurück. Die Feedbacks waren: »Habe spannende Einblicke bekommen!« »Tolle Betreuung!« Zwei Wochen später fand ein verbindlicher Workshop statt mit dem Ziel, die Erkenntnisse aus der Reise in Maßnahmen für die Praxis zu transferieren. In die Leadership Garage inklusive Eventcooking kamen allerdings nur 12 von 20 Führungskräften. Das Juli-Event, in dem der Stand der Folgeprojekte vorgestellt werden sollte, wurde dann abgesagt – zu wenige Teilnahmebestätigungen.

Sonja war frustriert. Sie hat vier Monate ausschließlich für dieses Projekt gearbeitet. Jetzt musste sie ihren Kopf freibekommen und ihre Batterien aufladen. Also beschloss sie, sich einige Tage freizunehmen und das zu tun, womit sie am besten abschalten konnte: allein auf eine Wandertour gehen.

Einkehr

Mit jedem Schritt, der unter ihren Wanderstiefeln knirschte, bekam sie ein bisschen mehr Abstand. Am Abend kehrte sie in eine kleine Herberge ein und genoss Käsespätzle mit Bergkäse. Mit ihrem Tischnachbarn Harley verstand sie sich auf Anhieb. Der bärtige Kanadier Anfang sechzig hatte gütige Augen, einen grauen Vollbart und ein herzliches Lachen. Als sie beim Dessert angekommen waren, fragte Sonja einfach frei heraus, was Harley so früher gemacht hat in seinem Leben. »Ach. Ich habe Führungskräfte entwickelt. Vom IT-Unternehmen bis zu Bohrinseln, ich war überall auf der Welt«, meinte er. Sonja fiel die Kinnlade runter. So sah er wirklich nicht aus. Und dann sprudelte es aus ihr heraus: Sie erzählte von ihren letzten Monaten und dem eigentlich zu späten Kick-Off. Von der perfekt geplanten Lernreise, aus der am Ende kein einziges Folgeprojekt im Unternehmen entstanden ist. Von ihrer großen Enttäuschung beim Big-Bang-Event und dem Moment, als ihr klar wurde, dass sich nichts Fundamentales geändert hatte. Harley sah sie die ganze Zeit über mit Buddha-Augen an und nickte wissend.

Nach einer Pause sagte er: »Glaub mir, das habe ich auch alles erlebt. Für mich klingt das so, als hättest Du – als hättet Ihr – alles richtig machen wollen. Ihr wolltet für Mitarbeitende und Führungskräfte Veränderung leicht machen und schmackhaft machen. Und dabei habt Ihr sie in den Urlaub geschickt.«

»In den Urlaub?« Dieses Gespräch ging für sie in eine merkwürdige Richtung.

»Ja, in den Pauschalurlaub. Lernreisen heißen nicht umsonst auch Safaris. Ihr habt alles organisiert: Tourenplan, Kulturprogramm, Informationsunterlagen, Checklisten … Am Ende hatten sie eine schöne Zeit und wenn sie wieder in den Alltag gehen, ist alles wie immer. Echte Veränderung passiert, wenn wir als Team Herausforderungen meistern. Wenn wir eine echte Mission haben und uns selbst in ein Abenteuer stürzen. ‚Agil werden' reicht da nicht.«

Sie spürte, dass er recht hatte. »Was hätten wir denn stattdessen tun sollen?«, fragte sie.

Harley kratzte nachdenklich an seinem Bart und fragte ehrlich neugierig: »Wofür ist denn das ganze Businesstheater gut? Ich meine, was ist denn am Ende besser für Eure Kunden?«

Sonja saß mit offenem Mund da und starrte ihn an. Alleine der Umstand, dass sie keine direkte Antwort auf diese Frage hatte, machte ihr klar, dass hier der Kern des Problems lag. Harleys Frage war wie der Anfang eines losen Fadens eines Wollpullovers. Je mehr sie daran zog, desto mehr ribbelte sich die Sache auf. NATÜRLICH änderte sich fast nichts:

Die Marktlage wurde zwar als Anstoß genommen für das Veränderungsprojekt, aber dann war sie in den Projektmeetings kein Thema mehr – weder im Projektteam und in den

Projektzielen, noch in Projektmeetings mit der Geschäftsleitung.

Sie erinnerte sich an das Gefühl am Anfang, dass sie ein gemeinsames Verständnis der Mission vermisse. Jetzt wurde ihr klar: Ohne das ist das Vorhaben ein Segeln im Nebel ohne Kompass.

Eigentlich wusste keiner im Projekt genau, welche Maßnahmen wirklich benötigt wurden und wofür genau. Die Projektmitglieder folgten stattdessen dem Reflex, das zu tun, was sie eben gut konnten: Kommunikationspläne, Trainings, Projektpläne… you name it.

Was fehlte, war eine fundierte Problemanalyse am Anfang und der Schulterschluss mit der Geschäftsleitung. Was hindert derzeit die Wertschöpfung, also das Lösen von Kundenproblemen?

Sie nutzten auch nicht die Chance, Vermutungen aufzustellen und Ansätze zu verproben mittels Build-Measure-Learn (BML), also frühzeitig kleine Testläufe in Wertschöpfungsteams zu starten. Die Ergebnisse werden dann gemessen und dazu genutzt, zu erkennen, was funktioniert und wie ein nächster Schritt in die richtige Richtung aussehen kann.

Dass Führungskräfte nach der Lernreise sagten, sie haben keine Zeit für den »agilen Kram«, liegt wahrscheinlich nicht daran, dass sie Agilität nicht verstanden, sondern daran, dass sie ohne ihr Team auf einer Inspirationsreise waren. Der Sprung in den Alltag erschien zu groß. Außerdem gab es keine Regelung, die Führungskräften zeitlich und finanziell den Raum für Folgeprojekte gab – es waren Extrameile-Projekte.

Kurz gesagt: Sie haben ein Großprojekt über die Mitarbeitenden ausgerollt, statt mit der Geschäftsleitung und der Organisation in einen Erkenntnis- und Gestaltungsprozess zu gehen.

Harley grinste und fragte: »Und wenn du in ein paar Tagen zurückgehst, was wirst Du dann tun?«

Heimkehr

Als Sonja eine Woche später wieder ihr Büro betrat, hatte sie einen Plan gefasst. Als erster Schritt stand ein offenes Gespräch mit der Geschäftsführung und dem Projektteam an, in dem sie ihre Erkenntnisse und ihren Richtungswechsel für das Change Projekt klar auf den Tisch bringen wird. Was hat sie noch zu verlieren? Für die letzten Umsetzungsschritte will sie sich mit dem Projektteam auf Entdeckungsreise begeben. Sie will die echten Könner im Unternehmen ausfindig machen: Welche genau sind die Teams, die trotz – oder wegen – der »Change-Pauschalreise« außergewöhnlich gute Leistungen erbringen und komplexe Kundenprobleme lösen? Denn die gibt es. Wie haben sie das geschafft und was können andere von ihnen lernen? Und: Was braucht es dann wirklich an »Change«?

Als Sonja am Abend ihre Leseecke aufräumte, fand sie das alte Reiseprospekt wieder und schlug eine Seite auf. »Während dieser 5-tägigen Safari werden Sie in kurzer Zeit die Highlights der wilden Savanne sehen. …« Sie nahm das Reiseprospekt und schmiss es mit Schwung ins Altpapier.

Dorothea Ward

ist agile Organisationsberaterin und Coachin. Sie ist überzeugt: Für eine nachhaltigere Wirtschaft müssen wir (Zusammen-)Arbeit neu denken und gestalten. Nachdem sie in internationalen Startups und Konzernen die neue Welt der agilen Arbeit vorangetrieben hat, begleitet sie nun Führungskräfte, Teams und Organisationen auf ihrem eigenen Weg der Nachhaltigkeitstransformation. – www.dorothea-ward.com

Wie OKR erst abgeschafft werden musste

»Liebes Team, ich möchte, dass wir eine agile Methode ausprobieren. Diese Methode nennt sich Objectives and Key Results, kurz OKR. OKR ist ein modernes Werkzeug, das unsere Schwarmintelligenz steigert und uns unsere Ziele besser erreichen lässt.«

Diese zwei Sätze und ihre Folgen stießen im Team erst auf taube Ohren, dann auf Irritation und später auf offenen Widerstand.

Niemand wollte »gesteigerte Schwarmintelligenz« oder bessere Zielerreichung.

Was das Team wollte, war mehr Zeit, um seine Aufgaben wirklich durchdenken zu können.

Was das Team wollte, waren offene Kommunikation und echter Teamgeist.

Was sie nicht wollten, war ein »modernes Werkzeug«, das sich OKR nennt und das die Führungskraft mal ausprobieren will.

Ein Anruf auf MS Teams geht ein. Mein Kollege ist dran: »Hör mal, du kennst dich doch mit OKR aus. Auf einem Projekt liegt noch Restbudget und die Kunden möchten ihr Team weiterentwickeln. So Zusammenarbeitsthemen und so. Da passt doch OKR! Red' doch mal mit den Kunden, ob das passt.«

So beginnen mehr Projekte, als manch einer es wohl zugeben möchte. »Da hilft nur eine solide Auftragsklärung«, dachte ich mir, »die wird es schon zu Tage bringen, was unsere Kunden genau suchen und brauchen.« Denn OKR, die Methode, agil Teamziele zu entwickeln und zu erreichen, kann Wunder bewirken. Aber auch ordentlich Chaos stiften. Vor allem dann, weder den Auftraggebern noch dem Team, ist klar, dass es bei OKR nicht um »nettes Teambuilding«, sondern um die knallharte Analyse des Arbeitsinhalte und -abläufe geht: Wovon sollten wir mehr machen? Was von dem, was wir täglich machen, bringt uns wirklich unseren Zielen näher?

Ich begann also mit der Auftragsklärung. So lernte ich Simone kennen, 38, Führungskraft eines fünfzehn Personen starken Teams eines mittelgroßen Stadtwerks. Simone war seit knapp zwei Jahren in der Führungsposition und seit über zehn Jahren im Unternehmen. »Klassische Stadtwerke-Laufbahn«, waren ihre Worte. Ich war nicht die erste Beraterin, mit der Simone zusammenarbeitete und würde auch nicht die letzte sein. Um hier etwas vorwegzugreifen: Im Laufe unserer Zusammenarbeit sollte sich zeigen, dass Simone viel lieber mit Beratern zusammenarbeitete als mit ihren direkten Kollegen und Mitarbeitenden.

Ihre Mitarbeitenden rangierten im Alter zwischen Anfang 20 und Anfang 60.

Viele hatten im Unternehmen schon ihre Ausbildung gemacht, waren teilweise seit Jahrzehnten dabei. Die jüngeren Kollegen kamen entweder direkt von der Uni oder hatten maximal ein Jahr bei einem anderen Unternehmen gearbeitet. Simone führte also ein Team aus versierten Fachexperten, die sich für die Arbeit im Stadtwerk entschieden hatten, weil sie dort auf einen sicheren Arbeitsplatz, ein gutes Festgehalt und moderate Arbeitszeiten setzen konnten. Der intrinsische Anreiz, mal etwas grundlegend Neues auszuprobieren, war, wenn er denn vorhanden war, bei den Teammitgliedern bestenfalls geringfügig ausgeprägt.

Budget war da, Laune neue Berater kennenzulernen auch – da fehlte nur noch das Konzept. Im Gespräch mit Simone fand ich heraus, was sie an der Zusammenarbeit mit anderen Beratern so schätzte: eigenverantwortliches

Arbeiten, Lösungsorientierung, sehr gute Ergebnisse und den Umgang mit Menschen, die stets das Branchengeschehen im Blick haben. Und genau das alles wollte sie auch bei den Mitarbeitern ihres Teams wiederfinden. Am liebsten mit OKR.

Im Rückblick begann die Mission Impossible also schon während der Auftragsklärung. Die Führungskraft hatte Lust auf neue Arbeitsweisen und auf die Zusammenarbeit mit Beratern. Woran genau gearbeitet wird und was die Teammitglieder dazu sagen, war nebensächlich. Solange sich im Ergebnis die Zielerreichungsquote verbessert, die Stimmung im Team steigt und alle eigenverantwortlicher arbeiten (und kein Budget auf der Straße liegen bleibt).

Eins schien klar: Die Einführung von OKR würde Widerstände und schwelende Konflikte im Team sichtbar machen und wahrscheinlich verstärken.

Im Austausch mit den Mitarbeitenden zeigte sich, dass diese ihr Team in Sachen Zielerreichung und Schwarmintelligenz als absolut zufriedenstellend einschätzten.

»Passt alles so, wie es ist. Nur Simone mit ihrem Drang, neue Methoden auszuprobieren, nervt.«

Aus Simones Sicht missachteten ihre Mitarbeitenden die Zielvorgaben des Vorstands routinemäßig, was dazu führte, dass sie ihnen jedes Jahr zum Jahresende hinterherlaufen musste, um für das Vorstandsreporting überhaupt einen Zielerreichungsstand rückmelden zu können.

Angesichts dieser Ausgangslage lautete das Ziel des Auftrags: mithilfe von OKR die Arbeit von Simones Team an den Jahreszielen auszurichten und den Mitarbeitenden gleichzeitig mehr Eigenverantwortung und Gestaltungsfreiheit zu übertragen.

Was nun folgte, war ein wahrer Hindernislauf.

Hindernis Nummer 1: Die Zeit. Denn sie war, je nachdem, wen man fragte, entweder nur sehr knapp oder gleich gar nicht vorhanden.

Hindernis Nummer 2: Der Fokus. Je genauer wir hinschauten, desto ungenauer wurde es, wer sich innerhalb von Simones Team thematisch auf was fokussierte. Jeder machte ein bisschen was von allem. Keiner irgendwas komplett. Denn dafür mangelte es ja an Zeit.

Um beiden Hindernissen Rechnung zu tragen, entschieden wir uns dafür, möglichst wenig Zeit in die theoretische Erarbeitung von OKR zu investieren und stattdessen gleich mit der Planung der Ziele für das erste Quartal zu starten. Learning by Doing. Es zeigte sich, dass die Ziele des Vorstands aus Sicht der Mitarbeitenden nicht anschlussfähig waren. Wir versuchten also, den Anschluss herzustellen: »Zu welchem der im Ziel genannten Aspekte könnt und möchtet ihr zukünftig einen Beitrag leisten?«, »Welche eurer Arbeitsergebnisse zahlen denn heute schon auf das Ziel ein?«

Der Blick über den Tellerrand à la »Was können wir denn machen, um dem Ziel aus unserer Sicht einen Sinn zu verleihen?«.

Im Rückblick zeigte sich, dass der Learning by Doing-Ansatz in einem Team aus exakt arbeitenden Technikern ein absoluter Fehlgriff war. Denn: Wer im Arbeitsalltag fachlich sehr genau arbeitet und gelernt hat, Fehler wo möglich zu vermeiden, der schätzt es nicht, einfach mal ins Blaue zu arbeiten.

Um überhaupt eine Chance darauf zu haben, das Team für OKR zu gewinnen, hätten wir uns die Zeit nehmen und die theoretischen Grundlagen von OKR gemeinsam und viel genauer erarbeiten müssen. Genau das wäre aber, aufgrund von Hindernis 1 »die Zeit«, nicht gegangen.

Ein Team, was gar nichts ändern wollte, sollte sich nun also mit OKR »lösungsorientiert mit ihren Jahreszielen auseinandersetzen«. »Gesteigerte Schwarmintelligenz« oder bessere Zielerreichung – Fehlanzeige.

Nach drei Monaten, zahllosen OKR-Planungsrunden, zähen Weeklies und wöchentlichen Gesprächen mit Simone fanden wir uns in der Retrospektive zum ersten OKR-Zyklus wieder. Das fachliche Review war verhältnismäßig gut gelaufen. Anders gesagt: Dafür, dass OKR vom Team so schlecht angenommen worden war, stellte das Team fest, dass sich ihre Auseinandersetzung mit den Jahreszielen und der fachliche Austausch dank OKR durchaus verbessert hatten.

Die Retro hingegen war vernichtend. Das Team war sich einig. Auf die Frage: »Was wir im kommenden OKR-Zyklus weglassen wollen«, antworteten mindestens die Hälfte der Teammitglieder: »OKR« und »Agilität«.

Und dann, als die Mission wirklich völlig gescheitert zu sein schien, leuchtete plötzlich ein Licht am Horizont. Nämlich auf die Frage: »Was wir im kommenden OKR-Zyklus beibehalten wollen«, lauteten die Antworten einheitlich: »regelmäßiger offener Austausch über unsere Ziele«, »Erarbeitung gemeinsamer Teil-Ziele«, »Mitbestimmung bei den Jahreszielen« und »Zeit zur Entwicklung innovativer Ideen«.

Wir beendeten das Projekt mit der Empfehlung an Simone und ihr Team, »OKR« aus ihrem Vokabular zu streichen und sich stattdessen die Prozesse und Rituale, die gut ins Team gepasst haben, unter einem eigenen Namen zu eigen zu machen.

Dieser Missionsbericht schilderte das 1-jährige Tauziehen zwischen Chef und Team rund um die Einführung der agilen Zielmethode OKR.

Am Ende der Mission wartete eine Art Happy End – und das trotz, oder vielleicht gerade wegen mehrerer Kündigungen.

Team und Führungskraft sind geläutert und gereift, haben sich neu strukturiert und sind sich, zur allseitigen Überraschung, einig, dass OKR so nutzlos gar nicht war und ist.

Ellen Duwe

»Menschen machen Prozesse erfolgreich«. Als ehemalige Prozessmanagerin ist für Ellen klar, dass der Erfolg eines Unternehmens von klaren Zielen, gutem Teamwork und effizienten Prozessen abhängt.

Mit Humor, Struktur und dem Blick aufs große Ganze arbeitet sie seit 2019 dafür auch mit »Objectives & Key Results« (OKR).

Ellen hat einen Masterabschluss in internat. Energiewirtschaft (Johns Hopkins University SAIS), ist zert. Scrum Masterin, Projektmanagerin, Mediatorin, Trainerin und OKR Masterin.

Testmanager unter erschwerten Bedingungen

Die Aussage, dass ich ab dem nächsten Monat Testmanagement machen sollte, kam gleichzeitig überraschend und nicht überraschend. Überraschend deshalb, weil vorher nichts darauf hingewiesen hatte. Nicht überraschend, weil in diesem Projekt ständig Dinge passierten, die ich so nicht erwartet hätte. Das begann bereits mit dem Onboarding, das lediglich daraus bestand, dass mich ein freundlicher Herr von der Personalvermittlung in eine Eingangshalle brachte und dort mit den Worten zurückließ: »Irgendwo hier sind die Leute, mit denen Du zusammenarbeiten wirst, am besten fragst Du Dich einfach durch.« Das ging damit weiter, dass ich in der darauffolgenden Zeit etwas völlig anderes gemacht habe als ursprünglich geplant – statt als Business Analyst Anforderungen zu schreiben, habe ich den Onboarding-Prozess für neu angeheuerte Entwickler optimiert (es dürften alleine in meinem Teilprojekt um die hundert gewesen sein), was mittlerweile aber abgeschlossen war. Ihren vorläufigen Abschluss fanden die unerwarteten Ereignisse darin, dass die eigentlich für mich vorgesehene Business Analysten-Stelle mittlerweile von jemand anderem besetzt war. Also dann Testmanagement. Ach ja, eine Information ist dabei noch erwähnenswert: Ich hatte das noch nie vorher gemacht. Ich wusste zwar, dass Software getestet werden muss, um ihre Funktionsfähigkeit sicherzustellen, aber das war es dann auch schon mit meiner Expertise.

Die offizielle Begründung meiner Versetzung war, dass das Organisieren und Optimieren ja scheinbar mein Ding ist, weshalb man mich gezielt auf der größten Baustelle einsetzen wollte, die das Projekt zu der Zeit hatte, dem Testmanagement eben. Später habe ich erfahren, dass es viel profaner war: Im Testmanagement landete damals jeder, von dem man nicht genau wusste, was man sonst mit ihm machen sollte – was neben meiner Anwesenheit dort auch die chaotischen Zustände erklärte, die ich zu Beginn vorfand. Jedes Mal, wenn die Entwicklungsteams neue Features fertig programmiert hatten, wurden sie in einer Integrationsumgebung zu den bereits fertigen hinzugefügt, mit einem möglichst vollständigen Test aller alten und neuen Funktionen als nächsten Schritt (einem Regressionstest, wie ich lernte). Das Ergebnis war praktisch immer, dass nichts funktionierte wie gedacht, und für jede einzelne Fehlfunktion wurde ein Bug-Ticket erstellt und in einem Ticketverwaltungstool gespeichert. Es waren hunderte, mit steigender Tendenz, was vor allem daran lag, dass meistens niemandem so richtig klar war, was das erwartete korrekte Ergebnis eigentlich gewesen wäre. Die Tester bezweifelten die Sinnhaftigkeit der getesteten Anforderungen, die Business Analysten bezweifelten die Sinnhaftigkeit der Tests und die Entwicklungsteams beschuldigten sich gegenseitig, durch das unabgesprochene Überschreiben von wichtigem Code das vorgesehene Systemverhalten zu ändern.

Um zu verstehen, wie es zu derartigen Zuständen kommen konnte, sah ich mir den Entwicklungsprozess näher an, das so genannte Scrum (das für mich damals noch recht neu war). Es gab Entwicklungsteams von fünf bis zehn Entwicklern, zu denen jeweils ein Tester gehörte, der die Aufgabe hatte, aus den Akzeptanzkriterien der im Zweiwochenrhythmus (den Sprints) umgesetzten Anforderungen Testfälle abzuleiten und sie danach auszuführen. Manuell. Das heißt, er klickte sich so durch die Benutzeroberfläche, wie ein normaler Benutzer es tun würde. Das funktionierte eine Zeit lang ganz gut, allerdings kam es durch die Umsetzung neuer Anforderungen irgendwann zu Auswirkungen auf die Ergebnisse früherer Entwicklungsschritte. Um herauszufinden, an welcher Stelle das passierte, begannen die Tester, am Ende jedes Sprints alle bisherigen Testfälle zu wiederholen (der erwähnte Regressionstest), was natürlich jedes Mal aufwändiger wurde. Und als schließlich die Ergebnisse früherer Anforderungen durch neue verändert wurden, war es dann vorbei – die alten Tests konnten nicht mehr zu den ursprünglich definierten Ergebnissen führen, was die Tester entweder dadurch kompensierten, dass sie nur noch die Tests der letzten drei Entwicklungszyklen durchführten, oder dadurch, dass sie darauf vertrauten, dass das Testmanagement sinnlose Bugs schon aussortieren würde. In kürzester Zeit steckten überall in der Anwendung unentdeckte Fehler, und das Ticketverwaltungstool war voller Sinnlos-Bugs, nichts funktionierte mehr richtig.

Der für mich naheliegende Lösungsansatz war es, zuerst bei einem Team anzufangen, die dort produzierten veralteten und redundanten Testbeschreibungen zu löschen und stattdessen eine konsolidierte, nach jedem Sprint zu aktualisierende Gruppe von Tests zu erstellen, die den gesamten aktuellen Funktionsumfang validierten. Als besonders hilfreich erwies es sich dabei, mit den Entwicklern zu reden (klingt banal, hatte vorher aber noch fast kein Tester gemacht). Diese hatten bereits angefangen, viele der kleinteiligen Tests automatisiert durchzuführen, z. B. um zu validieren, dass ausgegraute Buttons nicht anklickbar waren. Ich konnte mich also auf die Absicherung der übergreifenden Benutzungsvorgänge konzentrieren und bald ein brauchbares Ergebnis vorweisen: deutlich weniger Testfälle, die dafür auf einem aktuellen Stand, mit mehr abgesicherten Funktionen, schneller ausführbar und durch Modularisierung und Parametrisierung einfacher pflegbar waren. Als sich kurz darauf das globale Testmanagement bei mir meldete, war ich voller Vorfreude und erwartete Lob und Anerkennung. Was passierte, war jedoch das Gegenteil: Was mir einfallen würde, wurde ich gefragt, was ich da gemacht hätte, wäre furchtbar und schlimm.

Um das zu verstehen, braucht es etwas Kontext. In besagtem Unternehmen galt das Software-Testen als keine besonders komplexe Tätigkeit, man hielt es wie gesagt nur für das Durchklicken der Benutzeroberfläche. Dementsprechend wurden die Stellen besetzt – der Tester der Mobil-Anwendung war z. B. eingestellt worden, weil er vorher in einem Handy-Shop gearbeitet hatte. Und wie bereits erwähnt, im entwicklungsnahen Testmanagement landete damals jeder, von dem man nicht genau wusste, was man sonst mit ihm machen sollte. Dementsprechend saßen dort Leute, die nie selbst getestet hatten. Nicht dass sie sich keine Gedanken gemacht hätten, aber das war Teil des Problems. Aufbauend auf der Grundidee »viel hilft viel« hatten sie die Anzahl der Testfälle zur zentralen Metrik gemacht, die sie an das obere Management reportierten, und da ich im Rahmen meiner Konsolidierung eine hohe zweistellige Zahl obsoleter Tests gelöscht hatte, zeigte die »Qualitätskurve« in der wöchentlich zu erstellenden Management-Präsentation plötzlich nach unten. Vor diesem

Hintergrund war es verständlich, dass das besagte globale Testmanagement plötzlich aufgebracht bei mir im Raum stand und eine signifikante Erhöhung der Testfall-Zahlen forderte.

So ganz einsehen wollte ich das nicht, allerdings war ich zunächst in einer schwierigen Position. In den globalen Testmanagement-Runden, in denen diese Metriken festgelegt wurden, war ich kein Mitglied, und in meiner Position innerhalb des Teilprojekts die Erfüllung der weiter oben festgelegten Testfall-Planzahlen zu verweigern, hätte zu einer Dauer-Eskalation geführt. Aber wie der Zufall es wollte, gerade die Unsinnigkeit der Situation wurde zu meinem Vorteil. Jedes Teilprojekt war im globalen Testmanagement mit einem als Verbindungsperson fungierenden Testmanager vertreten, und die Vertreterin meines Teilprojekts stand gerade kurz davor, entnervt ihren Job hinzuschmeißen. Auf meinen Vorschlag, unsere Rollen zu tauschen, ging sie sofort ein, und so stand ich schon bald in den globalen Runden und durfte dort mitdiskutieren. Nicht dass man dort auf mich gehört hätte, aber während ich mich standhaft der künstlichen Aufblähung unseres Testfall-Umfangs verweigerte, loste das Problem sich auf eine andere Art – in anderen Teilprojekten wurden deutlich mehr Testfälle geschrieben als geplant, sodass deren Menge die »Qualitätskurve« im Reporting wieder steigen ließ.

Für den Moment hatte ich also nach außen Ruhe, und nicht nur das. Durch die geringere Zahl und höhere Abdeckung der Testfälle waren die Tester meines Teilprojektes jetzt weniger mit der Durchführung beschäftigt und hatten die Zeit, um zusammen mit einigen Entwicklern unser nächstes großes Vorhaben anzugehen: die Test-Automatisierung. Auf Komponentenebene existierte wie gesagt schon einiges, was die Entwickler erstellt hatten, wir konnten uns also auf die Business-kritischen End-to-end-Testfälle konzentrieren. Wir fanden sogar ein Tool, in dem Automatisierungsskripte in einer Form erstellt werden konnten, zu der auch die Tester ohne Entwickler-Hintergrund in der Lage waren: | ensure | do | click | on | id=button | – | ensure | do | verifyElementPresent | on | id=object |. Für die Umsetzung bauten wir ein Kanban-System, in dem neue Funktionen strukturiert der automatisierten Absicherung entgegenwanderten: In Refinement, In Planning, In Implementation, In QA, In Integration, In Automation. Es dauerte ein bisschen, aber irgendwann hatten wir einen so effizienten Kanban-Prozess und eine so gute automatisierte Testsuite, dass wir unsere Anwendung täglich komplett mit aktuellen Testfällen durchtesten konnten – etwas, wofür die anderen weiterhin manuell testenden Teilprojekte Monate brauchten. Mehrere Deployments pro Woche waren plötzlich möglich, nach jedem Sprint gingen Features auf Produktion.

Ein Happy End? Eher ein happy Zwischenergebnis. Im globalen Testmanagement wurde nie so richtig verstanden, was wir in meinem Teilprojekt geschafft hatten. So kam man dort immer wieder auf Ideen, die unsere Erfolge gefährdeten. Es wurde versucht, die Tester durch Billigkräfte wie Werkstudenten und Praktikanten zu ersetzen. Immer wieder wurde Druck ausgeübt, um die unsinnige Metrik der Testfall-Zahlen hochzutreiben und am Ende wurde beschlossen, dass in meinem Teilprojekt die dort arbeitenden Tester nicht mehr alle gebraucht würden, die Tests würden doch schließlich mittlerweile automatisiert ablaufen. Es kam also zu Personaleinsparungen, mit der Folge, dass die automatisierten Testfälle bald nicht mehr aktuell zu halten waren und nach und nach abgeschaltet wurden. Irgendwann war die Qualität dann wieder ähnlich wie zu Beginn. Auch ich bin später im Rahmen einer Einsparrunde aus dem Projekt verschwunden. Nach allem, was ich weiß, ist es dort nie mehr gelungen, wieder auf den Stand zu kommen, den wir zwischenzeitlich erreicht hatten.

Um den Bogen zurück zum Anfang zu schlagen, für mich war dieses Ende gleichzeitig überraschend und nicht überraschend. Überraschend, weil ich mit so unsinnigen Entscheidungen nicht gerechnet hätte, nicht überraschend, weil in diesem Projekt merkwürdige Entscheidungen leider Tradition hatten. Ich versuche rückwirkend das Positive an dieser Geschichte zu sehen. Für mehrere Märkte ist unsere Anwendung In Time und In Budget live gegangen, was in diesem Unternehmen alles andere als selbstverständlich war. Und ich selbst bin bis heute überzeugt, dass ich dort als Testmanager mindestens genauso viel über Scrum und Kanban gelernt habe als in den nachfolgenden Jahren als Scrum Master. Ich weiß seitdem, dass Rollen, Meetings und Prozesse wichtig für agile Softwareentwicklung sind, bestimmte technische Aspekte aber mindestens genauso wichtig. Und eine gute Geschichte zu erzählen habe ich seitdem auch.

Felix Stein
Felix war irgendwann mal einer jener Projektleiter, die ständig nachfragen, warum das alles so lange dauert. Sein Entschluss herauszufinden, woran es liegt und nach Verbesserungsmöglichkeiten zu suchen, hatte größere Folgen als er damals dachte – mittlerweile arbeitet er seit mehr als einem Jahrzehnt als Agile Coach, Lean Coach, Scrum Master und in verschiedenen anderen Rollen im agilen Umfeld. Er ist Mitgründer und Miteigentümer der Agile Process GmbH, einer Firma, die agile Transitionen unterstützt und auch intern nach Prinzipien wie Offenheit, Transparenz und Augenhöhe organisiert ist.

Team-Reorganisation mit Babybauch

Warum überhaupt?!

Rheinstetten – Die Schweißperlen standen mir auf der Stirn. Mein Herz klopfte schnell. Ich atmete schwer und bekam kaum Luft. Mein Bauch grummelte. Immer wieder klopfte es von innen dagegen. Meine Hormone spielten verrückt. Mittlerweile schlief ich nachts schlecht, die Müdigkeit stand mir ins Gesicht geschrieben. Mein Körper sehnte sich einfach nur noch nach Ruhe. Jedoch saß ich noch dort, in meinem Büro im Homeoffice, in einem Online-Meeting mit 28 schweigenden Menschen. Ich war so furchtbar froh, dass es bald vorbei sein würde! So schön das Gefühl war, dass ein kleines Wesen in mir wuchs, so anstrengend war es auch.

Und jetzt noch dieses Projekt, kurz vor meinem Mutterschutz. Ich hatte Angst, ob alles so klappen wird, denn die Begeisterung für die Team-Reorganisation hielt sich bei den 28 Menschen bestehend aus Softwareentwickler*innen, Requirements Engineers, Product Owner, Architekten und Projektleitern in Grenzen. Auch war ich in unheimlicher Zeitnot: »Was passiert, wenn das Baby früher auf die Welt kommt? Werden die 28 Menschen gemeinsam mit mir diese Team-Reorganisation in so einer kurzen Zeit überhaupt gestalten? Oder wird es viel Widerstand geben?«, 1000 Fragen gingen mir durch den Kopf. »Auf jeden Fall gibt es jetzt kein Zurück mehr«, seufzte ich. Im Daily wurde offiziell verkündet, ich, Janna Wurdig, werde die Team-Reorganisation begleiten. Kein Wunder, dass alle schweigen, denn mein Bauch sah wirklich mittlerweile so aus, als ob er gleich platzen würde.

***

Das Unternehmen, in dem die Reorganisation stattfand, war ein mittelständisches Unternehmen mit rund 150 Mitarbeitenden. Es hat in den letzten Jahren daran gearbeitet, ein Altsystem, mit dem die Kernprozesse des Unternehmens gesteuert werden, abzulösen. Auf diesem Weg wuchs schleichend, aber stetig, ein Team von 28 Menschen heran. »28 Leute«, ich war schockiert. »Kann das sein? Das geht doch gegen jegliche Empfehlungen.« Wenn du schon einmal mit 28 Leuten in einem Daily warst, dann wirst du dir gut vorstellen können, vor welchen Herausforderungen dieses Team stand. Und nun auch ich.

Es herrschte eine hohe Unzufriedenheit, da die Meetings zu groß waren, zu lange dauerten und zu wenig Outcome erzeugten. Es sprachen immer dieselben Mitglieder und der Rest tauchte still im Homeoffice ab. Unfassbar! Wenn Teammitglieder eine Frage stellten, kam nahezu keine Antwort zurück! Obwohl dort 28 Menschen saßen! Die Meetings zogen sich über Stunden, ohne Pausen, hinweg. Die Kameras waren aus, ganz abgesehen von den gähnenden Gesichtern, wo die Kamera an war. Ich muss ja gestehen, ich hatte vorher auch noch nie so schreckliche Meetings erlebt. Selbst meine Aufmerksamkeitsspanne lag dort höchstens bei 10 Minuten. Das mochte vielleicht auch daran liegen, dass es Sommer war und ich hochschwanger war. Ich hatte das Gefühl, dass ich zu diesem Zeitpunkt nicht mehr in meiner vollen Energie war und diese Meetings mich zusätzlich schlauchten!

»Die Re-Organisation wurde nicht ohne Grund gestartet!«, dachte ich und schaute in die gequälten Gesichter. »Wenn zu viele Menschen an derselben Sache arbeiten, wird nichts daraus«, hieß es vom Projektmanager, »denn zu viele Köche verderben den Brei«. Ja! Er sprach mir aus der Seele. Aber wieso änderte niemand etwas?! Wieso wird so lange gewartet, bis Mitarbeitende drohen, das Projekt zu verlassen? »Haben sie schon innerlich gekündigt? Nach was sehnen sie sich wohl?«, überlegte ich. »Kann ich daran überhaupt jetzt noch etwas ändern? Immerhin habe ich nur noch wenige Tage bis zum Mutterschutz.«

***

Kaum zu übersehen: Das Team hatte auch große Herausforderungen in der Kommunikation! Wie mir bereits vor vielen Jahren schon mein Mentor erklärte, beschreibt der Scrum Guide die optimale Größe eines agilen Teams als »Das Team ist klein genug, um flink zu bleiben und groß genug, um innerhalb eines Sprints bedeutsame Arbeit fertigzustellen«. Eine konkrete Empfehlung lautet deshalb, dass das Team üblicherweise 10 oder weniger Personen haben sollte. Damals lernte ich auf jeden Fall, dass festgestellt wurde, dass kleinere Teams besser kommunizieren und produktiver sind. Größere Teams erzeugen hingegen zu viel soziale und kommunikative Komplexität und tragen somit zu einem Produktivitätsverlust bei. Nicht umsonst gibt es die Zwei-Pizza-Regel. Diese Regel besagt, dass Teams, die an Aktivitäten wie Meetings oder Softwareentwicklungsprojekten beteiligt sind, nur so groß sein sollten, dass sie von zwei größeren Pizzen versorgt werden können. Hiermit soll beispielsweise der Kommunikations-Overhead reduziert werden, die Zusammenarbeit verbessert werden, aber auch die Time-to-Market erhöht und Fehler in der Software schneller behoben werden.

Ich erinnerte mich wieder an meinen Mentor, der mir erklärte: »Der Scrum Guide hebt hervor: ‚Wenn Scrum Teams zu groß werden, sollten sie in Erwägung ziehen, sich in mehrere zusammengehörende Scrum Teams zu reorganisieren, die sich alle auf dasselbe Produkt konzentrieren.'«

Jedoch waren Kritiker*innen der Veränderung der Meinung, die Team-Reorganisation koste zu viel Zeit und sei unnötig. Innerlich brodelte ich! »Sind das die Schwangerschaftshormone?«, fragte ich mich. Ich war unheimlich sensibel. Wer mich normalerweise kennt, weiß, dass ich Herausforderungen liebe und sonst auch gut mit kritischen Stimmen zurechtkomme. Denn diese Stimmen sind häufig die wertvollsten Feedbackgeber*innen und Treiber*innen von Veränderung – wenn man sie für das Vorhaben gewinnt. Auch sehe ich häufig das Potenzial in solchen Situationen und will dann unbedingt Veränderungen ermöglichen. Denn wir verbringen so unglaublich viel Lebenszeit bei der Arbeit und wie traurig ist es, wenn wir jeden Tag genervt von der Arbeit nach Hause kommen? Oder wie schädlich ist es heutzutage für Unternehmen, wenn Mitarbeitende innerlich kündigen? Sind wir doch mal ganz ehrlich, das können wir uns heute nicht mehr erlauben!

Nun aber los! Ich will dich nicht länger hinhalten, was die Reorganisation beinhaltet hat, wie ich vorgegangen bin und ob ich die Kritiker*innen überzeugen konnte!

***

Was beinhaltete die Team-Reorganisation?

»Wie nehme ich alle Teammitglieder mit? Wie gebe ich auch den kritischen Stimmen dabei Raum? Was können wir aus der Vergangenheit lernen? Wie erzeugen wir gemeinsam ein Zukunftsbild, bei dem es möglichst wenig Widerstand gibt und alle mitgehen?« Viele Fragen schossen mir durch den Kopf. Ich wollte keine Zeit verschwenden und noch möglichst wirksam in der Zeit vor meinem Mutterschutz sein. Jedoch hatte ich so unheimliche Bedenken, ob das wirklich gelingt. Immerhin kannte ich das Team, das Umfeld und den Kontext überhaupt nicht. Mein Kopf zerbrach regelrecht. Plötzlich wurde ich traurig. Ich bekam Gänsehaut! Und dann war da noch die Sache mit meinem Vater. Sie raubte mir zusätzlich so viel Energie. Immer wieder ging mir durch den Kopf, dass ich ihn nie wieder sehen werde und er seinen Enkel nie kennenlernen wird. Sein Tod vor wenigen Wochen beschäftigte mich. »Vielleicht sollte ich mir einfach mehr Ruhe gönnen und mich einfach bis zum Mutterschutz krankschreiben lassen … oder aber vielleicht lenkt mich die Team-Reorganisation auch von allem ab!«, dachte ich. »ABLENKUNG«, wiederholte ich – Der Gedanke daran gefiel mir!

***

Mit einem Plan, wie ich vorgehen wollte, ordnete ich meine Gedanken: Besonders wichtig war mir, dass alle Teammitglieder einbezogen werden. Und die Menschen verstehen, warum und wofür wir diese Reorganisation machen. Ich war mir sicher, dass sie so auch das Vorhaben unterstützen würden.

Ich machte mir nochmal bewusst, wann Veränderungsvorhaben gelingen und wann nicht. »Höchstwahrscheinlich gibt es kein Patentrezept, wie eine Team-Reorganisation begleitet und gestaltet werden sollte«, grübelte ich. Jedoch scheitern meiner Meinung nach Veränderungsvorhaben oft, weil Organisationen sich nur mit sogenannten »Äußerlichkeiten« beschäftigen, wie beispielsweise Strukturen, Standardprozessen, Kennzahlen und Ähnlichem. Oder die Beteiligten verharren im »Gewohnheitsmodus«, in der Komfortzone. »Komplexe Herausforderungen erfordern jedoch eine tiefgründige Auseinandersetzung mit der eigenen Handlungsquelle. Oder nicht? Sind wir doch mal ganz ehrlich. Wie oft wolltest du schon Gewohnheiten ändern und hast es immer wieder über den Haufen geworden?«, redete ich mit mir selbst.

Diese »blinden Flecken« des Lernens können mit Hilfe der Theorie U überwunden werden«, erinnerte ich mich an meine systemische Coaching-Ausbildung. Denn der Hauptgrund für diese blinden Flecken besteht darin, dass die innere Einstellung der von der Veränderung Betroffenen zu wenig Beachtung findet. Und letztendlich hängt der Erfolg von Transformationsprozessen von der inneren Haltung ab! »Immerhin sind wir hauptberuflich alle Menschen!«, dachte ich und überlegte, wie meine innere Einstellung zu der Veränderung gerade war.

»Innere Haltung. Zukunftsbild. Menschlichkeit. Warum und Wofür«, hingen mir die Worte nach. Und genau hierauf legte ich noch innerhalb dieser kurzen Zeit den Fokus. Ich wollte eine gründliche Analyse der bestehenden Teams, Einstellungen, Strukturen und Prozesse durchführen, um Potenziale, Schwachstellen und Engpässe zu identifizieren. Um die Kritiker*innen zu verstehen. Um das Alte wertzuschätzen und zu schauen, was in der Zukunft alles entstehen darf. Basierend auf den Ergebnissen der Analyse sollten gemeinsam neue Teams definiert und deren Aufgabenbereiche festgelegt werden. Die neuen Teams sollten so organisiert werden, dass sie effektiver zusammenarbeiten und ihre Ziele erreichen können. Um sicherzustellen, dass die Mitarbeiter*innen in den neuen Teams effektiv zusammenarbeiten können, sollte aufgearbeitet werden, was wem in der Zusammenarbeit wichtig ist und eine Art »Gebrauchsanleitung zur Zusammenarbeit« erstellt werden.

Ich war mir unsicher, ob es gelingen würde ...

***

Wie bin ich vorgegangen?

… Denn ich wollte eine Herangehensweise, welche auf Vertrauen und Zukunftsgerichtetheit abzielt, wo sich eben jede*r einbringen konnte. Was natürlich auch hieß, dass ich einen Rahmen schaffen musste, wo dies gelingt. Zunächst bin ich mit jeder*jedem aus dem Team ins Gespräch gegangen. Als Grundlage für die Gespräche erstellte ich mir ein Miro-Board. Auf diesem Miro-Board hing ich ein großes gelbes U auf und beschriftete es wie folgt:

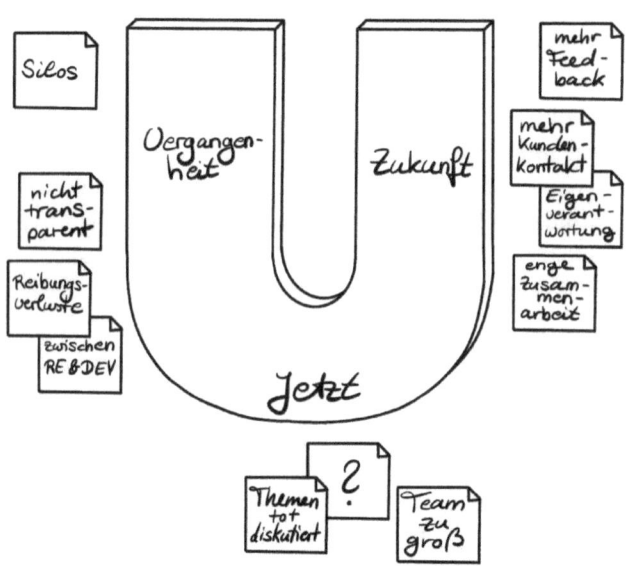

- Vergangenheit: Blick in die Vergangenheit … Wie habe ich mich in der Teamkonstellation gefühlt? Was hat mir gefallen? Was war schwierig / blöd für mich?

- Jetzt: Blick in die Gegenwart ... Was ist jetzt gerade in der Teamkonstellation? Wie fühlt sich das »Jetzt« an?
- Zukunft: Blick in die Zukunft ... Was kann entstehen in Bezug auf neue Teamkonstellationen? Worauf haben wir Lust? Was bringt uns voran?

Und unter dem U notierte ich noch einen Sticky mit den Fragen:

Was brauchen wir als Nächstes, um die Zukunft der neuen Teams / unserer Ideen zu kreieren?

***

Wahnsinn! Durch dieses Vorgehen bekam ich in Kürze so unendlich viele Insights und Perspektiven über das Miteinander und die Projektsituation. Ich war begeistert und verwundert zugleich! Denn das hatte ich wirklich nicht erwartet – die Offenheit der Teammitglieder, immerhin kannten sie mich kaum. Ich freute mich jedoch sehr, dass sie mir die unterschiedlichsten Sorgen, Ängste und Bedenken anvertrauten. Der eine nannte, dass »das Requirement Engineering Team zu wenig mit dem Dev Team zusammenarbeitete und dadurch zu viele Reibungsverluste entstanden«, eine andere wiederum erzählte, »sie habe die Hoffnung in der Zusammenarbeit eh schon aufgeben«, wohingegen ein anderer erwähnte, dass er sich »mehr und direktes Feedback der Fachabteilungen und Teammitglieder wünsche«. Eine andere erklärte, dass sie sich »mehr Mut zur Delivery: Live gehen und Erfahrungen sammeln, nicht perfekt sein und overengineeren« erhoffte.

... Je mehr ich mit den Leuten sprach, umso mehr fiel mir auf, dass die Menschen gar nicht per se gegen die Reorganisation waren. Ich war erleichtert. Jetzt konnte es richtig losgehen und wir konnten anfangen gemeinsam zu gestalten! Es zeigte mir mal wieder, dass »Wachstum und Weiterentwicklung ein Grundbedürfnis von uns Menschen ist, genauso wie Verbundenheit!«.

Und dann kam das Baby!

Hallo Mutterschutz!

Janna Wurdig
ist Expertin für Agilität, Teamentwicklung und moderne Arbeitsweisen im digitalen Wandel. Als Agile Coach und Senior Consultant für Future Work bei der esentri AG arbeitet sie gemeinsam mit ihren Kund*innen an Haltung, Fähigkeiten, Werkzeugen und Strukturen, die eine agile, nachhaltige und wertstiftende (Zusammen-)Arbeit ermöglichen! Mit viel Leidenschaft unterstützt sie mutige Entscheidungen, Entwicklung und neues Denken. Hierbei setzt sie auf gemeinsames Wachstum und Potenzialentfaltung! Erfahre mehr: www.deine-agile-reise.de/ueber-mich

Mit Agilität durch die Datenschutz-Wüste

Sitzen ein Jurist, ein Software-Architekt und ein Scrum Master am Kaffeetisch ...

Was sich anhört wie der Anfang eines Witzes, ist in Wahrheit der Anfang einer Agilen Mission Impossible. Eines Projekts, das dir beim Thema Agilität wahrscheinlich nicht in den Sinn käme: die Umsetzung der Datenschutzgrundverordnung (DSGVO) in einem internationalen Konzern. Staubtrockene Begriffe wie »personenbezogene Daten, Datenverarbeitungsverträge, Zweckbindung und Datenminimierung, Privacy by Design und Privacy by Default« haben in mir damals jedenfalls nicht den Scrum-Master-Impuls geweckt.

Und doch schreibe ich diesen Bericht in einem Buch über Agile Missionen, da es für mich eine der spannendsten Lernerfahrungen auf meiner agilen Reise war. Warum dieses doch so trockene und von niemandem gewollte Datenschutz-Projekt zum agilen Paradebeispiel wurde, liest du auf den nächsten Seiten.

Worum ging es?

Es war Ende 2017, ich war gerade seit etwa zwei Jahren als Scrum Master mit Softwareentwicklungs-Teams unterwegs, als ich in das DSGVO-Team berufen wurde. Ich ging davon aus, dass ich wieder als Scrum Master im Software-Team arbeiten würde, welches die DSGVO-Tools für den Konzern entwickeln sollte. Schnell wurde ich eines Besseren belehrt. Mit dem bekannten Sprung ins kalte Wasser war ich plötzlich nicht nur Scrum Master, sondern Projektmitarbeiterin und DSGVO-Ansprechpartnerin. Herzlichen Glückwunsch, Sie wurden befördert.

Die DSGVO hatte zum Ziel, bis zum Stichtag, den 25.05.2018 die Verarbeitung von personenbezogenen

Daten in der gesamten EU zu regeln. Dabei sollte der Schutz dieser personenbezogenen Daten verbessert und die Rechte der einzelnen Personen gestärkt werden. Dazu gehörte bspw., dass Personen das Recht auf Zugang oder Löschung ihrer Daten bekamen. Verstöße gegen die DSGVO sollten hoch bestraft werden, mit bis zu 20 Millionen Euro oder 4 % des weltweiten Umsatzes. Nun muss man dazu sagen, dass der Konzern, um den es hier geht, ein sehr rechtstreuer, geradezu konservativer Konzern war, dem die DSGVO-Konformität sehr am Herzen lag. Nichtsdestotrotz wurde viel zu spät angefangen, sich mit dem Thema zu beschäftigen. Der Druck war hoch. Eine zeitgerechte Umsetzung der DSGVO schien unmöglich.

Das Ausmaß des Problems

Ende 2017 hatten wir noch knapp 6 Monate Zeit, um den gesamten Konzern DSGVO-konform aufzustellen. Einen Konzern mit rund 13.000 Mitarbeitenden in jeweils unterschiedlich arbeitenden Niederlassungen in fast allen Ländern der EU und weltweit.

Ende 2017 hatte noch niemand, nicht innerhalb des Konzerns und auch nicht außerhalb, eine klare Idee davon, was »DSGVO-konform« bedeutet. Wer ist konkret betroffen? Welche Tools müssen angepasst, welche Prozesse geändert werden? Wie können wir nur all die unterschiedlichen Anforderungen aus allen EU-Ländern und deren Konzern-Niederlassungen kennen?

Ende 2017 hatten wir noch keine Ahnung, welche Lösungswege uns bereitstehen würden. Wie können wir es technisch ermöglichen, dass wir wissen, wo die personenbezogenen Daten erfasst werden? Wie können Anfragen von Personen im gesamten Konzern umgesetzt werden?

Und noch viel schlimmer: Zu diesem Zeitpunkt hatte kaum jemand im Konzern die Dringlichkeit verstanden, ins Handeln zu kommen. Bis auf das DSGVO-Team, das den Druck direkt spürte. In den Medien war die DSGVO noch kaum präsent. Unsere Kollegen hatten wenig Interesse, sich um die von ihnen gespeicherten personenbezogenen Daten zu kümmern, wo doch wichtige Messen oder drängende Produktentwicklungen anstanden.

Eine scheinbar unpassierbare Wüste lag vor uns!

Wie hat uns Agilität in diesem Kontext weitergeholfen?

In meiner Welt der agilen Softwareentwicklung kamen Datenschutzprojekte bisher nicht vor. Hätte mich jemand gefragt, in welcher Abteilung eines Unternehmens ich mir einen Scrum Master am sinnlosesten vorstellen könnte, wäre meine Antwort gewesen: in der Rechtsabteilung.

Wie falsch ich gelegen hätte! Denn wenn wir uns die Stacey Matrix anschauen, führt der beschriebene Kontext schnell zu dem Schluss, dass eine agile Arbeitsweise sinnvoll ist. Die Stacey Matrix ist ein sehr häufig verwendetes Hilfsmittel, um einen Arbeitskontext zu kategorisieren und darauf zu prüfen, welcher Arbeitsmodus sinnvoll ist. Für einen Kontext mit recht unbekannten Anforderungen und Lösungswegen schlägt diese Matrix eine agile Arbeitsweise vor. Die Anforderungen waren im DSGVO-Gesetzestext zwar beschrieben, auf unseren Kontext bezogen aber absolut unklar. Ebenso das Vorgehen, also unsere Lösungswege.

Wohin hätte uns der klassische Ansatz geführt?

Zuerst möchte ich aber einen Schritt zurückgehen und die klassische Arbeitsweise aufzeigen. Mit dieser hätten wir wie folgt vorgehen können. Nach einer intensiven Zeit der Analyse des Gesetzestextes und der Anforderungen hätten wir als DSGVO-Team einen idealen Prozess ent-

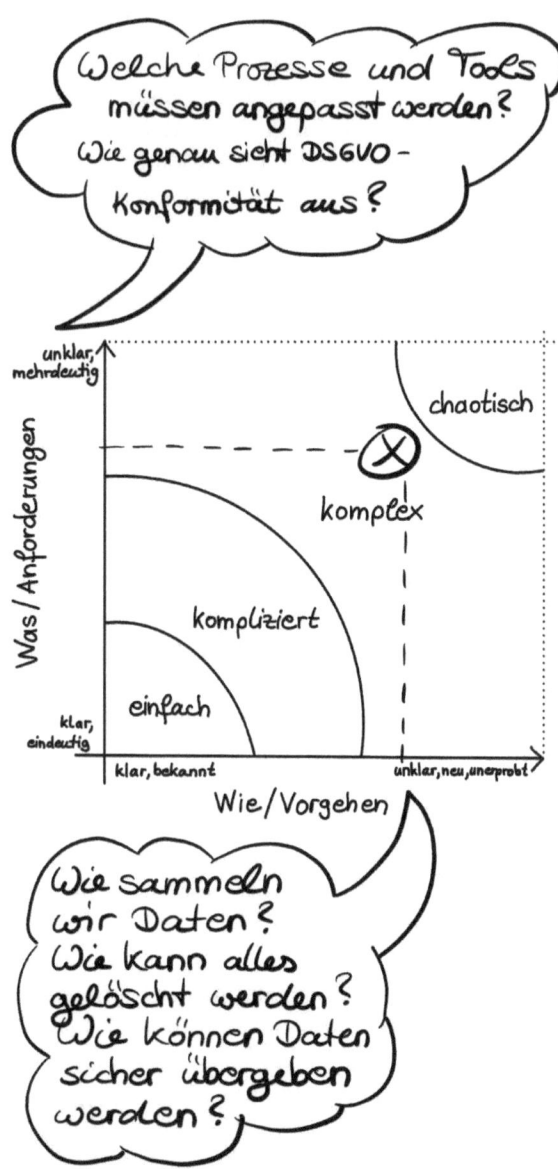

wickeln können, wie der Konzern mit den Anforderungen umgeht. Wir hätten einen Prozess entwickeln können, wie eine Person ihr Recht auf Löschung einreichen kann und dann automatisch all ihre Daten aus dem Konzern verschwinden. Wir hätten einen Prozess aufmalen können, wie eine Person ihr Recht auf Auskunft anwenden kann und dann wie aus Zauberhand all ihre Daten ausgehändigt bekommt. Die Software-Tools, die das Sammeln oder Löschen der Daten ausführen, hätten wir parallel entwickeln lassen, sodass sie passend zum 25.05.2018 für alle Kollegen im Konzern bereitgestanden hätten.

Aber Moment mal, welche Daten denn jetzt? Auch die Daten, die wir über die Person eigenständig erhoben haben? Verraten wir jetzt unser Kundenranking? Auch alle Daten aus anderen Niederlassungen? Aber dann verliert die Person den Zugang zu allen Online-Portalen. Und was, wenn unser SAP-System nur archivieren kann, nicht aber löschen? Ach verdammt, da scheitert unser idealer Prozess schon an der ersten Instanz. Es ist auch kein Wunder, denn es war schlicht unmöglich, Prozesse und die passenden Tools dafür zu entwickeln, dass diese auf alle Bereiche und Länder passten.

Es gab keine andere Wahl: Mit der Unsicherheit über Anforderungen und dem bestehenden Wissensmangel über mögliche Lösungen mussten wir iterativ und inkrementell vorgehen. Wir als DSGVO-Team mussten zusammen mit der Organisation lernen und die Organisation zusammen mit uns. Ein agiler Ansatz musste her!

Wie kann ein agiler Ansatz in einem Datenschutz-Projekt aussehen?

In diesem Bericht möchte ich zwei Punkte herausarbeiten: Crossfunktionalität und iterativ-inkrementelles Arbeiten mit ständigen Feedbackzyklen.

Das crossfunktionale Team

Sitzen also ein Jurist, ein Software-Architekt und ein Scrum Master zusammen am Kaffeetisch ... Dieses scheinbar skurrile Szenario war für uns schnell und ich muss sagen, zum Glück, Realität. Um in kürzester Zeit Dinge umzusetzen, von denen noch keiner wusste, wie sie gehen können und welche Anforderungen noch auf uns zukommen würden, mussten die Köpfe unterschiedlichster Experten zusammengesteckt werden. Im DSGVO-

Team arbeiteten konkret drei Datenschutz-Experten, ein Jurist, ein Projektleiter, vier Software-Entwickler und ich als Scrum Master zusammen: Vollzeit und voll-involviert. So vereinte das Team aus zehn Leuten alle Soft- und Hard Skills, um die Rechtslage zu verstehen, für den Konzern zu interpretieren, mit dem Konzern zu kommunizieren und um die benötigten Tools zur Umsetzung der Betroffenenrechte direkt zu entwickeln.

Dieses Team aufzubauen und so bunt zusammenzusetzen, war ein Novum. Gleichzeitig war es unser Schlüssel zum schnellen Lernen und zum Bewältigen von vielen vorerst unüberwindbaren Fragestellungen. Ein netter Nebeneffekt für mich als Scrum Master: In einem so bunten Team stoßen die unterschiedlichsten Charaktere und Kulturen aufeinander und lassen wunderschöne Team-Dynamiken, unterschiedlichste Arbeitsweisen und Konflikte erkennen. Eine großartige Lernerfahrung, der ein ganz eigener Bericht gewidmet werden könnte. An dieser Stelle sei nur betont, dass es diese Crossfunktionalität und die volle Involvierung aller Team-Mitglieder war, die sicherstellte, dass wir mit größtmöglicher Unabhängigkeit und hohem Fokus an den Themen arbeiten konnten. Man könnte es als Taskforce in größerem Umfang beschreiben.

Iterativ-inkrementelles Arbeiten

Das crossfunktionale Team konnte aber, wie anfänglich beschrieben, nicht allein durch den Gesetzestext wissen, wie der Konzern DSGVO-konform werden kann. Dafür hätten wir alle Programme und Prozesse im Detail kennen müssen, die im Konzern genutzt wurden. Und das waren viele hunderte. So kommen wir zum zweiten agilen Aspekt: das iterative und inkrementelle Arbeiten zusammen mit dem Konzern. Ich sage es direkt vorab: Das kam nicht immer gut an!

Vielen Kollegen wäre es am liebsten gewesen, dass ein Expertenteam zu ihnen kommt und erklärt, was sie nun tun müssen, um ihre Produkte und Prozesse DSGVO-konform zu machen. Der klassische Ansatz, den ich anfangs beschrieb.

Wir aber luden hunderte von Kollegen (zumeist Product Owner von Apps oder anderen Tools, die Daten verarbeiteten) ein, wöchentlich an unseren Reviews teilzunehmen, um gemeinsam mit uns zu lernen. Dieser Lernprozess bestand aus zwei Richtungen: Wir teilten unser Wissen über die DSGVO-Anforderungen und präsentierten erste Lösungswege. Und umgekehrt teilten die Kollegen mit uns ihre Anforderungen und Problemstellungen, sodass wir zusammen Schritt für Schritt mehr verstanden.

Die Reaktionen auf diese Arbeitsweise waren sehr unterschiedlich. An einigen Tagen überwogen Aussagen wie »Wenn ihr euer Tool doch selbst noch nicht fertig habt, dann lasst mich damit doch noch in Ruhe!« oder »Macht uns doch bitte erstmal eine Prozessvorlage und dann schaue ich es mir an!«. »Und überhaupt, warum muss ich das alles selbst machen? Wir haben doch hier ein 10-köpfiges Team sitzen!« Unfertige Dinge in die Organisation zu tragen und nach Feedback zu fragen, das traf einige Male auf Unverständnis.

Und dann gab es diese anderen Tage, an denen in den Reviews etwas Magisches passierte: Unser DSGVO-Team wurde nach und nach durch einen »Outer Circle« verstärkt. Durch das viele Einbeziehen der betroffenen Kollegen nahmen einige davon die Chance auf, die Produkte und Prozesse aktiv mitzugestalten. Anstatt nur nach Hilfe zu rufen, brachten sie selbst Lösungswege mit ein. Plötzlich teilten Teilnehmer des Reviews ihre eigenen Ideen und selbstgebauten Tools mit den anderen hunderten von Kollegen. Mögliche Lösungen, die wir im DSGVO-Team noch gar nicht auf dem Schirm hatten, wurden eingebracht. Einfache, aber effektive, in Excel selbstgebaute Makros wurden geteilt. Ein ganz neuer Geist breitete sich aus. So eine gemeinsame Wüstendurchquerung schweißt zusammen!

Und hiermit komme ich auch zu meinem abschließenden Learning. Braucht jede Rechtsabteilung jetzt also einen Scrum Master? Nein, das sollte natürlich nicht die Schlussfolgerung aus diesem Bericht sein. Aber wo Agilität nicht fehlen sollte, ist in jedem Bereich, in dem komplexe organisatorische Themen, seien es neue rechtliche Rahmenbedingungen oder andere strukturelle Transformationen, umgesetzt werden. Genau wie bei einer komplexen Produktentwicklung bedarf es auch bei der Entwicklung von Organisationsstrukturen und Prozessen eines crossfunktionalen Teams und einer iterativen und inkrementellen Vorgehensweise unter hoher Involvierung der Betroffenen.

Viele Jahre bin ich nun in agilen Software-Teams unterwegs und dennoch war eine meiner agilsten Erfahrungen in eben diesem Datenschutz-Team. Ich spürte die Effekte am eigenen Leib, war selbst Entwickler im agilen Team. Das kalte Wasser der DSGVO hat mich Agilität gelehrt, wie kein Softwareprodukt davor oder danach.

Magdalena Bauerdick

arbeitet als Agile Coach und Projektleiterin in der IoT-Branche. Nach ihrem MSc in Projektmanagement sammelte sie Erfahrungen in klassischen und agilen Projekten in Unternehmen jeglicher Größe, vom Mittelständler, über den Konzern bis hin zum Startup. Dabei lebte und arbeitete sie mehrmals im Ausland und lernte so die Arbeitsweisen auch aus kulturell unterschiedlichen Perspektiven kennen.

Lernen, Naivität und Austausch

Scrum ist einfach, weit verbreitet und alles andere als neu. Eine ganze Reihe Leute sprach mich 2020 an: »Hey Ralf, wieso fängst du jetzt noch einen Podcast zu Scrum an, dazu ist doch schon alles gesagt? Mach' doch was Spannendes!«

Das war auch mein erster Gedanke: »Warum trage ich nicht all meine Erfahrungen rund um agile Transformationen, Skalierung und agile Führung in einem Podcast zusammen?«. Ich hatte sogar schon einen Namen: der »Agile Transformers«-Podcast. Als Podcast-Cover wollte ich eine an Optimus Prime angelehnte Illustration machen.

Warum ich dann aber doch einen Podcast zu Scrum machen »musste«, hat viel mit dem zu tun, was ich bis dahin erlebt und gelernt hatte.

Der steinige Weg zur Agilität

1999 habe ich angefangen, Software zu entwickeln. Als Entwickler habe ich vor allem gelernt, wie es nicht geht. Was mein erster Arbeitgeber an Planung und Prozessen zu viel hatte, fehlte meinem zweiten Arbeitgeber an Struktur. Ich rieb mich auf und ich dachte irgendwann, dass es an meiner Unzulänglichkeit lag. Erst über meine ersten agilen Gehversuche habe ich gelernt, dass es anders geht und dass ich nicht alleine mit diesen Herausforderungen bin.

Deswegen ist für mich bis heute der Maßstab guter Agilität, ob sie uns bei den vorliegenden Problemen wirklich weiterhilft.

Es gibt nicht den einen Stil

So richtig los ging es für mich 2010. Damals hatte mich mein Freund Björn Jensen seinem Arbeitgeber agile42 als

Agile Coach vorgeschlagen. Dafür bin ich ihm bis heute dankbar, denn damit startete meine agile Reise erst so richtig. Genauso bin ich den Inhabern von agile42, Marion Eickmann und Andrea Tomasini, dankbar, die irgendwas in mir gesehen haben müssen und mir vertraut haben.

So fand ich mich 2010 als einer von neun Agile Coaches in einer internationalen Transformation wieder. Ein Startpunkt, der mich bis heute prägt. Jeder der internationalen Experten in unserem Coaches Team brachte andere Erfahrungen und einen anderen Stil ein. Das bewahrte mich davor, stringent dem Stil einer Person zu folgen und diesen zu kopieren.

Ohne diese Prägung wäre ich vermutlich, wie so viele, der Versuchung erlegen, nach dem einen Kochrezept zu schauen. Wie viele andere hätte ich, nachdem es zweimal funktioniert hat, geglaubt, dass ich es jetzt wirklich verstanden habe.

Naivling und die harte Schule der Praxis

Frei von Naivität ist keiner von uns, gerade wenn wir neu in einem Thema sind und es die ersten Male gut funktioniert hat.

Meine ersten Scrum-Einführungen, die ich in Eigenverantwortung machte, liefen gut. Die Bereiche waren nicht nur zu ihren angestrebten Zielen besser aufgestellt, die beteiligten Personen entwickelten diese Umgebungen auch ohne mich selbstständig weiter. So war ich der festen Überzeugung, Scrum durchdrungen zu haben und verstanden zu haben, worauf es ankommt, es effektiv einzuführen.

Diese Vorstellung fand ein jähes Ende, als ich mich mit einem Kollegen in einem Raum befand mit 50 Leuten, die sich anschrien. Wenn ich die Geschichte dahinter ausführlicher erzähle, sagt mir jeder, dafür konnten wir nichts. Die Spannungen bestanden schon vorher und wir wurden von unseren Ansprechpartnern zur Ausgangslage falsch informiert, um den Begleitungsumfang klein zu halten.

Das ändert trotzdem nichts daran, dass ich eine solche Situation so nie wieder erleben möchte.

Diese Situation hat mein weiteres Agile Coaching maßgeblich geprägt. Was vermutlich ein entscheidender Faktor war, warum die nächsten zwei bis drei Jahre jede meiner Scrum-Einführungen zu einem guten Ergebnis kam.

Mangelnde Empathie für vorherrschende Herausforderungen

Aus dem Eindruck, dass es für mich gerade läuft, tat ich mich schwer, die Herausforderungen von anderen nachzuvollziehen. Auf Community-Events oder von Kollegen wurde anderen das nötige Mindset abgesprochen oder es wurde sich über die fehlenden Rahmenbedingungen von der Führung bzw. der Organisation mokiert.

Ganz ehrlich, ich konnte das damals nicht nachvollziehen.

Ich kannte diese Probleme zu dem Zeitpunkt nicht.

Nur ohne die nötige Empathie für das Gegenüber interessiert sich halt auch keiner für deinen Input.

Erst als ich auf Wunsch meines Klienten die Begleitung fundamental änderte und erst mal ergebnisoffen in der neuen Umgebung mitlief, lernte ich auf die harte Tour, woran sich meine Kollegen aufrieben. Denn plötzlich verfing ich mich in den Verwirrungen des operativen Alltags. Denn ohne den Arbeitsrahmen aus dem heraus ich die Umgebung partnerschaftlich mit den Leuten gestalte und der Dynamik, die dabei beim Start entsteht, verfing ich mich in den Wirrungen des operativen Alltags. Es war unglaublich frustrierend, wie wenig ich in so in dieser Umgebung wirklich bewegen konnte.

Erst durch diese Erfahrung konnte ich so richtig viele Probleme, vor denen andere Scrum Master und Agile Coaches stehen, so richtig nachvollziehen.

Der Antrieb hinter dem »Scrum meistern«-Podcast

Agile Teams bilden das Fundament guter Agilität in einer Organisation. Aus dem Eindruck, dass es hier bei vielen krank, wollte ich bei diesen Themen bewusst den Fokus setzen.

Ein Podcast zu Transformation, Führung und Skalierung fühlte sich falsch an. Ohne funktionierende Teams als Basis fehlt diesen Themen meist das nötige Fundament.

Mit dem Podcast wollte ich eine kurz und knackig gehaltene Übersicht über die Kernideen von Scrum und angrenzenden Bereichen geben. Ich wollte auf diese bereits vielfach behandelten Themen über ein Fokussieren auf die zugrundeliegenden Intentionen aus einer neuen Perspektive eingehen. Mein Eindruck war, dass es aufgrund des fehlenden Verständnisses was Scrum und Agilität wirklich ausmacht oftmals zu inkonsistenten und dysfunktionalen Strukturen kommt.

Zusätzlich wollte ich über den Podcast einen neuen Raum zum Austausch und Diskurs schaffen.

Deswegen habe ich mir spannende Interview-Gäste zum Austausch und zu vielen der inhaltlichen Folgen einen Gast zur Nachlese eingeladen.

Darüber hinaus wollte ich aber auch neue Dinge durch den Podcast selbst lernen. Also gerade das Podcasting an und für sich, wie man gut aufnimmt und inhaltlich gut aufbereitet.

Am meisten habe ich selbst über meinen Podcast gelernt!

Das, was mich dann aber vor allem überraschte, war, dass ich selbst die Person bin, die am meisten über den Podcast lernt. Dies ist nicht auf das Podcasting im engeren Sinn bezogen, sondern inhaltlich.

Ich hätte nie gedacht, dass ich über das Podcasting so ein hohes Niveau an an Souveränität zu Scrum und angrenzende Bereiche gewinnen werde.

Dabei habe ich viele der Inhalte aus dem ersten Jahr schon vorher unzählige Male in Trainings vermittelt. Trotzdem ist es nochmal was anderes, den Inhalt für eine Aufnahme zu konsolidieren und diese mit dem Bewusstsein aufzunehmen, dass das Internet ja quasi nie vergisst.

Genauso hat es mich überrascht, dass mir die Interviews und das Nachlesen dabei helfen, so weit in die Tiefe der Themen Klarheit zu gewinnen. Ich habe stets versucht, den Austausch und den Diskurs zu für mich spannend Themen zu suchen, ohne Rücksicht auf meine Komfortzone, und das war hilfreich.

So lerne ich stetig über den Podcast neue Dinge und eben auch neue Facetten zu so einem vermeintlich einfachen Rahmenwerk wie Scrum.

Was Agilisten voneinander lernen können

Kurz nach meinem Podcast habe ich auch mein Mentoringprogramm für Scrum Master, Agile Coaches und angehende Führungskräfte gestartet. Im Kern dieses Programms steht die strukturierte Aufarbeitung typischer Herausforderungen, wo wir nach neuen Ansatzpunkten und Herangehensweisen suchen, um auch in ausweglos erscheinenden Situationen doch noch etwas zu bewegen.

Zu diesem Teil der Geschichte könnt ihr euch sicherlich schon denken, was passierte: Ich war überrascht, was ich selbst über diesen Austausch lernte. Aus der Draufsicht sehe ich, welche Entwicklung die Teilnehmer über die sechs Monate machen: Wo sie herkommen, was ihnen hilft, sich weiterzuentwickeln.

Besonders interessant war für mich zu beobachten, wie viele der Teilnehmer sich an sehr ähnlichen Herausforderungen abarbeiten.

Ich bin sogar versucht zu sagen:

80 % der Agilsten haben 80 % der gleichen Probleme.

Und genau das macht es so wichtig, dass wir uns effektiv zu solchen Situationen und Herausforderungen austauschen und voneinander lernen, was wirklich funktioniert und was vielleicht nur gut klingt.

Social Media als Lernraum nutzen

Social Media kann schnell zu einer Zeitverschwendung werden. Richtig genutzt, empfinde ich gerade LinkedIn als einen wunderbaren Lernraum, der den Podcast und das Mentoringprogramm gut ergänzt.

Der Podcast hilft mir, Themen im Austausch mit dedizierten Experten zu konsolidieren. Mein Mentoringprogramm hilft mir dabei, in einem geschützten Raum mit anderen zu lernen und vor allem aus der Entwicklung der Teilnehmer.

Darüber hinaus möchte ich aber auch die Perspektiven von Leuten verstehen, die sich aktuell nicht tief mit meinen Inhalten auseinandersetzen.

Dies gelingt mir, wenn ich Fragen, Thesen und Perspektiven poste und dann in den Kommentaren in den Austausch gehe.

Dabei habe ich beispielsweise erfahren, dass viele Leute sehr schnell auf meine Fragestellungen mit »es kommt drauf an« antworten. Wenn ich dann aber nachfrage, worauf »es ankommt«, wird häufig die jeweilige Reife des Teams als maßgeblicher Faktor angeführt. Was ich als sehr interessante Aussage empfinde, weil es als Scrum Master oder Agile Coach unsere Aufgabe wäre, diese Leute über die Zeit zu befähigen.

Appell

Ein Podcast, ein Mentoringprogramm und ein paar Posts auf LinkedIn alleine können weder das weit verbreitete Scrum-Theater noch den um sich greifenden agilen Dogmatismus beenden.

Das können nur wir zusammen. Das ist zumindest mein naiver Eindruck dessen, was ich über die Jahre gelernt habe.

Lass uns gemeinsam daran arbeiten, eine offenere, diskussionsfreudigere Community zu werden. Indem wir unsere Erfahrungen teilen, voneinander lernen und alte Denkmuster hinterfragen, können wir echte Veränderungen bewirken.

Was denkst du, kannst du zu einem offenen Austauscj und Diskurs in der agilen Community beitragen?

Ralf Kruse

Ralf Kruse ist Agile Coach und Scrum Trainer. Vorher lernte er als Softwareentwickler auf die harte Tour wie es nicht geht ;-) Daraus entwickelte sich eine Leidenschaft, anderen zu helfen, ihre Herausforderungen mit agilen Ansätzen zu meistern und erfolgreich zu sein. 2020 startete Ralf seinen Podcast »Scrum meistern« und ein Mentoringprogramm für Agilisten. Beides hat unglaublich viel Reflexion und Austausch angestoßen, den er so nicht mehr missen möchte.

Weitere Informationen zu Ralf, dem Podcast und seiner Begleitung findest du bei EnableChange unter https://enablechange.de

Epilog 2: Eine Mission, die keiner wollte

Passend zum Release unseres Buches »Agile Missions Impossible« erscheint im Juli 2023 auch der siebte Film der Mission: Impossible-Reihe »Dead Reckoning«. Wie bei unserem Buch stand lange auf der Kippe, ob es diesen Film wirklich geben wird. Braucht die Welt diesen Film, dieses Buch? Braucht es eine Fortsetzung? Die Produktion des Filmes wurde erheblich durch die COVID-19-Pandemie beeinflusst, wodurch sich der Kinostart verzögerte und das Budget in die Höhe stieg. Unser Buch überschritt nicht unser Budget, dennoch zweifelten wir sehr oft daran, ob diese Mission gewollt ist. Es müssen keine 290 Millionen US-Dollar im Spiel sein, damit ein Projekt von allen Seiten abgelehnt wird.

Wir haben Berichte über sieben agile Missionen gelesen, die Ablehnung erfuhren. Dabei ist die Kapitelüberschrift provokativ gewählt. Wollte wirklich keiner diese Missionen? Geht es hier wirklich um das Wollen?

Wenn ich den Titel des Kapitels lese, gebe ich direkt anderen die Schuld daran, dass die Mission gescheitert ist. Denn die anderen wollten es nicht, die anderen haben sie nicht unterstützt, vielleicht sogar versteckt boykottiert oder offen dagegen angekämpft. Manchmal sind es aber gar nicht die anderen. Frage ich jeden einzelnen, ist er oder sie sogar dafür – dennoch scheitert das Unterfangen.

Adriane bekam als Scrum Masterin die Mission, die Scrum-Werte im Team zu etablieren. Kein leichtes Unterfangen, wenn selbst die Retrospektiven wegdiskutiert werden. Werte, die nicht gelebt werden, können nicht zu einer neuen Kultur im Unternehmen führen. Eine Kultur lässt sich nicht entwickeln, sie ist der Schatten dessen, was wir an Strukturen und Erfahrungen in der Organisation erleben.

Trotzdem möchte Adriane als Scrum Masterin wirksam werden und so stellt sich die Frage, wofür sich die Menschen begeistern lassen. Menschen lieben es zu spielen und investieren viel Zeit ihres Lebens in Computer-, Brett- und Handyspiele. Die Spielmechaniken sorgen für ein echtes Vergnügen mit einem Wechselbad an Gefühlen. Wir spielen ohne tiefgründigen Zweck – meistens jedenfalls. Adriane nutzt Spielmechaniken, um den Teammitgliedern die Scrum-Prinzipien wie Offenheit und Selbstverpflichtung nahezubringen. Die Spiel- und Lernlust ist schon mal geweckt.

Nur eins lässt sich durch Lernen allein nicht beheben: Der Frust, der entsteht, wenn man wahrnimmt, dass im Unternehmen vieles nicht zu diesen Werten passt. Da gibt es Management-Instrumente wie individuelle Ziele und das Verbuchen jeder einzelnen Stunde auf Projekte, die einer teamübergreifenden Zusammenarbeit gegenüberstehen. Es klingt recht einfach: Wir müssen das abschaffen, was die gute Zusammenarbeit verhindert! Das Prinzip »Via Negativa«. Damit würden wir die Möglichkeiten für einen bestimmten Wert schaffen, eine Garantie gibt es jedoch nicht.

Hier gilt also das »Via negativa«-Prinzip: Werde los, was verhindert, dann schaffst du die Bedingungen für die Möglichkeit eines bestimmten Wertes. Mehr ist nicht drin. Und mehr muss auch nicht drin sein, denn die Kultur ist ohnehin kein Selbstzweck. Entscheidender ist die Frage, ob die Management-Instrumente der Arbeit dienen – die Kultur kümmert sich dann schon um sich selbst.

Darüber berichtet auch **Ellen**: Mit ein bisschen »Rest-Budget« eine Mission für »gesteigerte Schwarmintelligenz« und »bessere Zielerreichung« zu starten, ist kein guter Ausgangspunkt. OKR wird für das Team von Fachexperten »wieder so ein Management-Werkzeug« sein, von denen sie bereits sehr viele haben kommen und gehen sehen. Verschiedene Zielsysteme, Kennzahlen, Teamstrukturen, Handbücher mit Best Practices, Controlling-Software, Prämien und kontinuierlich neue Befragungen und Fragebögen. Insbesondere in großen Konzernen hat man manchmal das Gefühl, sie würden im Wochentakt verändert werden. Nur wenige haben eine wirkliche Relevanz für die tägliche Arbeit. Sie erschweren oder erleichtern die Arbeit an den Produkten oder Services für die Kunden und sorgen stattdessen für Beschäftigung mit Formalitäten.

Doch auch im Unnützen kann etwas Nützliches liegen. OKR sorgte dafür, dass das Team eine Gewohnheit entwickelt, gemeinsam auf die Ziele zu schauen und sich offen auszutauschen. Bei veränderten Rahmenbedingungen passen sich die Menschen dem neuen Umfeld an und neue Gewohnheiten und Verhaltensmuster können entstehen. Wohlgemerkt, sie »können« – eine Garantie gibt es nicht.

Dass es keine Garantie gibt, selbst wenn man die agile Transformation genau nach Lehrbuch durchführt, bestätigt **Dorothea**. Ihr Bericht beginnt mit ihren Zweifeln am standardisierten Vorgehen. Als Zweiflerin wird sie jedoch schnell als Bremserin und Störenfried wahrgenommen. »Was ist eigentlich das Ziel?«, ist eine berechtigte Frage, die aber unterdrückt wird. Der Zweifel wird nicht zugelassen, auch wenn er hier berechtigt ist. Zweifel führen dazu, dass wir noch einmal genauer hinschauen, es besser durchdenken und gestärkt ins Handeln kommen.

Wenn so mancher Agilist meint, die Agile Transformation ist »in nur 90 Tagen« möglich, sollte man ins Stutzen kommen. Wir müssen anerkennen, dass wir nicht abschätzen können, wie schnell und ob überhaupt die Mitarbeitenden auf die geänderten »agilen Strukturen« mit agilem Verhalten reagieren. Agile Teams benötigen wir bei hoher Dynamik und starker Komplexität. In einem solchen Umfeld ist die Unsicherheit allgegenwärtig und es tauchen ständig Probleme auf.

In Dorotheas Geschichte wächst die Erkenntnis, dass ein echtes Problem im Fokus der Veränderung stehen muss. Wenn ein echtes Problem gelöst wird, ändert sich etwas für den oder die Kunden des Unternehmens. Der Kunde merkt, wie die Preise sinken, das Produkt schneller verfügbar ist, das Produkt weniger Fehler hat, die Rückmeldungen schneller kommen oder dass er hochwertigere Antworten auf seine Fragen erhält.

Dann ist es auch kein »Urlaub« oder »Schöner Wohnen«-Vorhaben, sondern man benötigt echte Könner, mit denen man gemeinsam dieses Problem lösen kann.

Genau solche echten Probleme setzt **Felix** in seinem Bericht in den Fokus. Er wurde Testmanager und tat, was objektiv getan werden musste: Aufräumen und redundante, veraltete Testfälle löschen. Was für den einen logisch ist, erzielt jedoch nicht immer die erhoffte Wirkung. Die zentrale Metrik für die Qualität, auf die das Management schaute, war die Anzahl der Testfälle und die wurde nun schlechter. Man freut sich über die wachsende Automatisierung im Test und reagiert direkt damit, die erfahrenen Tester durch unerfahrene Studierende zu ersetzen. Für den Lesenden wird der »Schwachsinn in Tüten« schnell erkennbar, warum dann nicht für diejenigen in der Organisation?

Aufgrund von Konformität und Sicherheit.

Wenn wir im Unternehmen dazugehören wollen, nehmen wir schnell die Meinung der Mehrheit an. Man möchte nicht als Außenseiter oder Querulant gelten oder gar gekündigt werden. Weil wir Angst vor der Ausgrenzung haben, unterdrücken wir unsere Zweifel und setzen auf Sicherheit. Das Management setzt heute immer noch auf Sicherheit und Kontrolle, obwohl in unserer hoch dynamischen und turbulenten Welt jedes Gefühl von Kontrolle und Sicherheit eine Illusion ist. Dennoch suchten wir danach, die Situation zwanghaft zu kontrollieren. Sie denken, dass der Plan und die Metrik die Realität widerspiegeln. Dass man damit sicher ins Ziel einläuft. Leider sorgen sie im komplexen Umfeld sogar für das Gegenteil und bewirken das Gegenteil.

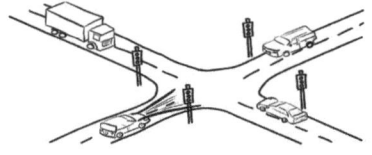

Es ist vergleichbar mit einer Ampel an einer sehr stark befahrenen Kreuzung: Ist die Ampel grün, rast man einfach über die Kreuzung und achtet sehr wenig auf andere Verkehrsteilnehmer. Die Unfälle sind wesentlich verheerender, als wenn dort keine Ampel stehen würde. Ohne Ampel sind alle gezwungen, vorsichtiger an die Kreuzung heranzufahren und die Gesamtsituation besser zu beobachten. Natürlich passieren Unfälle genauso in einem Kreisverkehr, aber diese sind wesentlich leichter.

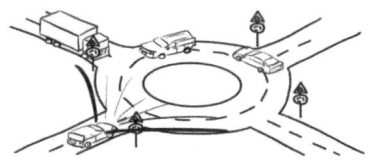

Transparenz ist wesentlich, um Selbstorganisation zu erhalten, aber manche Metriken sorgen eher für fokussierte Blindheit. Wie mein Physiklehrer schon meinte: »Wer misst, misst Mist!« – Das Wichtigste ist die ständige Überprüfung, ob man auch das Richtige und Wichtige misst.

Hier sollten wir eindeutig häufiger zweifeln. Zweifeln ist hier unsere Superkraft.

Unternehmen, die seit Jahren erfolgreich am Markt sind, zweifeln viel zu wenig. Sie trauen ihren Metriken und Strukturen, weil sie damit schon lange erfolgreich sind. Sie zweifeln sie nicht an.

Zweifeln wir sie an, dann fällt uns auf, was nicht passt: Individuelle Ziele für einzelne Personen sorgen nicht für unternehmerisches Denken, Präsenzpflicht und Kernarbeitszeiten sorgen nicht für eigenverantwortliches Handeln und Vertrauen. Es ist in sich nicht konsistent. Auch wenn sich das Management Sicherheit dadurch erhofft, so wird es die Sicherheit nie geben.

Im Leben und bei der Arbeit müssen wir Risiken eingehen, um etwas zu lernen und zu wachsen. »Ein Schiff im Hafen ist sicher, doch dafür werden Schiffe nicht gebaut.« wusste schon John August Shedd.

In **Jannas** Bericht erfahren wir, wie ein großes Team von 28 Personen aneinander und miteinander wächst und sich weiterentwickelt. Kein Mensch lehnt es ab, sich weiterzuentwickeln. Der Widerstand ist immer an einer anderen Stelle: Wir lernen aus der Vergangenheit, wertschätzen das Gute im Jetzt und wissen nicht, was uns in der Zukunft erwartet. Das Schlechte könnte sich noch weiter verschlechtern, das Gute könnte verschwinden. Wenn wir nichts verändern, werden wir nichts lernen und in der Komfortzone nicht wachsen.

Die gemeinsame Reflexion und das gute Gespräch über echte Probleme und Inkonsistenzen mit Management-Instrumenten sind wertvoll. So zeigt **Magdalena** eindrucksvoll, was passieren kann, wenn man fachübergreifend im Team in kleinen Schritten arbeitet. Sie luden mehr und mehr Kolleg*innen ein, am Review teilzunehmen und gemeinsam zu lernen. Sie teilten Wissen, Lösungswege, Anforderungen und Probleme miteinander und kamen zusammen weiter. Ein schöner Erfolg und das, obwohl die

Datenschutzgrundverordnung niemand wollte, aber jeder sie wollen musste. Als Rezept können wir es dennoch nicht nutzen. Es wird, wenn dann nur zufällig gelingen. Wenn wir uns tief mit den Wirkungen verschiedener Management-Instrumente auseinandersetzen und Gewohnheiten, Kultur- und Verhaltensmuster durchleuchten, könnten wir Indizien finden. Eine Sicherheit gibt es nicht, aber vielleicht kommt uns beim Durchdenken eine passende Idee, die hilft.

Ralf hat durch seine Zweifel sehr gut durchdacht, ob er seinen Podcast »Scrum meistern« startet. Er hatte die richtige Idee. Durch den Podcast hat er nicht nur selbst eine ganze Menge gelernt, sondern auch der Community einen Dienst geleistet. Seine inneren Stimmen und Selbstzweifel: »Das will doch niemand!«, erwecken das Feingefühl dafür, die Muster der agilen Community genau zu beobachten und passend zu irritieren. So ist der Podcast anschlussfähig in der Community. Was aber in der Community anschlussfähig ist, muss nicht anschlussfähig in deiner Organisation sein. Hier sind andere Muster aktiv und, um sich selbst zu erhalten, könnte die Organisation diese Ideen ablehnen. In der Organisationsentwicklung sprechen wir gerne vom »Immunsystem der Organisation«, das anspringt und dafür sorgt, dass die Organisation in sich stabil bleibt.

Agil trotz oder wegen Corona

Mit 3D-Druck gegen die Pandemie

Februar 2022, Paderborn – An meinem Arm dreht sich nach vielen Jahren mal wieder ein Festival-Bändchen. Die Sonne scheint und ich laufe quer über den Rasen vom Audimax rüber zum DMRC, dem Direct Manufacturing Research Center. Bin ich gerade in die Vergangenheit zurückgereist? Auf zum Sommerfestival der Uni Paderborn? Leider nein. Dafür ist hier viel zu wenig los. Corona hat den Uni Campus leer gefegt. Nur wer sich frisch getestet ein Bändchen besorgt, bekommt Zugang zu den Gebäuden. Der Türsteher öffnet mir die Tür und ich gehe die Treppen hoch bis zu Christians Büro. Ich kenne mich immer noch gut aus. Vier Jahre Studium, vier Jahre Doktorarbeit – da habe ich in diesen Laboren schon das ein oder andere Experiment durchgeführt. Hier habe ich schon genietet, geschweißt und diverse Dinge mit 3D-Druck hergestellt – der sogenannten additiven Fertigung. Damals habe ich mit Christian zusammen studiert, heute ist er der Geschäftsführer des DMRC.

Christian ist noch in einem Video-Termin mit dem Unternehmen Condor MedTec GmbH. Er verabschiedet sich und beendet das Meeting. »Du kommst genau passend! Wir haben gerade darüber gesprochen, wie wir unsere Medizintechnik-Initiative ‚Aus der Region – für die Region' noch weitertragen können. Wir wollen unseren Beitrag für die Gesellschaft und für den Schutz des medizinischen Personals weiter vergrößern.«

Mich beeindruckt die Energie im Raum, der große Wunsch, etwas zu bewegen.

»Vielen Dank für deine Einladung! Ich bin schon sehr gespannt darauf, die Details zu eurem Projekt zu erfahren!«

»Und ich bin gespannt, welche agilen Muster du in unserer Arbeitsweise erkennst.« Christian schaut mich erwartungsvoll an.

»In dem, was du mir bisher berichtet hast, waren schon einmal Selbstorganisation, iteratives Arbeiten, modulares Bauen und einladungsbasierte Führung zu erkennen. Jetzt betrachten wir intensiv, was euch alles die Arbeit erschwert hat und wie ihr als Team damit umgegangen seid. Wir suchen nach Mustern in eurer Problemlösung, die euch langfristig bei der Zusammenarbeit helfen und stärken werden.«

»Na dann mal los.« Ich öffne meine Kladde und lege meinen Stift bereit.

»Ok. Fangen wir ganz vorne an. Was war das initiale Problem, das ihr angehen wolltet?« Christian öffnet eine PowerPoint-Datei. Auf der dritten Slide befinden sich gesammelte Zeitungsartikel.

»Das Problem, das wir lösen wollten, ergab sich aus den Horror-Stories, die wir Anfang 2020 aus Norditalien hörten. Medizinisches Material war knapp, in Krankenhäusern gab es keine Masken und keine Beatmungsgeräte mehr.«

»Wie hat dieses Problem am Markt euch als DMRC erreicht?«

»Wir sind intensiv mit der 3D Druck Community vernetzt. So haben wir mitbekommen, wie in Norditalien Baupläne für Bauteile wie Splitter für Beatmungsgeräte geteilt wurden. In Industrie und Privathaushalten wurden die Teile gedruckt und in die Krankenhäuser gesendet.«

»Ihr habt euer Ohr am Markt und an der Community?«

»Das ist uns sehr wichtig. Wir wollten auch unbedingt etwas tun, aber nicht irgendetwas, sondern etwas, das hilft.« Ich notiere das in meiner Kladde.

»Kein blinder Aktionismus, sondern kreative Gedanken in wirkungsvolle Kanäle leiten?« Christian nickt und ich nutze die Denkpause dafür, das erkannte Muster zu notieren.

»Ja. Keine unmögliche Mission starten, die nicht dort ankommt, wo sie wirken kann. Die gefühlte Unfähigkeit zu handeln war erdrückend. Wir durften die Labore nicht nutzen, mussten unsere Forschung unterbrechen, und zusätzlich hörten wir, wo in der Welt überall Krisen ausbrechen.« Daran konnte ich mich gut erinnern. Auch ich saß im Lockdown zu Hause und wusste nicht, wohin mit meiner Tatkraft. Damals habe ich einige Projekte begonnen, die ich nie abgeschlossen habe oder die sich als Blödsinn herausstellten. Ich notierte in meiner Kladde »lösbares Problem herausfiltern«.

»Das trifft es!«, jubiliert Christian und hält kurz inne, »Wir entschieden uns für Leitplanken, in denen wir agieren wollten: Wir wollen im Bereich Covid 19 helfen, lokal in Ostwestfalen, mit unseren eigenen Maschinen, mit den Fertigungsverfahren, die wir beherrschen«. Christian dreht sich zu seinem Schreibtisch und zeigt auf seinen großen Bildschirm. »Condor, mit denen ich eben telefoniert habe, war das erste Unternehmen, mit dem wir uns ausgetauscht haben. Das ist ein mittelständisches Unternehmen aus Salzkotten, 14 km von hier entfernt, das Medizinprodukte fertigt. Auch mittels 3D-Druck. Direkt danach sprachen wir mit dem St. Vincenz Krankenhaus in Paderborn, das nur wenige Meter vom DMRC entfernt ist.«

In meine Kladde schreibe ich »Leitplanken setzen« und »Könner aus dem Netzwerk finden«.

»Nicht nur ‚finden'«, ergänzt Christian, »Wir haben uns direkt unter Einhaltung der Corona-Abstandsregeln getroffen und über die echten Probleme geredet. Direkt im Krankenhaus.«

Ich schreibe auf: »Go and see«, »Kein WIE, sondern WER« und »Erst das Problem erkunden, nicht direkt in Lösungen versinken«.

Er tippt mit dem Zeigefinger auf das großgeschriebene WER.

»Wir kannten noch keine Anforderungen, wussten nicht, was der Markt überhaupt kauft, was angeboten wird und was nicht mehr verfügbar ist. Wir lernten den Markt erstmal kennen. Die Produktpalette an Vollmasken, Schutzbrillen, Schutzkäfigen, Ohne-Hand-Türöffner, Zubehör für Beatmungsgeräte. Die Medizintechnik fordert die Einhaltung vieler Regularien. Wir schauten, wer die Kenner und Könner sind, die uns dazu aufschlauen können.«

»Wann tauchte das nächste Problem auf?«

Christian lacht. »Viel zu früh. Wir mussten uns entscheiden, was wir machen wollen. Was geben unsere Fertigungsverfahren überhaupt her? Was wird in Deutschland knapp? Wozu brauchen wir kein Zulassungsverfahren? – Da kamen Systematik und Bauchgefühl zusammen. Wir starteten dann mit Filtern, die man an den Masken zwischenschalten kann, sollten die FFP2Masken knapp werden.«

»Ein Filter – das klingt technisch herausfordernd?«

»Erstmal kamen wir sehr gut in einen Arbeitsmodus. Während der Telefonkonferenzen wurde bereits gezeichnet, Zeichnungen wurden abfotografiert und über WhatsApp geteilt. Der ein oder andere machte eine Nachtschicht, um dies direkt umzusetzen und am nächsten Tag gab es bereits einen Rohentwurf. Wir druckten es im Labor und konnten direkt testen, ob man mit dem Filter noch bequem atmen konnte.«

Ich notierte mir »MVP« und Christian schaute mich fragend an. »Ein Minimum Viable Product. Ihr habt möglichst schnell etwas mit möglichst großem Wert hergestellt, um es nutzen zu können und eine Rückmeldung aus der Praxis zu erhalten.«

»Ja. Und wieder verworfen. Als plötzlich Schutzschilder für das Gesicht, sogenannte Face Shields, akut wurden, konzentrierten wir uns stattdessen darauf.«

»Ihr habt alles wieder hingeworfen zu den Filtern und einen Tag später etwas anderes entwickelt?«

»Face Shields waren wichtig, weil ohne sie Taubstumme nicht kommunizieren konnten. Das war zu dem Zeitpunkt wichtiger.«

Ich mache eine Notiz in mein Buch: »Immer am aktuell Wichtigsten arbeiten«.

»Worüber habt ihr euch als Nächstes den Kopf zerbrochen?«

»Kopf ist das richtige Schlagwort. Alle mussten ihren Kopf messen, denn wir brauchten für das Face Shield den durchschnittlichen Kopfumfang. Wir schrieben die Kernanforderungen auf: Das Face Shield muss nach oben abgeschlossen sein, damit keine Tröpfchen hineinfallen. Das Material musste desinfizierbar und wiederverwendbar sein. Es sollte keine Ecken haben, wo sich Bakterien reinsetzen können. Es muss möglichst schnell auf- und abgesetzt werden können – die Anforderungen wurden täglich mehr.« Ich kritzelte »wachsende Anforderungsliste« auf meine Seite.

»Was waren denn die kritischsten Anforderungen, die hinzu kamen?«

»Die Anforderungen an die Zukaufteile. Wir wollten für die perfekte Passform ein Gummiband am Face Shield befestigen. Die Gummibänder von Taucherbrillen erfüllten die Anforderungen perfekt, denn sie waren auch desinfizierbar. Leider waren sie während der Corona-Pandemie nicht mehr verfügbar.« Ich erinnerte mich an die verschiedensten Dinge, die während der Pandemie nicht verfügbar waren: Toilettenpapier, Mehl, Nudeln, Sonnenblumenöl. Von Gummibändern hatte ich nichts gehört – ach ja, doch, als meine Mutter Stoffmasken nähen wollte, bekam sie kein Gummiband. Ich nickte zustimmend.

»Weit und breit gab es keine Gummibänder. Es musste ein anderes Konzept ohne Gummiband her, eine konstruktive Lösung. Aus der Not heraus erfand ein Mitarbeiter die Ratsche mit kleinen Sägezähnchen, die flexibel einzu-

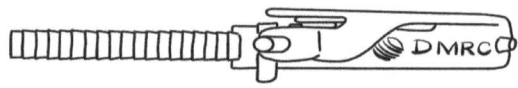

stellen ist.« Christian wählte die Slide aus, auf der die technische Zeichnung zu sehen war.

»Grandios! Das ist wirklich sehr raffiniert gelöst!«

»Gerade hatten wir dieses Problem gelöst, war das nächste Zukaufteil nicht mehr lieferbar, die Folien.« Nach dem Lockdown durften nur die Räume geöffnet werden, die Abstände einhalten oder die Personen mit transparenten Folien abschirmen konnten. Weltweit waren transparente Folien jeglicher Dicke nicht mehr lieferbar. Christian atmete auf.

»Wir hatten uns noch Gedanken gemacht, ob 0,7 mm oder 1 mm Dicke besser ist. Und plötzlich war die Dicke egal, denn wir bekamen keine Folien mehr. Auf Nachfrage hieß es ‚In vier Monaten wieder‘. Da hätten wir das ganze Projekt einstampfen können.«

»Du sagst ‚hätten‘? Das macht Hoffnung, dass ihr eine Lösung gefunden habt? Mir fällt da jetzt nichts spontan ein, was man alternativ zu Folien nutzen könnte?!«

»Erst gab es sehr lange Gesichter. Viele waren enttäuscht. Jeder arbeitete freiwillig mit und wir wollten die Masken kostenfrei verteilen. Nun wurde alles zeitaufwändiger und teurer. Spät abends um halb 10 haben wir noch telefoniert. Immer wieder hieß es ‚Wir wären jetzt so weit, aber jetzt fehlt etwas anderes.‘ Bis wir endlich eine Idee hatten, wie es weitergehen konnte.«

»Wie habt ihr das Folien-Problem gelöst?«

»Wir haben zuerst an anderen Stellen weitergearbeitet, wo wir eine Lösung dafür hatten. Wo uns zur Verfügung stand, was wir brauchten.«

»Und die Folien, wo habt ihr die nun gekauft?«, frage ich noch einmal ungeduldig.

»Wir haben das alle in unserer Freizeit gemacht, nach Feierabend und am Wochenende. So ein richtiges Budget stand nicht zur Verfügung, stattdessen wurde Pulver für den 3D-Druck gespendet. Evonic, EOS und Condor spendeten in Summe 2000 kg Pulver. Wir konnten keine Folien kaufen. Für die ersten Prototypen haben wir Overhead-Folien genommen. Da gerade keine Schule in Präsenz stattfinden durfte, gab es Overhead-Folien überall zu kaufen. Aber sie erfüllten nicht unsere hohen Anforderungen.«

»Overhead-Folien? Und das hat funktioniert?«

»Wir haben geschaut, dass wir gewisse Fixpunkte haben, an denen die Folie festgehalten wird. Dafür wählten wir Nasen im gleichen Abstand wie ein Vier-Punkt-Locher. So mussten wir die Overhead-Folien nur mit einem handelsüblichen Locher lochen. Dies hat so gut funktioniert, dass es sogar zum Standard wurde.«

Auf diese Weise konnten sie an den lösbaren Problemen weiterarbeiten und später zu diesem Problem zurückkehren, wenn jemand die passende Idee hat oder die Situation sich ändert. Ich notierte mir »modularer Aufbau mit festen Schnittstellen«.

»Wann hattet ihr die passende Idee für die Folien?«

»Wann? Keine Ahnung, wann das war, aber wir hatten sie nicht. Wir stöberten die Firma Centroplast auf, die sich bereit erklärte, Folien herzustellen. Allerdings gab es da schon wieder ein Problem.« Ich rückte nervös auf meinem Schwingstuhl nach vorne.

»Die haben nie Folien mit 0,5 mm Dicke hergestellt. Zusammen mit dem KTP hat es dann aber doch geklappt.«

Das KTP kenne ich nur zu gut. Die Kunststofftechnik Paderborn war vier Jahre lang die Heimat meiner Forschung zur Selbstoptimierung von Extrusionsanlagen. Das wäre für mich auch die erste Adresse gewesen, wenn ich meinen Verarbeitungsprozess optimieren möchte. Christian riss mich aus meinem Rückblende-Tagtraum.

»Plötzlich stand ein Coil mit einer Tonne Folie auf dem Hof. Wir wussten nicht wohin damit und wir wussten nicht, wie wir die endlos lange Folie in Form schneiden sollten. Schon wieder ein Problem.«

»Puh! Ganz schön viele Probleme im Laufe der Zeit. Und alle haben freiwillig und neben der Arbeit daran gearbeitet. Wie habt ihr euch bei Laune gehalten?«

»Es war sehr zermürbend. Es kamen Personen dazu, jetzt zum Beispiel von der Firma Lasertechnik, und andere haben zu diesem Zeitpunkt nicht mehr mitgemacht.«

»Lasertechnik hat für euch die Folien mit Laser in Form geschnitten?«

»Ja, das hatten sie aber seit 25 Jahren nicht mehr gemacht. Sie verarbeiten eigentlich nur Metall.«

»Natürlich. Einfach kann ja jeder.«

»Die haben echt viel Zeit investiert, um den Job für uns zu übernehmen. Wir sind sehr dankbar, dass so viele Firmen mit ihren tatkräftigen, motivierten Mitarbeitenden dabei waren.«

»Auf jeden Fall. Hier sehen wir schon zum zweiten Mal, dass Menschen und Firmen sich in kritischen Situationen an alte Talente zurückerinnern und sich außerhalb ihrer Komfortzone bewegen.« Während ich dies ausspreche, halte ich die Schlagworte im Buch fest.

»Stimmt. Das passierte mehrere Male. Wir hatten gedacht, der Produktionsengpass wird die Anlage sein, die die Teile mittels Lasersintern produziert, aber das war nicht der Engpass. Der lag erst im Schritt danach.« Der Schritt danach? Lasersintern bedeutet, dass eine Pulverschicht auf einer Platte aufgetragen wird, die an den Stellen mit Laser aufgeschmolzen wird, an denen sich das Produkt befindet. Nach und nach werden weitere Pulverschichten darüber aufgetragen und wieder an der Stelle des Produktes aufgeschmolzen. Anschließend wird das Produkt aus dem Pulver herausgenommen. Da fühlt man sich ein bisschen wie bei archäologischen Ausgrabungen in Ägypten – so stelle ich mir das jedenfalls vor. Ich stelle meine Vermutung auf. »War das Auspacken der Engpass?«

»Fast. Wir mussten die sehr platzsparend nebeneinander hergestellten Teile aus dem Pulver herausbrechen, abbürsten, in der Spülmaschine reinigen, trocknen und verpacken. Dafür benötigten wir jede helfende Hand, die wir bekommen konnten.«

»So viel Arbeit für die Face Shields! Jetzt im Nachhinein, hat sich da der ganze Aufwand gelohnt?«

»Auf jeden Fall! Die Belohnung folgte ja die ganze Zeit durch den ständigen Austausch mit den Anwendern im Krankenhaus. Als die Endprodukte produziert waren, fuhren wir zu allen Interessenten und verteilten die Produkte.«

»Also hat euch der Kontakt zum Endkunden und deren Feedback weiter motiviert, dranzubleiben. Und danach konntet ihr direkt in die glücklichen Gesichter derer sehen, die eure Face Shields in Empfang nahmen?« Christian kann sich ein breites Lächeln nicht verkneifen und schaltet schnell auf die passende Slide mit ganz vielen Fotos von Übergaben der Kartons.

»Wir haben erst einmal diejenigen beliefert, die sich während des gesamten Prozesses beteiligt hatten. Anschließend hatten wir noch Face Shields übrig für Kindergärten, Schwimmbäder, Arztpraxen. 4500 Face Shields waren es insgesamt.«

»Eine tolle Leistung!« Schwer beeindruckt schweift mein Blick über die Fotos. Das Arbeiten macht so viel mehr Spaß, wenn man einen echten Mehrwert liefern kann.

»Ein Jahr später wurde ich ein weiteres Mal belohnt. Meine Frau und ich waren im Krankenhaus, weil wir Nachwuchs erwarteten. Da traten wir aus dem Fahrstuhl heraus und jemand mit unserem Face Shield stand mir gegenüber.«

»Das Face Shield wurde ein Jahr später immer noch genutzt?«, fragte ich verwundert.

»Obwohl mittlerweile am Markt die Massenprodukte wieder verfügbar waren. Er sagte, es würde einfach perfekt sitzen und wäre wunderbar leicht.«

»Das ist der beste Indikator für Qualität und Wert: lange Nutzung durch den Endkunden. Hast du noch ein Face Shield übrig von damals?«

»Möchtest du eins mitnehmen?«

»Gerne, wenn das möglich ist?«

»Du kannst es dir auch selbst ausdrucken. Wir stellen die Design-Files kostenfrei zur Verfügung. Für den guten Zweck. Du musst es allerdings bei uns ausdrucken – mit den 3D-Druckern für die Privathaushalte geht das leider nicht.«

»Dann nehme ich gerne ein Face Shield mit.« Christian klappt seinen Laptop zu, ich schließe meine Kladde, die mittlerweile zwei Seiten voller erkannter Muster festhält.

Wir gehen die menschenleeren Flure entlang, wieder die Treppe hinunter ins Labor. Bald werden sich die Flure und Labore wieder füllen. Die Pandemie ist bald nur noch eine Erinnerung. Die Erkenntnisse aus diesem Projekt bleiben allen Beteiligten für immer erhalten. Durch die Reflexion erinnert man sich schneller an die genutzten Verhaltens- und Denkmuster zurück. So geht man gestärkt aus der Krise hervor.

Christian und Miriam
studierten beide Wirtschaftsingenieurwesen Maschinenbau an der Universität Paderborn, promovierten gleichzeitig am Institut für Polymere Materialien und Prozesse.

Christian ist heute Geschäftsführer des international anerkannten DMRC (Direct Manufacturing Research Center), das mit dem Ziel forscht, additive Fertigungsverfahren im Sinne des Direct Manufacturing zu ermöglichen und zu verbessern. Seit 2008 unterstützt es dabei, die Ergebnisse aus der Forschung in die Industrie und in Lehr- und Ausbildungsmaßnahmen zu bringen. Heute, 2023, ist es ein Zusammenschluss von 23 Firmen, dazu gehören Porsche, Siemens, diverse Maschinenbauer aber auch Endanwender wie die Firma Condor.

Miriam blieb den Themen Prozessverbesserung und Selbstoptimierung bis heute treu. Sie coacht Führungskräfte und Teams aus der Perspektive der Agilität und des Lean Development.

Die Frankfurter Buchmesse und Scrum

Ich kann mich noch gut an meinen 35. Geburtstag erinnern. Am Freitag, den 13. März 2020, war ich mit meiner Frau und meinen Eltern abends beim Italiener um die Ecke essen. Die Stimmung war eigenartig. Der Fußball-Klassiker Deutschland gegen Italien wurde an diesem Tag abgesagt und Grenzkontrollen zwischen Frankreich und Deutschland eingeführt. Corona war in den Nachrichten zum alles beherrschenden Thema geworden. Das Virus aus China war in Deutschland angekommen. 3.062 Infizierte und 5 Todesopfer im Zusammenhang mit SARS-CoV-2 meldete das RKI an diesem Freitag. Neun Tage später veröffentlichte die Bundesregierung eine Pressemitteilung:

> *22. März 2020: Regeln zum Corona-Virus*
> *Das Corona-Virus verbreitet sich sehr schnell in Deutschland. Das ist eine sehr ernste Situation. Die Verbreitung vom Corona-Virus muss gestoppt werden. Deshalb gibt es Regeln, wie sich die Menschen in Deutschland verhalten müssen.*
> *Die Regeln gelten bis zum 19. April.*

Stillstand in Deutschland – der Anfang des Lockdowns. Und am 19. April sollte das Leben wieder weitergehen. Die Zahlen sollten nach unten gehen und alles würde wieder normal werden. Und ich weiß es noch, als wenn es gestern gewesen wäre. Ich war fest davon überzeugt, dass die Pandemie genauso schnell wieder weggehen würde, wie sie gekommen ist – spätestens im Sommer wäre Corona kein Thema mehr. Da war ich mir zu 100 % sicher.

Doch nach dem 19. April kamen neue Regeln. Und danach wieder neue Regeln. Der Lockdown blieb und unsere Kunden gingen. Erst eine Abmeldung einer Teilnehmerin zu einem Scrum-Training, dann die Absage der deutschen Flugsicherung für die Einführung von agilem Arbeiten. Und zwei Wochen später war das Auftragsbuch leer. Und während ich mit meinen Mitgründern Fabrice und Christian darüber grübelte, wie wir uns strategisch aufstellen sollten, schossen die Experten rund um digitales Arbeiten aus dem Boden. Alle Coaches, Berater und Scrum Master waren wie aus dem Nichts heraus versierte Experten für Remote Work und spezialisiert auf Arbeiten aus dem Home Office mit Zoom, Teams und Co. LinkedIn ist förmlich explodiert vor Angebot, während sich die Nachfrage vom Markt bei Null eingepegelt hatte.

Und irgendwann kam wie aus dem Nichts eine Anfrage in mein E-Mail-Postfach. Ein Team der Frankfurter Buchmesse wollte sich zu Scrum Mastern ausbilden lassen. Das traf sich gut, denn wir hatten gerade ein Konzept entwickelt, wie wir unser Scrum Training auch online durchführen können. Und nachdem wir uns vor Ort über die Frage ausgetauscht hatten, ob das Training denn nun wirklich online oder vor Ort stattfinden sollte und ein letztes Mal über den Preis sprachen, hatten wir schließlich einen Deal. Vom 13.-20. Juni 2020 habe ich mit meinem Kollegen Christian fünf Scrum Master und zwei Product Owner ausgebildet. Und wie sich später herausstellen sollte, war das nur der Anfang.

Während HelloAgile zum Zeitpunkt des Lockdowns drei Gründer und eine erste Mitarbeiterin zählte, ging es in Frankfurt hinter den Kulissen um die Zukunft einer Messe, deren Ursprünge mehr als 500 Jahre zurückreichen und die im Vorjahr 300.000 Gäste aus 100 Ländern zählte. Der Dreh- und Angelpunkt internationaler Literatur, hunderter und tausender Autor:innen, Verlage, Agenten und Agentinnen sowie Fans und Arbeitgeber:innen von 100 Mitarbeitenden hatte eine ungewisse Zukunft.

Wie wir alle, verfolgten auch die Verantwortlichen in Frankfurt jede Pressemitteilung und jede Ansprache der Bundesregierung, und trafen 5 Monate vor der Frankfurter Buchmesse Ende Mai eine Entscheidung: Die Buchmesse im Oktober 2020 wird digital stattfinden. Eine unfassbare Herausforderung. Tausende Aussteller:innen aus der ganzen Welt sollten digital koordiniert werden, hunderttausende Besucher:innen nicht mehr durch die Hallen der Frankfurter Messe laufen, sondern von Zuhause aus durch digitale Veranstaltungen geführt werden. Das Team der Frankfurter Buchmesse sind ausgewiesene und routinierte Expert:innen in der Planung und Durchführung einer physischen Messe, aber eine digitale Veranstaltung in diesem Umfang war für alle unbekanntes Neuland.

Hier kommt Nils Schoepe ins Spiel. Ich war mir zu dem Zeitpunkt des digitalen Scrum Trainings nicht sicher, was seine genaue Rolle im Team ist. Er ist mir vor allem durch seinen Zoom-Hintergrund in Erinnerung geblieben. Das Bild, das er heute noch in Zoom-Meetings im Hintergrund hat, zeigt die raue See. Wahrscheinlich ein Urlaubsbild, das irgendwie zur Situation passt. Nils ist Director Projects & Processes und wurde kurz nach dem Scrum-Training von einer Kollegin auf den Projektplan für die digitale Messe angesprochen. Ein Schlüsselmoment, wie er mir später verriet: »Bei einem solch technisch komplexen Projekt in einem bisher völlig unbekannten Thema wird allein die Planung nach klassischem (Wasserfall-)Projektmanagement 6 Monate Zeit in Anspruch nehmen und wir kommen mit unserem Plan einen Monat nach Stattfinden der Buchmesse im Oktober raus«. Spätestens dann war klar, dass das Projekt »Digitale Buchmesse« anders realisiert werden muss. Agil, nach Scrum.

Meine Kollegin Sabine Erdmann ist zu diesem Zeitpunkt Teil des Projektes geworden und hat gemeinsam mit Nils und Jan, einem weiteren agilen Coach, 45 Kolleg:innen in drei Teams auf ihrer agilen Reise begleitet – Team Vrisch, Vuture und Vun (das »V« steht für »Virtuelle Buchmesse«). Die Teams haben sich freiwillig gefunden – und zwar genau so selbstorganisiert, wie es der Scrum Guide vorsieht. Und das war eine der Triebfedern für die erfolgreiche Einführung von agilem Arbeiten der Teams. Sabine schwärmt heute noch von dem Feuer und der Leiden-

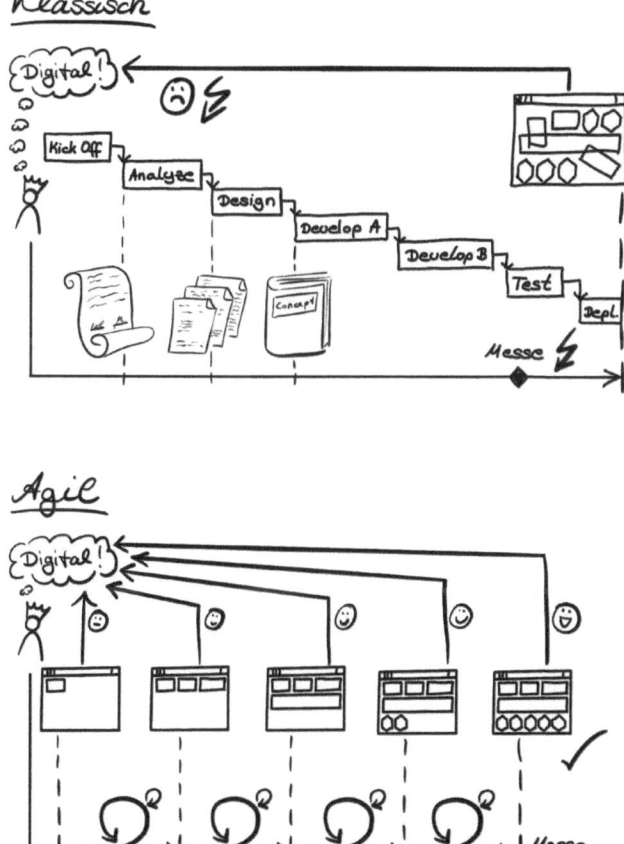

schaft der Teams, die alles gegeben haben, um die Vision einer digitalen Buchmesse wahr werden zu lassen.

Wären die Umstände nicht so besonders gewesen, hätte Sabine die Teams zuerst einmal befähigt, mit der Product Ownerin ein Backlog aufgesetzt und dann mit einem umfassenden Planning begonnen. Mit dem riesigen Berg an Aufgaben vor den Teams und dem enormen Zeitdruck im Rücken war an eine strukturierte Einführung von Scrum allerdings nicht zu denken. Sabine und ihre beiden Kollegen haben also »on the fly« befähigt. In den Dailys gab es immer wieder Impulse und im ersten Review wurde erklärt, was das Review eigentlich ist. Und weil das »Warum?« allen klar war und das Ziel so greifbar war, wie es ein Ziel nur sein kann, hat die Einführung von Scrum reibungslos funktioniert. Strukturen wurden ad hoc aus dem Nichts geschaffen, Routinen etabliert und die Teams haben nach Scrum gearbeitet, als ob sie noch nie etwas anderes taten.

6 Wochen vor der Buchmesse wurde es dann ernst. Am 08.09.2020 erschien folgende Pressemitteilung:

Frankfurter Buchmesse 2020 – Special Edition: Im Netz und in der Stadt, aber ohne klassische Hallenausstellung.

Jetzt gab es kein Zurück mehr. Das Thema »digitale Buchmesse« ging durch die Presse und die Teams arbeiteten auf Hochtouren am Event. Durch eine radikale Priorisierung der Arbeitspakete wurden von Sprint zu Sprint immer nur die wichtigsten Bestandteile realisiert. Inkrementelle Produktentwicklung at it's best! Wie so oft in agilen Settings war die Achillesferse die Abhängigkeiten zu externen Dienstleistern. Diese Abhängigkeiten haben die Prozesse ausgebremst, aber nicht gestoppt. Die Realisierung der ersten digitalen Frankfurter Buchmesse konnte nicht mehr aufgehalten werden.

Und irgendwann war es dann soweit. Der Tag der Eröffnung der Buchmesse war gekommen. Hatten die Teams an alles gedacht? War die technische Infrastruktur auch bis zum Ende gedacht? Das erste Mal seit Monaten kamen die unterschiedlichen Teammitglieder nach Frankfurt in den eigens eingerichteten Control Room. Von dort aus wurden 3.644 Veranstaltungen koordiniert und 4.440 digitale Ausstellerinnen betreut. Und was ist dabei alles schief gelaufen? Nichts! Jedenfalls nichts Nennenswertes.

Und so sehr ich an dieser Stelle der Geschichte den Spannungsbogen weiter spannen möchte: Es gab kein Drama, keine unerwartete Wendung, keinen Skandal. Die Digitale Buchmesse hat stattgefunden, als ob es das Normalste der Welt wäre, in einer Welt, in der seit ein paar Monaten nichts mehr normal war.

Und am Ende nahmen 200.000 Gäste an den digitalen Formaten teil und die Messe hat zum 72. Mal in Folge stattgefunden. Kurz nach der Messe wurde in einer Retrospektive entschieden, agiles Arbeiten im gesamten Unternehmen auszurollen. Dass agiles Arbeiten funktioniert, haben die Kolleg:innen ja bewiesen. Und es war endlich auch Zeit und Raum, um Scrum anzupassen.

Der starre 14-Tage-Zeitraum wurde aufgrund der Abhängigkeit von vielen externen Partnern aufgegeben, die sogenannten »Working-Teams« organisieren sich je nach Notwendigkeit in Eigenverantwortung, Sprints und Dailies werden so zum Beispiel je nach Notwendigkeit durchgeführt. Planning und Retro sind bekannte, etablierte und sehr zur Transparenz über das gesamte Unternehmen beitragende Events geworden. Elemente von Kanban wurden implementiert. »Scrumban« nennt sich das Framework, nachdem die Frankfurter Buchmesse nun schon eine ganze Weile agil arbeitet. Und wie das genau funktioniert, das ist eine andere Geschichte.

David Hillmer

ist CEO der HelloNew GmbH & Co. KG, Lego Serious Play-Trainer und Autor und Dozent für Entrepreneurship an der Fresenius University of Applied Sciences. Sein Buch »PLAY! Der unverzichtbare LEGO® SERIOUS PLAY® Praxis-Guide« erscheint im Hanser Verlag in der zweiten Auflage. Sein Wissen und seine Erfahrungen gibt David Hillmer unter anderem in dem Podcast »Unboxing Agile« und in Vorträgen weiter.

Sommer, Sonne, Laptop

»Ich war gerade schon baden,«, sagte Tanja und strahlte, sie hatte nasse Haare und ein feuchtes Handtuch auf den Schultern. »Hey, da bist du ja! Willkommen zur Arbeit auf dem Zeltplatz«, rief Torsten, die Zahnbürste noch im Mundwinkel hängend. Gerade hatte Felix sein Auto in der engen Lücke zwischen zwei Hecken abgestellt und sich aus dem Wagen geschält. »Wer ist denn noch alles schon da?«, fragte er, die ersten Sonnenstrahlen des Tages wärmten ihn bereits.

Es war kurz nach acht Uhr morgens im August 2021, die verfluchte Pandemie war da gerade anderthalb Jahre alt und genauso lange war es für die meisten von ihnen her, dass sie sich von Angesicht zu Angesicht gesehen hatten. Anderthalb Jahre remote, Videokonferenzen, digitale Abendveranstaltungen, virtuelle Meetings – und nun, plötzlich, standen sie einander wieder gegenüber. Manche von ihnen hatten sich noch nie im Leben »in echt« gesehen, nämlich diejenigen Kolleginnen und Kollegen, die während der Pandemie ihren Job begonnen hatten.

»Och, die meisten sind schon da, ein guter Teil der Leute hat auch schon die Nacht hier verbracht,«, sagte Torsten zu Felix, der wochenlang auf diesen Tag hingefiebert hatte. Zusammen mit seinem Kollegen Jens und den Scrum Mastern des Bereichs hatten sie sich diese fixe Idee ausgedacht, geplant und in die Tat umgesetzt: »Mobiles Arbeiten auf dem Campingplatz«, das »Summer Camp 2021« der Abteilung.

Felix ging ein Stück weiter auf den Platz und entdeckte die Teilnehmerinnen und Teilnehmer des Summer Camps, wie sie sich für den Tag fertig machten: Klappstühle wurden aufgebaut, Kaffees aufgegossen, Handys mit Solar-Powerbanks aufgeladen …

»Hey, da bist du ja. Pack mal mit an!« – das war Jens, der sich mit Felix gleich dranmachte, das »Meeting-Zelt« aufzubauen. Noch so eine irre Idee: ein Zelt, in dem die Meetings des Tages stattfinden sollten. Und die Leute, die im Büro oder in ihrem Homeoffice geblieben waren, konnten zugeschaltet werden. Das WLAN stand, das Meeting-Zelt wuchs, die Verlängerungskabel wurden gelegt, die Zusatz-Monitore aufgestellt. Der Tag konnte starten!

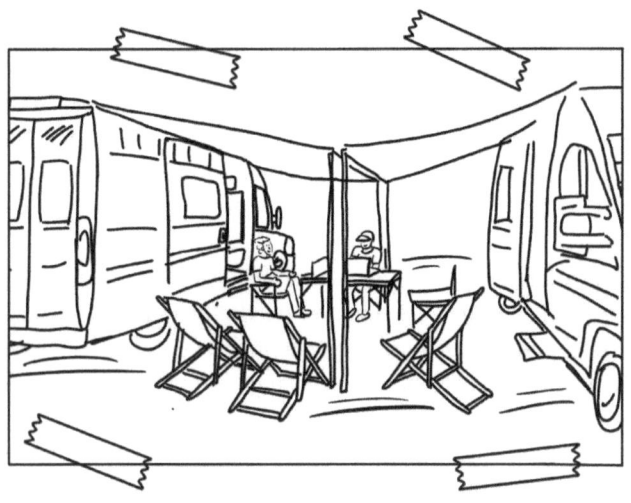

Und so verbrachte die unerschrockene Crew dann wirklich einen kompletten Arbeitstag auf dem Campingplatz. Zwischen Tagestouristen und Dauer-Camperinnen wirbelten plötzlich fleißige Arbeitsbienen über den Zeltplatz. Morgendliche Meetings wurden auf einer Wiese oder der Pritsche eines VW-Busses gemacht, dienstliche Kreativrunden beim Spaziergang am Strand abgehalten, eine Fortbildung aus dem Meeting-Zelt auf dem Campingplatz gegeben. Die irre Idee war Wirklichkeit geworden! Und neben all der Arbeit, die auch an diesem heißen Tag im

August gemacht wurde, blieb auch noch Zeit für einen Visualisierungs-Workshop, den Jens am Meer gab und eine Kunst-Session mit Kollegin Anja, die in der Freizeit leidenschaftlich malte.

Für die remote zugeschalteten Kolleginnen und Kollegen war das Happening am Strand nicht weniger unterhaltsam: »Die Camper haben noch eine Frage«, hieß es da gerne, wenn in einem virtuellen Call eine Handmeldung vom Zeltplatz kam. Die Frage wurde gestellt, beantwortet – und die zugeschalteten Camperinnen und Camper waren an diesem Tag genauso Teil des Teams wie an jedem anderen Arbeitstag auch. Statt Kantine gab's die auf dem Gasofen gebrutzelten Nudeln des Kollegen Mirco, statt Stand-Up ein Sit-In auf der Wiese und statt höhenverstellbarem Schreibtisch den Nylon-Campingstuhl im Sand – Hauptsache, das Netz hielt.

»Wow, was für ein cooler Tag,«, sagte Jens am Nachmittag zu Felix, als die beiden mit Einkaufstaschen voller Snacks und Getränke vom Zeltplatz in Richtung Meer gingen. »Ja, und er ist noch nicht vorbei!« Denn als Abendprogramm stand ein Tagesausklang am Meer auf dem Programm. Selbstorganisiert hatten die Camperinnen und Camper für Getränke gesorgt, für Snacks und für Feuerholz. Denn das Highlight sollte ein gemeinsames Lagerfeuer am Strand werden. »Achtuuuung, Holz kommt!«, rief plötzlich jemand hinter den beiden, die hektisch zur Seite sprangen und Platz machten. Überholt wurden sie von zwei Kollegen, die kiloweise Brennholz auf einem Longboard aufgeschichtet hatten und nun die Promenade entlangschoben: »Das brauchen wir für nachher.«

Felix und Jens lachten und schüttelten den Kopf. Es war unglaublich, wie viel Energie und Begeisterung in diesem Team steckte. Und wie viel Kreativität und Flexibilität sie an den Tag legten, um aus dieser verrückten Idee tatsächlich ein erfolgreiches Event zu machen.

Als sie am Meer ankamen, war bereits eine kleine Gruppe von Kolleginnen und Kollegen dort. Manche saßen auf Decken und tranken Bier, andere versuchten ihre Getränke kühlzustellen oder waren dabei, diesen besonderen Tag Revue passieren zu lassen. Alle gemeinsam genossen die entspannte Atmosphäre und die Tatsache, nach anderthalb Jahren noch einmal von Angesicht zu Angesicht miteinander zu sprechen und sich endlich wieder ein bisschen menschlich näher zu kommen.

Holz wurde geschichtet, vorbereitete Papierstreifen entzündet und letzlich die Scheite entfacht. Knisternd stiegen die Flammen immer höher, während am Horizont die Sonne immer tiefer sank. Die emporschlagenden Flammen erleuchteten die Gesichter und beleuchteten die strahlenden Gesichter der Runde. Anekdoten über die schwierige Corona-Zeit wurden geteilt, Geschichten aus Remote-Meetings erzählt – und immer wieder fiel dieser eine Satz: »Es tut so gut, sich mal wieder in echt zu sehen!«

Jens und Felix rückten am Rand der Runde noch einmal zusammen, schauten auf die glückliche, lachende Runde, und zogen Bilanz: »Da haben wir anderthalb Jahre lang so viel getan, um Nähe in dieser schwierigen Zeit herzustellen ...«, fing Felix an und Jens fügte hinzu:

»Ja. Was haben wir nicht alles für Ideen ausprobiert – virtuelle Team-Events wie Werwolf, unsere Hobby-Abende, die digitale Weihnachtsfeier, Zufalls-Kaffeedates ... und nichts hat auch nur im Ansatz so gezündet wie dieser Moment hier gerade.«

»Krass, was ein Lagerfeuer bewirken kann, oder?«

Während die beiden beseelt auf die Gruppe schauten und genossen, wie die Kolleginnen und Kollegen sich besser kennenlernten und zusammen lachten, fachte ein Windstoß das Lagerfeuer an und ließ die Flammen noch einmal hochschlagen.

»Weißt du was?«, fragte Jens, »Daran werden wir uns noch lange erinnern! Das wird unser Lagerfeuer-Moment sein – und das Lagerfeuer ist ab heute unser Symbol für Gemeinschaft!«

(Diese Geschichte ist wirklich so passiert – nur die Namen der handelnden Personen haben wir verändert.)

Jan Köster und Florian Meyer

treiben als Vice President Transformation (Jan) und Transformation Coach (Florian) die Transformation von Gruner+Jahr voran. Jan, geprägt von seiner Zeit als Pfadfinder und der Laufbahn in verschiedenen Verlagsbereichen, hat sich über Rollen als Mediengestalter, Berater und Scrum Master stetig weiterentwickelt.

Florian wiederum zieht aus seinem journalistischen Hintergrund und seiner Erfahrung als Agile Coach wertvolle Erkenntnisse für das Bewältigen von Herausforderungen im Medienbusiness. Zusammen haben sie das Modell der »Lernenden Teams« entwickelt. Sie teilen ihr Know-how und ihre Erfahrung durch ihren Podcast »Methoden Montag« und die Webseite www.lernendeteams.de, auf der sie regelmäßig spezifische Methoden für die Moderation von Workshops und die Begleitung von Teams präsentieren.

Virtueller Marathon

Der Startschuss

Es war warm im Spätsommer 2020. Ich saß auf der Terrasse unserer geräumigen 48 qm-Wohnung. Corona hatte uns seit mehreren Monaten fest im Griff, die Wohnung war geputzt und ich war in so guter körperlicher Verfassung wie schon lange nicht mehr. Allerdings wurden die Tage zunehmend monotoner durch die sozialen Einschränkungen und der vielen freien Zeit, sodass ich mich freute, als ich eine neue berufliche Herausforderung angeboten bekam – eine agile Transformation, die ich begleiten durfte.

Nachdem ich seit Beginn der Pandemie nur ein paar Tage in der Woche am Laptop saß und das Brummen des Kühlschranks im Rücken hatte, war ich bereit für eine neue Aufgabe. Und diese sollte meine Fähigkeiten als Agile Consultant auf die Probe stellen, denn ich sollte die Einführung von Objectives and Key Results (OKR) übernehmen.

Bereits vor Corona waren viele Bereiche im Wandel gewesen und die Teams suchten nach neuen Möglichkeiten der Zusammenarbeit. Die Tatsache, dass nun viele von zu Hause arbeiteten, verstärkte den Druck nur noch mehr.

Als ich den Auftrag erhielt, wusste ich noch nicht genau, was auf mich zukommen würde. Deshalb bat ich um eine offizielle Schulung, die jedoch erst für Dezember geplant war. Doch die Einführung von OKR sollte nicht länger warten und so organisierte ich bereits im November den ersten Workshop mit einem Bereichsleiter und seinen Abteilungs- und Teamleitern.

Da stand ich nun, in dem leer gefegten Bürogebäude, wo ich den größten Konferenzraum für insgesamt sieben Personen gebucht hatte, sodass alle Abstandsregeln eingehalten werden konnten.

Ich freute mich, endlich wieder einen Workshop zu planen und war froh, für einen Tag im Büro zu sein und nicht ständig das Brummen des Kühlschranks im Rücken zu haben.

Der Workshop verlief gut, alle hatten nach dem Termin eine Ahnung von OKR und wir haben das erste OKR-Set geplant. Anschließend beschrieb ich noch die Rolle des OKR Masters: »Der OKR Master steht den Teams als Coach zur Seite, hilft ihnen, OKRs zu definieren, organisiert den Prozess, moderiert die Meetings und bietet Unterstützung bei der Kommunikation sowie der Weiterentwicklung der bestehenden Abläufe und Strukturen.« Ich fügte hinzu, dass es gut wäre, für den Bereich jemanden zu benennen und erklärte mich gerne bereit, diese Rolle zu Beginn, zusätzlich zu der gesamten Implementierung von OKR über mehrere Bereiche hinweg, auszuführen.

Als ich die Verantwortlichkeiten beschrieben hatte, traute ich meinen Ohren kaum. »Ob ich mir denn wirklich zutrauen würde, diese wichtige Rolle einnehmen zu können. Es bräuchte ja schon Durchsetzungskraft und Organisationstalent«, fragte der Bereichsleiter mich vor versammelter Mannschaft.

Ich war perplex. Gerade hatte ich einen 3-stündigen Workshop moderiert und wir hatten ein Ergebnis und jetzt das. Niemand aus der Runde sagte etwas dazu, weshalb es mir selbst überlassen war, mich zu verteidigen. Gerne hätte ich etwas cleveres erwidert, aber dazu fehlte mir leider die Schlagfertigkeit. Ich erinnere mich nicht mehr ganz, aber vermutlich habe ich etwas wie »Ich habe bereits SAP Module weltweit ausgerollt. Das bekomme ich schon hin.« gestammelt und das Meeting geschlossen.

Erfolgreiches Rennen

Positiv war, dass OKR bereits einen Fürsprecher in der Organisation hatte, welcher vor meiner Nominierung als OKR Program Lead schon ordentlich Werbung für das Rahmenwerk beim höheren Management gemacht hatte und in seinem Bereich zuerst gestartet war. Sein Assistent und ich sollten nun die Einführung für das gesamte Unternehmen übernehmen. Ich wurde mittlerweile auch nicht mehr gefragt, ob ich dafür denn auch wirklich geeignet wäre. Ich freute mich einfach, die Transformation zu zweit anzugehen – wenn auch weiterhin nur virtuell.

Das C-Level Management war von OKR überzeugt, die letzten Zweifel wurden während eines Workshops ausgeräumt und der Pilotierung mit Freiwilligen des höheren Managements stand nichts mehr im Wege. Nur das C-Level selbst partizipierte leider nicht.

Unsere Vision war klar: Fokus, Abstimmung und Transparenz mithilfe von OKR fördern und Silos aufbrechen, um den Weg hin zu einer agilen Organisation zu ebnen und somit resilienter im Umgang mit Krisen zu werden.

Wir machten uns an die Arbeit, rein digital, da Corona immer noch vorherrschend war.

In kürzester Zeit erarbeiteten wir einen Plan für die Pilotierungs- und Onboarding-Phase für OKR. Dieser bestand im Wesentlichen aus einem Training für all diejenigen, die mit OKR starten wollten; drei Stunden praktische Online-Schulung mit Übungen und kleinen Quizzes. Aufgrund von Corona konnten alle teilnehmen, egal, wo sie auf der Welt gerade vor ihrem Laptop saßen, was uns mehr half als hinderte. Zusätzlich gaben wir eine festgelegte Kadenz vor. Niemand durfte einfach irgendwann loslegen. Um die Abstimmung zu fördern und Silos aufzubrechen, war eine einheitliche Kadenz das A und O.

Durch die Aufmerksamkeit, die unser Sponsor auf das Thema lenkte, inklusive der Vorteilhaftigkeit, dass viele zu Hause saßen und auf neue Impulse hofften, machte es für uns am Anfang zu einer großartigen Mission Possible. Unsere Motivation war uns anzumerken und sprang auf die Teilnehmenden der Trainings und Coachings über. Im Januar legten bereits die ersten vier Bereiche los mit der Bildung von OKRs und dabei hatte ich mein Training ja erst im Dezember abgeschlossen.

Immer mehr Bereiche wollten freiwillig OKR einführen. Wir konzipierten ein E-Learning für das Tool, welches wir aktuell nutzen, wir erstellten unser eigenes OKR Master Training, wir bildeten eine OKR Master Community, organisierten OKR Quality Checks, führten eine virtuelle Community Umgebung für alle Teilnehmenden ein und schrieben einen Quick Guide. Wir waren kreativ, um mit unseren Kolleg:innen virtuell in Kontakt zu bleiben und OKR voranzutreiben. Corona hat uns hier tatsächlich einen Vorteil verschafft, da die kurzen Abstimmungen zwischendurch wegfielen. OKR bot mit seinen wiederkehrenden Zyklusstrukturen eine hervorragende Chance, informiert zu bleiben.

Es kamen immer neue Abteilungen hinzu. Meist vier Bereiche alle drei Monate. Zu zweit waren wir damit gut ausgelastet. Denn die bereits laufenden Abteilungen fügten nach und nach immer mehr Kolleg:innen zu ihrem OKR-Prozess hinzu und manche veränderten durch OKR sogar ihre bestehenden Zusammenarbeitsmodelle und benötigten dabei ebenfalls Unterstützung.

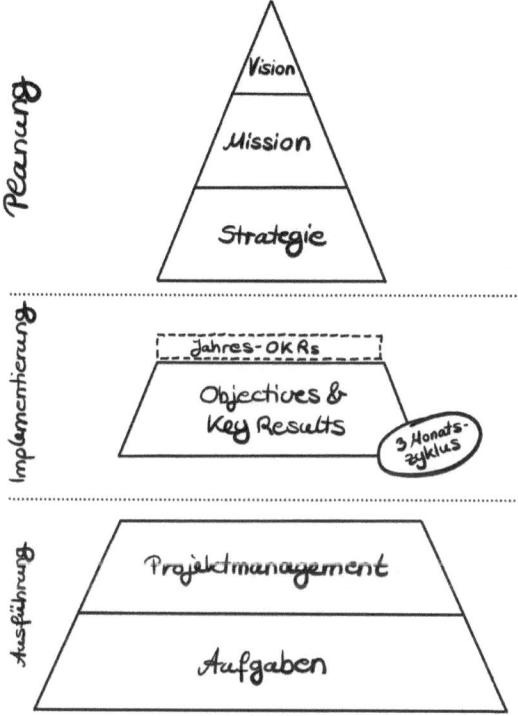

Natürlich machten wir uns gleichzeitig Gedanken, wie wir OKR nachhaltig in die gesamte Organisation bringen könnten. Und was wäre naheliegender, als einen Strategie-Implementierungsansatz wie OKR mit dem bereits bestehenden Strategie-Prozess zu vereinen?

Gesagt, getan: Insgesamt fünf Bereiche meldeten sich auf Anhieb, die ihre Strategie mit OKR verknüpfen wollten. Mit diesem Riesenschritt ist die Implementierung jetzt ein Selbstläufer, dachten wir.

Naja, fast! Wir mussten nun dafür sorgen, dass OKR nicht wieder aus dem Strategie-Prozess verschwinden würde. Denn einmal dabei heißt nicht, dass die Teams auch dranbleiben. Es war ja alles weiterhin freiwillig. Ein Bereich warf bereits nach zwei Zyklen das Handtuch, andere liefen nur mit, weil es gerade »en vogue« zu sein schien.

Die Pilotierung hatten wir mit all den zuvor beschriebenen Maßnahmen und Erfolgen zwar hinter uns gelassen. So viel stand fest. Allerdings durften wir insgesamt keinen Rückenwind erwarten. Es war weiterhin ein mühsames Unterfangen, Objectives and Key Results und den damit verbundenen Wandel nachhaltig im Unternehmen zu verankern.

Aus der Puste

Organigramme verändern sich bei uns häufig. Was sich jedoch bisher nicht verändert hat, sind die Arbeits- und Denkweisen. Wir ändern zwar ständig die Struktur am System, aber nicht das System selbst. Was es für alle, die neue Arbeitsweisen einführen wollen, zu einer langwierigen Angelegenheit macht. Aber wem erzähle ich das?

Hatten wir eine Führungskraft von den Vorteilen von OKR überzeugt und wir bekamen das Mandat für die Einführung, – schwupps – verändert sich die Hierarchiestruktur, und wir begannen wieder von vorn, mit einer neuen Führungskraft.

Die Abstimmung unter verschiedenen Cross-Funktionen wurde leider ebenfalls nicht von allen unterstützt: Führungskräfte aus unterschiedlichen Bereichen hatten sich für zwei Tage eingeschlossen, um OKRs zu formulieren, die sie im nächsten Jahr gemeinsam erreichen wollten, um gemeinsam etwas zu verändern und ihre Silos aufzubrechen. Nachdem sie alle motiviert aus dem Workshop kamen, meldete sich eine Führungskraft: »Wir sollen ab jetzt wirklich daran arbeiten? Das konterkariert aber mit meinen persönlichen Zielvorgaben. Da hängt mein Bonus dran. Es tut mir leid, aber ich werde nicht an den Zielen arbeiten, die wir gemeinsam festgelegt haben.«

In einer anderen Abteilung kam in einem Townhall die Frage auf, ob denn die eigenen OKRs auch mit anderen Abteilungen abgestimmt werden sollen, worauf die Führungskraft erwiderte: »Nein, uns interessieren nur unsere eigenen Ziele. Die anderen machen ihr Ding.«

Manche Teams hörten bereits nach wenigen OKR-Zyklen wieder auf, weil ihnen etwas vermeintlich Dringenderes dazwischen gekommen war.

Dies sind nur einzelne Anekdoten von vielen, die beschreiben, dass wir in jeder Abteilung vor Herausforderungen stehen und somit die Veränderungskurve für jedes Team, welches mit OKR startet, aufs Neue begleiten.

Zusammen laufen wir schneller als allein

Es wurde einmal mehr deutlich: Transformationen sind anstrengend, weil es wirklich lange dauert, bis sich Verhaltensweisen nachhaltig ändern. Unsere Motivation erreichte einen Tiefpunkt. Obwohl wir sehr überzeugt von den Vorteilen waren und immer noch sind.

Um die Bekanntheit von OKR in der Organisation erneut zu steigern – und unsere eigene Motivation wiederzufinden – experimentierten wir mit einer neuen Herangehensweise. Wir organisierten ein virtuelles »NewWork« Event, mit dem Ziel, weltweit Kolleg:innen miteinander zu vernetzen und eine Plattform zu bieten, die sich mit der Einführung von Lean- und Agilitätsmethoden beschäftigen und vor ähnlichen Herausforderungen im Veränderungsmanagement standen. Dabei ging es nicht nur um OKR, sondern um verschiedene Veränderungsprojekte mit Bezug zu neuen Arbeitsweisen.

Wir suchten uns Reisegefährt:innen, um unsere Kräfte zu bündeln. Die Verknüpfung von OKR mit weiteren agilen und leanen Initiativen half uns, OKR wieder mehr in den Fokus zu rücken und uns den Spaß an der Transformation zurückzubringen.

Das Event war ein voller Erfolg. Wir hatten Sprecher:innen namhafter Firmen eingeladen, um über ihre Initiativen zu sprechen. Zusätzlich dazu boten wir Workshops zu internen Initiativen an, um zu zeigen, welche tollen Projekte bereits erfolgreich laufen – unter anderem natürlich OKR. All das stieß auf positive Resonanz bei den Teilnehmenden. Auch das Management befand die Themen als so wichtig, dass resultierend aus dem Event ein neues Team rund um neue Arbeitsweisen entstand, von welchem OKR nun ein Teil ist.

Die Einführung von OKR hat heute vielleicht noch nicht die Reichweite erlangt, die wir uns zu Beginn erhofft hatten. Und wir haben noch einen langen Weg vor uns, um nachhaltig die Denkmuster einer kritischen Masse im Unternehmen zu verändern. Aber wir haben es gemeinsam geschafft, einen Schritt in Richtung einer agilen Organisation zu machen und zumindest einen kleinen Teil für neue Denk- und Arbeitsweisen zu begeistern.

Was ich bisher dabei gelernt habe?

Dass Corona uns ein Momentum verschafft hat, neue Arbeitsweisen zu thematisieren und wir diesen Moment zu nutzen wussten. Und dass bei Veränderungsinitiativen durch Verbündete die eigene Kraft wächst. Denn wie bei einem Marathon ist es einfacher, gemeinsam zu laufen als allein.

Für die Zukunft bin ich zuversichtlich, dass wir gemeinsam in einem größeren Team aus der Mission Impossible eine Mission Possible machen können.

Vermerk: Die Autorin handelt privat und spricht nicht im Namen des Unternehmens.

Katharina Badalamenti

Ich bin Projektleiterin für Neue Arbeitsweisen sowie enthusiastischer Coach für Objectives and Key Results.

Ich unterstütze unsere Organisation beim Setzen ihrer strategischen Ziele und helfe bei der Umsetzung im Hinblick auf die Veränderung der bisherigen Strukturen. Das Veränderungsmanagement ist daher ein wichtiger Bestandteil meiner Arbeit und ich lerne gerne neue Arbeitsweisen und Ansätze kennen, die ich an meine Kolleg:innen weitergebe.

SPIEL.digital

Ich habe 2009 gemeinsam mit Patrick die Firma cosee gegründet. Seit ich Patrick kenne, ist er ein begeisterter Spiele-Fan. Damit meine ich keine Computer-Spiele, sondern Brettspiele, Kartenspiele, Würfelspiele oder Ähnliches. Jeder von uns hat in seinem Leben schon solche Spiele gespielt. Viele Menschen sind diesen Spielen gegenüber so wie ich eingestellt: Ich spiele mal ganz gern ein Spiel, mache da aber keinen Kult daraus. Patrick schon. Er hat hunderte von Spielen. Und was noch viel wichtiger ist: Er nimmt sich jedes Jahr im Oktober zwei Tage Urlaub, um nach Essen auf die »SPIEL« zu fahren. Damit ist er nicht alleine. Im Jahr 2019 kamen rund 200.000 Besucher, um Spieleneuheiten kennenzulernen und auszuprobieren. Viele von ihnen nehmen sich auch zwei Tage Urlaub, um die vollen vier Tage Messe ausnutzen zu können. Vor Ort geht es dann an manchen Ständen äußerst gedrängt zu. Viele Menschen sitzen um Spieltische herum, andere stehen dahinter und sehen beim Spielen zu.

Die SPIEL.digital als echtes Corona-Baby

Es versteht sich von selbst, dass die Veranstalter der SPIEL sich 2020 nicht vorstellen konnten, wie eine solche Veranstaltung unter Corona-Bedingungen stattfinden sollte. Wer ein richtiger Brettspiel-Fan ist, wie Patrick, der bleibt auch durch Podcasts über alle Neuigkeiten aus der Spielewelt auf dem Laufenden. In einem dieser Podcasts gab die Veranstalterin der SPIEL bekannt, dass es im laufenden Jahr keine Vor-Ort-Veranstaltung, sondern eine virtuelle Alternative geben werde. Daraufhin nahm Patrick Kontakt zur Veranstalterin auf: »Kann ich mit cosee irgendwie helfen?«

Die Antwort ließ nicht lange auf sich warten: »Wir beginnen demnächst eine Ausschreibung, um einen passenden Partner zur Umsetzung dieser SPIEL.digital zu finden.« Das Datum der Messe stand zu diesem Zeitpunkt bereits fest: Vom 22. Bis zum 25. Oktober 2020 sollten sich die virtuellen Messetore öffnen. Und wenig später hatten wir tatsächlich die Ausschreibungsunterlagen in unserem E-Mail-Postfach. Neben dem Messetermin und einigen anderen Informationen enthielten die Unterlagen eine sehr grobe Funktionsliste für die Plattform der virtuellen Messe. Während der Anfertigung unseres Angebots wurde uns klar, wie schwierig die Aufgabe werden würde, eine solche Messeplattform zu bauen.

Eine digitale Experience für eine sehr »physische Community«

Die Community, die sich jährlich auf der SPIEL trifft, legt sehr großen Wert auf ein »physisches Hobby«. Wenn diese Menschen sich mit Brett-, Karten- oder Würfelspielen beschäftigen, steht das physische Erlebnis im Vordergrund. Das besteht zum einen aus hochwertigen Spielmaterialien (Figuren u. ä.) und zum anderen natürlich aus der sozialen Interaktion mit den Mitspielern. Man stelle sich nur mal vor, wie anders es wäre, echtes Poker (keine Online-Variante) via Audioverbindung zu spielen. Alleine schon, weil das Bluffen viel einfacher sein würde. Wir mussten also eine coole digitale Experience schaffen, die zum einen die gewünschten Funktionen aus der Ausschreibung möglichst gut abdeckt, und zum anderen eine Community begeistern würde, die bei der Ausübung des Hobbys viel Wert auf die physische Erfahrung legt.

Die viele Arbeit und Überlegungen, die wir in unser Angebot investiert hatten, sollten sich schließlich auszahlen. Wir bekamen den Zuschlag und setzten uns gegen – wie

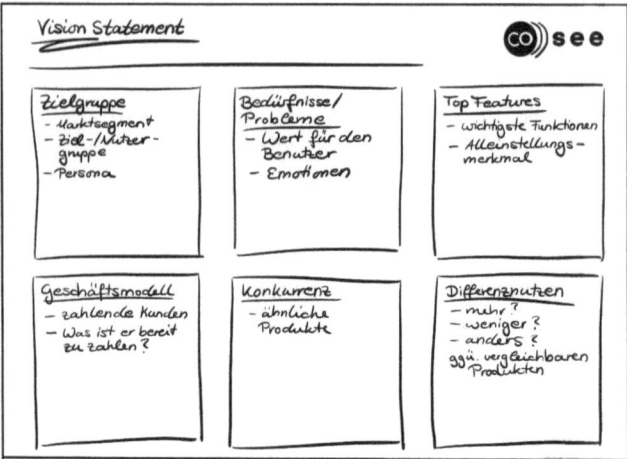

wir später erfuhren – ca. zwanzig Mitbewerber durch. Die Veranstalterin teilte uns mit: »Euer aufwändig ausgearbeitetes Angebot und eure Affinität zu Brettspielen haben uns überzeugt!«. Der ein oder andere Mitbewerber hatte erst gar kein Angebot abgegeben. Denn seit der Podcast-Folge mit der Ankündigung der SPIEL.digital war gut ein Monat vergangen, und mittlerweile war es schon Juni. Damit stand fest, dass nur etwas über vier Monate Zeit blieb, um die innovative Experience für die Spiele-Community zu schaffen.

Die Entwicklung (digitaler) Produkte besteht aus zwei Aspekten. Zum einen muss man mittels (Product) Discovery herausfinden, was das richtige Produkt ist. Basierend auf diesen Erkenntnissen wird das konkrete Produkt dann entwickelt, was man als (Product) Delivery bezeichnet. Wir waren uns sicher, dass bis zum 22. Oktober eine innovative Messeplattform zu erschaffen, nur möglich war, wenn wir Discovery und Delivery kontinuierlich miteinander verzahnten. Es wäre schlicht keine Zeit gewesen, um das Produkt erst zu konzipieren und dann zu bauen. Und noch aus einem anderen Grund wäre ein sequentielles Vorgehen zum Scheitern verurteilt gewesen. Die Entwicklung digitaler Produkte unterliegt laut Marty Cagan nämlich vier maßgeblichen Risiken:

1. Value Risk: Werden wir ein Produkt schaffen, für das Menschen bereit sind, Geld zu bezahlen bzw. das Produkt zu benutzen? Niemand in der Branche – aber auch in anderen Branchen – hatte im Juni 2020 Erfahrungen mit virtuellen Messeformaten. Was ist ein virtueller Stand? Wofür bezahlen wir als Aussteller Geld und welchen Wert bekommen wir dafür? Wird es das Geld wert sein?
2. Usability Risk: Selbst wenn wir es schaffen, ein Produkt zu erschaffen, dass den Zielgruppen einer Spielemesse Wert verspricht, bedeutet das noch lange nicht, dass sie den Wert auch heben können. Die Brettspielbranche ist nicht nur in Hinblick auf die Kunden sehr physisch und wenig digital. Manche der kleinen Brettspielverlage veröffentlichen eine einzige Spieleneuheit pro Jahr und fertigen diese Spiele sogar handwerklich selbst. Hier bestand ein großes Risiko, dass insbesondere diese Aussteller für ein Wertversprechen Geld bezahlen würden, das sich nicht einlösen ließe – weil sie ihren Teil dazu nicht beisteuern können würden.
3. Feasibility Risk: Insbesondere für dieses Produkt war es eine interessante Frage, ob wir das Produkt bauen können würden. Haben wir die Zeit, die Fähigkeiten und die Technologien dafür? In der modernen Welt ist technologisch fast alles möglich – wenn Zeit und Geld keine Rolle spielen. Aber insbesondere die Zeit war ja in Hinblick auf die SPIEL.digital ein limitierender Faktor. Und unbegrenzte Mittel standen bei der Veranstalterin auch nicht zur Verfügung.

4. Business Viability Risk: Ist das Produkt für die Messeveranstalterin erfolgreich? Dieses Risiko konnten wir nicht unmittelbar beeinflussen, weil die Veranstalterin letztlich die Preise für die virtuellen Stände festgelegt hat; und auch, dass die Messe keinen Eintritt kosten sollte.

Um diesen Risiken gleich von Beginn an zu begegnen, haben wir sehr früh gemeinsam mit dem Friedhelm Merz Verlag einen Product Vision Canvas ausgefüllt. Dabei handelt es sich um ein gängiges Werkzeug in unserer Arbeit. Er ist in der folgenden Abbildung dargestellt.

Beim Ausfüllen zeigte sich neben den Spezialitäten der Community und der kurzen Zeit die dritte Herausforderung dieses Produkts. Eine Messe wie die SPIEL.digital hat nicht nur eine einzige Zielgruppe, sondern bringt eine ganze Reihe von Zielgruppen zusammen. Die wichtigsten (auch nicht heterogenen) Gruppen sind die Aussteller auf der einen und die Besucher auf der anderen Seite. »Wir dürfen keine Gruppe aus den Augen verlieren!«, legte die Auftraggeberin fest. Wir mussten immer die Balance halten und hatten damit die dritte Herausforderung.

Außerdem wurde uns klar, dass wir alle nur diesen einen Versuch hatten: Wenn die Messe im Oktober nicht funktionierte, könnte es für die Auftraggeberin echt existenzgefährdend werden. Das hat uns bisweilen den Schlaf geraubt.

Eine Reise in ein unbekanntes Land

Ab dem Start liefen Discovery und Delivery dann parallel. Ich vergleiche das gerne mit dem Eisenbahnbau in den USA. Ein Erkundungstrupp (Discovery) reitet wenige hundert Meter vor den Bautrupps (Delivery) her und kundschaftet die Landschaft aus. Beide Gruppen haben ständigen Kontakt zueinander (Feedback). Was hat uns bei unserem Abenteuer SPIEL.digital geholfen?

Zunächst einmal haben wir die Reise bis zum Messestart rückwärts geplant. Wenn Ende Oktober die Messe beginnen soll, müssen die Besucher ab Anfang Oktober ihren Besuch dort planen können – also schon eine Liste interessanter Spieleneuheiten, Stände u. ä. zusammenstellen. Damit die Aussteller genügend Vorlauf haben, um ihre virtuellen Stände vorzubereiten, sollten sie etwa ab Anfang August damit beginnen können. Aus dieser Reiseplanung ergab sich eine natürliche Priorisierung der einzelnen Messebestandteile. Außerdem hat es uns erlaubt, so lange an etwas zu arbeiten, bis wir das inhaltliche Ziel »Standaufbau kann beginnen« erreicht hatten und wir konnten uns direkt dem nächsten Thema zuwenden. Ganz nebenbei ergeben sich so auch ganz kundenzentrierte Sprint-Ziele: Wenn in sechs Wochen der Standaufbau beginnen muss, müssen die Kunden in zwei Wochen in der Lage sein, schonmal die Inhalte ihres Stands hochzuladen.

Trotzdem besteht hier immer noch das Risiko, dass wir etwas bauen, das die Aussteller z. B. nicht intuitiv bedienen können (Usability Risk). Um das zu verhindern, half uns frühes und kontinuierliches Feedback. Die Veranstalterin hat es in zahlreichen Telefonaten von den Ausstellern eingesammelt. Für die zukünftigen Besucher gab es regelmäßig Entwürfe, Umfragen und Tutorials der Messeplattform. So floss das Feedback direkt wieder in die Entwicklung ein und wir haben die Benutzer zum frühestmöglichen Zeitpunkt fit für die Verwendung der Plattform gemacht. Eine sehr enge und vertrauensvolle Zusammenarbeit mit der Veranstalterin hat uns dabei extrem geholfen.

Wenn man eine virtuelle Experience für eine physische Community baut, gilt es immer abzuwägen, wie weit man die neuen digitalen Möglichkeiten ausreizt oder doch bei Bekanntem und Gelerntem bleibt. Wir haben uns z. B. sehr früh entschieden, die Messe wie ein Brettspiel aussehen zu lassen. Trotzdem gab es wie auf der Präsenzmesse drei Standgrößen, an die die Aussteller gewöhnt waren.

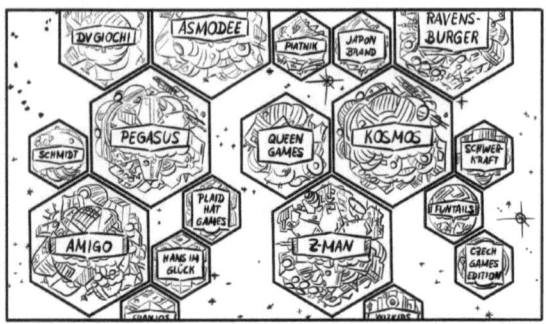

Um diese Balance immer wieder hinzubekommen, hat uns das Konzept »Product Trio« von Teresa Torres geholfen. Wenn ein neues Thema für die Discovery anstand, haben sich der Product Owner, die Designerin und ein Entwickler zusammengesetzt und mit Hilfe von Skizzen, Wireframes, Inspirationen von außen (»Wie machen es andere?«) und kleinen technischen Prototypen ein grobes erstes Konzept entwickelt, das dann im Scrum Team entwickelt und durch Feedback verbessert wurde. Durch die drei verschiedenen Perspektiven auf das Produkt oder ein Element davon ist sichergestellt, dass immer etwas entsteht, das wertvoll (viable), benutzbar (usable) und umsetzbar (feasible) ist. So ist auch sehr schnell aufgefallen, dass eine schöne Idee nicht sinnvoll umsetzbar ist. Die SPIEL.digital war eine internationale Messe mit Beiträgen in vielen unterschiedlichen Sprachen. Die Sprache eines Beitrags sollte eigentlich über eine kleine Flagge angezeigt werden. Es gibt aber keine sinnvolle Abbildung zwischen Sprachen und Flaggen (Englisch = USA? Großbritannien? Australien? Südafrika?). Also haben wir weniger schöne Sprachkürzel verwendet.

Die Community war sehr kooperativ, fast kollegial. Am ersten Messetag war der Ansturm so groß, dass es aus technischen Gründen anfangs zu Wartezeiten kam. Die Community hat sich darüber aber nicht beschwert, sondern sehr verständnisvoll reagiert. Ein Mitglied schrieb sogar: »Welch eine Liebe zum Detail! Ihr habt sogar die Warteschlangen vor den Messehallen in Essen digital nachgebaut ;-)«.

Die Messe war dann auch ein unglaublich tolles Brettspielfest. Rund 148.000 Besucher kamen an vier Tagen und navigierten sich durch virtuelle Brettspielwelten. Und Patricks Ziel war auch erreicht: »Es musste doch 2020 trotz Corona eine SPIEL geben!«.

Konstantin Diener

ist CTO bei cosee. Mit Agilität kam er das erste Mal 2007 in Berührung. Sein Anliegen ist es seitdem, großartige digitale Produkte zu entwickeln, die im Leben der Menschen einen Unterschied machen. Seit 2009 teilt er diese Produktleidenschaft mit seinen Kolleginnen und Kollegen bei cosee in Darmstadt. Außerdem gehören Vorträge und das Schreiben zu seinen Leidenschaften. So war er u. a. Autor der Kolumne »DevOps Stories« im Java Magazin, die sich mit Agilität, DevOps & New Work befasst.

Hell YES – AGIL dank Corona

TALKING is the new everything!

Let´s TALK #verbundenheit

Kommunikation LIEBEN die zwei. Schon immer. Und gefühlt schon immer LIEBEN sie's erst recht, ihre wertvollen, erfolgreichen, inspirierenden Momente und Erfolge als selbstständige Kommunikationsexpertinnen samt neuen Erkenntnissen und Perspektiven miteinander zu TEILEN. Und somit lauschen sie, ebenfalls schon immer, gebannt-beeindruckt ihren jeweiligen Job-Storys, erzählen von ihren herrlich-schönen Momenten als Kommunikationsbotschafterinnen, denken zusammen NEU und um die Ecke und sind gemeinsam im Dream-Team-Flow.

Als Selbstständige gehen sie seit Jahren beruflich eigene, getrennte Wege, auch wenn Inhalte, Ansätze und Haltung schon immer wunderbar identisch sind. Schließlich zelebrieren Lucienne und Stefanie ein überzeugtes SHARING IS CARING-Prinzip und wissen, dass Empowerment ihr gemeinsamer Kernwert ist.

Der Wunsch begleitet beide seit Jahren: Ein gemeinsames Projekt, bitte unbedingt und bitte zeitnah! Das letztere schönstes Wunschdenken, die Realität blafft jahrelang zurück: WANN denn bitte?!?

Let´s TALK #entscheidungen

In der Tat sind die Terminkalender in 2018 besonders prall gefüllt, als Stefanie zum ersten Mal die gemeinsame Teilnahme an einem Visionsseminar in Namibia vorschlägt. Lucienne zeigt ihr einen Vogel. 6 Tage out-of-the-Job und weg-von-den-Kids nach AFRIKA?!?! Keine Chance, das Jahr ist voll verplant, kaum Zeit zum Atmen, geschweige denn für 6 Tage im Ausland. Also wirklich! Lucienne schüttelt nicht nur innerlich den Kopf.

2019 gleicher Vorschlag, neues Jahr, neues Glück, Stefanie bleibt hartnäckig. Sie denkt weitsichtig und nachhaltig und weiß, wie positiv ausgerichtet UND aufgetankt beide ins neue Geschäftsjahr rauschen könnten, und was eine Entscheidung außerhalb der Komfortzone in der Ferne, fernab von Alltag und Jobs, für eine absolute Bereicherung sein kann. Und trotzdem: gleiche Geste von Lucienne, diesmal fast schon empört, sieht sie zu diesem Zeitpunkt doch lediglich ein knallvolles Geschäftsjahr mit Burnout-Potenzial, den Schulwechsel des Jüngsten, Abitur der Großen. Dazwischen mal eben kurz nach Afrika zur Selbsterfahrung? Eher nicht.

Stefanie argumentiert gut, formuliert klar, appelliert gekonnt. JETZT mutig entscheiden, der Rest wird kommen! Bestes Timing zum Anfang des Jahres, der Workshop liegt erst im November. ZEIT SATT sagt Stefanie, diesmal lächelt sie – wissend. Sie spürt, der Moment ist goldrichtig. Zeit HAT die hart arbeitende Frau nicht, Zeit SCHAFFT sie sich! Flexibel, beweglich, entscheidend. Lucienne schwankt, Stefanie bleibt dran. Sie spürt den Moment der Unsicherheit und nutzt genau diesen als erfahrene Kommunikationsexpertin gekonnt für ihre Argumentation. JETZT den Deckel drauf, und ab JETZT jeden Moment der Vorfreude genießen. Schritt für Schritt durch sämtliche Projekte und Aufträge stöckeln, um zum Jahresende Namibia als wertvolle Ausrichtung zu nutzen – als Belohnung für die erfolgreiche Arbeit und als Kick-Off für neue Inspiration. Und für die Vision, zusammen ein Projekt auf die Beine zu stellen, ist diese geschäftliche Auszeit in der Ferne eindeutig die beste Investition – zeitlich und monetär.

DAS wär ja wohl der richtige Ansatz, schließt Stefanie ihren TED Talk.

Lucienne stimmt innerlich zu, schreckt jedoch nach wie vor zurück, sieht den Sohnemann im Geiste schulisch verzweifeln, die Große auf dem Weg zum Abi abbrechen, Haus und Hof abfackeln. Wie soll das alles ohne sie laufen?? Und überhaupt! Erneutes Kopfschütteln. Agiles Denken – Fehlanzeige. Nicht bei Lucienne. Nicht zu diesem Zeitpunkt. Stefanie ist hier schon weiter.

Der dritte Überzeugungsversuch erfolgt im April, Stefanie ist in Höchstform.

AUSRICHTUNG ist das magische Wort. Ist die positive Ausrichtung erstmal da, rückt alles andere nach. Stefanie ist ganz klar in diesem Moment: »Lucienne, sobald wir das bewusst als Investition in UNS einloggen, gehen alle Türen auf!«

Lucienne geht ohne großen Widerstand mit, die Buchung samt Eintrag im Kalender fegt schlagartig sämtliche Zweifel über den Haufen und macht Platz für die besagte Vorfreude. COMMITMENT right there!

Let's TALK #ausrichtung
Als der Flieger in Richtung Namibia abhebt, sind aus den 6 Tagen 10 geworden, schließlich kommt Frau nicht so schnell wieder auf den afrikanischen Kontinent und hängt kurzerhand noch vier Tage dran. Ihr zieht die Augenbrauen hoch? Verständlich. Von AUF KEINEN FALL hin zu WENN DANN RICHTIG ist in der Tat eine interessante Wendung. Stefanie lächelt erhaben, Lucienne grinst ergeben.

Hoch über den Wolken die Gewissheit: AGIL konnten wir in den letzten Monaten RICHTIG GUT. Oh ja!

Und aus dem OFF: 2020 wird DAS Jahr werden. Für beide, sie wissen es nur zu diesem Zeitpunkt noch nicht.

Bei der Ankunft wird klar, die Entscheidung, zum Ende des Jahres gemeinsam an diesen Ort zu reisen, war GOLDRICHTIG, um das erfolgreiche Jahr zu zelebrieren und sich für das kommende Jahr auszurichten. Und um die gemeinsame Vision in den Blick zu nehmen. Lucienne bedankt sich mehrmals bei Stefanie – überschwänglich, berührt, fassungslos und glücklich für ihre Hartnäckigkeit und ihre Weitsicht, für die Überzeugung und das Überzeugen, für ihr Verständnis für den schleichenden Entscheidungsprozess. Hat Stefanie doch früh erspürt, hier bedacht vorzugehen, in Abschnitten zu denken und mit Nachdruck nachzufragen. So haben beide diese geschäftliche Reise letztendlich mit klarem, professionellem Blick als die beste Investition des Jahres anerkannt.

Genau zu diesem Zeitpunkt beginnt das bedingungslose Vertrauen zueinander. Sie spüren, dass sie ab jetzt weiterhin äußerst agil vorgehen möchten. Stück für Stück in die Planung gehen, nachhaltig denken, mit offenem Blick aus allen Perspektiven alles ganz genau betrachten, zum passenden Moment mit den passenden Experten/Expertinnen in den Austausch gehen.

Das positive Feedback der Seminar-Teilnehmenden an die zwei TALKIEs, wie sie in Namibia liebevoll getauft werden, ist überwältigend. Schon allein die Tatsache, dass Stefanie und Lucienne von Anfang an im Seminar als eine Einheit wahrgenommen werden, lässt die Herzen höher schlagen. So gleich und doch so verschieden (außen und innen) verkörpern sie für jeden Teilnehmenden in Namibia völlig selbstverständlich eine eigene Marke, die TALKIEs.

Der Grundstein für eine professionelle Teamarbeit als Einheit ist gelegt, das wird in Namibia klar, der fokussierte Blick auf die gemeinsame Vision und die wertvollen Impulse der Teilnehmenden motiviert und bestärkt bis hin zur absoluten Überzeugung: DAS WIRD GUT.

Durch die intensive Ausrichtungs- und Aufstellungsarbeit unter der Sonne Afrikas erscheint das Projekt scharf und präzise am schönsten Horizont.

Der Mentorship-Gedanke steht schon in Afrika im Fokus, sie möchten begleiten, bestärken, bestaunen und beraten.

Let´s TALK #usp

Noch schärfer und noch präziser wird das Ganze, sobald die TALKIEs gut gelaunt, erfüllt, erholt und voller POWER zurück in Deutschland sind. Zu diesem Zeitpunkt wissen sie, das empowernde TALKEN zu zweit können und wollen beide, da sie eindeutig menschenliebende Persönlichkeiten sind. KOMMUNIKATION is the new EVERYTHING ergänzen Lucienne und Stefanie durch ein überzeugtes WAR ES SCHON IMMER!

Genau DAS ist der USP. Verbindende Kommunikation im Team etablieren, offen, ehrlich, klar – und vor allem persönlich und emotional – genau das treibt sie an. Diversität in ihrer schönsten Form ins schönste Storytelling zu zweit sichtbar zu machen und zu zelebrieren. NOW we´re talking!

Nach wie vor Feuer & Flamme ackern sie den Dezember durch und beenden eines Ihrer erfolgreichsten Geschäftsjahre als selbstständige Trainerin, Coach, Beraterin und Dozentin EVER!

Daher der Plan: den Jahresbeginn 2020 für die Gründung samt Rundumschlag nutzen für Branding, Sichtbarkeit, Netzwerk und Naming. Die Vision im Fokus, ein Kommunikationsformat zu etablieren, was all ihre Kompetenzen, Erfahrungen, Ansätze, Werte und Stärken in einer gemeinschaftlichen Expertise vereint – klingt schon mal gut. Das Ganze geprägt von so viel Empowerment wie nur möglich, um Kunden und Kundinnen vollends in ihre Kraft zu bringen und voller Selbstvertrauen für die relevante und verbindende Kommunikation zu begeistern. Der TALK steht im Vordergrund, sie möchten im Workshop-Format in kleinen Gruppen auf Augenhöhe in den kommunikativen Austausch gehen, die jeweiligen Kernthemen genau betrachten und reflektieren, im Team neue Impulse erarbeiten, die emotionale Kommunikation in den Vordergrund rücken, Stärken und Talente sichtbar machen und die Teilnehmenden positiv bestärken, sich strahlend und selbstbewusst mit all ihren Skills zu positionieren. Sie möchten inspirieren, anregen, bestärken, reflektieren. Beide wissen, dass sie langfristig mit den Teams arbeiten möchten und daher mehrmals im Jahr als vertrauensvolle Mentorinnen den gemeinsamen Schulterblick tätigen und die Erfahrungen mit den neuen Ansätzen und Inhalten verknüpfen möchten. Nachhaltig, klar, offen, ehrlich, wertschätzend, empathisch und gern auch strategisch kommunizieren zu WOLLEN, das möchten sie vermitteln. Und dafür schmeißen sie gemeinsam die KONFETTIMASCHINE an.

Für ihr Konzept, ihren Ansatz, ihre Kommunikation, ihre Kunden und Kundinnen.

Denn sie wissen: Kommunikation ist schon immer das Schmiermittel für ein erfolgreiches und gleichzeitig gelassenes Dasein im Job ... und privat. In diesen Zeiten erst recht, das sollten sie noch intensiv spüren.

INNOVATION und kreatives Denken sind zu diesem Zeitpunkt sowas von am Start.

Let´s TALK #selbstwirksamkeit
Und genau diese Zeiten machen den zwei Ladies Anfang 2020 einen richtig schönen Strich durch die Rechnung. Von heute auf morgen ist alles anders, Corona bringt die völlig unvorbereitete SCHOCKSTARRE. Vom erfolgreichsten Geschäftsjahr in den absoluten Stillstand. From HERO to ZERO. Plötzlich bricht gefühlt ALLES in ihrem geliebten Kommunikations-Business weg. Knallharte Bodenlandung.

Völlig ungläubig und vor allem latent verstört reagierten die zwei total unterschiedlich. Steffi schwankt zwischen Nervenzusammenbruch und Existenzangst. Lucienne taumelte von Gemütlichkeit zu einem Mir-doch-egal-Gefühl.

Sie versuchen sich zu beruhigen und fassen ihre FLOP 5 zusammen:

Völlige Ungewissheit, was ihre Jobs betrifft, da ihr Kerngeschäft, die Präsenz-Workshops, Trainings, Coachings und Vorlesungen in jedem Unternehmen und fast jeder Hochschule gestrichen werden.

Das Unwort DIGITALES Arbeiten drängt sich hartnäckig in den Vordergrund, für Lucienne und Stefanie unvorstellbar, leben ihre Aufträge als Kommunikationsexpertinnen doch von dem Miteinander vor Ort und dem realen Austausch.

Wie sollen sie in diesem Ausnahmezustand ihr neues Projekt mit Leben füllen, solange sie schockgefrostet und ungläubig NULL im Job agieren können?

Stefanie muss ihre Achtsamkeitsausbildung von LIVE auf ONLINE eingezwängt zuhause oder im Corona-Business-Hotelzimmervor dem Rechner tauschen.

Das zweite Unwort taucht auf: HOMESCHOOLING als Frau Lehrerin mit den Kids – das gibt ihnen den Rest! Schönste Aussichten. Nicht. ATMEN, sagen sagen sie sich in der Anfangs-Corona-Zeit nicht nur einmal am Tag. SELBSTORGANISATION schreit es aus allen Ecken.

Zusammen können sie sich gegenseitig (wenn auch leicht hysterisch) in Richtung POSITIVEN Perspektivwechsel (wenn auch in Zeitlupe) bewegen. Denn sie sind sich beide in zwei relevanten Entscheidungen einig: a) sie möchten nicht wie viele Kollegen und Kolleginnen in ihrer Branche ihre Workshops online UND unentgeltlich anbieten und b) sie halten die Ungewissheit dank Polster aus 2019 aus und nutzen die Zeit für ihre TALK TALKs- Gründung.

Weg mit der Starre, her mit der Kreativität samt Selbstführung.

Let´s TALK #dynamikrobustheit

Die TALKIEs blühen auf, nutzen all ihre Kontakte, skizzieren Ideen und das alles trotz ungewohnter Kontaktbeschränkung. In diesem ganzen Wahnsinn gehen sie voller Zuversicht in die erste Kooperation für die Erstellung ihres CDs. Sie möchten bewusst bunt, laut, strahlend erscheinen, nicht unbedingt üblich in ihrer Branche, nicht unbedingt einfach für Frauen generell im Business. Und wie sie merken, nicht unbedingt einfach und noch weniger greifbar für ihre Kreativpartner*innen nach Sicht der ersten Layouts. Da Lucienne schon immer sehr designaffin denkt und konzipiert, prallen hier die vorgedachten Ideen mit den neuen aufeinander. Die Kommunikation ohne reale Treffen erschweren den Prozess, sie geraten ins Stocken. In schönster Schräglage können sie mit allen Parteien ehrlich kommunizieren und beenden das Verhältnis, ebenfalls ehrlich. Fühlt sich nicht gut an, dieser erste Misserfolg ganz am Anfang, erneut sind Lucienne und Stefanie latent schockiert.

Nun ist FLEXIBILITÄT gefragt, umdenken und umbauen. An dieser Stelle zeigt sich der Mehrwert ihrer Zweierkonstellation in all seiner Pracht. Sie reflektieren gemeinsam, beruhigen sich gegenseitig, relativieren die Panikattacken und vertrauen auf die goldenen Zeiten am Horizont. Noch oft werden sie diesen Grundstein gerührt und entzückt zelebrieren, noch oft wird sich ihre Diversität – ihre Unterschiedlichkeit und auch ihre Einzigartigkeit – als großer Mehrwert in ihrer gemeinsamen Arbeitsweise herausstellen.

Im produktivsten 4-Augen-Prinzip erkennen sie in dieser ernüchternden Phase die POSITIVEN Aspekte des ersten Scheiterns. Sie justieren die Stellschrauben, fokussieren sich neu, tanken auf. Gar nicht so einfach, schließlich schlagen sie sich fast täglich mit den Nebenwirkungen von Homeschooling für drei Kids rum. In dieser Ausnahmesituation motiviert zu bleiben, ist fast noch die größere Herausforderung ... nein, die Königsdisziplin!

Let´s TALK #resilienz

Und dennoch setzen sie in Höchstform zum zweiten Sprung an. Mit Luciennes jahrelanger Partner-In-Crime Designerin im Team hauen sie in bester Zusammenarbeit und in noch besserem Spirit das gesamte neue & KNALLBUNTE Corporate Design raus. Sie fotografieren in Covid-Manier mit Abstand, es entstehen die mit Abstand besten Fotos für ihre neue Homepage. Sie texten, feilen, konzipieren und gehen aktiv in ihr Netzwerk, um sich zu platzieren und sichtbar zu werden. Sie merken schnell: Vieles geht in der Tat sehr gut digital und oftmals noch schneller, zumindest was ihre Anruf-Mailen-Feedback-Freuen-Kreischen-Routine betrifft. Schon immer waren sie gute Netzwerkerinnen, noch nie haben sie die Funken so sprühen, die Korken so knallen lassen wie mit diesem Projekt. Sie hängen sich richtig rein, befeuern sämtliche Kontakte persönlich, gehen strukturiert und systematisch vor. Dazwischen immer wieder Abstimmungen zu zweit, Reflexion und regelmäßige Updates. Und immer wieder justieren sie nach, verarbeiten Feedback, ändern Textstellen, werden präziser und bauen neue Impulse ein.

ITERATIVES Arbeiten, Step by Step with eyes wide open – so much YES! Nicht umsonst haben Stefanie und Lucienne das Schleifenbinden bei ihren Kids gefühlt 1000 Mal wiederholt, auch jetzt ermöglicht ihnen jede einzelne Lernschleife im Prozess eine neue Perspektive. DAILY Abstimmung inklusive, gefühlt im Minutentakt.

Let´s TALK #kickoff

Dann kommt die erste Anfrage, natürlich für ein digitales Format. Ob die TALKIEs als FRISCHE DUSCHE online für Mitarbeitende aus Deutschland, Schweiz und Österreich ein Impulsformat zu dem Thema »Verbindende & achtsame Kommunikation in herausfordernden Zeiten« entwickeln und halten möchten.

Sie möchten, sie hatten sie schon bei der FRISCHEN DUSCHE, denn genau DAS möchten die TALKIEs repräsentieren. Und schon sitzen beide nach intensiver Vorbereitung in all ihren positiv-bunt-stylischen Outfits vor mehr als 100 Bildschirmen und zeigen sich zum ersten Mal als TALK TALKs. Stefanie und Lucienne sind FETTESTENS im Flow! All die Überzeugung, das Vertrauen, die Expertise, die Positivität, das Ermutigen und die Ideen bringen sie ins tollste Storytelling vor der Kamera. Sie schmeißen für alle Mitarbeitenden mit Ansage den Turbo an und überzeugen. Weil sie LIEBEN, was sie tun, kommen sie authentisch, frisch, motivierend rüber, so das zahlreiche Feedback später. Über 100 Menschen öffnen ihnen ihr Wohnzimmer, ihre Küche, ihr Arbeitszimmer und schenken ihnen die volle Aufmerksamkeit, obwohl sie zu der Zeit selbst von morgens bis abends in Zoom-Meetings vor der Kamera hocken. Löffelnd, schlürfend, lächelnd und aufmerksam nehmen sie die neuen Impulse auf und schenken beiden Ladies am Ende auf all den zahlreichen Kacheln sogar den LAST Dance. Sich den Stress gemeinsam aus dem Körper TANZEN zum eigenen Lieblingssong! Und das vor dem Bildschirm – was für eine Verbundenheit zwischen all den tollen Mitarbeitenden in Quarantäne! Die TALKIEs sind berührt, berauscht, beeindruckt. In vielerlei Hinsicht, denn sie haben sich getraut und vertraut. Sie waren mutig, haben sich nicht entmutigen lassen. Sie waren frisch, neu, anders und vor allem laut und sichtbar. Sie waren professionell, organisiert, strukturiert und haben als Expertinnen überzeugt. Zu zweit, als eigene Marke, als neues Produkt und vor allem digital. Auch hier haben sie in Phasen gelernt und sich agil an ihre eigene Spitze geschraubt.

Der KNALLER-Startschuss spricht sich rum, der ganz eigene EMPOWERMENT Spirit gleich mit. Es ist mittlerweile 2021 und immer wieder kommen neue Aufträge rein, Vorträge, Workshops. Sie kommen so richtig in Fahrt, performen mittlerweile liebend gern vor dem Bildschirm, beißen jedoch sofort an, als 2022 das erste Angebot in Präsenz reinflattert.

Let´s TALK #konzepte

ENDLICH!!! Digital KÖNNEN sie, doch für »Kommunikation in Echt« BRENNEN sie.

Hier sind sie sich erneut einig, analog geht vor, offensichtlich für die Unternehmen ebenfalls, denn die Nachfrage nach Präsenz-Veranstaltungen wird immer größer, der reale Kontakt zu Kollegen und Kolleginnen steht mehr denn je im Vordergrund, Teams möchten sich wieder persönlich verbinden und am liebsten out-of-the-Company im schonen Rahmen sich einander und den Themen zuwenden. Befürworten Stefanie und Lucienne ALLES zu 100 %.

Das Rauskommen und Aufeinandertreffen nach der ganzen digitalen Vereinsamung steht hoch im Kurs, die TALKIEs verstehen die Flucht nach vorn nur allzu gut.

Denn in genau diesem Jahr entsteht ein weiteres TALK TALKs Riesenprojekt: Die #femaleempowerment WORKATION auf Rhodos. Work & Vacation zu kombinieren, um in Ruhe, mit Abstand und in wertvoller Achtsamkeit im professionellen Workshop-Rahmen auf WORK-Themen zu schauen UND im Selfcare-Modus den VACATION-Part mit viel Zeit für sich zu finden – das brauchen alle in diesen Zeiten umso mehr. Das Ganze für Frauen jedes Alters und jeder Lebenssituation, generationsübergreifend und interdisziplinär. Sie möchten mit den Teilnehmerinnen auf Schatzsuche gehen und Erfahrungen, Expertise, Pläne, Visionen in einen vertrauensvollen Austausch bringen. 10 Frauen aus ganz Deutschland treffen sich im exklusiven 5***** Resort, teilen zu zweit ein Zimmer, öffnen morgens erfüllt ihren eigenen Pool-Zugang, schwimmen mit Blick auf den beeindruckendsten Berg die ersten Runden in der Morgensonne, treffen sich um 7:30 Uhr zum privaten Yoga, um anschließend erneut zu schwimmen und dann das hochwertige griechische Frühstück zu genießen. Zum KREISCHEN schön. Nach soviel Selfcare am Morgen dann wach und motiviert in den Workshop, hier wird interaktiv gearbeitet, offen, ehrlich und natürlich im geschützten Rahmen kommuniziert und praktiziert. Professionell von den TALKIEs angeleitet und moderiert, widmen sich die Teilnehmerinnen den Themen Ressourcen, Vertrauen, Diversität, Achtsamkeit, Empathie, Kompetenzen und machen all ihre weiblichen Stärken sichtbar. So können sie im Anschluss aufgetankt, erholt, berauscht, empowert, motiviert und positiv ausgerichtet zurückkehren. In den Alltag, in die Familie, in den Job.

Let´s TALK #empowerment

Sie fragen sich oft: »Was für ein TRÄUMCHEN haben wir uns da eigentlich in schönster Selbstwirksamkeit und FETT authentisch & mutig zusammengezimmert?«

Die Antwort: »Wir haben uns wunderbar selbst – und gegenseitig empowert!

Und das SCHÖNSTE: Zu ZWEIT als Team in all unserer Diversität und gleichzeitig in all unseren Einzigartigkeiten zusammen losgehen zu dürfen!!!! PAIRING we LOVE.

Kein TALK nach außen ohne den ehrlichen TALK nach innen – das oft unbewusste Prinzip dürfen wir alle gern mehr verinnerlichen, um EMPOWERMENT zu kreieren und die eigene Kommunikation danach auszurichten. Im Business und privat.

FAZIT: Talking is the new EVERYTHING!!! Always was, always will be.«

**Lucienne Bangura-Nottbeck
& Stefanie Fehr-Hoberg**

TALKING is the New Normal!

In diesen Tagen ist die stärkende Kommunikation relevanter denn je. Der direkte Austausch und die persönlichen TALKs stehen eindeutig hoch im Kurs – erst in der Ausbildung, dann im Job. Und genau deshalb haben die TALK TALKs so EINIGES an Kommunikationsformaten im Gepäck von Impulsvorträgen über Workshops bis hin zur #femaleempowerment Workation auf Rhodos.

Mit viel POSITIVITY und noch mehr EMPOWERMENT kommen Lucienne Bangura-Nottbeck & Stefanie Fehr-Hoberg als erfahrene Mentorinnen und SUPPORTEN die #nachwuchskräfte, die #frauen und die #führungskräfte. Der Blick von extern ist oft das fehlende Stück vom Puzzle, was die TALK TALKs mit viel Leichtigkeit und noch mehr Expertise zur Verfügung stellen.

So wird im wertvollen Vertrauensverhältnis GEMEINSAM kommuniziert und erarbeitet. EMPOWERMENT für alle!

Mehr #colorful & #inspiring Infos unter: www.die-talk-talks.de!

Organisationaler Schutzraum in Zeiten von Corona

Immunreaktionen

In der Immunologie bezeichnet eine Immunreaktion (oder auch: Immunantwort) die Reaktion des Immunsystems auf potenziell schädliche Organismen oder Substanzen.

Nimmt man diese Definition als Grundlage, hatten wir als Unternehmen es im Dezember 2020 mit zwei Arten von Immunantworten zu tun: die eine, die man sich wünscht und die andere, die es zu bekämpfen gilt.

Dies ist die dazugehörige Geschichte:

Deutschland steuerte im Dezember 2020 auf den zweiten Lockdown im Rahmen der Corona-Pandemie zu. Die Pharma-Unternehmen forschten mit Hochdruck nach einem Impfstoff gegen das Virus, erste Erfolge konnten im Rahmen von Studien nachgewiesen werden. Beschleunigte Zulassungsverfahren sollten die Möglichkeit bieten, bereits ab Januar 2021 mit der Impfung von Risikogruppen innerhalb der Bevölkerung zu beginnen und damit eine Immunität gegen das Virus auf den Weg zu bringen.

Bund und Länder arbeiteten mit Hochdruck an der Einrichtung der Impfzentren, deren Funktionsfähigkeit bis zum 15. Dezember 2020 sichergestellt werden sollte, damit im Moment der Verfügbarkeit des Impfstoffes auch mit dem Impfen begonnen werden könnte.

In dieser Zeit erreichte mich am Freitag, 4. Dezember 2020 um 7:27 Uhr folgende Mail:

Guten Morgen Lutz,

ich benötige Deine Hilfe. Ich versuche in kurzen knappen Anmerkungen zu schildern, worum es geht.

Ziel: Terminplanungssoftware für Covid-19 Impfpatienten und Dispositionsplan für Impfzentren und Ärzte.

Ich hatte noch in Erinnerung aus unserem Gespräch, dass Du und Dein Team alles über Azure zusammenklicken könntet. :) Deshalb schreibe ich Dich an.

Freue mich auf Deine Rückmeldung.

Dirk

Zusammenklicken? Sicherlich kann in Zeiten von Low-Code- und No-Code-Software-Projekten im Markt der Eindruck entstehen, wir könnten Lösungen zusammenklicken.

Doch schon in einer ersten Auftragsklärung wurde die eigentliche Tragweite klar: Wir sollten bis zum 15. Dezember 2020, also in 11 Tagen, eine Software bereitstellen, die für alle geplanten Impfzentren in Schleswig-Holstein in der Lage sei, Arzt, Patient und Impfdosis zusammenzubringen. Nur 11 Tage für ein Problem mit gesellschaftlicher Reichweite? Die Entwicklung der Corona-APP hat den deutschen Steuerzahler 52 Mio. EUR gekostet und wir sollen ein Proof of Concept gerne am folgenden Montag präsentieren?

Wir sind ein IT-Beratungshaus, welches gewohnt ist, Geschäftsprozesse zu analysieren, zu optimieren und mit Software zu unterstützen. Projekte haben bei uns eine Laufzeit von 9 bis 18 Monaten und werden mit agilem Projektmanagement und dazugehörigen Methoden zum Erfolg gebracht. Wir bringen unsere Kompetenz in Person von Berater:innen, Entwickler:innen, Solution Architekt:innen und mit ganz viel methodischem, technologischem und kaufmännischem Know-How ein.

Im Jahr 2019 haben wir unser Unternehmen auf ein kollegiales, sich selbst organisierendes Organisationsmodell »umgestellt« und damit das Ziel verfolgt, flexibler und dynamikrobuster auf die Veränderungen des Marktes und die immer schnelleren Veränderungen in den Bereichen von Gesellschaft und Technologie reagieren zu können.

Unzählige Widerstände galt es aufzulösen, mit Sorgen und Ängsten der Kolleg:innen umzugehen, Konflikte auszutragen und die neue Freiheit auszuhalten. Und so manches Mal haben wir uns gefragt, warum wir uns dies überhaupt angetan haben. Die wirkliche Bewährungsprobe, quasi eine Legitimation für den betriebenen Aufwand und das geschulterte Risiko, fehlte uns noch. Bis jetzt.

Diese Anfrage war das Betreten einer neuen Welt: kein Auftrag, keine Projektbeschreibung, kein Vorgehensmodell – einzig und allein die Aufforderung, das genannte Problem zu lösen.

Nun war er da, der Moment, auf den wir hoffnungsvoll hingearbeitet hatten: Ein konkretes Problem aus dem Markt trifft auf unsere neue Organisation. Kann sie diesen Impuls verarbeiten?

Auf dem internen Marktplatz in unserem Unternehmen, der Börse, wurde die vage Anfrage platziert und es fanden sich innerhalb der folgenden Stunden fünf junge Kolleg:innen, die sich dieser Aufgabe annehmen wollten. Sie taten sich zusammen und veranstalteten am Wochenende spontan einen virtuellen Hackathon, immer mit dem Ziel, am Montag etwas Präsentierbares vorweisen zu können.

Nun könnte ich viel darüber berichten, wie es diese Mannschaft, die am Wochenende die Grundlage für eine erfolgreiche Umsetzung legte, geschafft hat, dieses Problem zu lösen.

Viel interessanter ist in meiner Rückschau hingegen, warum unsere Kultur, unsere Regeln, unsere gelernten Verhaltensmuster nicht in der Lage waren, den Erfolg zu verhindern. Warum konnte dieses Virus (das an uns herangetragene Problem) nicht von der Immunabwehr der Organisation abgewehrt werden, warum konnte dieser Störenfried in unsere Organisation eindringen?

Ein relevantes Problem

Die Problemstellung, die an uns herangetragen wurde, kann man getrost als relevant, also als bedeutsam und wichtig bezeichnen.

Im normalen Problemlösungsalltag kümmern wir uns um kaufmännische Prozesse, die sicherlich alle ihre Relevanz haben und für die jeweiligen Unternehmen ebenso wirtschaftlich kritisch sind wie deren Umsetzung für uns als Dienstleister.

Aber hier haben wir ganz plötzlich die große Bühne: die Impfzentren, der noch nicht bereitstehende Impfstoff, der anstehende Lockdown zu Weihnachten, … – all dies beherrscht die Gespräche, die Sorgen und Nöte der Menschen. Wir dürfen ein Teil der Lösung sein. Raus aus dem Labor, raus aus den theoretischen

Überlegungen. Jetzt können wir beweisen, was wir in der Lage sind zu leisten.

Der Schutzraum

Wir konnten aus unserem Erfahrungsschatz nicht auf Methoden oder Modelle zurückgreifen, die eine Lösung des Problems wahrscheinlicher gemacht hätten. Wir hatten dieses konkrete Problem ja schlicht noch nie.

Wie zu erwarten, setzte genau hier die Immunabwehr der Organisation gegen diesen Eindringling ein:

Die Frage nach einer möglichen Umsetzung hat, neben den Kolleg:innen, die sich die Lösung zutrauten, auch alle Bedenkenträger:innen auf den Plan gerufen.

Fragen wie:
- »Was bekommen wir eigentlich dafür?«,
- »Wieviel Arbeit müssen wir da hineinstecken?«,
- »Wann stehen die Kolleg:innen wieder für die normale Arbeit zur Verfügung?«,
- »Warum dürfen die machen, was ihnen Spaß macht und ich mache jetzt auch noch deren Arbeit mit …?«,

waren nur der hier zitierbare Teil dessen, was an Kommunikation und Gegenwehr durchs Unternehmen floss.

Nun kam mein großer Auftritt. Ich tat … – nichts!

Wer als geneigte:r Leser:in bis hierhin durchgehalten hat, mag sich die Frage stellen, ob nach dieser langen Heranführung an das: »Wie haben wir es denn nun gelöst, das Problem?«, NICHTS eine befriedigende Antwort sein kann. Aber für uns ist und war es der Schlüssel zum Erfolg.

Führungskräfte mit formaler Macht unterliegen sehr häufig einem Steuerungsimpuls, der Annahme und dem Selbstverständnis, aus der von ihnen besetzten Rolle heraus dem Team zu sagen, wie das Problem nun zu lösen sei.

Bei unserer Aufgabenstellung handelte es sich aber um ein Problem, zu dessen Lösung in unserer Organisation kein Wissen existierte. Wir waren somit angewiesen auf die Ideen, die Findigkeit und die Intuition der Kolleg:innen.

Die Tatsache, dass das Problem bei fünf jungen Kolleg:innen in einer Zeit der sowieso schon mehr als ausreichenden Arbeitsbelastung auf Resonanz gestoßen war, war für mich ausreichend, ihnen die Kompetenzzuschreibung zuteil werden zu lassen und das Vertrauen zu haben, dass es kein besseres Team für dieses Problem hätte geben können.

Trotzdem war ich aktiv, sehr sogar. Ich habe mit Kund:innen telefoniert und ihnen erklärt, warum wir aktuell in deren Projekte nicht mit der geplanten Kapazität tätig werden können, ich habe Kolleg:innen überzeugt, die eine oder andere Aufgabe der nun abgetauchten Impf-Kolleg:innen zu übernehmen, ich habe beschwichtigt, verbal umgarnt, Arbeit neu verteilt und immer darauf hingewie-

sen, dass ich als Eskalationsinstanz für Kund:innen und Kolleg:innen jederzeit zur Verfügung stehe.

Meine Aufgabe bestand also schlicht darin, diese fünf jungen Kolleg:innen vor dem Rest der Organisation zu schützen, um deren Erfolg wahrscheinlicher zu machen. Wir nennen dies ein Schutzraumprojekt.

Um bei dem anfänglichen Bild zu bleiben, war ich aufgerufen, dafür zu sorgen, dass unsere Organisation eben keinen Abwehrmechanismus gegen den Eindringling in Gang setzt. Soll es sich doch verbreiten dieses Virus in Form einer echten Herausforderung des Marktes.

Und das Ergebnis

Wir haben geliefert! Am Montag erfolgte das Proof of Concept, an jenem vom Gesetzgeber vorgesehenen 15. Dezember 2020 wurde die Software bereitgestellt. Diese wurde sorgsam gepflegt, stetig erweitert und arbeitete ausfallfrei, bis am 26. September 2022 nach fast 2 Jahren das letzte verbliebene Impfzentrum in Schleswig-Holstein geschlossen und dieses Projekt ein Teil unserer Unternehmensgeschichte wurde.

Alle (!) in unserer Organisation sind nun stolz auf die geleistete Arbeit, nicht nur die fünf Kolleg:innen …

Lutz W. Tschense

hat nach einem erfolglosen Studium der Mathematik den Weg in die Wirtschaft gefunden. Er absolvierte eine kaufmännische Ausbildung, studierte Technische Betriebswirtschaft und probierte sich bald in verschiedenen Positionen an klassischer Führung aus. Doch irgendwie wollten sein Menschenbild und seine Sicht auf Organisationen nicht zu seiner Rolle passen. Im Rahmen einer Ausbildung zum Organisationsdesigner lernte er die Neue Systemtheorie von Niklas Luhmann kennen. Seitdem hat er zwei Brillen, nicht nur, um die tägliche Arbeitswelt zu betrachten.

Lutz W. Tschense ist Geschäftsführer eines IT-Beratungshauses mit Sitz in Kiel.

Epilog 3: Agil trotz oder wegen Corona

»Hier geht es nicht um eine schwierige Mission, sondern um eine unmögliche. Schwierige Missionen können Sie, Mr. Hunt.« Ethan Hunt nickt zustimmend. Er hat bereits eine Idee.
Zitat aus Mission Impossible 2

Sehr ähnlich erging es den Autorinnen und Autoren dieses Kapitels. In den Jahren 2020 bis 2023 fühlten wir uns durch die Corona-Pandemie wie in einen Agenten-Film hineinversetzt. Bei Mission Impossible taucht Herr Nekhorvich auf, der bei Biocyte arbeitet und mit »Chimera« ein tödliches Grippevirus entwickelt. Mit dem Gegenmittel »Bellerophon« will man viel Geld machen … Ein Schelm, wer böse Vergleiche zieht. Viren sind in vielen wahren und fiktiven Geschichten die Bühne für Heldentum und ein Verhalten außerhalb der Norm. Da dürfen Helden, wie James Bond, die Ansagen ihrer Chef*in überhören und die teuren technischen Gimmicks komplett zerstören. Es hat dazu beigetragen, das Unmögliche möglich zu machen und deshalb ist auch keiner am Ende böse. »Der Zweck heiligt die Mittel.« Oder fachlich hochwertig ausgedrückt: Es ist moralisch auf allerhöchster Stufe zu rechtfertigen, wenn wir es nach dem Stufenmodell der Moralentwicklung des Psychologen Lawrence Kohlberg argumentieren. – Das Überleben der gesamten Menschheit hat Vorrang vor dem Überleben eines Einzelnen oder dem Erhalt einer Sache. Hier gelten universelle ethische Prinzipien im ganz großen Stil.

Geschützte Räume für nicht gewohnte Wege

In den sieben Geschichten dieses Kapitels erkennen wir im Kleinen, wie es wichtig wird, geschützte Räume zu erschaffen, die Ausnahmen von der Norm möglich machen. Manchmal wird dieser Raum durch etwas Naturgegebenes, Universelles und manchmal durch Menschen legitimiert. Es wird notwendig, ganz neue Wege zu gehen, weil die gewohnten Wege nicht funktionieren. Die Wichtigkeit sorgt dafür, dass der Alltag und die Normen in der Organisation diesen neuen Weg nicht assimilieren.

Wir sprechen von der digitalen Buchmesse und der digitalen Spielemesse. Die einen fahren in großer Gruppe mit den Arbeitskolleginnen und Kollegen zum Campen und die anderen zu zweit auf Workation. Es werden Gesichtsschutze und Impfportale in Rekordzeit gebaut. Es entstehen große und kleine Möglichkeiten im Unmöglichen, in dem neue Ziele gefunden und eine neue Arbeitsweise etabliert werden können. In diesem Rahmen setzt der Normalbetrieb aus und es wird Höchstleistung möglich.

Kein blinder Aktionismus

Höchstleistung, die in die richtigen Richtungen geführt werden muss, damit sie nicht mit voller Kraft vor die Wand oder ins Nirgendwo verläuft. In jeder Geschichte dieses Kapitels wird auf eine andere Weise nach Möglichkeiten gesucht:

- Möglichkeiten, trotzdem eine Messe durchzuführen
- Möglichkeiten, trotzdem das tun zu dürfen, was man liebt
- Möglichkeiten, trotzdem Gemeinschaftsgefühl zu erleben
- Möglichkeiten, sich trotzdem an gemeinsamen Zielen auszurichten
- Möglichkeiten, trotz kurzer Zeit ein Portal oder ein Produkt zur Verfügung zu stellen.

Dafür haben alle Autorinnen und Autoren ganz besonders auf eines geachtet: Was funktioniert noch? Und was funktioniert nicht mehr?

Im Büro arbeiten, Messehallen füllen, gewohnte Projekte weiterführen – vieles funktionierte nicht mehr. Das, was man gewohnt war zu tun, war plötzlich nicht mehr möglich. Für manche funktionierte das große Wesentliche nicht mehr, für andere nur das kleine Unwesentliche. Natürlich gab es viele Wirtschaftsbereiche, zum Beispiel im Handwerk, die im Wesentlichen problemlos weiterlaufen konnten. Aber dann fehlte auch im Bauwesen der Stahl, im Bäckerhandwerk das Mehl oder im Lebensmittelhandel das Personal. In anderen Bereichen wie Messebau oder Touristik funktionierte das große Wesentliche nicht mehr.

Viele hatten für eine Krise wie die Pandemie nicht vorgesorgt und fragten sich täglich: Wie überlebe ich den nächsten Tag beruflich?

In den sieben Berichten fragten sie sich: Wo läuft noch etwas? Wo geht es noch voran? Wo sind Menschen aktiv, die Ideen haben und einfach machen? – Sie schauen ständig nach Gelegenheiten, wo noch etwas geht, und ob sie damit etwas anfangen können.

Es sind die energiegeladenen, konstruktiv denkenden Menschen, die etwas bewirken. Im jeweiligen Moment können sie nicht erklären, warum ihr Handeln wirkt. Die Situation kann nicht analysiert werden und ihr Handeln auch nicht. Erst hinterher lassen sich vielleicht Muster erkennen und vielleicht lassen sich viele zu sinnvollen Ganzheiten zusammenfügen.

Aus der Krise lernen

Sobald die Energiequelle dieses geschützten Raums versiegt, wandert man schnell zurück auf die gewohnten Wege, zurück in die Normalität. Dann ist Corona vorbei, oder die Raum schützende Führungskraft wechselt den Bereich oder der Kunde, welcher den passenden Anlass für diese Taskforce darstellte, bedankt sich und geht.

Was bleibt, ist die Erinnerung an die leistungsstarke Arbeitsweise und die wertvollen Ergebnisse. Was bleibt, ist die Hoffnung darauf, dass man genau so weiter oder bald wieder arbeiten kann.

Die Buchmesse und die Spielemesse werden nach Corona vielleicht nicht mehr digital durchgeführt werden. Die Arbeitsweise der Teams, die sie digital möglich machten, wird zu einem Teil nur eine Erinnerung bleiben, aber zu einem anderen Teil zur Gewohnheit werden.

Viel von dem Handeln, das wir in der Krisensituation benötigen, können wir später nicht weiter verwenden. Details und vereinzelte Muster jedoch schon. Alle Autorinnen und Autoren können die Erkenntnis mitnehmen, dass wir selbst die Kraft und die Ideen besitzen, solche und andere Krisen zu meistern.

Die Geschichten und Berichte darüber werden sie weiterhin erzählen.

Privatsache – wenn's persönlich wird

Mischen Impossible –Ansichten eines Teams

Januar 2020

Das ist eine Lüge!« …

Eine Schockwelle durchlief mich. Hatte ich das richtig verstanden? Ich kannte Suju, den indischen Teamleiter seit sechs Jahren und habe ihn noch nie so emotional erlebt, nicht einmal zu seiner Hochzeit. Raj, der immer lachte und scheinbar unendlich Energie ausstrahlte, stand regungslos vor der Wand mit den priorisierten Hinweisen aus dieser Jahresreflexion, die wir angehen wollten.

Heute, rückblickend, haben einige Teammitglieder (Namen geändert) ihre Sicht auf den Konflikt und unseren Umgang damit geteilt.

Suju (m)

Ich bin Suju und ich glaube fest daran, dass Integrität entscheidend ist, um als Person wahrgenommen zu werden und nicht als jemand, der seine Meinung je nach Situation verändert. Ich habe die Gründung des Teams im Jahr 2014 als sehr positiv erlebt. Es war ein starkes und erfahrenes Team, bestehend aus indischen und EU-Kollegen. Das interkulturelle Training, bei dem wir uns gegenseitig darauf vorbereitet haben, wie die jeweils andere Kultur tickt, hat uns sehr geholfen, uns in das Team zu integrieren.

Heute bin ich in der Lage, schnell die Situationen zu verstehen und wertvolle Einschätzungen zu geben.

Ich erkenne an, dass meine Kommunikationsfähigkeiten nicht immer die besten sind. Deshalb schätze ich es sehr, wenn meine Kollegen meine Ideen noch einmal zusammenfassen, um sicherzustellen, dass sie sie vollständig verstehen.

Ich komme aus Kerala. Es ist einer der schönsten Orte mit den freundlichsten Menschen. Jeder, unabhängig von

Geschlecht und Religion, wird wie eine Familie behandelt und kümmert sich um den anderen. Ich glaube, das ist der Grund, warum ich mich mehr um meine Teammitglieder kümmere, als ich sollte, und mir Sorgen mache, wenn jemand oder etwas nicht in Ordnung ist.

In der Sitzung bin ich aufgestanden und habe gesagt, dass ich Nanda und Raj nicht mehr vertraue. Ich wies auf zwei, drei Fälle hin, in denen sie etwas sagten und ich später feststellte, dass die tatsächliche Sache, die passierte, ganz anders war. Sie waren immer wie ein unzertrennliches Paar und bildeten eine Art Team innerhalb des Teams. Anfangs war ich damit einverstanden, aber dann geschah etwas, während ich in Deutschland war, und der Geschäftsführer Raj vom Team getrennt in einen anderen Flügel des Gebäudes versetzte.

Der Geschäftsführer sagte mir später, dass ihre Freundschaft eine Grenze überschritten habe und er sie deshalb getrennt sitzen ließ. Das war für mich der Knackpunkt.

Bis dahin hatte ich das Gefühl, dass sie zu meinem Team gehören, und wenn es Probleme gibt, werden sie offen angesprochen. Ich kam mir vor dem Standortleiter wie ein Narr vor, als ich merkte, dass das, was sie mir dazu gesagt hatten, eine Lüge war.

Ich teilte meine Gefühle und Probleme mit, auch wenn andere sagten, alles sei in Ordnung.

Raj (m)

Ich bin Ingenieur und Qualitätsmanagement-Experte. Ich bin immer daran interessiert, mich über die neuesten Trends in der Industrie auf dem Laufenden zu halten und glaube fest an »Just do it« statt an Detailplanung.

Bei meiner Arbeit schätze ich Wissen und Menschen, die weniger reden, aber die Arbeit mehr wertschätzen. In der Zusammenarbeit mit anderen erwarte ich Effizienz.

Durch unnötige Sichtweisen kann jemand zum Flaschenhals für das gesamte Team werden.

Vor einem Monat war Suju sehr genau daran interessiert, was ich wann mit Nanda in der Freizeit unternommen hatte. Aus irgendeinem Grund glaubte er, uns nicht mehr vertrauen zu können. Das wollte ich auflösen und nochmals erklären, dass es grundlos sei. Dann kam plötzlich dieser Ausbruch und diese Schuldzuweisungen im Workshop.

Anfangs war ich neutral und hatte keine Gedanken im Kopf über dieses emotionale Drama. Später, als sich alle darauf konzentrierten, wurde klar, dass das eigentliche Problem auf einer Person beruhte, die mit ihren eigenen Emotionen nicht umgehen konnte. Monate zuvor, als mein Sitzplatz verlegt wurde, ohne dass ich darum gebeten hatte, habe ich versucht, von dieser Person wegzukommen. Ich hatte damit aber keinen Erfolg.

Rückblickend hätte ich mir dieses »Konflikts« vorher bewusst sein können, aber ich habe nie an ein solches Ergebnis gedacht.

Sascha(m)

Unsere kleine Abteilung war eine Mischung aus englischer Zurückhaltung, deutscher Direktheit und indischer Ungeduld. Meistens konnten wir Spannungen erfolgreich bewältigen. Doch sechs Monate zuvor berichteten Nanda und Raj von unangenehmen Gesprächen mit Suju. Sie fühlten sich ausgefragt und vermieden Treffen mit ihm. Er selbst war überrascht, dass sein Verhalten sich so auswirkte. Mit dem Workshop wollten wir das auflösen.

Ich glaube, dass meine Sozialisierung in der ehemaligen DDR mich dazu bringt, das »Wir« vor das »Ich« zu stellen. Trotz geografischer Distanz und kultureller Unterschiede möchte ich mit dem Team ein Gefühl der Zusammengehörigkeit und Offenheit entwickeln. Ich kann gut moderieren, Themen setzen, neue Arbeitsweisen anregen und versuche das große Ganze im Blick zu behalten. Insgesamt bringt mich wenig aus der Ruhe. Somit überließ ich Suju und Raj ihren Emotionen und übernahm die Diskussion im »Lean Coffee«. Ich bat jedes Teammitglied seine Wahrnehmung der Situation auszudrücken und was sie sich für das Team wünschten.

Aditya (m)
Ich bin Aditya aus Mumbai und ein angehender agiler Trainer. Ich war der erste im indischen Team und spielte eine gewisse Rolle bei der Aufrechterhaltung einer offenen Kultur.

Für die Zusammenarbeit mit mir reicht es, die Wahrheit zu sagen. Von meinem Gegenüber erwarte ich, Rückmeldungen oder Kritik nicht persönlich zu nehmen. Ich bin gut darin, andere zu schulen und greife gern moderierend in die Diskussion im Team ein.

Zum Beispiel sind bei uns in Indien »Keine Nachrichten« gleich »SCHLECHTE Nachrichten«, während für

die deutschen Kollegen und Kolleginnen »Keine Nachrichten« gleichbedeutend für »GUTE Nachrichten« steht. Darüber hinaus ist Englisch nicht unsere Muttersprache und wir müssen darauf achten, was und wie wir es sagen.

Im Workshop haben wir den Mut aufgebracht, das Thema zu besprechen, und wir haben Respekt gezeigt und uns gegenseitig zugehört. Wir haben versucht, die Beziehungen zwischen den Teams von Neuem aufzubauen und alle früheren Vertrauensfragen zu vergessen. Dabei habe ich aufrichtig versucht, ein gewisses Maß an Offenheit in die Kommunikation zu bringen.

Markus (m)

Ich bin Prozesskoordinator. Mein Beitrag im Team ist, die Grundidee oder das Grundkonzept für eine Lösung zu erarbeiten, als Vorlage zur weiteren detaillierten Ausarbeitung. Dabei lege ich Wert auf ehrliche, sachliche Zusammenarbeit mit den Kollegen, zielgerichtet und ergebnisorientiert. Gleiches erwarte ich im Umgang mit mir.

Die Verschiedenartigkeit im Team zeigt sich, wenn wir als Deutsche zwar sehr analytisch und lösungsorientiert sind, aber zu oft auf die persönliche Sicht der Dinge beharren und wenig Kompromissbereitschaft zeigen. Die indischen Kollegen dagegen erwarten klare Anweisungen und weichen davon nicht ab, auch wenn es bessere Lösungen gegeben hätte.

Komisch war, dass es gerade unter den indischen Kollegen einen schwelenden Konflikt gab und eine starke Gruppenbildung. Ich war erleichtert, dass dieses Hindernis beiseite geräumt werden sollte.

Grundsätzlich haben wir jetzt 2023 eine größere Offenheit. Scheinbar sind nicht alle Ansätze von Gruppenbildungen behoben. Wir haben uns in zwei Arbeitsgruppen aufgeteilt, die eine intensive Zusammenarbeit meiden. Trotzdem liegt eine Tendenz vor, Dinge offen anzusprechen. Ein Team aus Superhelden ist sowieso nicht realistisch.

Sunny (m)

Ich bin Sunny aus Indien und seit ungefähr acht Jahren dabei. Mein Land lehrt und prägt mich mit verschiedenen Wertvorstellungen, wie zum Beispiel Integrität und Verlässlichkeit. Ich stehe daher für Kohärenz und Klarheit und möchte ein guter Partner bei der Ausführung unserer Arbeit sein. Um mit mir gut zusammenzuarbeiten, muss man offen und geduldig sein. Wenn mir eine Aufgabe unklar ist, dann gebe ich mir sehr viel Mühe, sie zu verstehen, und danach erledige ich sie vollständig. Ich bin motiviert, wenn ein Teammitglied sich Zeit nimmt, um die Richtung meines Denkprozesses zu verstehen.

Als Suju all diese Dinge sagte und wir begannen, das zu diskutieren, war es für mich wirklich ein Augenöffner. Viele Dinge, die unter den Teppich gekehrt waren, kamen zum Vorschein und ich konnte klar erkennen, wer mit wem zusammen ist und wer nicht. Es gab ein Team im Team, das für sich selbst arbeitete und dies auch weiterhin tun wollte. Ich war mit dem Wunsch einverstanden. Dies führte jedoch später leider zu einer starken Einschränkung der Interaktion mit den anderen Teammitgliedern und zu einer Situation, in der man sich untereinander nicht mehr gut kennt.

Ich finde, wir haben die Stärke des Teams und seiner Mitglieder gezeigt, mit offener Kritik umzugehen und trotzdem ein Teil des Teams zu sein. Unser Chief Product Owner, Sascha, machte dies möglich, indem er die Kultur des offenen Feedbacks und der transparenten Diskussionen im Team förderte und kanalisierte. Er bewies Mut zuzuhören und die Probleme oder Stimmen des Teams zu verstehen und die Hindernisse auf bestmögliche Weise zu lösen.

Nanda (w)

Ich bin Nanda, eine klassische indische Tänzerin, Theaterkünstlerin und Himalaya-Trekkerin mit MBA-Abschluss im Finanzwesen. Ich bin seit 2003 in der Qualitätssicherung und seit 2017 Teil des Teams. Meine indische Kultur hat mich gelehrt, Ältere zu respektieren und ehrlich bei der Arbeit zu sein, die ich als Verantwortung übernehme.

Um mit mir zusammenzuarbeiten, ist es wichtig, klare Ziele mit einem festen Zeitplan zu haben. Meine Rolle, Verantwortungen und Befugnisse sollten klar definiert sein. Ich erwarte, dass die Diskussionen konstruktiv und wertschöpfend sind und mindestens einen Aktionspunkt oder eine Entscheidung enthalten.

Im Workshop entwickelte sich schnell eine unerwartete, emotional aufgeladene Diskussion, die nichts mit der Qualität unserer beruflichen Arbeit zu tun hatte. Plötzlich wurden Anschuldigungen ausgesprochen und es war schwierig, eine konstruktive Diskussion zu führen. Ich war enttäuscht darüber, dass wir uns von unseren Emotionen leiten ließen und uns von unserem eigentlichen Ziel, unsere Arbeit zu verbessern, entfernten. Ich möchte das nicht überbewerten und bleibe auch weiterhin gern im Team, weil ich tolle Kollegen habe, die eng zusammenarbeiten und dennoch ihren eigenen Arbeitsstil haben.

Theresa (w)

Ich bin eine lebenslustige Wirtschaftsingenieurin, die aus der schönen Oberpfalz stammt. Als erfahrene Projektleiterin stieß ich 2019, kurz vor dem Workshop, zum Team.

Mir ist ein fairer Umgang untereinander wichtig und auch mal miteinander lachen zu können. Beruflich brauche ich eine gewisse Gestaltungsfreiheit, wie die Arbeit erledigt wird.

Mich motivieren Herausforderungen und positives Feedback. Frustriert kann ich sein, wenn ich das Verhalten oder die Arbeitsweise anderer Personen nicht ändern kann. Aufgeben ist keine Option! Leider habe ich nicht allzu viel Geduld.

Erst im Workshop habe ich das komplette Team persönlich kennengelernt. Auffällig war, dass es innerhalb des indischen Teams ein paar Spannungen gab. Trotzdem fiel mir der freundschaftliche Umgang im Team besonders positiv auf und auch die Offenheit, mit der die Dinge angesprochen wurden, zum Beispiel die Idee, Kudo-Karten beim gemeinsamen Abendessen zu tauschen. Obwohl es diesen Ausbruch gab, konnten wir am Abend wieder gemeinsam Spaß haben.

Aus der Ferne ist der Konflikt nicht wirklich greifbar. Jeder ist jetzt sensibilisierter, wie mit einzelnen Teamkollegen umzugehen ist.

Februar 2023

Ich, Theresa, weiß bis heute nicht, was genau der Gegenstand des Konfliktes war und bin eigentlich davon ausgegangen, dass dieser Konflikt nach dem Workshop gelöst wurde. Bis heute ist das (indische) Team aber eher zweigeteilt. Das kann am Konflikt liegen oder aber auch an der komplett unterschiedlichen Arbeitsweise.

In der täglichen Arbeit wird deutlich, dass ein paar Kollegen nicht so gerne mit den anderen Kollegen sprechen oder zusammenarbeiten wollen. Ich habe den Eindruck, das hat sich jetzt irgendwie verfestigt.

Als wir vor einiger Zeit beschlossen, das große Team aufzuteilen, stand jedem frei, in welches Team er oder sie gehen möchte. Erstaunlicherweise hat hier scheinbar bei ein paar Teammitgliedern überwogen, mit wem man im Team sein wollte und weniger die fachliche Thematik des jeweiligen Teams. Ergebnis: Wir haben zwei Teams, die innerhalb gut zusammenarbeiten können, aber die teamübergreifende Zusammenarbeit ist manchmal schwierig.

Trotzdem besteht unser Team aus Superhelden und -heldinnen. Jeder und jede kann gewisse Sachen gut und ist bereit, das Wissen zu teilen. Alle sind offen, neue Dinge zu lernen. Wir haben die Möglichkeit und die Unterstützung von Sascha, uns dieses Wissen anzueignen.

Ein wichtiger Erfolgsfaktor bleibt, dass wir trotz allem gut zusammenarbeiten, das Wissen austauschen und uns ergänzen.

Als Scrum of Scrum Masterin versuche ich die Zusammenarbeit der beiden Teams zu verbessern, um aus Superhelden und -heldinnen ein Superteam zu machen.

Inzwischen hat Suju das Team auf der Suche nach neuen Herausforderungen leider verlassen und ist nach Deutschland ausgewandert. Jedes der indischen Teammitglieder hat sich auf seine bisherige Stelle beworben.

Alexander Dobry

Als Dipl. Ing. für Sicherheitstechnik befasst sich Alexander Dobry seit 1998 in verschiedenen Positionen mit Arbeitsweisen und Abläufen in der Produktentwicklung für komplexe, sicherheitsrelevante Systeme. Er bewertete Produktrisiken, etablierte Qualitätsmanagement -Systeme, führte als Projektleiter Standards zur funktionalen Sicherheit ein und schulte die daraus entstandenen Arbeitsabläufe unternehmensweit. Mit seiner international verteilten Abteilung begann er vor fünf Jahren die agile Transformation. Als skalierte Scrum Teams integrieren sie heute agile Denkweisen und Arbeitsstile innerhalb der gesamten Produktentwicklung weltweit.

Von dem, der auszog, um Teamleiter zu werden

»Über den Wind können wir nicht bestimmen, aber wie wir die Segel ausrichten« – *Aristoteles*

Ich will Teamleiter werden!« Alle Anwesenden waren von dieser Aussage in meinem Bewerbungsgespräch bei einem großen Automobilkonzern beeindruckt. Die Antwort auf die Frage, wo ich mich in 5 Jahren sehe, kam wie aus der Pistole geschossen. Warum? Weil Er mir diese Worte schon jahrelang in den Mund gelegt hatte und ich wusste, dass es auf diese Frage keine andere Antwort geben durfte!

Zu diesem Zeitpunkt hatte ich noch keinen blassen Schimmer, welchen Ballast Er auf meiner persönlichen Reise darstellen würde. Ein Ballast, der mein Schiff in Untiefen, in der Nähe von Riffen und auf stürmischer See einem zusätzlichen Risiko aussetzen würde. Er kannte die Lösung bereits, bevor ich meinen Anker überhaupt gelichtet hatte: »Es ist so einfach! Gib einfach auf, du Loser! Du bringst das ganze Schiff zum Kentern.«

Begleitet mich ein Stück auf meiner Reise, wie ich durch die Zusammenarbeit mit großartigen Menschen und dem Kennenlernen von Agilität meine Auffassung von Führung neu ausgerichtet habe und erfahrt, wie der Kampf mit Ihm, dem inneren, unermüdlichen Antreiber, ausgegangen ist.

Teamleiter werden zu wollen, ohne wirklich zu wissen, was Führung eigentlich bedeutet oder keinen blassen Schimmer davon zu haben, welche Erwartungen das Umfeld an eine Führungskraft hat, ist ungefähr so schlau wie mit einem Schiff ohne Segel und ohne Bootsführerschein einen Ozean überqueren zu wollen. Jedoch hatte Er mich zu diesem Zeitpunkt bereits so stark manipuliert, dass ich mich ungeachtet der möglichen Konsequenzen, diesem einen Ziel völlig blind hingab: »Teamleiter werden, nur das zählt. Nur dann bist du etwas wert.« In einem Unternehmen mit ca. 300.000 Mitarbeitern ist das ein langer und steiniger Weg. Er beginnt erstmal damit, irgendwie aus der breiten Konzernmasse herauszustechen oder wie meine Chefs es nannten – »Visibilität« erlangen. Dieses erste Missionsziel erreichte ich nach circa zwei Jahren, nachdem Sie in mein (Arbeits-)Leben gekommen war: »die Neue«, wie sie sie nannten. Sie war mir völlig unbekannt, sie wirkte geheimnisvoll, anders und sie zog mich sofort in ihren Bann. Ich wollte mehr über sie erfahren und sie kennenlernen, diese »Agilität«.

Es wurde ein strapaziöses Kennenlernen. Innerhalb kürzester Zeit hatte ich 180 offizielle Überstunden oder besser gesagt »Visibilitätskosten« angehäuft. Die »Neue« bedeutete neben einigen Initiativen auch: »Wasserfall raus, agil rein«. So zumindest die Idee. Agile Softwareentwicklung? Ich hatte so gar keine Vorstellung davon, was das für uns alle bedeuten würde. Jedenfalls wurde für den neuen, agilen Ansatz ein Chief Scrum Master (CSM) gesucht. Von 160 Mitarbeitern kamen drei in die engere Auswahl. Einer davon war ich. CSM? WTF? »Es gibt kaum eine bessere Rolle für deine ‚Visibilität'«, sagte mein Chef und Er sah das natürlich genauso. Na, dann los. Als »Chief« aller Scrum Master und Mitglied des Transition Teams (TT), hatte ich die Möglichkeit bekommen, den Agile Approach mit 12 Scrum Teams und über 200 internen und externen Kollegen voranzutreiben.

Agil war der »hottest shit in town« und so setzte sich das TT nur aus internen Alphatieren zusammen, die die Karriereleiter weiter hochklettern wollten. Vervollständigt und begleitet wurde das TT durch externe Berater. Drei Kollegen des TT möchte ich hervorheben, da sie mir auch im schwersten Sturm beigestanden haben, sodass ich meine Segel immer wieder richtig ausrichten konnte.

Mario war einer »meiner« Scrum Master und ebenfalls Teil des TT. Von seinem großen Erfahrungsschatz hatte ich von Anfang an profitiert, denn er wusste eigentlich immer, was im nächsten Schritt zu tun war. Von ihm lernte ich die Basics in Sachen Führung und Softwareentwicklung. Schnell wurde mir klar, dass Mario Scrum viel besser kannte, viel mehr Erfahrung aus Change-Management-Projekten mitbrachte und auch kurz vor einer Teamleiterkarriere gestanden hatte. Kein Wunder also, dass er einer der beiden anderen CSM-Kandidaten gewesen war. Nach gut einem dreiviertel Jahr stieß Nico als Agile Coach zum TT dazu. Er war im wahrsten Sinne des Wortes (mein) »Doktor Agility« und nahm mit seinem ganzheitlichen und strategischen Denken sowie seinem Praktiken- und Framework-Knowhow, endlich das Ruder, im bisher doch etwas vor sich hin dümpelnden Agile Approach, in die Hand. Last but not least war da noch mein externer Coach Karsten. Auf den ersten Blick war Karsten der »Scrum-in-die-Fresse«-Typ, denn er sagte und meinte das auch so. Er polarisierte, er irritierte und eckte oft an. Er hatte schon einige Transformationen mitgemacht, hatte IT-Knowhow und lebte Agilität bis in die nicht vorhandenen Haarspitzen vor. Viele kamen mit dieser sehr direkten Art nicht klar, bei uns hatte es hingegen ab der ersten Sekunde klick gemacht.

Voller Euphorie und Abenteuerlust startete ich in das wohl einprägsamste Kapitel meiner bisherigen Berufslaufbahn. Ich war mir sicher, so mussten sich die großen Seefahrer und Entdecker gefühlt haben, wenn sie ihrem sicheren Heimathafen den Rücken zugekehrt hatten und unter vollen Segeln in das Unbekannte aufgebrochen waren.

Schnell verankerte ich das Basisvokabular, lernte viel über die Rollen, Events und Artefakte von Scrum, User Stories zu schreiben und Story Points zu schätzen. Ebenso welche Vorteile uns die neue Arbeitsweise gegenüber dem Wasserfallmodell mitbringen konnte und vor allem, was ich in der Rolle des CSM eigentlich verantwortete. Die damit einhergehenden Herausforderungen und Probleme nahm ich zunächst locker an. Zumindest ließ ich es nach außen hin so wirken. Tatsächlich fühlte ich mich wie eine

kleine Nussschale, die auf hoher See nur ein Spielball zwischen den hohen Wellen war.

Nach ein paar Wochen als CSM war es Zeit für das erste Gespräch mit unserem Abteilungsleiter, dem Sponsor der agilen Transformation. Es ging um die Erwartungshaltung an meine Rolle, den Return on Invest seines Sponsorings und natürlich um »Visibilität«. Vor und während des Gesprächs war ich unendlich nervös. Ich sog jedes seiner Worte auf, um ihn später bloß nicht zu enttäuschen, als auf einmal dieser Begriff fiel, den ich wohl nie vergessen werde: Gallionsfigur. Was? Wer? Ich? Ich sollte die Verkörperung und das Aushängeschild der agilen Transformation sein? Jemand, der das ganze Schiff stützt, den Kurs beobachtet, als Vorreiter- und Führungsposition großen Einfluss auf das Gelingen der Reise hat und das Schiff vor Unglücken bewahrt? Ich war stolz darauf, diese Worte zu hören und sie sollten doch endlich genug sein, um Seinen Durst zu stillen und mir Energie und Motivation für die bevorstehenden Aufgaben geben.

Diese hohen Erwartungen trafen jedoch auf ein völlig instabiles Selbstbild. Er ließ nicht locker. »Du kannst das nicht.« – »Die Aufgabe ist eine Nummer zu groß für dich.« – »Wenn du es könntest, wärst du doch schon viel weiter.« Dieser Mechanismus lief immer wieder ab und rief Versagensängste hervor. Ich war ständig verunsichert und teilweise wie gelähmt. Diese Situation wurde noch weiter verstärkt, als die erste Euphorie verflogen war. In den unbekannten Gewässern, in die ich mich gewagt hatte, wehte nämlich ein völlig anderer Wind. Im Alphatier-Haifischbecken wurden immer mehr die Ellenbogen ausgefahren, um Macht zu bekommen und diese auszubauen. In Diskussionen und bei Entscheidungen ging es nicht darum, agile Werte und Prinzipien (vor)zuleben oder die Potenziale von selbstorganisierten Teams, empowerten Mitarbeitern und iterativ-inkrementellen Arbeiten zu erschließen. Es war das Ziel, die eigenen Interessen, Ansätze und Denkweisen durchzusetzen. Manipulative Vorgehensweisen wie ständiges Wiederholen der eigenen Standpunkte, §immer das letzte Wort zu haben§, Informationen zurückzuhalten oder Angst zu erzeugen, waren Normalität. Wer nicht mitmachte, hatte kaum eine Chance, die Transformation in die gewünschte Richtung zu lenken. Bedeutet das wirklich Führung? Die ernüchternde Erkenntnis: Ich saß also mit einigen Menschen auf einem Schiff, die einfach nur unter falscher Flagge mitsegeln wollten, um am Ende die Chance auf das Heben des Schatzes zu haben. Der Rest interessierte sie nicht. Mich quälte der Gedanke, dass man mich genauso wahrnahm.

»Das TT, das sind die vom zweiten Stock, die uns erzählen wollen, wie wir zu arbeiten haben.« Dieser Satz kam mir in jener Zeit oft zu Ohren und jedes Mal traf er mich. Unsere Kollegen ließen uns das »Wir« und »Ihr« sehr deutlich spüren. Besonders in einem regelmäßigen Info-Meeting feuerten sie auf uns oft die volle Breitseite ab. Vorschläge und Ideen wurden im Keim erstickt, bestimmte Vorgehensweisen einfach boykottiert, was uns häufig den Wind aus den Segeln nahm. Was machten wir falsch? Arbeiteten wir nicht an den richtigen Themen? Warum waren sie so zu uns? Wochenlang rieb ich mich an diesem Zustand auf und versuchte, eine Brücke zwischen den beiden Lagern, TT und Scrum Teams, zu schlagen. Ich wollte unbedingt von einem Gegeneinander zu einem Miteinander kommen. Durch meine (auferlegte) Führungsverantwortung als CSM wurde ich jedoch auch als die personifizierte Veränderung wahrgenommen. Willkommen im Change-Management. Die gereizte Stimmung und die Spannungen entluden sich immer wieder direkt bei mir. In einer Retrospektive bekam ich den angestauten Frust und die Enttäuschung von KollegInnen ab, deren Führungskräfte schon bei vorherigen Change-Prozessen ihre Versprechen nicht gehalten hatten. Warum sollte das jetzt anders sein? Ein Kollege stand drohend, mit aggressiver Stimme in meiner Tür. Er brüllte, dass er den Betriebsrat einschaltet, wenn ich es mir noch einmal erlaube, mit seinem Chef über »seine Bewertung« zu sprechen. Auslöser der Situation war die Einladung zu einem Feedbackgespräch. In einem Daily hatte ich den Wunsch geäußert, dass die Handys während des Dailys in der Hosentasche bleiben sollten. Eine Stunde später hatte ich eine E-Mail in meinem Postfach, in der mir vorgeworfen wurde, dass es mir doch auch nur um die Karriere gehen würde und, dass man bisher auch ohne unsere neuen (Kontroll-)Methoden durchs Arbeitsleben gekommen ist. Was mir einfallen würde, ihn zurecht zu weisen. Die Mail endete mit persönlichen Angriffen, unterhalb der Gürtellinie. All das machte mich wütend und traurig, ich war schockiert, irritiert und verzweifelt. Was hatte ich den Leuten denn bitte getan? Es kamen auch KollegInnen zu mir ins Zimmer, die dann hinter geschlossener Tür in Tränen ausbrachen. Überforderung machte sich bei mir breit, sodass ich Schwierigkeiten hatte, meine eigenen Emotionen im Griff zu behalten, geschweige denn, dass ich ihnen helfen konnte.

»Sieh dir an, was du anrichtest«, brüllte Er mich an. »An der ‚Basis' wirst du abgelehnt. Im TT fehlen dir echte Beziehungen. Du kannst dich mit den Werten der Führung, die hier wichtig sind, nicht identifizieren. Sieh es ein, du kannst es nicht. Ich habe es doch schon immer gewusst, dass du es nicht schaffst.« Diese Gedanken machten mir immer mehr zu schaffen. Zu diesem Zeitpunkt fühlte ich mich einsam und verlassen. Ich war ängstlich und mit meinen Gefühlen überfordert. Um was ging es hier eigentlich? War es doch nur mein Wunsch, Ihn irgendwann zufrieden zu stellen? Warum tat ich mir das sonst an? Hatte Er vielleicht recht und ich konnte eine agile Transformation überhaupt nicht vorantreiben? Ich spürte, wie sich der äußere und innere Druck zu einem Orkan formten und mich wie eine Nussschale zwischen meterhohen Wellen hin und her taumeln ließen. Ich war mit meinen Kräften am Ende. Diverse Stressreaktionen wie extremes Schwitzen vor oder in Terminen sowie bei Begegnungen mit bestimmten Kollegen und Kopfschmerzen waren meine täglichen Begleiter. Ebenso wie mein permanenter Reizzustand, in dem ich oft sehr impulsiv reagierte. Es fiel mir immer schwerer, dem Wind, der Gischt und den Wellen standzuhalten. Längst sah ich nicht mehr klar, kannte meinen Kurs nicht mehr. So konnte es nicht weiter gehen, mein Schiff drohte am nächsten Riff zu zerschellen, der Ballast wurde immer größer. Er kannte die Lösung: »Es wäre so einfach. Gib einfach auf, du Loser.«

»Halt endlich deine Klappe. Du tust mir nicht gut, du richtest nur Schaden an. Ich will, dass du verschwindest und dass du mich ein für alle Mal in Ruhe lässt.« Bis ich Ihm diese Worte voller Überzeugung an den Kopf knallen konnte, hatte es Jahre gedauert.

Eines Abends saß ich auf dem Boden meiner Wohnung, als es nur so aus mir herausbrach. Ich weinte und zitterte am ganzen Körper. Es fühlte sich so an, als ob ich einen Freund oder einen geliebten Menschen verloren hatte. Es war die Einsicht und die Akzeptanz, dass mich dieser Tyrann nie so akzeptieren würde wie ich bin. Dass ich Seinen Durst nach immer mehr niemals werde stillen können. Dass es nie genug sein würde. Dieser Moment der Selbsterkenntnis und der absoluten Klarheit war der Wendepunkt auf meiner Reise. Die Wogen glätteten sich und endlich konnte ich meinen Kurs nach dem Licht der Sterne bestimmen und nicht nach den Lichtern eines vorbeifahrenden Schiffes. Ich hatte es geschafft, endlich hatte ICH das Ruder in der Hand. Ich wusste, was ich will und was ich kann.

Ich verbrachte mittlerweile viel Zeit mit unseren Beratern. Ich fühlte mich dort wohler und besser verstanden als im TT. Karsten, der polarisierende »Scrum-in-die-Fresse-Coach« schlüpfte weiterhin ganz bewusst in die Rolle des Buhmanns. Er wollte Menschen wachrütteln, ihnen die Chance bieten, aus ihren persönlichen wie aus den Mustern des Konzerns auszubrechen. Ich nutzte dieses Angebot und wir gingen oft auf der »Insel« spazieren. Ich habe geredet und er hat zugehört. Es ging um meine Rolle, meine Ideen, meine Ansichten, meine Probleme, meine Herausforderungen und meine Ängste. Nur über Ihn konnte ich damals noch nicht reden. Karsten hat mir immer wieder das Große und Ganze vor Augen geführt. Er gab mir konkrete methodische Lösungsansätze und sprach mir Mut zu. Bis heute prägen mich die Sätze: »Es geht nur ums Liefern«, »Das ist die Realität, die wir verändern wollen« und »Agilität bedeutet, Abhängigkeiten zu reduzieren«. Sie haben mir geholfen, komplexe Situationen und Probleme auf ein Minimum zu reduzieren und stießen bei mir, wie bei meinem Gegenüber, Reflexionsprozesse an. Karsten hatte mich so in die Welt des Coachings und der Skalierungs-Frameworks eingeführt und nahm damit Einfluss auf das Gelingen meiner Reise. Ich bin ihm für seine Ehrlichkeit und dafür, dass er immer an mich geglaubt hat, sehr dankbar. Mario wollte CSM werden. Er hätte mich also ignorieren und ablehnen, alleine oder auflaufen lassen können. Nichts dergleichen hatte ich im Verlauf unserer gemeinsamen Zeit wahrgenommen. Ganz im Gegenteil. Mit seiner ruhigen, sachlichen, fast väterlichen Art stellte er genau den Gegenpol dar, der mir immer wieder Stabilität gab und mich unzählige Male emotional erdete. Er legte sich für mich und die agile Transformation immer voll in die Riemen. Er war mein Fels in der Brandung, Kummerkasten und Mentor, dem ich blind vertrauen konnte.

Ich danke ihm für seine Loyalität und Selbstlosigkeit, die alles andere als selbstverständlich ist und bis heute seinesgleichen sucht. Von Nico lernte ich, was leading by example wirklich bedeutet. Er gab mir immer wieder gezielte Lernreize und trainierte mich in agilen Praktiken. Durch gemeinsame Challenges sowie persönliches Coaching hatte er mir kontinuierlichen Raum zum Wachsen angeboten. Ohne Nico wüsste ich bis heute nicht, dass zwischen »doing agile« und »being agile« Welten liegen. Ich bin Nico sehr dankbar, dass wir in unserer »Agile Cave« die Werte Offenheit, Mut, Fokus, Respekt und Commitment mit Leben gefüllt haben, die Geduld, die er mit mir hatte und seine immer positive Grundhaltung, dass die Dinge am Ende gut werden.

Ich war durch die CSM-Rolle bereits laterale Führungskraft von KollegInnen, Teams und unserer Organisation und deren Rollen, Events und Artefakten. Allerdings war ich viel zu sehr auf das Teamleiter-Sein fixiert, um das sehen und anerkennen zu können. Ich habe gelernt die Rolle, vom Menschen der darin steckt, zu trennen. Viel wichtiger war jedoch die Erkenntnis, dass echte Führung weder Rang noch Abzeichen braucht. Mein Kampfgeist und die harte Arbeit sowie die richtige Crew hatten dazu geführt, dass der ganze Druck des »Führen-Müssens« und des »Führen durch einen Rang« abfallen sind. So konnte sich ein neues Selbstbild und Selbstverständnis manifestierten. Mittlerweile fühle ich mich leichter und von all den Zwängen und Fesseln befreit, die Er mir durch seine harten, kritischen und verletzenden Äußerungen auferlegt hatte. Ich lernte, Seine positiven Eigenschaften wie Neugier, Mut, Motivation und Durchhaltevermögen für mich zu nutzen.

Führung fängt für mich mit Authentizität an. Indem ich ein Vorbild für andere bin finde ich Verbündete. Ich schaffe Rahmenbedingungen, in denen kreative und vielfältige Ideen und Gedanken entstehen und sich KollegInnen weiterentwickeln und wachsen können. Durch die richtige Fokussierung, z. B. auf die eigenen Stärken und die wichtigsten Themen, begleitet durch eine offene, wertschätzende und ehrliche Kommunikation, schaffe ich einen Mehrwert für sie, das Team und die Organisation, sodass neuen, spannenden Abenteuern nichts mehr im Weg steht. Auf zu neuen Ufern.

Von dem, der auszog, um Teamleiter zu werden

Bastian Konietzny

wohnt mit seinen zwei Töchtern und seiner Frau in der schönen Kurpfalz. Der frühere Handballer arbeitet seit 2022 als Agile Coach bei SAP in Walldorf und arbeitet mit seinen Kollegen die Zusammenarbeit und Kommunikation zwischen Teams zu verbessern. Er serviert zum Start der Woche gerne Agility Shots und freut sich auf all die Abenteuer, die die »agile« Welt noch für ihn vorgesehen hat.

Ingas Reise in die Agilität

Hast Du dich schon einmal gefragt, wie man einen erfüllenden Job findet? Einen, von dem man abends nach Hause geht und glücklich ist etwas Sinnvolles getan zu haben? Ein Job, bei dem die Hochs die Tiefs überwiegen. Wo du ganz du selbst sein kannst, ohne eine Rolle spielen zu müssen?

Ich habe mir diese Frage nach dem Abitur jedenfalls nicht gestellt. Für mich zählte hauptsächlich die Chance, auf eigenen Beinen stehen zu können und genug Geld zu verdienen, um auszuziehen und unabhängig zu sein. Ich wählte meinen Ausbildungsberuf nach dem zu erwartenden Gehalt und nur im zweiten Schritt nach meinen Interessen. Meine Ausbildung zur Industriekauffrau führte mich zufälligerweise in die IT, genauer gesagt ins IT-Projektmanagement. Für beides hatte ich mich schon immer interessiert und mein Talent Dinge zu organisieren war sehr hilfreich. Ich entwickelte mich über die Jahre von der Projektassistenz zur Projektmanagerin und lies keine Zertifizierung und kein Training aus.

Nach acht Jahren Projektmanagement und einem berufsbegleitenden Studium ergab sich für mich die Chance auf ein Sabbatical. Ursprünglich hatte ich geplant mit Marius, meinem Ehepartner, während seines Praxissemesters gemeinsam eine Auszeit zu nehmen, doch daraus wurde leider nichts. Irgendwie hatte ich aber mit meiner Nachfrage bei der Personalabteilung und bei meinem damaligen Chef einen Stein ins Rollen gebracht und so trat ich das Sabbatical schließlich allein an. Sechs Monate keine Schule, keine Ausbildung, kein Studium und keine Arbeit. Das klang einfach zu verlockend und gleichzeitig total erschreckend.

Die Monate bevor ich losziehen konnte, waren zäh wie Kaugummi und so unbehaglich in einem Unternehmen, das sich stark veränderte. Dazu kam die Angst vor meinen eigenen Reiseplänen. Wer war bloß auf diese Idee mit der Weltreise gekommen?

Dann ging es los und ich war zum ersten Mal in meinem Leben allein unterwegs. Ich reiste nach Kanada, an die Westküste der USA, Costa Rica, Kuba, Südafrika und Indonesien. Die Flüge standen im Vorfeld fest, die Reisen zu einem gewissen Teil und es entwickelte sich ein Abenteuer mit viel Heimweh, aber so vielen tollen Eindrücken. Ich sog alles förmlich in mich auf. Viele neue Bekanntschaften, beeindruckende Orte und die Aussicht auf weitere Abenteuer ließen mich den Alltag zu Hause vergessen.

Auf zahlreichen Flügen und Busfahrten hatte ich Zeit zum Nachdenken. So vieles war passiert und ich hatte immer einfach weiter gemacht. Bei meinem Vater wurde Krebs diagnostiziert, Marius und ich hatten geheiratet, fünf Monate später starb mein Vater. Ich arbeitete und studierte weiter, organisierte eine Seebestattung, eine Haushaltsauflösung und machte schlussendlich meinen Bachelor in Wirtschaftspsychologie. Im Nachhinein betrachtet, hätte mir nichts Besseres passieren können als diese Auszeit. Sie war dringend notwendig gewesen. Zwischen einem sehr kalten und nassen Frühling in Kanada und Sandstrand mit Palmen auf Kuba erkannte ich, dass ich etwas verändern muss. Diesmal stellte ich mir die Frage, was mich beruflich erfüllen könnte. Meine erste Antwort darauf ergab sich aus meinem Wirtschaftspsychologiestudium. Hier hatte ich das Thema systemisches Coaching bereits kennengelernt und bewarb mich daher um einen Ausbildungsplatz zum Coach.

Direkt im Anschluss an meine Weltreise begab ich mich erneut auf die Suche und begann mit der Coachingausbildung. Mir war bewusst, dass ich mich während der Ausbildungszeit viel mit mir und meinen eigenen Themen beschäftigen würde. Was sind meine Werte? Wo ziehe ich meine Grenzen? Wie funktioniert Kommunikation? Mir machte die Ausbildung wahnsinnig Spaß und ich freute mich jedes Mal riesig auf die Wochenenden, auch wenn es sehr anstrengend war. Ein Schwerpunkt der Ausbildung waren praktische Übungen. Mir machte das Coachen viel Freude und ich suchte mir viele Übungsklienten. Diese Erfahrungen weckten in mir den Wunsch zukünftig »anders« zu arbeiten, aber wie war mir zu diesem Zeitpunkt noch nicht klar. Nun stand zunächst die Rückkehr in meinen Job als Projektmanagerin an.

Mir fiel es schwer wieder in meinen Arbeitsalltag zurückzufinden, denn ich spürte, dass meine Werte nicht mehr zu denen meiner Kolleg:innen und meines Arbeitgebers passten. Offenheit für Neues und Transparenz über Prozesse und Arbeitsweisen, waren damals leider nur selten zu finden. Ich wollte gerne für und mit Menschen arbeiten, in den klassischen IT-Projekten, die ich leitete, war dafür aber wenig Platz. Daher versuchte ich mich nebenberuflich als Coach, merkte aber schnell das ich zu diesem Zeitpunkt nicht bereit dafür war. Ich nahm mir die Fälle, die meine Klienten mitbrachten, sehr zu Herzen und sie entzogen mir, da wo die Ausbildung mir noch Energie gegebene hatte, eben diese.

Für ein neues Projekt regte dann mein damaliger Mentor an, dass ich mich mit Agilität und in erster Linie mit Scrum auseinanderzusetzen sollte. Im nächsten Projekt wurde meine Projektmanagerrolle eher zu einer Art Product Owner Rolle, das fühlte sich schon besser an, war aber noch nicht das, was ich suchte. Noch nicht aus der Projektmanagerrolle heraus und in die neue agile Product Owner – geschweige denn Scrum Master Rolle hineingewachsen, lies meine Leistung in den Projekten immer mehr nach. Ich war orientierungslos und komplett demotiviert. Wieder stellte ich mir die Frage was mich beruflich erfüllen könnte. Wenn das Coaching nicht das Richtige war, was war es dann?

Ein Kollege sagte dann eines Tages deutlich zu mir, dass ich raus müsste. Raus aus dem Umfeld, raus aus dem Konzern.

Er hatte recht, das vergangene Jahr hatte sich angefühlt wie ein Kleidungsstück, dass nicht richtig passen will. Es zwickte, kratzte und war zu eng. Diesmal beantwortet ich mir also meine Frage, wohin die Reise gehen sollte, damit, dass ich mich dazu entschied es als Scrum Master zu versuchen. Für mich vereinte die Rolle eigentlich alles, was ich bisher gemacht hatte: Projektmanagement, Coaching und vieles, was ich in meinem Studium gelernt hatte.

Mit viel Berufserfahrung im Allgemeinen, aber sehr wenig als Scrum Masterin, begann ich mich zu bewerben. Die Bewerbungen liefen gut, war doch auch mein Werdegang sehr schlüssig und alles passte zusammen.

»Als Scrum Master unterstützt du unsere Scrum Teams und hilfst ihnen auf ihrem Weg zur Selbstorganisation. Du besitzt einen gut gefüllten Methodenkoffer und setzt gezielt die richtige Methodik im Team ein. Als Vorbild lebst du die agilen Werte und achtest auf die Einhaltung der agilen Prozesse...«. Das klang vielversprechend.

Nach einigen Bewerbungsgesprächen und Probetagen, kündigte ich und startete direkt im Anschluss bei einem mittelständischen IOT-Unternehmen.

Perspektivwechsel, weg vom Kunden hin zum Dienstleister. Das Unternehmen warb stark mit seiner Start-Up Mentalität, auch wenn es diesem Stadium größenmäßig bereits entwachsen war. Dennoch war es eine komplett andere Welt. Viele junge Leute, namenhafte Kunden, spannende Projekte.

Ich übernahm direkt zum Start ein großes Team, welches nach Scrum arbeitete und vor einigen Herausforderungen stand. Die Vereinbarkeit von Hardware- und Softwareentwicklung in einem Prozess, die Zusammenarbeit mit dem Kunden und die teils interkulturellen Themen sind nur einige der Baustellen, die ich im Team beobachtete. Ich war motiviert und versuchte mein Bestes, um dem Team die Möglichkeit zugeben selbstorganisiert seine Probleme anzugehen. Was ich zu dem Zeitpunkt lernen musste, war das ein Scrum Master nur dann wirksam sein kann, wenn die Teammitglieder bereit dazu sind etwas zu ändern. In diesem Fall ließ mein Team mich immer wieder auflaufen. Ständig wurde in Frage gestellt, was ich mache und was meine Aufgabe wäre. Auf der anderen Seite zog das Management an mir und wollte das mein Erfolg als Scrum Master messbar sein sollte.

Ich geriet immer mehr in einen Strudel, der mich ins Team hineinsog und den Blick von außen erschwerte. Ich machte alle Fehler, die man als Scrum Master nicht machen sollte. Ich ergriff Partei für meine Product Ownerin und den Techlead des Teams, hielt an der Größe des Teams mit ca. 20 Personen fest und lies mich immer wieder auf die Diskussion ein, ob Scrum bzw. Agile denn das richtige Vorgehen wäre. Natürlich ist diese Frage grundsätzlich wichtig, allerdings sollte die Diskussion vor dem Hintergrund geführt werden, wie das Team besser zusammenarbeiten kann. Das Team konfrontierte mich jedoch mit Fragen warum wir Dailys und Retros brauchen und ließ mich oft ins Leere laufen.

In mir wuchs die Unsicherheit, ob ich wirklich geeignet war für diese Rolle. Ich zweifelte immer mehr an mir selbst.

Leider drehte sich auch in diesem Unternehmen das Umorganisationsglücksrad weiter. In zwölf Monaten hatte ich drei Chefs, von denen keiner so genau wusste, was er mit mir in meiner Rolle anfangen sollte. Zuletzt sollte die Scrum Master Rolle erneut angepasst werden. Wir waren nur noch zu zweit, denn der Rest hatte bereits gekündigt. Die Teams sollten von uns nicht mehr langfristig begleitet werden, sondern wir sollte mehr oder weniger für alle Teams gleichzeitig die Feuerwehr bzw. die Scrumpolizei spielen. Hier mal eine Retro, da mal ein Visionsworkshop, hier eine Intervention. Dazu war ich nicht bereit. Ich war mit meinen Nerven und meiner Kraft am Ende. Ich fiel in ein dunkles tiefes Loch aus Selbstzweifeln, Überforderung und dem Gefühl auf ganzer Linie als Scrum Master versagt zu haben.

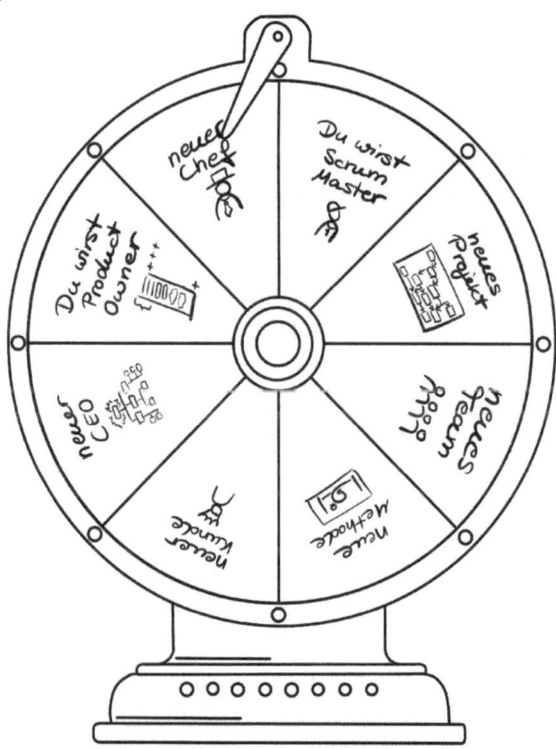

Wieder suchte ich nach Ausgleich und begann eine Yogalehrerinnen Ausbildung. Doch nach der anfänglichen

Motivation und der Hoffnung mehr Balance zu finden, entzog mir alles zusammen meine Energie. Plötzlich fühlte sich das Unterrichten wie die schwerste Aufgabe meines Lebens an. Meine Selbstzweifel machten auch vor meinem geliebten Yoga nicht halt.

Leider verschlechterte sich in diesem Zeitraum auch der Gesundheitszustand meiner Mutter enorm. Mein Stress auf der Arbeit hatte mich ganz viele Dinge nicht sehen lassen. Entsprechend war ich geschockt als mir das Ausmaß bewusstwurde. Mit Marius Unterstützung wurde ein Pflegeantrag gestellt, ein Pflegedienst gesucht und ihre Rente beantragt. Ganz ohne Unterstützung kam sie nicht mehr aus. Ich nahm diesem Umstand und reduzierte vorübergehend meine Arbeitszeit auf 80 %, um überhaupt alles zu schaffen. Denn gerade Termine mit Krankenkasse und Ärzten wären sonst zum Teil unmöglich gewesen. Dennoch war es eine starke Belastung – und ist es heute teilweise immer noch.

Zu dieser Zeit nagten neben dem Gefühl als Scrum Master versagt zu haben, auch Schuldgefühle gegenüber meiner Mutter an mir. Insgesamt konnte ich meinen Ansprüchen nicht gerecht werden. Dennoch dachte ich, ich muss das alles schaffen. Als Leser denkst Du jetzt sicher »Warum hat sie sich nur noch mehr aufgeladen? Ein Job und das normale Privatleben reichen doch, wieso immer noch mehr Zusatzaufgaben?«

Die Antwort darauf, ist schwer und gleichzeitig offensichtlich, ich floh aus Jobs, die mich unglücklich machten und nicht zu mir passten.

Bis ich merkte das ich dringend die Bremse treten muss und einen Schlussstrich ziehen, vergingen noch viele Tränen, Gespräche mit Marius und einige Monate.

Doch dann wusste ich das ich etwas anderes möchte. Ich wollte nicht mehr in der Dienstleistungsbranche arbeiten, keine Kundenprojekte mehr und endlich eigene Produkte und stabile Teams die wirklich wachsen können. Also begab ich mich auf die Suche und schrieb Bewerbungen. Am Ende fand die neue Stelle mich. Die Anfrage eines Recruiters auf Xing klang so vielversprechend, dass ich neugierig wurde. Scrum in einem Medienunternehmen in Köln. Im weiteren Verlauf hörte ich dann, dass es sich um das Streamingprodukt von RTL drehte und das die Softwareentwicklung skaliert organisiert war. Im Verlauf des Bewerbungsprozesses lernte ich bereits einige Scrum Master kennen und allein der Fakt, dass wir dort eine ganze Abteilung füllten klang so gut, dass ich schließlich zusagte.

Diesmal nahm ich mir mehr Zeit für den Wechsel und plante gut vier Wochen zwischen den alten und den neuen Job zu bringen. Doch erstens kommt es anders und zweitens als man denkt. Im März 2020 brachte Corona plötzlich alles durcheinander. Alles verlagerte sich vom Büro nach Hause und Meetings per Videocall wurden zum absoluten Alltag. Man könnte jetzt denken, dass mir nichts Besseres hätte passieren können. Doch für mich bot die Situation nur noch mehr Raum mich mit der Frage zu beschäftigen, ob ich wirklich das Richtige tue. Die Monate während meiner Kündigungsfrist war ich von den Kollegen bis auf die Zeit der Meetings, mehr oder weniger abgeschnitten. Parallel entstand bereits eine neue »agile« Abteilung und ich war nicht mehr Teil davon. Mein Abschied verlief lautlos, ich gab meinen Laptop und Schlüssel ab und traf mich noch mit einer lieben Kollegin. Dann verabschiedete ich mich von den wenigen Kolleg*innen die vor Ort waren.

Die Welt bei RTL drehte sich dann tatsächlich anders. Natürlich war ich auch hier erst skeptisch, denn immerhin hatte ich meine Gründe gehabt einen großen Konzern zu verlassen. Doch ich merkte schnell, »beim RTL« ist drin, was draufsteht. Ich tauchte ein in ein skaliert organisiertes agiles Projekt. Zu diesem Zeitpunkt arbeiteten 15 Teams, meist nach Scrum, an einem Produkt. An einem eigenen Produkt. Jeder trug seinen Teil zum Ganzen bei. In jedem Team gab es einen Product Owner und einen Scrum Master. Hier fand ich Kolleg:innen, die meine Stärken und Fähigkeiten zu schätzen wissen. Und Stück für Stück, konnte ich als Scrum Master aufblühen. Die Skalierung erforderte viel Einsatz von uns und wir setzten auf Kreativität und sehr viel Austausch, um unsere Teams bestmöglich zu unterstützen. Ich merkte immer mehr, hier gibt es Menschen wie mich. Die so denken und handeln, wie ich es auch tun würde. Langsam kam mein Selbstbewusstsein zurück, denn hier gab man sich regelmäßig Feedback. Meine Teams wussten meine Arbeit zu schätzen und ich hatte endlich wieder das Gefühl, etwas Positives für die Teams bewirken zu können. Ich war überhaupt kein schlechter Scrum Master, ich war nur mit meinen Fähigkeiten und Werten zur falschen Zeit am falschen Ort gewesen. Die Suche hatte sich gelohnt.

Inga Eiling

startete ihr Berufsleben in klassischen IT-Projekten und entdeckte durch ihr Studium in Wirtschaftspsychologie, einer Ausbildung zum systemischen Coach und vielen Eindrücken auf ihren Reisen, dass Agilität genau das ist, wie sie arbeiten möchte: respektvoll, offen und mutig miteinander für die Sache. Aktuell begleitet sie die agile Transformation eines Bereichs in der IT bei einem großen Medienkonzern. Hierzu arbeitet sie eng mit Scrum Mastern, agilen Teams und den Führungskräften zusammen.

Sie lebt mit ihrem Mann, einem Hund, drei Katzen und einem Pferd in Wermelskirchen.

Eine Scrum Masterin im Selbstzweifel

Ich will nicht nur Scrum machen, weil jeder Scrum macht, da muss es ja noch was Besseres geben!«, sagte mir der Teamleiter, als ich als neue Scrum Masterin für das Team eingestellt wurde. Da nicht jedes Problem ein Nagel ist und ich nicht nur einen Hammer besitze, war ich sehr gespannt auf das Team. Ich habe bereits einige Teams auf ihrer agilen Reise begleitet, manche nur kurz als Urlaubsvertretung, andere deutlich länger als fester Bestandteil des Teams. Egal wie lang oder kurz ich in einem Team war, ich konnte immer etwas Neues lernen und für mich mitnehmen. Denn auch wenn die Anforderungen im ersten Moment häufig sehr ähnlich oder gleich klangen, waren die Wege und die Ziele unterschiedlich und somit entwickelte ich mich immer weiter als Scrum Masterin.

Umso erfreuter war ich, als mir diese Möglichkeit geboten wurde, ein Team zu übernehmen, das bislang noch gar nicht agil gearbeitet hatte. Die formulierten Ziele der Stakeholder waren, dass das Team durch diese Veränderung schneller und effizienter arbeiten sollte und die Verbesserung der Transparenz des Projektfortschritts. Dabei betonte der Teamleiter mehrmals, dass das Vorgehen nicht zwingend Scrum sein muss und fragte mich, welche agilen Methoden ich sonst noch so kenne. Ich versuchte vorsichtig herauszufinden, woher diese Abneigung gegenüber Scrum kam.

Bereit, mich dieser neuen Herausforderung zu stellen und dem Team zu helfen, die für sie passende agile Arbeitsweise zu finden, vereinbarte ich mehrere Gespräche. Ich sprach mit allen involvierten Stakeholdern, dem Team als Ganzem, aber auch mit den einzelnen Entwicklern und dem Product Owner. Schnell konnte ich feststellen, dass das Team und die involvierten Stakeholder komplett ge-

gensätzliche Ansichten und Meinungen zur gesamten Situation hatten. Während der Teamleiter mich davor warnte, dass die Entwickler sich gar nicht verändern wollen und schon gar nicht agil arbeiten wollen würden, traf ich auf ein Team, das sich darüber freute, dass ich da war und endlich Veränderungen anstoßen würde. Ich war verwirrt. Der Teamleiter wollte, dass das Team agil wird. Er selbst war aber nicht überzeugt und auch der Meinung, dass das Team komplett gegen diese Entwicklung sei. Wieder erhielt ich keine zufriedenstellende Antwort. Weder auf die Frage, was er gegen Scrum hat, noch auf die Frage, warum er und das Team so eine unterschiedliche Wahrnehmung dieser Situation hatten. Ich beschloss daher, dass ich die Situation zunächst analysieren und verstehen musste, woher diese unterschiedlichen Ansichten kamen.

Der Product Owner und ich stimmten ab, dass wir einige Zeit für einen Kick-Off benötigen würden. Der Plan

stand: Das gesamte Team zusammen mit dem Product Owner und mir sollten zunächst an einer agilen Schulung des Unternehmens teilnehmen. Danach würden wir in einem Meeting besprechen, wie die agile Arbeitsweise aussieht, mit der wir starten wollen: »Good enough for now, safe enough to try.«

Seid ihr schon einmal mit vollem Schwung mit dem Kopf gegen eine Wand gelaufen? Nein?! Sollte man auch nicht, aber genau so fühlte es sich für mich nach der Schulung an. Der Teamleiter zitierte mich also kurz danach in sein Büro. »Das geht so nicht. Ihr könnt nicht irgendwelche Entscheidungen fällen, ohne sie vorher mit mir abzusprechen. Außerdem haben wir aktuell keine Zeit dafür und das Team muss seinen Fokus auf die Entwicklung legen. Das war das letzte Mal!«, machte er mir unmissverständlich klar. Mit so einer Reaktion hatte ich nicht gerechnet, zumal ich mir sicher war, dass ich den Auftrag verstanden hatte. In diesem Moment begriff ich, dass wir Scrum-Theater spielten. Ich hatte also direkt das ganze Vertrauen beim Teamleiter verspielt, was ich zu diesem Zeitpunkt möglicherweise hatte. Das weiß ich bis heute nicht. Mir wurde also erklärt, dass wir nach dem aktuellen Stand keine Zeit für eine agile Transformation hätten und diese erst nach einem bestimmten Punkt in der Entwicklung angehen wollten. Bis dahin sollte ich nur kleine Veränderungen umsetzen, die man mal ebenso mitnehmen kann – geringer Zeitaufwand und wenig zusätzliche Arbeit vonseiten des Teams.

Das Gespräch hatte gesessen und verunsicherte mich total. Hatte ich so schlecht zugehört? Hatte ich die falschen Fragen gestellt? Hatte ich irgendwas übersehen oder überhört, was mir hätte auffallen müssen? Ich spielte also die ganzen Gespräche in meinem Kopf durch und überlegte, wo ich hätte besser sein können. Da man ja selbst gerne einen blinden Fleck hat, was sein eigenes Verhalten angeht, besprach ich mich auch mit anderen Kollegen und fragte sie, wo sie Verbesserungspotentiale sehen. Letztendlich erfuhr ich, dass der Teamleiter gar nicht agil werden wollte und das einfach eine Anforderung der Geschäftsführung war. Eine Information, die ich gerne vorher gehabt hätte, die man mir aber bis dahin verschwiegen hatte. Für mich persönlich habe ich aus dem Gespräch mit dem Teamleiter mitgenommen, dass ich in Zukunft bei der Auftragsklärung die Auftraggeber sowohl einzeln als auch dann nochmals gemeinsam sprechen will und aufpasse, dass diese Fragen wirklich gemeinsam geklärt und von allen verstanden werden.

Fertig war ich aber zum Glück mit dem Team noch nicht und ich erhielt eine weitere Chance. Ich baute langsam aber stetig Vertrauen zu allen Beteiligten auf und stieß auch wiederholt einige kleine Veränderungen an, die sich auf verschiedenen Ebenen auswirkten. Unter anderem bekamen die Meetings eine bessere Struktur, wodurch auch auf einige Meetings verzichtet werden konnte. Es war zwar keine wirkliche Veränderung hin zum agilen Arbeiten, aber das Team profitierte von diesen kleinen Änderungen und das freute mich. Allerdings waren Teile des Teams heiß auf Veränderungen und ich musste sie immer wieder ausbremsen und auf das sagenumwobene »Später« vertrösten. Glücklich war ich mit diesem Vorgehen überhaupt nicht. Ich saß häufig da und überlegte, was ich machen darf oder wo ich meine Grenzen in dem Team überschreiten würde, welche mir in dem Gespräch aufgezeigt worden waren. So unternahm ich manchmal auch gar nichts, bevor ich etwas falsch machte.

Mit der Zeit und dem gewachsenen Vertrauen erhielt ich immer mehr Aufgaben von dem Teamleiter. Zunächst nahm ich diese Aufgaben dankend an. Ich hatte ja genug

Zeit, weil ich meinen anderen Aufgaben noch nicht nachgehen durfte. Aber ich merkte, dass ich immer unzufriedener wurde und anfing, meine Arbeit nicht mehr zu mögen. Meine Rolle veränderte sich: weg von der Scrum Masterin, hin zur Projekt-/Teamassistentin. Es fühlte sich für mich einfach falsch an. Ich fragte mich, ob ich mich über die Zeit verändert hatte und diese Art der Arbeit mit Menschen und Teams vielleicht nicht mehr mochte oder ob ich schlecht in meinem Job war. Vielleicht hätte ein anderer Scrum Master mit dem Team problemlos eine agile Arbeitsweise eingeführt. Diese Fragen stellte ich mir immer und immer wieder. Ich fing an, die Stunden bis zum Feierabend, die Tage bis zum Wochenende und die Wochen bis zum nächsten Urlaub zu zählen.

Zu dieser Zeit fand ich einen Kollegen aus einem anderen Team, dem es ähnlich ging. Er bestärkte mich darin, dass es nichts mit mir persönlich zu tun hatte und es anderen Scrum Mastern ähnlich erging. Ich konnte also weitermachen und meine neue Rolle akzeptieren oder mir etwas Neues suchen. Das Immunsystem der Organisation ging sehr strikt gegen Veränderungen vor, da sie sich eigentlich gar nicht wirklich ändern wollte. Es wurde also nach außen hin sehr viel Scrum gespielt, aber im Inneren war die Organisation dazu ausgelegt, strikt nach Wasserfall vorzugehen.

Da ich noch nicht aufgeben wollte, ging ich mit dem Teamleiter in den Austausch, da er auch gerne ein Feedback haben wollte, wie ich das Team und den aktuellen Stand sehe. So fingen wir also an, uns über das Projekt und das Team und dessen Fähigkeiten auszutauschen. Ich betonte dabei auch immer wieder, dass das Team für die Anzahl der Aufgaben viel zu klein war bzw. es eigentlich mehrere Teams mit mehreren Entwicklern sein müssten. Zum Glück für mich und das Team sah er diese Angelegenheit genauso und stieß den entsprechenden Prozess an. Wir sprachen also immer häufiger miteinander und ich wurde auch endlich in die Termine mit ihm und dem Team eingeladen, bei denen ich vorher außen vor war. Daraufhin kam er eines Tages in mein Büro und bat mich um ein Gespräch. Ich ging in meinem Kopf durch, was ich wohl dieses Mal falsch gemacht haben könnte, kam allerdings auf keine zufriedenstellende Antwort. Und da war der Moment: Er fragte mich nach meiner Meinung zu seinem Führungsstil und zu den Meetings, die er moderierte, wenn er mit dabei war. Ob die Meetings mit dem Team bei mir auch immer so zäh wären und ich die Antworten liefern müsste. Ich war in diesem Moment so dankbar und aufgeregt. Endlich öffnete er sich mir und fragte mich nach meiner Meinung. Der Hoffnungsschimmer, auf den ich gewartet hatte: Endlich würde sich etwas verändern. Ich gab ihm den Tipp, dass er einfach nach einer Frage länger warten sollte, bis jemand aus dem Team eine Antwort gibt. »Stille muss man ertragen können«, war einer der Sätze, die ich ihm mitgab. Denn ich wusste, dass die Teammitglieder zu allem eine Meinung hatten, aber auch immer einen kleinen Moment für sich brauchten, bis sie von sich aus anfingen zu reden. Und tatsächlich setzte er diesen Ratschlag bei seinem nächsten Meeting um.

Nun wurde ich viel häufiger nach meiner Meinung gefragt. Ich durfte immer mehr Meetings moderieren und wurde auch für Meetings außerhalb meines Teams angefragt. Ich bekam weitere Aufgaben zugewiesen. Ich hatte also ein kleines Hoch, nur um dann festzustellen, dass die ersehnte Veränderung nicht kommen würde. Gefühlt wurde ich immer zwei Schritte zurückgedrängt, nachdem ich einen nach vorne gemacht hatte. Viele der mir anvertrauten Aufgaben hatten überhaupt nichts mit meiner Tätigkeit als Scrum Masterin zu tun. Eine der Aufgaben war zum Beispiel die Fertigstellung der Investitionsanträge des Bereichs und ähnliche Dinge. Es kam dann auch immer wieder dazu, dass Teammitglieder einfach in andere Meetings reingezogen worden sind, obwohl wir Team-Meetings hatten. Gerne wurde hierzu auch die Retrospektive des Teams überbucht und fiel dann aufgrund mangelnder Teilnehmer aus. Mein persönliches Highlight war dann aber, als unangekündigt jemand außerhalb unseres Teams im Daily war, um zu verkünden, dass der Product Owner uns verlassen würde und daran nichts mehr zu ändern sei. Wir waren alle schockiert und entsprechend angespannt verlief die Zeit danach.

Schließlich entschied ich mich dazu, die Reißleine zu ziehen, da ich mit der so entstandenen Rolle nicht einverstanden war und auch keine Aussicht bestand, dass sich das ändern könnte. Mit den Teammitgliedern stehe ich aber weiterhin in Kontakt und freue mich darüber, dass ich doch einen kleinen agilen Samen säen konnte.

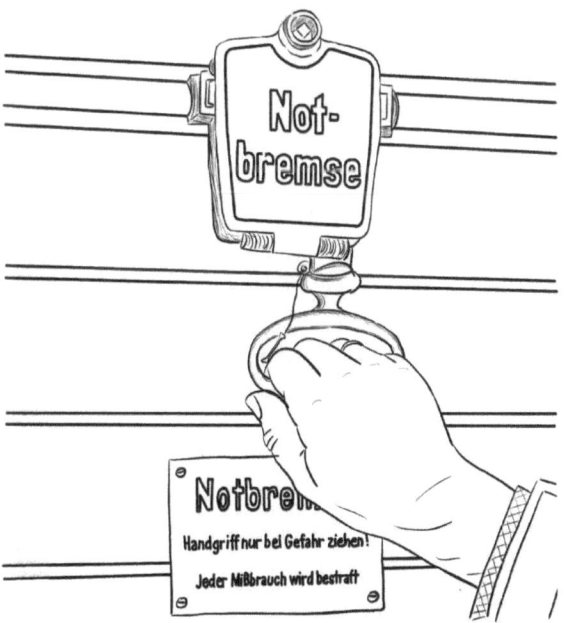

Nach dieser recht holprigen Geschichte habe ich weitere Teams betreut, bei denen ich mich komplett als Scrum Masterin ausleben konnte und bin für mich zu dem Fazit gekommen, dass ich meinen Job und die Arbeit mit Teams nach wie vor liebe. Ich habe gelernt, dass es gut ist, sich selbst und seine Rolle sowie Fähigkeiten in Frage zu stellen und zu schauen, wo Verbesserungspotentiale bei einem selbst sind. Mittlerweile weiß ich auch, dass viele Scrum Master mit Selbstzweifeln zu tun haben und das Ganze unter dem Begriff Imposter-Syndrom bekannt ist. Man zweifelt also an seinen Fähigkeiten und daran, dass man den Job verdient hat. Für mich war es hilfreich, mit anderen Scrum Mastern zu sprechen, um meine Fähigkeiten und mein Verhalten reflektieren und besprechen zu können. Außerdem habe ich mitgenommen, dass man nicht alles und jeden ändern kann, insbesondere wenn diese Personen es gar nicht wollen. Man sollte auch immer darauf achten, sich nicht selbst zu verlieren oder auszubrennen. Manchmal muss man bewusst einen Schlussstrich unter etwas ziehen, was einem schadet, um woanders sein Glück zu finden.

Maria Brockmeyer

entdeckte während ihres Masterstudiums der Informatik an der TU Darmstadt ihre Leidenschaft für Agilität und New Work. Seitdem ist sie als Scrum Masterin und Agile Coach für Kunden in unterschiedlichen Branchen tätig. Mit Hilfe ihrer Erfahrung, einem großen Methodenkoffer und einer Prise Bauchgefühl unterstützt sie Unternehmen und Teams dabei, die für sie passende Lösung zu finden. Außerdem konzipiert und moderiert sie gerne Workshops und Schulungen. Aktuell arbeitet sie als Agile Coach bei slashwhy in Osnabrück.

Mein Ego kommt selten allein

Wenn wir demnächst hier in der Bank nicht agil arbeiten, muss ich kündigen!«, enthüllte ich den deutschen Vorstandsmitgliedern, nachdem ich zwei Wochen bei meinen holländischen, agil arbeitenden Kollegen verbracht hatte.

Dort hatte ich mir ein Bild über agiles Arbeiten verschafft. Weil ich zuvor versucht hatte, Mitarbeitende zu befähigen, war ich mit meinen Kollegen angeeckt. Sie befürchteten, dass die Führungsrolle weniger bedeuten könnte. Ich hoffte, dass es eine andere Arbeitsweise als die gab, in der ich mich schon lange nicht wohl fühlte. Ich war Abteilungsleiterin und erfreute mich wenig an traditionellen Führungsstilen: Ansagen darüber, wer, was, wann, wie genau zu tun hatte; Informationen, die man zu spät weitergab; Entscheidungen, die so schienen, als ob sie sich an egozentrierten Absichten orientierten statt am Ziel; politisches, ergebnisloses Diskutieren.

Mir war wichtig, transparent zu sein. Ich plante, ein Umfeld für Menschen zu schaffen, in dem sie lernen und Fehler machen durften. Ich wünschte, ihnen Räume zu schenken, um in ihrer Arbeit mehr Sinn zu erkennen. Ich träumte davon, mit meinen Kollegen Herzensentscheidungen zu treffen, die uns darin bestärken, eine bessere Version unserer Selbst zu werden. Und ich wollte egozentriertem Verhalten den Rücken kehren.

Um dies zu verwirklichen, gab es eine Chance. Das hatte ich in Holland gesehen. Ich wusste, dass es eine weite Reise sein würde. Mir war nur noch nicht klar, was das für mich persönlich heißen würde.

Die erste Begegnung: Mut oder Übermut?

Ich muss kündigen? Hatte ich das wirklich gerade gesagt? Im Büro des Vorstands blickte mich die Retail-Vorständin irritiert an und schwieg einen Moment.

Als Mitarbeiterin angefangen, war ich in einigen Jahren die Karriereleiter aufgestiegen und seit zehn Monaten Abteilungsleiterin für 280 Menschen. Und nun sprach ich von Kündigen? Das klang sehr undankbar. Später wusste ich, was das war: die erste, spürbare Begegnung meines Egos mit der Agilität.

»Gib mir bitte ein paar Wochen, bevor du handelst. Ich frage nach; du hörst von mir«, beschwichtigte mich die Retail-Vorständin.

Vier Wochen später kam der Anruf: »Wir wollen ein agiles Unternehmen werden und ein Team für die Transformation aufstellen. Ich habe gehört, du hast Interesse. Komm doch mal zu mir.« »Jaaaa«, rief ich euphorisch in den Hörer, »bin gleich da«.

Ich lief los und stolperte die Treppen hinauf ins Vorstandsbüro. Dort informierte mich der Chief Operating Officer: »Wir brauchen Leute, die die nächsten Jahre alles geben, um 4500 Menschen in ihrem Change zu begleiten, die den Mut haben, mit Vorstand und Senior Managern zu arbeiten«, bei seinen Worten wurden meine Augen groß, »Menschen, die verstehen, was so eine große Transformation für andere bedeutet.« Ich platzte fast vor Aufregung. Das war DIE Herausforderung.

Einmal die Karriereleiter runterspringen!
Ich würde nicht nur irgendwann agil arbeiten, sondern sogar Teil des Teams sein, das dafür sorgt, dass es überhaupt soweit kommt. »Ja, ich will«, antwortete ich lachend. Doch dann erklärte der COO:

»In diesem Projektteam wird es für dich keine Führungsposition geben. Ist dir das klar?« Ich dachte nach. Das war natürlich eine Umgewöhnung. Aber egal, ich hatte ja noch meinen Führungsposten, das andere würde lediglich eine zusätzliche Projektrolle auf Zeit sein. Ich schaute den COO an. »Nadine, das ist ein Vollzeitjob. Du wirst deine Position als Abteilungsleiterin aufgeben müssen und wieder Mitarbeiterin sein. Willst du das wirklich?« Uff. Das wollte ich nicht. Ganz und gar nicht. Oder? Zwei mir bekannte Stimmen in meinem Inneren diskutierten miteinander:

Die eine Stimme in mir war die, die egozentrierte Absichten hatte. Sie konnte recht laut sein und meine Herzensstimme übertönen. In diesen Fällen schämte ich mich für sie. Doch irgendwie schien sie zu mir zu gehören, und ich musste mit ihr leben. Sie schüttelte vehement den Kopf: »Nein! Das geht nicht. Du bist Abteilungsleiterin. Das bleibst du auch.«

Die andere Stimme war die meines Herzens. Ich mochte sie sehr, weil ich mich mit ihren Argumenten meistens besser fühlte. Sie strotzte vor Vorfreude und rief: »Das ist die Gelegenheit! Danach hast du doch immer gestrebt: im ganzen Unternehmen wirken und für mehr Menschen etwas verändern.«

Meine Ego-Stimme argumentierte: »Du hast dich doch nicht umsonst hochgearbeitet. Das kannst du nicht alles aufgeben!« Mein Herz entgegnete: »Seit wann stehst du so auf Hierarchie? Dir sind Titel egal, das behauptest du immer so schön vor Anderen. Ich dachte, du möchtest nur noch agil arbeiten, weil es deine Überzeugung an eine bessere Arbeitswelt bestärkt. Und das ist deine Antwort darauf? Ein Nein?«

Große Klappe, nix dahinter?

Ach herrje. Das waren meine Gedanken dazu. Da kam die große Chance, und mich verließ der Mut, weil ich meinen Titel nicht loslassen konnte.

»Überleg doch mal, Nadine«, fasste mein Herz nach. »Was ist dir wirklich wichtig, jetzt und hier? Der Titel, oder agiles Arbeiten für das ganze Unternehmen zu ermöglichen? Stell dir vor, was das ausmacht; wie alle aufblühen könnten! Und wenn du wirklich irgendwann wieder führen magst, fängst du eben von vorne an.«

Mein Ego versuchte es weiter: »Sag dem Vorstand nicht sofort ja! Sag wenigstens, dass du drüber nachd …« »Ja!«, hörte ich mich im Büro des Vorstands sagen, »Ich mach's. Das Agile ist jetzt dringender.«

Mein Herz jubelte und blies die Tröte. Mein Ego ließ die Schultern hängen und schüttelte den Kopf. Der COO guckte verwundert und nickte. »Also gut.« Bis dahin hatte ich noch geglaubt, diese Entscheidung sei die größte Hürde gewesen.

»Ich hab's dir ja gesagt«, betonte mein Ego.

Dass ich zum Transformationsteam gehörte und meine Abteilungsleitung abgeben würde, musste innerhalb der

Firma bekanntgegeben werden. Es gab viele, die verärgert waren, weil ich meinen bisherigen Job abgeben wollte oder die mich bemitleideten:

»Was hab' ich da gehört? Du wurdest abgesägt?! Was hast du denn angestellt?«, fragte mich ein Kollege im Aufzug. »Was hat man denn mit dir gemacht? Du kannst das unmöglich freiwillig getan haben!«, fing mich eine Kollegin in der Kantine ab. Sogar ein Vorstandsmitglied nahm mich zur Seite: »Glaube mir, das ist keine gute Entscheidung. Wenn ich dir einen guten Rat geben darf: Mach das wieder rückgängig. Nimm dir nicht alle Aussichten für die Zukunft.«

Ich war bestürzt. Einen derartigen Dämpfer hatte ich nicht erwartet. So sah mein Image aus, weil ich der Stimme meines Herzens gefolgt war: Die Versagerin und der Dummkopf, der sich selbst im Weg steht.

»Das hast du nun davon«, warf mein Ego ein. Mein Herz ließ sich nicht beirren: »Du wirst schon sehen: Das wird super!«.

Des einen Angst, des anderen Inspiration

Von Tag eins war ich im Transformationsteam dabei. Wir haben uns vorgenommen, selbst agil zu arbeiten und die Transformation nach den Modern Agile Prinzipien zu gestalten: »make people awesome, deliver value continuously, make safety a prerequisite, experiment and learn rapidly«. Ich wurde vom Team zur Product Ownerin gewählt, also zur fachlichen Verantwortlichen. Das ermutigte mein Ego; es blieb jedoch skeptisch, was die agilen Prinzipien betraf.

Allein die Fragen im morgendlichen Daily gaben ihm allen Grund dazu: »Welche Hindernisse hast du? Brauchst du Hilfe? Was hast du gestern gemacht? Was machst du heute?« Diese Transparenz! »Wieso musst du hier täglich aufs Neue die Hosen runterlassen und sagen, wenn etwas nicht läuft? Wieso wird dir unterstellt, dass du Hilfe brauchst? Wo soll das denn noch alles hinführen?«, posaunte mein Ego. Meine Herzensstimme fand das alles ganz inspirierend:

»Endlich darfst du sagen, was du fühlst und denkst. Ihr sucht gemeinsam eine Lösung für Probleme, anstatt eine Person damit alleine zu lassen.« Es fühlte sich sehr erleichternd an. Und erst die Retrospektiven! Ich durfte sagen, was ich mir wünsche und mich vorsichtig herantasten, um zu klären, was wir verbessern wollten. Genau das, was ich mir erhofft hatte.

Bis zu der Sache mit der Vorstandssitzung.

Ein Punkt fürs Herz!

Unser Team war erstmalig in die wöchentliche Vorstandssitzung geladen, um Ergebnisse und Fragen zu besprechen. Ein paar Mitglieder des Transformationsteams erarbeiteten dafür eine Präsentation.

Da ich als Product Ownerin für das Stakeholder Management verantwortlich war, sollte ich im Vorstand präsentieren – etwas, das mein Ego ziemlich gut fand, »wegen des Prestiges und der Sichtbarkeit im Vorstand«, wie es betonte.

Doch das Führungsteam des Bereichs Kundenkontakt lud uns ein, um über agiles Arbeiten aufzuklären – zeitgleich zur Vorstandssitzung. Wer präsentierte nun wo? Die Themen im Kundenkontakt waren mir bekannt, und die Bereichsleiterin war mir schon länger eine hilfreiche Mentorin. Über die Themen in der Präsentation für den Vorstand wussten meine Kollegen aus dem Transformationsteam besser Bescheid.

Jetzt wusste mein Ego nicht, wofür es plädieren sollte: Vorstandssitzung oder Kundenkontakt? Beide Termine hatten ihre Vorteile. Einen Termin zu verschieben, stand nicht zur Debatte. Mein Herz schaltete sich ein: »Schau auf die agilen Prinzipien. Bei welchem Termin verfolgst du sie am ehesten?«.

Das waren die Worte, die ich brauchte. Indem ich mich entschied, am Kundenkontakttermin teilzunehmen, erfuhr ich, wie es sich anfühlt, mehrere agile Werte zu leben: Ich gab den Teammitgliedern die Chance, sich im Vorstand zu zeigen = Make people awesome. Ich vertraute den Teammitgliedern und stand hinter ihnen = Make safety a prerequisite. Ich präsentierte dort, wo ich die Bedürfnisse der Zielgruppe besser verstand = Deliver value continuously.

Es fühlte sich wunderbar an. Ich war erleichtert, weil ich das tun konnte, worin ich gut war und Erfolg hatte. Das gefiel meinem Ego, und so fing es an, meinem Herzen mehr und mehr Beachtung zu schenken.

Ich weiß, dass ich nichts weiß.
Im folgenden Jahr planten wir im Team die Transformation. Wir legten die Struktur der Organisation fest und entschieden, eine Agile Coaching Einheit entstehen zu lassen. Als die Position der Leitung dafür gesucht wurde, meldete sich aufgeregt mein Herz: »Das ist genau deins! Hier kannst du verwirklichen, was dir wichtig ist. Du darfst agile Haltung vorantreiben.« Mein Ego hingegen war nicht so begeistert:

Es hatte im Transformationsteam so einige Denkzettel bekommen. Es hatte erfahren, dass es im agilen Arbeiten nicht darum ging, der größte Held vom Erdbeerfeld zu sein. Es hatte das Feedback bekommen, die Stimme des Herzens öfter anzuhören. Wegen der Transparenz vertuschte ich meine Fehler nicht mehr, sondern berichtete darüber, so dass andere davon lernen konnten. Wegen der vertrauensvollen Zusammenarbeit im Team teilte ich meine Unsicherheit zu neuen Aufgaben, sodass wir gemeinsam überlegten, wie wir damit umgehen können.

»Willst du etwa noch weniger auf mich hören in dem neuen Job?«, fragte mein Ego. Ja, das wollte ich – und ich wurde Leiterin der Agile Coaches. Ich begann einen für die Bank völlig neuen Job, von dem niemand wusste, wie man ihn ausführen sollte. Ab dem Moment, an dem ich den Titel trug, schienen Kollegen von mir zu erwarten, das Vorbild für agiles Mindset zu sein. Schließlich war ich die Leiterin der Agile Coaches, die Andere an Agilität heranführte, und die Coaches wollten in mir eine Expertin für agile Führung sehen.

Meine übliche Herangehensweise für den Aufbau einer neuen Einheit entsprach einem traditionellen Weg. Per Newsletter ungefilterte Informationen ans Team weitergeben? Eine Führungsebene einzuziehen und den Agile Coaches ungefragt jemanden vor die Nase zu setzen? Das war nicht agil. Talentmanagement, bei dem ich bestimmte, wer ein Talent sei, war kein Beispiel für dienende Führung. Nur: Wie sollte es stattdessen sein? Mein Ego zuckte ratlos mit den Achseln. Mein Herz sagte: »Gib zu, dass du es nicht weißt.« Warum nicht? Laut den agilen Prinzipien konnte ich auf ein vertrauensvolles Umfeld bauen.

Ich traf die Agile Coaches, nahm meinen Mut zusammen und sagte: »Ich habe keine Ahnung, wie wir unsere Einheit aufbauen sollen. Es tut mir leid, wenn ich eure Erwartungen nicht erfülle. Habt ihr Ideen?« Das hatten sie, und wir machten uns gemeinsam ans Werk. Beim Aufbau der Einheit tasteten wir uns mit Experimenten heran und entwickelten Abläufe, die unsere individuellen Bedürfnisse berücksichtigen – und mein Herz half mir, diese zu äußern.

Lernfeld Ich

In den letzten Jahren hat mein Ego viel gelernt, wurde ständig neuen Prüfungen unterzogen und freundete sich mehr und mehr mit meinem Herzen an. Es gibt sogar Situationen, da sind die zwei einer Meinung.

Ich habe erfahren: Agilität ist etwas für alle, die an sich selbst lernen wollen. Es geht um viel mehr, als nach Scrum eine »Definition of Done« zu formulieren oder Software-Entwicklung zu beschleunigen.

Halten wir uns im Team an agile Prinzipien, kann ich authentisch sein, ohne zu befürchten, dass mich jemand auslacht. Ich habe den Raum, meine Sorgen im Team offen darzulegen. Ich stelle weniger Vermutungen an und spreche offen über Erwartungen. Ich vertraue. Ich beweise Mut, auszusprechen, wenn mir etwas nicht gefällt. Ich verurteile mich kaum, denn mein Ego brauche ich weniger. Jeden Tag lerne ich, etwas loszulassen und etwas anzunehmen.

Ich sehe agiles Arbeiten als Experiment an mir an – und das macht es mir leicht, über mich zu lachen, wenn etwas nicht klappt oder ich etwas nicht weiß.

Viele Menschen haben den Wunsch, sich zu entwickeln – vielleicht auch, (um) zu einem besseren Menschen zu werden. Mit dem Willen, sich ein agiles Mindset anzueignen, geben wir uns die Chance, der Sache ein Stückchen näherzukommen und lebendiger zu sein.

Was sagen deine inneren Stimmen dazu?

Nadine Zasadzin

ist Schamanin und Harry-Potter-Fan. Ihrem Purpose »I inspire you to turn on your light« kommt sie als Speakerin & Dozentin zu Purpose, Leadership, Agilität, Transformation und Schamanismus nach. Langjähriges Wirken als Führungskraft hat ihr gezeigt, dass Liebe und Mut entscheidend sind für ein erfülltes Sein. Nadine ist Executive & Agile Coach, MSc Strategic Marketing Leadership und bei KPMG Beraterin für Leadership, Agilität & Change Management.

Epilog 4: Privatsache, wenn's persönlich wird

Persönliches außen vor?
Auf unseren beruflichen Missionen möchten die meisten von uns Persönliches gerne raushalten. Die drei Autorinnen und zwei Autoren dieses Kapitels beschreiben, wie stark sie persönlich eingebunden und gefordert waren. Es gibt Konflikte in Teams, bei einem Rollen- oder Arbeitsplatzwechsel, die größtenteils im Inneren ablaufen und persönlich sind. Auf agilen Missionen gibt es so manche Veränderung der Rollenbeschreibungen, der Prozesse, Regeln oder anderen Strukturen. Wir Menschen passen unser Verhalten selbstständig und nach unseren eigenen Vorstellungen und Fähigkeiten an den veränderten Kontext an. Schwierig wird es immer dann, wenn wir zu einer Verhaltensänderung gezwungen werden mit Worten wie »Du musst dich verändern! Du bist nicht ok, so wie du bist!« oder sogar in unser Privatleben eingegriffen wird.

In Mission: Impossible 3 wird die Frau von unserem Top-Agenten Ethan Hunt entführt. Auch bei Spiderman und anderen Heldengeschichten werden die Protagonisten zu einem Verhalten gezwungen, weil ihre Liebsten in Gefahr gebracht werden. Gerade die Vermischung von beruflichen und privaten Herausforderungen sorgt für extravaganten Nervenkitzel.

Auf unseren agilen Reisen bringen wir die Beziehung zu unseren Liebsten und zu uns selbst öfter in Gefahr. Der Stress, die gemischten Gefühle, der innere Zwiespalt – wir nehmen sie mit nach Hause und lassen unser Privatleben dadurch beeinflussen. Durch unsere beruflichen Erlebnisse verändern wir uns persönlich – und das nehmen auch unsere Liebsten zu Hause wahr.

One-Company – familiäres WIR-Gefühl

Aktuell ist es total in Mode, in Unternehmen große Initiativen für mehr Gemeinschaftsgefühl zu starten. Mit der vergangenen Corona-Pandemie im Hintergrund sollen die Mitarbeitenden wieder mehr Firmenzugehörigkeit empfinden und sich stärker an das Unternehmen binden. Sinnvolle und sinnlose Aktivitäten begleiten diese Zeit: Die einen werden gezwungen, 25 % ihrer Zeit mindestens am Arbeitsplatz zu verbringen, T-Shirts mit großem »WE« zu tragen und an Seelen-Striptease-Teambuildings teilzunehmen. Die anderen kreieren verschiedene frei nutzbare Arbeitsflächen für unterschiedliche Anlässe und laden zu Weiterbildungs- und Netzwerkveranstaltungen ein.

Eigentlich sollte gearbeitet werden an abteilungsübergreifenden Prozessen, mehr Transparenz entlang des Wertstroms, weniger Übergaben zwischen Mitarbeitenden und weniger parallel zu bearbeitenden Tätigkeiten. Stattdessen werden Poster aufgehängt mit »Wir sind eine große Familie« oder »ONE Company« und den Mitarbeitenden wird immer wieder eingebläut, wie wichtig die konfliktfreie Zusammenarbeit ist.

Auch die agile Transformation mit all ihren agilen Rollen ist davon nicht befreit. Nach außen wird das Familiäre und Vertraute vorgespielt, nach innen nimmt man mehr Abstand zueinander ein und wird misstrauisch. In den Beiträgen von Alexander, Inga und Maria lesen wir, wie Konflikte oft unterschwellig entstehen. In Retrospektiven, gerade durch die Scrum Master-Rolle, wird gerne tiefgreifend nach Meinungen und Gefühlen gefragt. In der »Scrum-Familie« möchte man offen miteinander sprechen, Probleme frühzeitig ansprechen und sich ständig verbessern. Dies kann jedoch schnell in eine sehr private Richtung überschlagen: Dann soll man seine Beziehung zu jedem Teammitglied auf einer Skala von 1-10 darstellen, soll eine Geschichte aus seiner Kindheit erzählen oder, wann einem das letzte Mal vorgeworfen wurde, man wäre nicht dankbar genug. – Im Freundeskreis sind diese Art Fragen bereits vielen Menschen zu persönlich, im Beruflichen fühlen sich viele bereits stark angegriffen. Wo wir Familienangehörigen, die schwierige oder nervige Fragen stellen, gekonnt aus dem Weg gehen, können wir im Beruflichen diesen Abstand nicht gebrauchen. Wo in Familien über Generationen hinweg einzelne Themen tabuisiert werden, führt das Stillschweigen im beruflichen Kontext zu schweren Unternehmenskrisen. Obskure Fragen und Sprüche stehen im Gegensatz zum Leistungsgedanken in Unternehmen. In unserer »Scrum-Familie« möchten wir keine zickigen oder erzieherischen Sprüche hören wie »Solange du in MEIN Daily kommst, bestimme ich …«, »Aber die Michaela darf das immer, und ich nicht. Das ist voll unfair!« oder sogar »Jetzt reicht es aber! Ihr räumt euer Kanban-Board auf, oder ich streiche euren nächsten Urlaub!«. Im Arbeitskontext haben wir keinen Erziehungsauftrag, wir sind da, um zu leisten und Ergebnisse zu erzielen.

Alexander beschreibt, wie sich die Teammitglieder ausgefragt fühlen, weil sie ständig nach ihrem Wochenende und ihrem Privatleben befragt werden. Bei Maria lesen wir, wie sie ihre Entscheidung anzweifelt, als die ersten fragen: »Du wurdest abgesägt? Wie ist das denn passiert?«. Agil zu sein, hat nichts damit zu tun, möglichst familiär zu sein. Was man nicht kundtun möchte, bleibt Privatsache. Es macht uns nicht agiler, resilienter oder flexibler, wenn wir familiär miteinander umgehen. Ganz im Gegenteil:

In manchen Familien ändern sich die Zustände nur selten und sehr langsam, weil sie zu Harmonie streben und Konflikte vermeiden. Familiäre Teams und Unternehmen haben das gleiche Problem. Sie sind konfliktscheu und vermeiden es, Projekte zu schließen, Leute zu entlassen oder

Standorte zu verlegen. Diese Unternehmen sind sehr träge und nicht dynamikrobust. Sie sind nicht geübt im Umgang mit Konflikten und vielleicht schon harmoniesüchtig. Sie sprechen von »reibungslosen« und »komplikationsfreien« Unternehmensveränderungen und merken nicht, dass sich im Kern nichts geändert hat. Die Agilität wurde nur oberflächlich eingeführt.

Enttäuschte Erwartungen werden Konflikte
 In Marias Geschichte erzählt sie von einem vordergründig gespielten Scrum. Ihre Rolle des Scrum Masters wurde nicht akzeptiert, aber niemand spricht es direkt an. Stattdessen nimmt sie nach und nach andere Tätigkeiten an und ihre Rolle entwickelt sich in eine völlig andere Richtung. Auch Inga kann berichten, wie sie von einem Team ins nächste und von einem Arbeitgeber zum nächsten wechselte. Bei Alexander hören wir die Statements der Teammitglieder und jede Sichtweise wirft ein neues Licht auf den Konflikt. Konfliktfrei geht es auch bei Bastian und Nadine nicht zu, als die zwei ihre Stelle wechselten und im Zentrum des agilen Strudels ihre Segel hissten.

 Konflikte lassen sich nicht vermeiden, denn jeder Mensch hat Erwartungen an sich selbst und an andere. Sobald diese Erwartungen nicht erfüllt werden, haben wir einen Konflikt mit uns selbst und mit anderen. Welche Erwartungen hast du an dein Team? Welche Erwartungen hast du an dich, wenn du Chief Scrum Master wirst? Was erwartest du als Head of Agile?

 Wenn wir zu perfektionistisch an unseren Erwartungen festhalten, lassen wir uns die Realität vermiesen. Wir können unsere Erwartungen offen ansprechen. Wir können prüfen, ob wir an unseren eigenen Erwartungen festhalten oder sie loslassen wollen. Wir können nicht erwarten, dass andere ihre Erwartungen ändern. Wenn unser Glück von diesen Erwartungen abhängt, ist es wichtig, weiterzuziehen und woanders sein Glück zu suchen.

An Konflikten reifen

Konflikte wird es immer geben, und das ist gut so. Nur wenn es Konflikte gibt, wissen wir, dass den Beteiligten dieser Sachverhalt wirklich wichtig ist. Der Konflikt zeigt nicht nur, dass uns selbst das Thema sehr wichtig ist, sondern auch unserem Gegenüber. Er ist eine Einladung, den Blickwinkel des anderen einzunehmen. Durch den Konflikt lernen wir uns selbst besser kennen, wir reifen am Konflikt. Wenn wir eine »reibungslose« und »komplikationsfreie« Unternehmensveränderung möchten, gehen wir Problemen bewusst oder unbewusst aus dem Weg. Sobald es Reibung und Komplikationen gibt, haben wir es mit einer essentiellen Veränderung zu tun, mit einer massiven Irritation, an der die Organisation reifen und sich entwickeln kann.

In unseren fünf Geschichten dieses Kapitels erfahren wir, warum die Protagonisten sich gerade den einen Konflikt aussuchen und der Auseinandersetzung nicht aus dem Weg gehen. Es sind nicht die tagtäglichen Belanglosigkeiten, nicht die aussichtslosen Konflikte, sondern die Konflikte, die für die Zukunftsfähigkeit der Organisation relevant sind. Sie streben strukturelle und institutionelle Entscheidungen an und achten darauf, wann für einen nächsten Schritt der richtige Zeitpunkt ist. Sie nehmen schwelende Konflikte, hohe Spannungen und emotionale Wirbelstürme in Kauf. Als Dank lernen sie die bunten Facetten der Agilität kennen und lernen, dass Agilität mehr ist, als bloß Scrum einzuführen, Retrospektiven zu moderieren oder Führungskräfte in neuen Führungstechniken zu schulen.

Die eigene Kompetenz erkennen

Nur wenn ich mich für diese Konflikte kompetent genug fühle, begebe ich mich in diese Situationen. Wenn ich mich in der Lage fühle, meine Rolle innerhalb der agilen Mission gekonnt auszufüllen. In Anlehnung an die Wieslocher Kompetenzformel beschreibt eine Person sich selbst dann als persönlich kompetent, wenn sie folgende drei Faktoren erfüllt:

- Rollenkompetenz: Verfüge ich in dieser Rolle über das notwendige Wissen und über die Fähigkeiten für diese Rolle? Was muss ich noch lernen und wie kann ich es lernen?
- Kontextkompetenz: Welche Kräfte wirken auf mich in dieser Rolle? Wer kennt sich hier aus und kann mir weiterhelfen? Kenne ich das Business-Theater, das man in diesem Kontext spielt?
- Passung: Passen meine Werte und meine Persönlichkeit zu dieser Rolle? Macht das Arbeiten in dieser Rolle für mich Sinn? Welches Ziel verfolge ich in dieser Rolle?

Die Formel beschreibt drei Faktoren, die sich miteinander multiplizieren. Das bedeutet, wenn ein Faktor als nicht existent (= 0) erlebt wird, wird die persönliche Kompetenz als nicht existent erlebt.

Persönliche Kompetenz = Rollenkompetenz * Kontextkompetenz * Passung

Wie erlebst du dich selbst, wenn du die fünf Missionsberichte dieses Kapitels liest? Passen die Werte in Nadines Geschichte auch zu dir? Macht die Rolle von Bastian auch für dich Sinn? Welche Kräfte wirken auf das Team von Alexander? Welches Business-Theater wird bei Maria gespielt? Welches Wissen und welche Fähigkeiten hast du bereits, die Inga für ihre unterschiedlichen Missionen benötigte?

Eine agile Mission Impossible ist immer auch eine emotionale persönliche Reise. Und in den unmöglichsten Momenten ziehen wir unsere Kraft zum Weitermachen aus unserer Gewissheit. Aus der Gewissheit über das, was wir ganz unabhängig vom Kontext und der Stelle können. Aus dem Wissen darüber, was uns wirklich interessiert. Wir sehen das große Ganze, das größer ist als wir selbst, zu dem wir in unserem Leben etwas beitragen. Dafür suchen wir in jeder Mission Impossible nach der Arbeit, wo wir uns wohl, wertgeschätzt und willkommen fühlen.

Wenn die Welt verrücktspielt

Kollaboration fights Klimakrise

9. März 2023. 9:37 Uhr.
Ich sitze links hinten in der Ecke eines italienischen Restaurants. Die Tische sind bis auf einige wenige unbesetzt. Weinflaschen in Regalen, kitschige Bilder und riesige Spiegel an den pastellgrünen Wänden bieten den Rahmen für Mobiliar aus den 60er Jahren. Ich mag die rot gepolsterten Stühle und den Café Latte. Über mir Kronleuchter, nur einer von dreien leuchtet. Draußen auf der Veranda putzt ein Kellner gelassen die Stehtische. Ein Pärchen in den besten Jahren wandert unentschlossen vor dem Lokal auf und ab. Vermutlich überlegen sie, ob sie bei dem strömenden Regen nicht doch besser drinnen sitzen sollten. Hibiskusblüten, der Stamm eines elefantenhohen Ficus Benjamini, einige Palmwedel sind in meinem Sichtfeld. Die Espressomaschine rauscht, Autos schwimmen auf den überfluteten Straßen vorbei, doch ich bin abgeschottet von den Geräuschen. Über meine Kopfhörer höre ich Alt-J's »A Lovely Day«, … and the world is alright with me.

»Moment, stimmt das wirklich?« Ein hektischer Klick auf meine Eskom-App zeigt mir, dass der Strom heute erst um 16 Uhr abgestellt wird. Tatsächlich: The world is alright with me. Ich lasse meinen Laptop und mein Telefon einfach so lange, bis ich zu meinem Meeting um 11:15 Uhr aufbreche, an der Restaurantsteckdose. Dann dürfte die Energie in den Akkus für den Rest des Tages ausreichen.

Zwei Tage zuvor.
7. März 2023. 10:57 Uhr.
Just habe ich den Wagen von Keenan verlassen. Keenan, ein Uber-Fahrer, hat mich aus meiner Gated Community in Hout Bay zum Konferenzzentrum Down Town Kapstadt gefahren. Ich bin auf dem Weg zur 15. African Ener-

gy Indaba, einer der größten Konferenzen der Region, auf der sich Akteure aus der Energiewirtschaft, der Politik und auch der größte Energieversorger, die Eskom, tummeln.

Keenan ist Vater einer einjährigen Tochter, die wächst und gedeiht. Sie braucht jetzt vier Fläschchen pro Nacht statt drei. Keenan hat kürzlich einen kleinen Gasherd gekauft, um auch dann Nahrung für sein Baby zubereiten zu können, wenn der Strom abgestellt wird. »Uns geht's noch relativ gut«, sagt Keenan. »Aber was ist mit all den vielen Menschen hier, die sich so etwas und vieles mehr gar nicht leisten können?«

Loadshedding, auf Deutsch Lastabwurf, oder das gezielte Abstellen von Strom, ist in Kapstadt seit 2008 an der Tagesordnung. Haushalte, Unternehmen und auch die Infrastruktur sind im Laufe eines Tages mindestens zehn Stunden in Zwei- bis Drei-Stunden-Rhythmen stromlos. Das bedeutet, dass Ampeln nicht funktionieren, Eisschränke abtauen oder Eltern ihren Babys kein Fläschchen zubereiten können. Das bedeutet auch, dass das südafrikanische Mobilfunkunternehmen MTN jeden Monat 400. 000 Liter Diesel verbrennt, um die Handymasten am Laufen zu halten.

7. März. Ungefähr 9:00 Uhr.

Gwede Mantashe, der Energieminister von Südafrika, eröffnet die 15. Africa Energy Indaba. Mantashe, der sich selbst als Kohle-Fundamentalisten bezeichnet, wird von mutigen Greenpeace-Aktivist:innen unterbrochen, die leuchtend-gelbe Plakate hochhalten. »Coal = Corruption«, »Gwede – stop blocking renewables«, steht darauf geschrieben. Über Bluetooth-Lautsprecher fordern Bürger:innen die sichere und bezahlbare Stromversorgung.

Ich selbst nehme an der Eröffnung nicht teil, ich bin im Ausstellungsbereich unterwegs, um mit Unternehmer:innen zu sprechen, die nicht in Kohle machen, wie der lokale Energieversorger-Monopolist Eskom es tut, sondern in erneuerbaren Energien. Es sind einige wenige vor Ort, wie bspw. der Solateur-Berater Jason, der verstohlen flüstert, dass es u. a. auch aus politischen Gründen noch 10 bis 15 Jahre dauern wird, bis die Dächer südafrikanischer Gebäude mit Solar-Paneelen bedeckt sein werden. »Mit Kohle verdienen bestimmte Menschen einfach mehr«, sagt er. »Was braucht es, um Photovoltaik auf mein Dach zu bekommen?«, frage ich Li Sun, einen weiteren Anbieter grüner Energielösungen. »Goldnuggets, meine Liebe. Das kannst Du Dir gar nicht leisten!«

7. März. 13:30 Uhr.

Nach den erhellenden Gesprächen muss ich mich nun noch mental auf meinen Vortrag vorbereiten, den ich gleich halten werde: »Kollaboration fights Klimakrise: Wie wir wertschöpfend zusammenarbeiten.«

Ich werde darüber berichten, wie wir im QLab Think Tank arbeiten.

7. März. 14:00 Uhr.

Vor mir sitzen ungefähr 30 Menschen aller Altersgruppen und aus unterschiedlichen Kulturen in Anzügen oder Kostümen. Ein freundliches Mausgrau ist der dominierende Farbton der Kleidungsstücke, aber hier und da blitzt auch ein fröhlich-bunter Rock oder ein ebensolches Hemd auf. Ach, und da drüben sitzen Tella und Vernon, zwei ungefähr 25-Jährige, die mit ihrem Startup den Transport von Menschen in Kapstadt revolutionieren wollen. Quasi Uber, aber mit Elektroautos.

»Herzlich willkommen!«, begrüße ich das Publikum und blicke in neugierige Gesichter. »Ich bin Andrea, komme aus Deutschland, dem Land mit der sichersten Stromversorgung der Welt.« Ich meine, das ein oder andere Schmunzeln zu entdecken.

»Ich werde heute darüber berichten, wie wir im QLab arbeiten, um die Energiewende voranzutreiben und freue mich sehr, dass Ihr hier seid!«

Nachdem ich mich kurz vorgestellt habe, gebe ich das zum Besten, was ich in mehreren Pitches geübt habe:

»Unsere Mission: Wir entwickeln innerhalb von fünf Wochen im Rahmen unseres QLab Innovation Sprints mit unseren multi-disziplinären und internationalen Teammitgliedern aus aller Welt maßgeschneiderte Lösungen für Probleme rund um das Thema Energiewende.

Unsere Vision: Wir schaffen lebenswerte Städte mit grüner Architektur, Infrastruktur und neuer Mobilität.«

»Langweilig?«, frage ich. »Na gut, dann stellt Euch einfach vor, dass wir mit wechselnden Teams von mittlerweile insgesamt 28 Superheld:innen arbeiten, das antritt, um die Welt zu retten. Wir leben im QLab-Universum, in dem wir unermüdlich die richtigen Fragen finden, die wir beantworten, um eine urenkelfreundliche Welt zu schaffen. Eine Welt, in der nicht nur Eltern, sondern alle Bürger:innen oder Organisationen jederzeit, wann immer sie wollen, Zugriff auf eine stabile, preiswerte und vor allem nachhaltige Energieversorgung haben…«

Irgendwo in Zeit und Raum. So arbeiten wir im QLab Universum:

1. Check-in

»Einen schönen guten Morgen aus der Zukunft«, ruft uns Rehma mit einem Lachen entgegen. Rehma studiert Environment and Resource Management an der TU Cottbus, doch im Moment sitzt sie im Wohnzimmer ihrer Familie in Karachi, Pakistan. In Deutschland ist es 9 Uhr morgens. In Karachi gibt es vermutlich gleich Mittagessen.

Wir sind froh, dass Rehma und ihre Familie nicht direkt von der Flut betroffen sind, die durch den immer stärker werdenden Monsun ausgelöst wurde. Allerdings steigt die Zahl der Klimageflüchteten in der Millionenmetropole. Die Neuankömmlinge, die Hab und Gut verloren haben, leben auf der Straße, Arzneimittel werden knapp.

»Oh, verdammt, ich bin gleich zurück!« Rehma stellt ihre Kamera aus und wir gucken auf ein schwarzes Feld in der Galerie unseres MSTeams Meetings. »Wer ist denn heute für unseren Check-in verantwortlich?«, frage ich, während wir die Wartezeit überbrücken. Patrick, Marieliz, Mariana und Wahidul würden sich in der analogen Welt vermutlich mit Blicken abstimmen, im zweidimensionalen QLab-Universum ist das nicht möglich, darum hebt sich nun eine kleine gelbe Hand im Rahmen, in dem Wahidul zu sehen ist.

»Ich bin heute dran«, sagt er, und teilt das Miro-Board, unsere digitale Spielwiese, die seit unserem Sprint-Start vor knapp drei Wochen wächst und gedeiht. In diesem Moment taucht auch Rehma wieder auf dem Bildschirm auf. »Die Pfanne hat gebrannt, ich musste meinem Bruder beim Löschen helfen«, entschuldigt sie sich grinsend. »No worries«, sagt Wahidul, »aber lasst uns mal anfangen, es gibt wieder viel zu tun heute!«

Notwendiger Exkurs

»QLabby, beschreibe den Ablauf unseres täglichen Check-ins«, bitte ich unsere künstliche Intelligenz, die ChatGPT in nichts nachsteht.

Ein kurzes, lautloses virtuelles Rattern, und schon entblättert sich QLabbys Antwort auf dem Bildschirm:

»Im Check-In, der ersten Aktion des Arbeitstages, teilen die Superheld:innen Persönliches miteinander. Auf dem

Miro-Board laden sie jeweils ein Bild zu einer bestimmten Fragestellung hoch, die sie anschließend beschreiben.

Als Beispiele für Fragen lassen sich folgende nennen: Was ist Deine Lieblingsserie? Was ist Dein Lieblingsort? Was steht auf Deiner Bucket-List?

Der Check-in dauert maximal 15 Minuten, und da Bilder mehr als 1.000 Worte sagen, vertieft diese Intervention die emotionale Verbindung zwischen den Teammitgliedern.«

2. Daily

»Und weiter geht's!« Patrick moderiert heute unser Daily. Die Superheld:innen haben sich schnell an das tägliche 15-minütige Meeting gewöhnt. »Was haben wir seit gestern geschafft? Was wollen wir bis morgen schaffen? Wo brauchen wir Unterstützung?« sind die drei Fragen, die wir uns täglich stellen. Unser digitales Kanban-Board auf Miro hilft uns dabei, sichtbar zu machen, wer sich um welche To-dos kümmert, welche Aufgabe aktuell bearbeitet wird und welche bereits erledigt ist.

»Woran arbeitet Euer Team denn gerade?«, fragt eine der Zuhörenden und reißt mich aus meinen lebhaften Erinnerungen an unseren derzeitigen Innovation-Sprint.

»Wir arbeiten gerade für einen Energieversorger, der sicherstellen möchte, dass Bürger:innen und Unternehmen nicht nur sicher und bezahlbar mit Energie versorgt werden, sondern auch klimaneutral. Gas war gestern, Wind- und Solarenergie-Lösungen müssen her, das heißt, wir entwickeln neue Geschäftsmodelle mit ihnen. Design Thinking hilft uns, gleichermaßen kreativ und analytisch vorzugehen.«

Notwendiger Exkurs

»QLabby, beschreibe den Design Thinking-Prozess«, sage ich vielleicht etwas zu streng. »Sehr gerne!«, antwortet QLabby folgsam.

»Der Design Thinking-Prozess ist in sechs Phasen unterteilt:

In den ersten drei Phasen (Verstehen, Beobachten und Sichtweise definieren) setzt sich das Team intensiv mit der sogenannten Design Challenge – dem zu lösenden Problem – auseinander und nähert sich den tatsächlichen Bedürfnissen der potenziellen Nutzer:innen und Kund:innen.

Das Team begibt sich dann in den so genannten Lösungsraum (Ideen finden, Prototypen entwickeln, Testen): Im Brainstorming sammelt es vielfältige Ideen zur Lösung des Problems und bewertet und priorisiert diese anschließend.

Aus der priorisierten Idee entwickelt das Team einen Prototyp, der ein Konzept sein kann, ein Wireframe, ein Modell aus Pappe oder Lego, Customer Journeys oder Rollenspiele. Wichtig ist es, etwas Anfassbares zu produzieren, um Dinge besprechbar zu machen. Kund:innen und Nutzende testen den Prototyp, und das Feedback hilft dem Team bei der Iteration und Weiterentwicklung.«

Zurück auf der Konferenz

»Was ist denn für Dich einer der wichtigsten Bausteine in dem Design Thinking-Prozess?«, fragt ein mittelalter Mann, dessen leuchtend-grüner Schlips mit Sicherheit auch in der Dunkelheit Licht spendet. Gar nicht so schlecht, bei den ständigen Stromausfällen.

»Das Führen von Interviews mit potentiellen Nutzer:innen unseres Produkts, unseres Services oder eines Prozesses«, antworte ich. »Wir glauben immer, unsere Kund:innen zu kennen, das stimmt aber nicht. Nicht solange wir intensive Gespräche mit Ihnen geführt haben, um die Bedürfnisse hinter ihren Bedürfnissen herauszufinden.«

Die Frage des Mannes erinnert mich an einen Morgen kurz nach dem Start des Innovation Sprints. Für die Kommunikation zwischendurch benutzen wir WhatsApp, und kurz bevor wir an Tag 3 unseren Check-in durchführen wollen, erreicht uns eine Nachricht von Mariana, einer angehenden Architektin, die nordöstlich von Rio de Janeiro lebt.

»Es tut mir so leid, aber ich kann heute nicht bei den Interviews dabei sein«, schreibt sie und schickt uns Fotos von der Straße, in der sie wohnt. Wir blicken auf einen reißenden Strom, der da nicht hingehört und wo sonst Autos hin- und herfahren. Starke Regenfälle in der vergangenen Nacht haben den sanft dahinrauschenden Bach in einen reißenden Fluss verwandelt. Mariana hilft, Wasser aus Kellern zu schöpfen. Alle hoffen, dass sich die Situation schnell wieder entspannt.

Eine Frau mit einer raffinierten Hochsteckfrisur meldet sich. »Was mich interessieren würde, ist, wie ihr Eure Superheld:innen findet, und wie das Onboarding funktioniert. Ihr müsst die Leute ja von Tag eins an in wertschöpfende Arbeit bringen.«

»Spannenderweise finden die Superheld:innen uns«, antworte ich. »Im letzten Sprint haben wir 160 Bewerbungen aus aller Welt bekommen. Ein Auswahlkriterium ist ein Motivationsschreiben. Warum wollen die Leute im QLab arbeiten? Was wollen sie für das Thema Nachhaltigkeit tun? Das ist das, was uns am meisten interessiert.«

Das Schreiben unseres Teammitglieds Marieliz, die an der Bauhaus Universität Integrated Urban Development and Design studiert, hat mich besonders berührt. Sie ist auf Puerto Rico geboren, einem Inselstaat, der immer wieder von Hurrikans und Hitzewellen heimgesucht wird. »Ich habe die Bedingungen, mit denen meine Insel nach dem Hurrikan Maria immer noch konfrontiert ist, hautnah miterlebt. Ich möchte eine Umwelt schaffen, in der solche Katastrophen nicht mehr passieren«, schrieb sie uns.

Ein notwendiger Exkurs

»QLabby, beschreibe den ersten Tag unserer Superheld:innen-Reise«, fordere ich unsere KI auf. »Na, klar, here we go!« (Interessant. Unser kleiner Freund scheint Humor zu entwickeln!)

»Am ersten Tag unserer gemeinsamen virtuellen Reise stellen sich die Superheld:innen im Rahmen eines Pecha Kuchas vor:

20 Folien, ausschließlich mit Bilder versehen, jedes Bild 20 Sekunden lang vom Vorstellenden beschrieben, und schon wissen wir voneinander, wie wir als Baby ausgesehen haben, wer unsere Familienmitglieder und Freund:innen sind, was unser Traumreiseziel, unsere Lieblingssportart oder unser Lieblingsessen ist, wer die Held:innen unserer Jugend waren, wie wir unsere Werte leben und was wir der Welt hinterlassen wollen.«

Das zur Hochsteckfrisur gehörende Gesicht lächelt. »Da erlebt Ihr vermutlich immer wieder Momente voller Magie, nicht wahr?«, fragt sie. »Ja«, sage ich. »Unsere persönlichen Geschichten sind ein unglaublich kraftvolles Instrument, um uns in Nullkommanichts in vertrauensvolle Zusammenarbeit zu bringen. Nur durch Kollaboration lässt sich etwas gegen die Klimakrise tun.«

15. März, 09:42 Uhr

Ich sitze auf der noch schattigen Terrasse der Wohnung meiner Freunde in Hout Bay, Kapstadt. Die Sonne strahlt feuchte 24 Grad warm vom Himmel. Die gestrigen Windböen, die meine Klamotten von der Wäscheleine gerissen und durch den Garten verteilt haben, haben nachgelassen. Eine Socke ist dabei verlorengegangen. Eine der Nachbarskatzen lauert – vermutlich wieder vergeblich – den Perlhühnern auf. Die Bienen in der Palme versorgen wie an jedem Morgen ihre Larven, was aussieht wie ein wunderbarer, eleganter Tanz. Die April's Fool, eine prächtige Blume mit leuchtend-roten Blütenblättern, streckt sich den wenigen Wolken entgegen. »A Lovely Day«, ... and is the world is alright with me?

Nein, ist sie nicht. Aber wir wissen, dass wir durch unsere Art der Zusammenarbeit Menschen in die Lage versetzen, einem Ziel zu folgen und daran zu arbeiten, die Energiewende voranzutreiben und der Klimakrise entgegenzutreten.

Andrea Kuhfuß

ist seit April 2021 Mitgründerin und Geschäftsführerin des QLab Think Tanks, der Stadtwerke, Kommunen und Unternehmen bei der Entwicklung und Implementierung nachhaltiger Lösungen in den Bereichen Grüne Architektur und Infrastruktur sowie Neue Mobilität und bei der Organisations-, Teams- und Führungskräfteentwicklung unterstützt.

Als Agile Consultant, Organisationsentwicklerin, Innovationsberaterin und Design Thinking Coach war Andrea von 2017 bis 2021 in einem IT-Unternehmen tätig. Agiles Prozess- und Projektmanagement standen hierbei im Vordergrund.

Andrea Kuhfuß hat 2016 das Zertifikatsstudium ‚Leading Digital Transformation and Innovation' am Hasso-Plattner Institut / Stanford University absolviert und ist als Sprecherin, Moderatorin und Trainerin aktiv.

In ihrem früheren Arbeitsleben war sie als Wirtschaftsassistentin, Kunsthistorikerin und Innovationsmanagerin für den Bereich Design, Kreativwirtschaft und Digitalisierung u. a. für die Wirtschaftsförderung Bremen tätig.

Andrea ist stolze Mutter eines 24-jährigen jungen Mannes, reist und liest leidenschaftlich gerne, ist neugierig, mag Menschen und blickt der Zukunft optimistisch entgegen.

Von Null auf Scrum in weniger als 9 Monaten

Es ist Montagmorgen, kurz nach 7 Uhr. »Was zur Hölle«, denke ich, als es an der Tür klingelt. Ich bin absolut kein Frühaufsteher.Meine Laune ist im Keller. Mein Schlaf wurde durch das Klingeln an der Tür jäh unterbrochen, wer immer das war, sie oder er kann sich auf etwas gefasst machen, denke ich. Ich sehe auf meine Uhr und seufze. Es ist viel zu früh für einen unerwarteten Besuch. Ich rolle mich aus dem Bett und schlurfe langsam zur Tür. Als ich sie öffne, steht niemand vor mir. Stattdessen sehe ich nur einen Umschlag auf der Fußmatte liegen.

Ich hebe den Umschlag auf und bemerke, dass er an mich adressiert ist – Andreas Ulrich. Ich bin auf der Stelle wach. Mein Herz beginnt zu pochen, als ich den Umschlag öffne und die kurze handschriftliche Notiz lese: »IHR AUFTRAG – ein agiles Team zusammenzustellen und so Agilität in einem Unternehmen implementieren!«

Ich bin irritiert, warum werde ich von einem unserer Partnerunternehmen direkt kontaktiert? Die Lage muss ernst sein. Ich bin schon oft mit solchen Aufträgen betraut worden und nicht selten fühlt es sich für mich an, als hätte jemand einen Sprengsatz im Unternehmen platziert. Ab morgen machen wir alles anders, egal ob ihr wollt oder nicht. »Wir machen jetzt mal agil und ignorieren alles, was vorher war.« Das sorgt nicht selten für hoch explosive Konflikte im Unternehmen. Die Bombe tickt also und ich soll sie entschärfen, bevor sie jemandem um die Ohren fliegt..

Ich lege die Notiz und die Unterlagen mit den Details beiseite. Mein Körper hat sich vom ersten Schrecken erholt und signalisiert mir deutlich: Gib mir Kaffee, wenn du den Tag beginnen möchtest. Und ich gehorche.

Als Berater bin ich es gewohnt, unerwartete Aufgaben zu erledigen und mich schnell auf neue Herausforderungen einzustellen. Ich weiß, dass solche vagen »Wir wollen agil werden«-Aufträge eigentlich immer Mehrarbeit, Blut, Schweiß und Tränen bei allen Beteiligten hervorrufen. Aber ich bin bereit, mein Bestes zu geben und sicherzustellen, dass das Unternehmen von meiner Arbeit profitiert. Also öffne ich die Unterlagen und lese:

Guten Morgen. Bei einem unserer Partnerunternehmen hat sich der Gedanke festgesetzt, ein agiles Team zu bilden. Die Bedürfnisse sind bekannt. Man verspricht sich davon Schnelligkeit und hohe Effizienz. Ihre Mission, falls Sie diese annehmen, lautet: Stellen Sie ein agiles Team zusammen und sorgen Sie unter Einsatz aller verfügbaren Mittel für die Implementierung von Agilität. Ihr Team wird aus Mitgliedern unterschiedlicher Bereiche bestehen. Sie werden Experten aus der Personalabteilung, dem Anforderungsmanagement, dem Reporting und diversen anderen Abteilungen zu einem Scrum-Team formen. Agiles Vorwissen ist bei keinem der Teilnehmer vorhanden. Sie haben weniger als 9 Monate Zeit, ein funktionierendes agiles Team, das nach Scrum arbeitet, zu formen. Dieses Team soll schnell und effizient aktuelle Fehlerbilder, verursacht durch Prozesse, Regeln und eine veraltete Personalsoftware, ausräumen. Wenn Sie scheitern oder ein Burnout erleiden, werden wir jegliche Kenntnis dieser Operation abstreiten. Viel Glück Ihnen!

Glück! Ich nippe an meiner zweiten Tasse Kaffee und schmunzel grimmig in mich hinein. Ich bin seit über 10 Jahren agiler Coach, arbeite aktuell für einen großen Konzern. Zusätzlich bin ich seit Jahren in unterschiedlichen Kontexten nebenberuflich als Berater unterwegs, das ist nicht mein erster Auftrag dieser Art. Das Glück brauche ich, um diese Bombe zu entschärfen. Denn in solchen

Aufträgen stecken viele Fallstricke, die zu ungeahnten Problemsituationen in einem Unternehmen führen können.

Es ist kurz nach dem Mittag, ich war faul und hatte ein halbgares Fertiggericht, welches mir noch schwer im Magen liegt. Ähnlich wie der Auftrag. Aber so langsam habe ich mich gesammelt. Ich bin die Details mehrfach durchgegangen und gewinne langsam einen Eindruck, was mich erwarten könnte. Und je mehr ich darüber nachdenke, ist es wirklich so, als hätte jemand versehentlich eine Bombe aktiviert und nun tickt sie leise vor sich hin. Ich lächle, denn ich mag den Vergleich. Der oft unbedarfte Beschluss »Wir machen jetzt agil« in einem Unternehmen kann desaströse Konsequenzen auf die gesamte Wertschöpfung des Unternehmens haben. Ich muss also die Bombe entschärfen, bevor sie dem Unternehmen um die Ohren fliegt. Aber wie? Welchen Draht muss ich als erstes durchschneiden?

Auch wenn die Anfragen ähnlich klingen »Wir wollen Scrum/Agil werden« und ich schon einige dieser Aufträge erledigt habe, bei näherer Betrachtung hat jeder Auftrag ganz spezielle unternehmensspezifische Eigenheiten. Jeder Sprengsatz ist anders.

Das macht für mich aber auch den Reiz meiner Profession aus. Ich muss mich vorsichtig rantasten, beobachten, analysieren, Detektivarbeit leisten und die Einzigartigkeit jeder Entschärfung würdigen. Aber mir hilft meine Erfahrung und das Wissen, dass es immer einige wichtige Drähte gibt, die man als erstes in Augenschein nehmen kann.

Mein Körper schreit nach der zweiten Runde Kaffee des Tages. Ich gebe ihm nach. Während ich mir eine Tasse gönne, lasse ich mir die Details des Auftrags noch einmal durch den Kopf gehen. Welche Drähte muss ich durchtrennen? Was sind die Fakten? Ein großes Unternehmen leidet unter den Regeln und Prozessen einer Personalsoftware, die sie vor 10 Jahren eingekauft und seitdem nicht angepasst haben. Keine Veränderungen im Prozess, keine neu aufgetretenen Bedürfnisse der Organisation haben dazu geführt, dass die Software angepasst wurde. Kurzsichtig und fahrlässig, denke ich. Natürlich haben diejenigen, die mit der Software arbeiten mussten, etwas um die Software herum verändert. Es gab einige Workarounds, aber nüchtern betrachtet waren das eher Verschlimmbesserungen. Ich schüttle mit dem Kopf. Es ist fast ein Klassiker. Anstatt dieses Konstrukt abzuschaffen, setzt das Unternehmen bei jedem auftretenden Problem neue Prozesse, Regeln und Arbeitsschritte auf. In der Hoffnung, die Funktionalität (zumindest scheinbar) aufrechtzuerhalten. Man schafft zusätzliche Rollen, Stellen und baut Abteilungen drumherum. Das habe ich viel zu oft schon gesehen. Leider. Aber aus meiner Erfahrung sind Unternehmen viel besser im Verkomplizieren als im Vereinfachen. Ich kann mir nur ausmalen, wie viel Kopfzerbrechen das bei den vielen Menschen in diesem Unternehmen verursacht haben muss. Und erst jetzt, wo der Schmerz aller bei jemandem mit genügend formaler Macht im Unternehmen entstanden ist , wird endlich etwas getan. Ich seufze schwer, ziehe mir meine Jacke an und fahre zu meinem Auftrag.

Eine Stunde sitze ich in einem Konferenzraum. Ich zwinge mich zu lächeln, während ich an dem sehr dünnen und bitteren Kaffee nippe und zwei Damen zuhöre, die sich mir in einer Powerpoint-Präsentation als Projektleiterin und Product Ownerin des neu aufgesetzten Scrum-Teams vorgestellt haben. Beide reden viel über aktuelle Probleme und den Druck von der Geschäftsführung. Schnelle Lösungen müssen her. Irgendwann schwenkt die Projektleiterin in ihrer Powerpoint-Präsentation zum Thema Agilität. Sie persönlich habe auf einer Konferenz schon viel Gutes darüber gehört und daher habe sie sich persönlich dafür eingesetzt, ein interdisziplinäres Scrum-Team zur

Lösung einzusetzen. Aus diesem Grund hat sie auch kurzerhand eine Product Ownerin eingesetzt und einen erfahrenen Berater gesucht, der auch noch die Scrum Master-Rolle übernehmen kann. Klar denke ich und irgendwer im Vorstand hat bestimmt gejubelt und nutzt das jetzt für sich. Wahrscheinlich rennt er oder sie jetzt auf irgendwelchen Meetings rum und erklärt stolz, wie agil das Unternehmen jetzt ist. Beinahe hätte ich aufgrund meiner Gedanken verpasst, dass die beiden Damen ihre Präsentation mit diesem Satz beendet haben und mich schon einige Sekunden erwartungsvoll anstarren.

»Tja, äh vielen Dank!«, stottere ich als erste Antwort zusammen und mache ein Wie-sage-ich-es-ihnen-jetzt-am-schonendsten-Gesicht. Denn beide starren mich etwas bedröppelt an. Mit »Ich habe noch ein paar Fragen« versuche ich die Situation zu entschärfen. »Bitte helft mir. Welches Problem möchtet ihr als Unternehmen eigentlich genau lösen? Die Software funktioniert ja irgendwie und es nervt einige, aber wirklich Geschäftserfolg bedrohend scheint es mir nicht? Und was hat sich verändert, wenn das Problem gelöst ist?« Die beiden bestätigen mir etwas zu überschwänglich, dass sie meine Fragen total wichtig finden und ich höre heraus, dass die Personalsoftware vermutlich ein weiteres Wachstum hemmen und das schlecht für das Geschäft sein könnte. Ich nicke bedächtig und frage: »Warum glaubt ihr, dass Agilität eine Lösung für dieses Problem sein kann?« Für mich ist diese Fragestellung von immenser Bedeutung. Viele Unternehmen scheinen sich keine Gedanken zu machen, warum sie Agilität, meistens in Form eines bestimmten Frameworks, wie Scrum oder Kanban, einsetzen. Die Antwort der Projektleiterin ist simpel: »So arbeiten doch alle heute!«

Ich schüttle etwas verärgert den Kopf und erkläre den beiden, dass ich mir ja auch keinen teuren Hightech-Bohrhammer zulege, um meine Kaffeemaschine zu reparieren. Also etwas mehr Zeit in die Definition des eigentlichen Problems und im Anschluss in die Wahl des Werkzeugs wäre wichtig für eine Zusammenarbeit. Die beiden nicken und wirken dennoch etwas überfahren.

»OK«, denke ich laut. »Haben wir hier eine Flipchart, wo ich etwas visualisieren kann?« Nach 75 weiteren Minuten, viel Kritzelei und guten Dialogen sind wir uns einig. Ein agiles Vorgehen könnte eine guter Modus sein. In diesem Fall sind weder konkrete Ideen zur Behebung der Fehlerbilder vorhanden, noch existieren Ergebnisvorstellungen, wie eine adäquate Lösung aussehen könnte. Gute Voraussetzungen, um sich an Ergebnisse zu iterieren.

Die Bombe tickt noch, aber ich denke, wir haben den ersten Draht gekappt. Auf zum nächsten.

Zwei Wochen später sitze ich mit einem Kaffee in meinem ersten Zwei-Tages-Workshop mit dem gesamten Team. Vorrangig, um alle kennenzulernen, aber auch um zu erfahren, was denn eigentlich von Scrum schon verstanden wurde? Nach den ersten zwei Stunden ist klar: Im Raum herrscht ein sehr diffuses Bild von Scrum. Irgendwas mit Boards, viele neue Meetings und wir schätzen irgendwas mit Pokerkarten. Ich hatte es geahnt. Aus Erfahrung weiß ich, dass viele denken, Scrum ist einfach zu implementieren. Da war er also, mein nächster Draht.

In der ersten Workshoppause grüble ich kurz, nippe an meinem inzwischen kalten Kaffee und schmeiße die restliche Agenda des Tages über den Haufen. In großen Buchstaben schreibe ich eine Frage auf einem Flipchart: »WIESO SCRUM?«

Den etwas verstörten Teilnehmern erkläre ich mein Anliegen und spezifiziere die Frage noch ein wenig. »Ich habe das Gefühl, dass ihr alle hier wisst, warum wir hier sitzen und was das grobe Ziel ist. Soweit ich in der Vorstellungsrunde verstehen konnte, leidet jeder von euch unter der Software und den damit geschaffenen Regeln und Prozessen.

Aber warum suchen wir Lösungen mit Scrum? Was nutzt uns diese Veränderung eurer gewohnten Arbeitsweisen?«

Niemand antwortet. Es ist so still im Konferenzraum, dass ich die Stille schmerzhaft spüre.

Und genau in diesem Moment höre ich die Bombe wieder ticken. Ich merke, wie mir der kalte Schweiß auf der Stirn steht. Da ist er. Der nächste Draht.

Wenn ich jetzt kein Verständnis für meinen Ansatz bei dem Team schaffe, dann geht die Bombe hoch. Scrum nur zu implementieren, ohne den echten Mehrwert verstanden zu haben, wird sehr wahrscheinlich zu viel Gegenwehr bei den Beteiligten führen. Das wäre nicht das erste Mal, dass ein Unternehmen mehr Leute damit beschäftigt, Scrum zu spielen, als echte Probleme damit zu lösen. Es hämmert in meinem Kopf. »Verliere ich jetzt das Team aufgrund meiner Fragen, ist das Projekt zum Scheitern verurteilt und ich werde meinen Auftrag nicht erfüllen.« Ich schließe die Augen und das Ticken der Bombe wird lauter.

»Heißt das, wir müssen gar keinen Scrum machen?«, durchbricht eine Teilnehmerin die Stille. Ich öffne die Augen und sage: »Nicht, wenn wir nicht alle verstanden haben, warum es nützlich für unsere Aufgaben ist.«

Und plötzlich macht sich im gesamten Raum und dann auch bei mir ein Gefühl der Entspannung breit.

Nach guten drei Stunden, einiger anfänglicher Gegenwehr einiger Teilnehmer und dem unguten Gefühl, dass die Product Ownerin mir jeden Moment an die Gurgel springt, haben wir es. Wir machen kein reines Scrum! Kurz läuft es mir kalt den Rücken runter, weil ich an die vielen Scrum-Evangelisten denken muss, die in diesem Moment eine Erschütterung der agilen Macht verspüren und traurig mit dem Kopf schütteln. Aber ich bin zu sehr Pragmatiker und meine, eine Einführung von Scrum muss auf den vorliegenden Fall maßgeschneidert werden. Der nächste Draht ist durchtrennt!

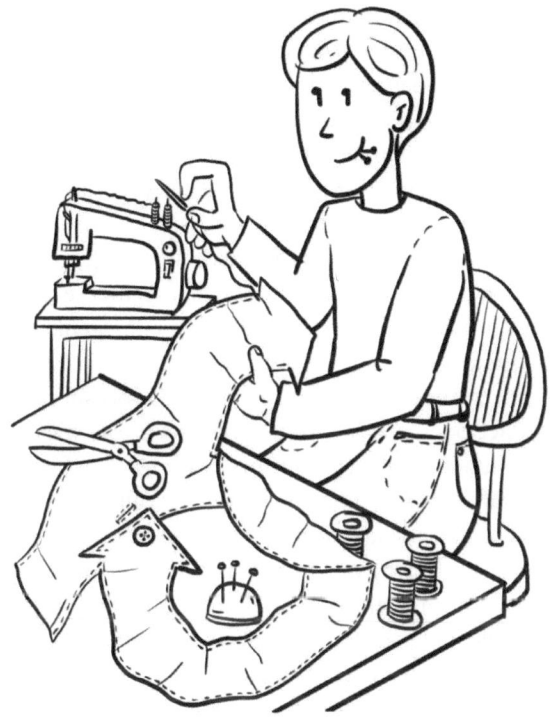

Und so starte ich mit einem heißen Kaffee und einer neuen Agenda in den zweiten Workshoptag. »Wir werden kein echtes Scrum machen«, beginne ich und ich ignoriere die Schnappatmung der Product Ownerin. »Allerdings«, fahre ich fort, »brauchen wir einige Grundlagen, Prinzipien und Vereinbarungen, wenn wir in diesem Team erfolgreich zusammenarbeiten wollen.« Und mit diesem Satz drehe ich eine Flipchart um. Darauf steht:

- Wir müssen als Team klare Regeln der Zusammenarbeit finden. Wer macht was, bis wann muss jedem zu jeder Zeit klar sein.
- Wir müssen ein Verständnis davon haben, wer unsere Kunden sind und was diese von uns erwarten.
- Wir müssen wissen, was im Unternehmenskontext Erfolg bedeutet und wer unsere Arbeit bewertet.
- Wir müssen einen Weg finden, Aufgabenpakete zu bearbeiten, diese in regelmäßigen Zyklen zu besprechen und sie so zu liefern, dass das gesamte Unternehmen darin einen Mehrwert sieht.

Ich bin auf dem Weg nach einem anstrengenden, aber erfolgreichen zweiten Workshoptag. Ich bemerke erst spät, dass mich fremde Menschen, die mir entgegenkommen, etwas verstört anlächeln. Scheinbar bin ich mit einem fetten Grinsen unterwegs. Klar haben alle Workshopteilnehmer früher oder später erkannt, was mein Ziel war: Nicht Scrum einfach plump einzuführen, wie es das Unternehmen vorab versucht hatte, sondern bei allen Beteiligten den Nutzen dieses agilen Frameworks klarzumachen. Das heißt, wir sind nicht mit Scrum nach dem Scrum Guide gestartet. Und manchmal war es auch einfach nur das veränderte Wording, das zu mehr Verständnis und Akzeptanz für die neue Arbeitsweise bei allen gesorgt hat. Wir sind nicht mit Sprints gestartet, sondern mit regelmäßigen Arbeitszyklen. Wir sind nicht mit Stories und Tasks gestartet, wir sind mit Arbeitspaketen losgelaufen. Arbeitspakete, die wir uns im Team schnüren. Ich denke, es ist dem Team gelungen, zu verstehen, warum eine iterative Arbeitsweise, ein Regelset und das Wissen um den Abnehmer und wie man dieses bedient, um sich Feedback einzuholen, zu erfolgreichen Ergebnissen führen können. »Und die Einladung zum Mitgestalten war entscheidend«, sage ich etwas zu laut, als ich meine Tür aufschließe.

Kurz vor dem Einschlafen kommt mir noch ein Gedanke: Ein weiterer, sehr wichtiger Draht ist gekappt.

Drei Monate später und nach viel Arbeit mit dem Team stehe ich mit der Product Ownerin und einem Kaffee im Büro der Projektleiterin. Ich muss schmunzeln, weil die Product Ownerin mit großem Engagement von IHREM Team spricht und für mehr Zeit für die einzelnen Mitglieder im Projekt kämpft. Und wie ich sie so beobachte, frage ich mich: »Ist es das, was die Auftraggeber mit Implementierung von Agilität gemeint haben?« Die Product Ownerin wirkt auf mich jedenfalls verändert. Und auch der Rest des Teams agiert anders. Mir fällt auch das Bild der Bombenentschärfung wieder ein. »Ich darf mich nicht einlullen lassen«, sage ich mir. »Das können noch nicht alle Drähte gewesen sein.« »Deine Zahlen, Andy«, werde ich aus meinen Gedanken gerissen. Product Ownerin und Projektmanagerin starren mich erwartungsvoll an. »Achso«, stottere ich. »Ja, die Zahlen.« Ich klappe meinen Laptop auf und fange an, etwas von Durchsatz, Durchlaufzeiten und Blockern zu erzählen. Die Projektmanagerin versteht schnell und als ich ihr erkläre, dass der größte Blocker der fehlende Fokus auf das Projekt ist, nickt sie nachdenklich. Ich lasse aber nicht locker und erkläre ihr, dass wir unnötige Wartezeiten haben, weil die Teamkollegen nicht ihre volle Zeit für das Projekt verwenden dürfen. »Auf einem Projektplan funktionieren 0,2 Personentage pro Woche hervorragend. In der Realität führt das oft zu Abstimmungsaufwand und Liegezeiten«, argumentiere ich. Die Projektleiterin seufzt und runzelt die Stirn. »Was meint ihr, wenn alle 50 % ihrer Zeit im Projekt verwenden, würde das reichen?«

Ich nippe an meinem Kaffee und will gerade etwas erwidern, als die Product Ownerin mir zuvorkommt. »Das wäre ein guter Anfang, aber dann verzögern sich eben auch Ergebnisse! Das sieht man ja an den Kennzahlen, die

Andy erhebt. Das müssen wir den Abteilungen so klar mitteilen«, antwortet sie und sieht erst die Projektleiterin und dann mich zufrieden an.

Am Abend sitze ich mit der PO zusammen und gebe ihr Feedback zu dem Tag. Sie bedankt sich mit dem Satz: »Weißt du, mir ist klar geworden: Wer nicht bereit ist, 100 % Zeit zu investieren, darf nicht so frech sein und 100 % im Ergebnis erwarten.« »Und damit hast du dieses Mal einen Draht durchgeschnitten«, antworte ich ihr gedankenverloren, »und es wird wahrscheinlich nicht dein letzter gewesen sein.« Dafür ernte ich von ihr nur einen irritierten Blick von der Seite und sie überspielt meinen merkwürdigen Kommentar freundlicherweise.

Neun Monate sind rum. Gestern war der letzte Tag und das Team und ich haben uns und unsere Leistungen gefeiert. Etwas lädiert – es war ein langer Abend – schlürfe ich meinen Kaffee und resümiere den Auftrag. Das Team hat es geschafft! Sie haben alle Fehlerbilder beseitigt. Es wurden Prozesse, Regeln und Rollen abgeschafft. Es wurde sogar eine günstige und flexibel anpassbare Software gefunden, mit der das Unternehmen die alte ersetzen kann. Dadurch würden aber einige Stellen wegfallen. Daher will man diese Option den Kollegen zuliebe und gemeinsam mit dem Betriebsrat etwas sanfter angehen. Und an jenem Abend erfahre ich noch mehr. Nämlich, dass viele der gemachten Erkenntnisse aus dem Projekt in anderen Abteilungen Einzug gehalten haben. Voller Elan haben mir einige Projektmitglieder erzählt, was sie aus dem Projekt in ihre Abteilungen mitgenommen haben und wie sich das Unternehmen dadurch jetzt schon für sie spürbar verändert. Es passiert etwas.

Ich schmunzle, als ich so über den Abend und die aufgeregten Gesichter bei ihren Erzählungen nachdenke. »War es das?«, frage ich mich, »habe ich den Auftrag erledigt?

Habe ich das Unternehmen agil gemacht?« Ich glaube nicht. Und das war ja auch gar nicht mein erklärtes Ziel. Ich wollte die tickende Bombe entschärfen! Doch ganz plötzlich überkommen mich Selbstzweifel. Wie so oft nach einem solchen Auftrag. »Habe ich vielleicht etwas übersehen? Was, wenn die Bombe noch tickt?«

Ich entspanne mich wieder und sage mir selbst: »Mit Sicherheit habe ich nicht alle Drähte durchtrennt. Aber das ist auch gar nicht wichtig! Es war mir wichtig, dass viele im Unternehmen begreifen, dass es bei der Einführung von Rahmenwerken wie Scrum, Kanban etc. im Kern weder darum geht, Entwicklungsteams schneller oder produktiver zu machen. Es geht auch nicht darum, ein Taskboard in ein Großraumbüro zu stellen und bunte Zettel darauf von links nach rechts zu schieben. Ich glaube, einem Teil der Organisation ist klar geworden, die Einführung eines Frameworks ist ein Mittel, um Probleme in der Wertschöpfung zu lösen. Vor allem dem Projektteam ist bewusst geworden, dass die Personalsoftware und die Prozesse und Regeln drumherum nicht nur ein Ärgernis für viele, sondern zu einer echten Bedrohung der Wirtschaftlichkeit des Unternehmens geworden sind. Und Teile des Unternehmens haben daraus gelernt, sie erweitern das Erlernte. Ich durfte die Impulse dafür liefern.

Während ich reflektiere, entspanne ich immer mehr und etwas Stolz keimt in mir auf. Zufrieden mit mir selbst, schenke ich mir eine weitere Tasse Kaffee ein. Ich bin mir sicher, in diesem Unternehmen werden zukünftig andere mögliche Drähte finden, durchtrennen und tickende Sprengsätze selbstständig nach und nach entschärfen.

Andreas Ulrich

Als Agility Master einer Einheit und als Senior Consultant bei der DB Systel GmbH hat Andreas Ulrich viele Erfahrungen in agilen Projekten und einer großen Unternehmenstransformation sammeln dürfen. Schon lange glaubt er, dass sich die heutige Komplexität der Märkte vor allem durch ein sinnvolles Anpassen von bestehenden Strukturen bewältigen lässt. Nebenberuflich ist er auch als Berater, Speaker und Trainer aktiv.

Immaqa – eine Reise ins Ungewisse

Als ich im Arbeitsleben zum ersten Mal mit den agilen Werten in Kontakt kam, war mir gar nicht bewusst, dass diese mir im Privaten schon längst begegnet waren. So wurden mir erst bei einem Coaching die Augen geöffnet. Denn als ich von einem meiner schönsten Reiseerlebnisse erzählte, stand auf einmal die Frage im Raum: »Magst du deine Geschichte nicht mal aufschreiben?«

Wenn ich reise, dann am liebsten in Regionen, die nicht so einfach zu erreichen sind. Ist man einmal dort, gibt es oft kein Zurück. Es kann nur in eine Richtung gehen, wenn auch mit einem klar definierten Ziel. Wie der Weg dahin sein wird, kann selten vorhergesagt werden.

Eines dieser Länder ist Grönland. Grönland ist vor allem deshalb so spannend, weil man dort Menschen trifft, die es vielleicht nur dort geben kann. Die damit aufwachsen, dass jeder Tag durch das Wetter und die Natur bestimmt wird, wann sich drinnen oder draußen aufgehalten wird, wann man arbeitet oder sich frei nimmt. Zu akzeptieren, dass vieles nicht vorhersehbar ist. Jeder, egal ob Bewohner oder Besucher, der in dieses Land fährt, muss sich zu 100 % darauf einlassen (wollen). Die Grönländer haben genau dafür sogar ein Wort – »Immaqa«. Es lässt sich keine richtige Übersetzung dafür finden, sondern nur vage mit »drückt Ungewissheit aus« umschreiben.

So führte mich eine meiner Reisen in dieses Land mit einem Dreimastschoner die Ostküste entlang. Die Route war eigentlich einfach und klar: Wir fahren immer Richtung Norden die Küste entlang. Dabei werden wir, sofern das Wetter es zulässt, jeden Tag die ein oder andere Anlandung machen, um unser aller Entdeckergeist ausleben zu können. Und natürlich bestand die große Hoffnung auf Sichtung von Eisbären.

Jordi Plana, unser Guide, erzählte uns beim abendlichen Zusammenkommen nicht nur seine Ideen für den nächsten Tag, sondern auch, dass er nicht verstehe, warum ihn alle nur Mr. Plan B nannten – »I do not know why people always call me Mr. Plan B«. Wir sollten bald erfahren, warum dieser Spitzname so passend war.

Denn bereits am zweiten Tag stand er mit sorgenvoller Miene vor uns. »Es zieht ein Tief auf, es kommt aus Island. Was die Wetterbilder uns zeigen, ist, dass es riesig ist und uns treffen wird. Wann, wo, wie stark und wie lange, das wissen wir jetzt noch nicht genau. Wir können euch für morgen keine Versprechungen machen.«

Wir waren wie elektrisiert. Welche Pläne haben er und die Crew sich stattdessen für uns überlegt? Aufgrund der unsicheren Situation war klar, Plan A interessierte keinen mehr und Plan B »weiterfahren, um so schnell wie möglich dem Sturm zu entkommen« würde allein vermutlich nicht ausreichen. So wurde auch schon der Plan C diskutiert, bei dem wir uns eine ruhige Bucht suchen und dort auf das Abflauen des Sturms warten würden. Zumindest im Kopf von Jordi gab es sicher noch weitere Pläne, aber die würde er uns erstmal nicht preisgeben.

Am nächsten Morgen, noch lag der Sturm vor uns, wurde entschieden, wir starten erstmal mit Plan B (weiterfahren). Wir fuhren und fuhren und waren plötzlich mittendrin im Sturm. Mittags beim Essen, wir durften mittlerweile nicht mehr raus, gab es einen Statusbericht von Jordi: »So, wir fahren aktuell mit 10 Knoten. Die Strömung und die Winde, die uns entgegenkommen, betragen leider aber auch ungefähr 10 Knoten.« Jedem war klar, Plan B war gescheitert. So kamen wir unserem Ziel nicht näher. Stattdessen würden wir unnötig Ressourcen verschwenden. Und es lagen bereits die ersten Seekranken flach und wollten nicht mal mehr zum Essen kommen. Für die, die unseren Schiffskoch Khabir kennen, war das sehr vielsagend. Schließlich war er ein wahrer Meister seiner Zunft. Selbst im größten Sturm (also jetzt) zauberte er ein Essen, das nicht nur abwechslungsreich und schmackhaft war, sondern auch perfekt hergerichtet auf dem Teller lag.

Nun wurde also Plan C aktiviert – die Suche nach einer ruhigen Bucht ging los. Wenig später wurde uns eröffnet, dass es in der Nähe anscheinend nicht nur eine Bucht, sondern ein kleines Fjordsystem gäbe. Auf GoogleMaps sähe die Gegend jetzt nicht mega spektakulär aus, aber es würde uns wohl gut vor dem Sturm schützen. Wir waren alle amüsiert. Wirklich jetzt, die Crew traf Entscheidungen aufgrund von GoogleMaps, von denen auch keiner wusste, wie alt und wie genau diese waren? Aber uns war klar, jeder andere Plan ist besser, als zu versuchen, gegen den Sturm anzukämpfen.

Die Reise wurde nun zu einem gewagten Unterfangen. Es gab ein festgelegtes Datum, an dem wir unser Ziel im Norden erreichen mussten. Aber jetzt schien die Natur erst einmal gegen uns zu sein. Aber war sie das wirklich?

Alle schienen sehr entspannt zu sein, sowohl Crew als auch Passagiere. Obwohl klar war, dass jeder Tag, den wir im Fjord festsaßen, uns dem Ziel keinen Meter näher brachte. Und es bestand auch die Möglichkeit, dass wir umkehren mussten. Aber von Krisenstimmung oder schlechter Laune keine Spur. Eher der Glaube daran, dass je auswegloser die Situation werden würde, desto mehr Ideen Jordi und der Crew kommen und eine davon dann schon funktionieren würde.

So wurde die Fahrtrichtung geändert und wir brachten uns in Sicherheit. Viele würden jetzt sagen: Ja klar, wenn das Ziel selbst mit den größten Anstrengungen und Einsatz aller verfügbaren Ressourcen offensichtlich nicht zu erreichen ist, geht man so vor. Mitnichten. Wie oft habe ich die Erfahrung gemacht, dass um jeden Preis an bekanntem Vorgehen festgehalten wird. Entweder weil man nicht zugeben wollte, dass das Vorgehen nicht funktioniert oder aber man sich nicht traute, mal anders zu denken. Es bedarf viel Mut, einfach mal was Neues zu wagen. Trotz der Verantwortung für – in unserem Fall mehr als 30 – Personen!

In der Einfahrt begrüßte uns direkt ein Buckelwal mit einem Sprung aus dem Wasser. So als würde er »Willkommen in meiner Welt« sagen. Wir nahmen Kurs auf den ersten Fjord. Grönland verbindet man mit Eis, mit sehr viel Eis. Hier war davon nicht mehr viel zu sehen. Ein paar Eisberge hatten sich in der Bucht verirrt und es gab einen Hang, wo mal ein Gletscher gewesen sein muss. Aber jetzt lag da nur noch graues Geröll, umringt von grüner Tundra mit ein paar Farbtupfern von blühenden Zwergsträuchern.

Und das Island-Tief? Hier war keine Spur davon, es wehte kaum ein Lüftchen. So zogen wir mit staunenden Blicken los, um durch die unberührte Natur zu wandern. Bei vielen war die Frage im Kopf, wann hier das letzte Mal wohl jemand war. »Sind wir hier vielleicht die ersten Nicht-Grönländer?« Selbst unser Mister Plan B freute sich wie ein kleines Kind, auch wenn ihm die Aufgabe zuteil wurde, alles genauestens protokollieren zu dürfen. So sind die Regeln, selbst wenn man mit einem einfachen Touristenschiff in unbekanntes Gebiet vordringt.

Beim abendlichen Briefing gab es statt der Pläne für den nächsten Tag zunächst einen Bericht über die Wettervorhersage der nächsten Tage. Das Tief hatte sich nun vor der Küste festgesetzt, an eine Weiterfahrt war auch am nächsten Morgen nicht zu denken. So wurde als neue Idee ausgerufen, in den nächsten Fjord hineinzufahren. Dabei kamen wir in der Nähe des Eingangs an (unserem?) Wal vorbei, der uns erneut freudig begrüßte. Welchen Plan mochte er wohl haben?

Dann, zur Freude aller, bot sich uns im nächsten Fjord ein gänzlich anderes Bild. Hier wartete ein riesiger Gletscher mit einer massiven, in das Wasser kalbenden Front. Die Zodiacs wurden schnell bereit gemacht, wir zogen

unsere Schwimmwesten an und los ging es. Wir fuhren gefühlt ewig an der Gletscherfront entlang. Immer auf der Hut, denn das kleinste Stück Eis, das abbrechen würde, könnte einen Tsunami auslösen, gegen den unsere kleinen Schlauchbooten keine Chance hätten. Wir, die darin saßen, schon gar nicht. Schwimmwesten würden uns hier eigentlich auch nicht helfen. Denn Ertrinken würden wir zwar nicht, gegen Erfrieren helfen dann aber nur Ganzkörperanzüge, die es bei Ausflügen im Zodiac aber nun mal nicht gab. Doch auch hier galt: Richtlinien müssen eingehalten werden, ob sie sinnvoll sein mögen oder nicht.

Wieder konnten wir es kaum fassen, was uns geboten wurde. Mittlerweile dachte keiner mehr daran, dass wir ja in einigen Tagen den Norden erreichen mussten, wo die nächsten Gäste für die nächste Tour warteten. Hier war es einfach viel zu aufregend. So waren wir am Abend sehr erleichtert, als Jordi meinte, dass wir auch am nächsten Tag noch nicht weiterfahren können. Zwar ziehe das Tief weiter nach Süden, aber die Ausläufer sind immer noch zu stark. So planten wir, in den dritten Fjord hineinzufahren. Und so waren wir am nächsten Morgen alle gespannt, was uns an diesem Tag erwarten würde: Gletscher, kein Gletscher?

Als wir unser Ziel erreichten, war das Aha groß. Ja, da war wieder ein Gletscher. Aber dieser endete bereits auf dem Land. Klimawandel sei Dank? Nun ja, was Jordi anging, auf jeden Fall. Denn durch den Rückzug des Gletschers aus dem Fjord an Land wurde nun ein Felsen frei, der im Wasser lag. Für die einen war es nur ein Felsen, für ihn war es eine neu entdeckte Insel, die darauf wartete, einen Namen zu bekommen. Wieder konnte keiner so richtig glauben, was hier vor sich ging. Was hätten wir doch alles verpasst, wenn wir hier nicht hingefahren wären. Und so waren wir mittlerweile voller Dankbarkeit dem Tief gegenüber, das uns anfangs so die Stimmung zu vermiesen schien.

Diesmal erkundeten wir den Gletscher von der neu entdeckten Insel aus, weit genug weg, um vor herunterfallendem Eis sicher zu sein. Jordi war nur noch damit beschäftigt, was ihm die letzten beiden Tage schon den Schlaf raubte: Fotografieren, Dokumentieren und Kartografieren.

Am Abend dann die Kunde, dass der Sturm uns nun nicht mehr vom Weiterfahren abhalten wird. In dem Wissen, dass wir mittlerweile die Region in jeder Ecke erforscht und ausreichend dokumentiert hatten, freuten wir uns darauf. Zumal wir immer noch keine Eisbären zu Gesicht bekommen hatten. So gingen alle glücklich in ihre Kojen.

Am nächsten Morgen wurden wir von rasselnden Geräuschen und laut aufheulenden Motorengeräuschen geweckt. Was war denn nun schon wieder los? Schnell rannten wir an Deck und fanden die Bootsmänner wild gestikulierend an der Reling stehend vor. Erst verstanden wir nicht, doch dann sahen wir es: Die Auswirkungen des Sturms haben uns am Ende auch noch hier im Schutz des Fjords erreicht. Durch die starken Wasserbewegungen bei Ebbe und Flut hatte sich ein Eisberg unseres Schiffes bzw. der Ankerkette bemachtigt. Der Anker konnte nicht gelichtet werden. Alle beobachteten fasziniert die Crew, wie diese eine Idee nach der anderen diskutierten, ausprobierten und doch immer wieder scheiterten. Der Eisberg wollte uns partout nicht verlassen. Obwohl das Wetter es nun zuließ, steckten wir weiterhin fest. Es dauerte gefühlt eine Ewigkeit, bis die Idee aufkam, mit den Zodiacs zu versuchen, den Eisberg wegzuschieben. Ein hohes Risiko, denn diese durften nicht kaputtgehen. Und wieder wurde der Mut und die Entschlossenheit unserer Crew belohnt. Der Eisberg gab die Ankerkette schließlich frei und schwamm mit der Strömung davon. Alle freuten sich und es blieb uns noch genug Zeit, sich dem Frühstück zu widmen.

Entlang der Reling wurden von der Crew Netze um das Schiff herum gespannt. Niemand wollte jetzt noch das kleinste Risiko eingehen. Und als ob er schon darauf gewartet hatte, verabschiedete sich unser Wal am Ausgang des Fjordsystems mit einem großen Blas von uns. Er schien es, im Gegensatz zu uns, so gar nicht eilig zu haben, hier wegzukommen.

Für uns hieß es nun fahren … fahren … fahren. Die Crew tat alles, um möglichst viel Strecke zu machen. Und tatsächlich, nach fast 48 Stunden waren wir wieder auf Kurs.

Jeder von uns wusste, dass wir etwas Einzigartiges erlebt haben. Da waren zwei Tage ohne Anlandung ein Preis, den jeder gern zahlte. Wir hatten uns gemeinsam auf etwas eingelassen, ohne vorher zu wissen, was passieren wird. Wir hatten uns von der Unberechenbarkeit und Ungewissheit nicht abschrecken lassen. Und jeder hat an die Crew geglaubt, dass sie einen Plan X findet, der funktionieren wird. Und jeder nicht durchführbare Plan wurde als Chance gesehen, einfach noch eine weitere Idee auszuprobieren.

Heute, einige Jahre später, frage ich mich, ob wir das nicht einfach in unsere Arbeitswelt mitnehmen können.

Einfach mal keine langfristigen Pläne erstellen. Können wir denn sichere Vorhersagen überhaupt noch treffen? Kommt es meistens nicht anders als man denkt? So wie in der Natur gibt es auch in der Arbeitswelt viele Unsicherheiten, die Pläne scheitern lassen. Menschen fallen ungeplant aus, Fehler treten unerwartet auf oder Anforderungen werden kurzfristig umpriorisiert. Auch Rahmenbedingungen oder Perspektiven können sich kurzfristig ändern. All das kann ein Weiterkommen gemäß vorher erstellter Pläne verhindern.

Die Richtung zu kennen, in die es gehen soll, »das grobe Ziel«, das ist wichtig. Aber muss es gleich der detailliert ausgearbeitete Plan sein? Ist das nicht vielleicht sogar Zeitverschwendung? Ist es nicht von Vorteil, anfangs nur ein paar Optionen zu haben? Und wenn es dann soweit ist, zu prüfen, welche dieser Ideen (oder vielleicht eine ganz andere) dann am besten passt? Und was ist, wenn diese Idee, die ohne einen konkreten Plan entstanden ist, am Ende nicht sogar zu einer besseren Lösung führt?

Ich glaube, auch das kann vor allem dann gelingen, wenn nicht einige wenige vorher einen Plan aufgestellt haben, sondern ausreichend Freiraum gelassen oder auch geschaffen wird, um neue Ansätze zu entwickeln. Und es braucht Menschen, die offen sind, anders zu denken, und mutig, dies auch ausprobieren wollen.

Ach ja, unser Ziel im Norden haben wir pünktlich erreicht. Und Eisbären haben wir auch noch gesichtet. Aber das ist eine andere Geschichte.

Franziska von Martens

arbeitet als SAP-Entwicklerin bei einem international agierenden Versicherungsunternehmen. Agilität ist für sie mehr Haltung als Methodik. Sie versucht jeden Tag etwas dazuzulernen und auch Hindernisse mit Humor zu nehmen. In ihrer Freizeit reist sie mit großer Neugier durch die Welt und berichtet danach gern anderen von ihren Erlebnissen.

NoWork: Wenn die Arbeit liegen bleibt

»In den letzten Jahren gab es bei uns bestimmt acht oder zehn Scrum Master insgesamt und keiner davon hat es hier länger als ein Jahr ausgehalten!«

Das war vor einigen Jahren einer der vielen Kommentare, die ich in meinen ersten Tagen bei meinem damaligen neuen Arbeitgeber zu hören bekam. Meine erste Aufgabe dort war wie bei allen anderen meiner Vorgänger, das Team als Scrum Master zu begleiten, in dem scheinbar nichts lief. Niemand in der gesamten Organisation glaubte, dass diese Gruppe von Mitarbeitern wie ein funktionierendes Team arbeiten könnte. Die Fakten sprachen für sich selbst... Das Scheitern war vorprogrammiert.

Warum sollte ich dann als Scrum Master ein Team begleiten wollen, in dem sich angeblich schon so viele »wie ich« die Finger verbrannt hatten? Eine Antwort darauf habe ich bis heute nicht, aber Tatsache ist, ich tat es, ich nahm diese Mission an.

Zu dieser Zeit bestand das Team aus fünf Softwareentwicklern, zwei Testerinnen und einem Product Owner. Sie arbeiteten nach Scrum, besser gesagt, das sollten sie tun. Selber hatten sie es sich nicht ausgesucht, es war so vorgegeben. Das Team machte monatelang kaum Fortschritte. Ein Haufen unfertiger Stories wanderte von Sprint zu Sprint und als wenn es nicht genug wäre, wurden in jedem Sprint neue Stories dazu eingeplant. Fertige Features kamen erst mehrere Monate nach deren Fertigstellung beim Kunden an. Melanie und Katharina, die Softwaretesterinnen, fanden immer wieder beim Testen etwas, was nicht passte. Dadurch kamen die Entwickler nicht dazu, neue Funktionalitäten fertig zu entwickeln, da diese ständig ihre

Arbeit unterbrechen und sich um die gemeldeten Probleme kümmern mussten. Da alles so lange dauerte, war es dann keine Seltenheit, dass die Prioritäten sich veränderten. Hochpriorisierte Extrawünsche, die »mal eben« umgesetzt werden mussten und wofür andere Stories liegen bleiben durften, gab es auch.

Die Unzufriedenheit innerhalb und außerhalb des Teams war nicht zu verbergen, schließlich betreute dieses Team eines der wichtigsten Produkte für das Unternehmen. Aber was sollte man noch dagegen tun? Man hatte schon alles versucht. Die Homeoffice-Regelungen

wurden verschärft, Wochenendarbeit wurde regelmäßig angeordnet, einige Aufgaben aus dem Team wurden in anderen Teams platziert, ein striktes Stundenbuchungskonzept wurde eingeführt und verschiedene Team-Reportings wurden regelmäßig verlangt. Außerdem wurde das Team mit neuen Entwicklern verstärkt und die »agile Arbeitsweise« wurde noch intensiver gefordert. Scrum-Workshops wurden wiederholt und neue »agile Techniken« wurden eingeführt. Dadurch hat sich aber nichts verbessert, eher im Gegenteil, es wurde nur noch schlimmer. Die Unzufriedenheit der Entwickler nahm zu, und liefern konnten sie immer noch nicht. Wie denn auch? Trotz der Überstunden und Wochenendarbeit hatten sie noch weniger Zeit für das Arbeiten als zuvor. »Jetzt müssen wir noch Berichte erstellen, Stunden buchen, die neuen Kollegen einarbeiten, tägliche Gespräche mit den Vorgesetzten führen, und dann noch der ganze neue agile Kram, der dreitägige Scrum-Workshop, das Schätzen mit Story Points, die ganzen Meetings ... am Ende bleibt die Arbeit liegen und wir kommen nicht voran«, wiederholte das Team ständig.

Das waren meine ersten Wochen und auch von Felix – einem der neuen Softwareentwickler, welche das Team verstärken sollten. Wir beide saßen in einem unserer Besprechungsräume und tauschten uns über unsere bisherigen Eindrücke bei unserem neuen Arbeitgeber aus. »Wir können immer noch abhauen«, sagte ich, halb ernst gemeint. Nach einer kurzen stillen Zeit antwortete Felix: »Aber wir können nicht jetzt schon aufgeben... Wir müssen etwas versuchen. Die haben uns hierher geholt, damit wir hier etwas verändern, nach vier Wochen aufzugeben ist keine Option.« Ich stimmte ihm zu und wir fingen an, uns zu überlegen, wie wir das Team am besten unterstützen könnten.

Als wenn es nicht schon schlimm genug wäre, passierte etwas, was alle befürchteten. Einer der wichtigsten Kunden des Unternehmens hatte sich zurückgezogen und kündigte die Zusammenarbeit. Der Kunde hatte keinen Bock mehr, er machte nicht mehr mit. Nachdem die Geschäftsführung sich mit den Kunden traf, ließ er sich noch ein letztes Mal darauf ein und gab der Firma zwei Wochen Zeit, um die versprochene Software zu liefern. Das Management-Team gab das Problem an das Team weiter und ließ es wissen, wie ernst die Lage war. Nach ein paar Sprüchen wie: »Jetzt müssen wir endlich mal liefern« oder »Das muss doch zu schaffen sein«, waren sie wieder weg.

Michael – der Product Owner –, Felix und ich blieben nach dem Mittagessen in der Kantine und bewerteten die Lage.

»Was sollen wir jetzt machen?«, sagte Felix. »Das Team arbeitet seit Monaten daran und ist nicht mal bei der Hälfte angekommen. Wie will man jetzt, dass in zwei Wochen alles fertig wird!«

»Das ist keinesfalls zu schaffen, schau mal, wie wir hier arbeiten …«, fügte Michael hinzu.

»Was will eigentlich der Kunde?«, fragte ich.

Felix und Michael guckten sich gleichzeitig an. Felix grinste und Michael pustete, als wenn er eine riesige Geburtstagstorte voller Kerzen vor sich hätte. Aufgeregt sprang er von seinem Stuhl und sagte in einem etwas lauteren Ton: »Jetzt fragst du das? Steht doch alles in unserem Backlog, wir reden seit Wochen täglich in jedem Meeting darüber …«, und er fing an, die Kundenanforderungen zu wiederholen.

»Michael, was will der Kunde?«, fragte ich ihn nochmal. »Ich meine es ernst, wofür möchte er diese ganzen Features haben? Wie arbeitet er jetzt? Was hat er vor? Was ist sein Problem?«

»Wenn du das jetzt alles wissen willst, müsstest du André, unseren Kollegen aus dem Vertrieb, fragen, er wird es bestimmt wissen. Aber warum soll das jetzt bitte wichtig sein? Die Anforderungen sind schon seit sehr langem ganz klar.«

»Alles klar, dann gehe ich jetzt zu André. Kommt ihr mit?«

»Na klar«, antwortete Felix mit einem Lächeln im Gesicht. Ich glaube, er hatte Spaß bei der Diskussion.

Michael kam hinter uns her und so machten wir uns drei auf den Weg zu André. André war etwas überrascht über unseren Besuch, aber er konnte uns das Problem des Kunden ganz genau erklären. »Unser Kunde nutzt bereits unsere Softwarelösungen, um die gesamte Interaktion mit seinen Kunden abzuwickeln. Kundenanfragen, Reklamationen etc. Dafür haben sie eine komplette Abteilung mit über zwanzig Mitarbeitern aufgebaut, die daran arbeiten und unsere Anwendung dafür nutzen. Derzeit haben allerdings nur die Teamleiter den Zugang zum entscheidenden Teil des Prozesses. Die Aufteilung ist bei ihnen noch klar, da jeder Teamleiter die Fälle seiner Mitarbeiter prüft und freigibt. Doch genau das wollen sie ändern. Denn diese Vorgehensweise führt oft zu Engpässen und dadurch schaffen sie nicht die Bearbeitungszeit von 24 Stunden, die sie ihren Kunden versprechen. Künftig sollen alle Mitarbeiter befähigt werden, Kundenfälle ihrer Kollegen nach dem Vier-Augen-Prinzip zu überprüfen und freizugeben. Dazu braucht der Kunde die neuen Status, das automatische Sperren der Daten, eine neue Visualisierung, eine Möglichkeit, die Fälle zuzuordnen ... Ihr kennt doch die ganzen Features, hoffe ich zumindest.«

Michael klappte seinen Laptop auf und zeigte auf das Produkt-Backlog, während er anfing, Fragen zu stellen. »Wofür braucht er dann diese Funktionalität? Und diese hier?«

»Das ist auch sehr wichtig, damit wäre es möglich, die Reports viel einfacher zu erstellen und zu verschicken«, antwortete André.

»Ok, aber das wird das Hauptproblem des Kunden nicht lösen, richtig?«, fragte Michael und bevor André antworten konnte, redete Michael weiter, »diese Visualisierung braucht der Kunde erstmal auch nicht.«

»Und wir arbeiten seit Monaten daran«, fügte Felix hinzu.

Ich schlug vor, einmal über alle Features aus dem Backlog zu gehen und zu überprüfen, ob diese für ein erstes

MVP zwingend erforderlich sind. Dadurch konnten wir fast die Hälfte der ursprünglichen Features aus der MVP rauslassen. Danach trafen wir uns mit dem gesamten Entwicklungsteam und nachdem Michael das Kundenproblem erklärte, strichen wir noch mehr Features aus der ursprünglichen Liste durch. Außerdem fanden wir ein paar Workarounds, wie der Kunde mit unserer jetzigen Software einiges bereits machen konnte, was ihm schon vermutlich zum Teil helfen würde. Das Team entschloss sich, alles liegen zu lassen, was aktuell in Bearbeitung war und fokussierte sich auf das neue Ziel und die aufgelisteten Stories. Eine Frage stellte sich das Entwicklungsteam noch: »Wie sollen wir alle daran arbeiten? Und … Wann sollen wir alles testen? Nach der Entwicklung der Features werden wir keine Zeit mehr haben, um alles zu testen. Zwei Wochen reichen nicht dafür aus.«

»Ich hätte eine Idee«, sagte ich. Ich beobachtete seit einigen Wochen das Team und mir fielen einige Sachen auf. Wie z. B. dass Katharina und Melanie die Einzigen waren, die etwas testeten, oder dass es keine Code Reviews gab. Außerdem zählte ich auf, wie oft Features aus der Spalte »Test« wieder zurück in Arbeit gingen, und zwar bei über 70 % der Fälle. Und wenn das passierte, brauchten sie in fast 50 % der Fälle mindestens zwei weitere Durchläufe zwischen den Entwicklern und den Testerinnen, bis das Feature wirklich fertig war. Ich schlug vor, Pärchen zu bilden und nach dem Ansatz Pair-Programming zu arbeiten. Außerdem sollten sich die Entwickler und die Testerinnen vor der Entwicklung zusammen Gedanken über die entsprechenden Testfälle machen. Die Stories sollten auch erstmal von dem Entwickler selbst getestet werden, bevor sie für das Testen weitergegeben werden. Überraschenderweise – wahrscheinlich aus der Not heraus – nahm das Team den Vorschlag an und wir machten uns alle an die

Arbeit. Der Product Owner unterstützte auch das Testen und ich sorgte dafür, dass das Management von dem Team fernblieb.

Es waren lange Tage und kurze Nächte, aber zum ersten Mal hatte ich das Gefühl, dass diese Gruppe miteinander arbeitete. Wir hatten ein klares und gemeinsames Ziel, das wir nur zusammen als Team erreichen konnten. Dieses Mal gab es keine zusätzlichen Anforderungen, U-Boot-Projekte oder Nebentätigkeiten. Das Team durfte ungestört und fokussiert an einer einzigen Aufgabe arbeiten. Denn niemand außerhalb des Teams wollte jetzt die Verantwortung für die Ergebnisse des Teams übernehmen oder derjenige sein, der das Team daran hinderte, den Kunden zu retten. Darüber hinaus, auch wenn die Organisation selbst nicht glaubte, dass es möglich sein würde, den Kunden zurückzugewinnen, hatte sie keine andere Wahl, als das Team zu unterstützen.

Die zwei Wochen waren noch nicht vorbei, und das Team hatte bereits einen ersten Ansatz fertig entwickelt. Es war noch nicht optimal und beinhaltete ein paar nervige Workarounds, die der Kunde berücksichtigen musste, aber es konnte das Kundenproblem lösen. Nach Rücksprache mit dem Vertrieb präsentierte das Team live ausführlich den Kunden die Software. Anschließend fing Michael an, sich zu rechtfertigen: »Wir wissen, es ist nicht genau, was Sie wollten …«.

Aber der Kunde unterbricht ihn: »Das ist egal, es hilft uns im ersten Blick sehr und damit können wir auf jeden Fall starten. Wir werden aber einige Wochen brauchen, um die Abteilung zu schulen und eine Rückmeldung zu geben.«

»Damit können wir leben«, sagte Michael, während er wie das gesamte Team das Lächeln nicht verstecken konnte.

Dieses Review war das erste von vielen, das das Team mit den Kunden in den nächsten Monaten hatte. So konnte das Produkt anhand der Erfahrung des Kunden gemeinsam mit ihm weiterentwickelt werden. Viele der Features, welche der Kunde am Anfang bestellte, waren nicht mehr wichtig, dafür hatte er aber andere aufgrund der mit der Software gesammelten Erfahrung höher priorisiert. Es war nicht nur das erste Entwicklungsteam, das direkt mit einem Kunden über Anforderungen sprach und diskutierte, sondern vermutlich auch das erste echte agile Team, das in diesem Unternehmen zeigte, wie agile Produktentwicklung wirklich funktionierte und wie diese ermöglicht hatte, die Kunden zurückzugewinnen und langfristig zu behalten.

Jesús Cabello

entdeckte seine Leidenschaft für Agilität vor neun Jahren nach seinem Informatikstudium in seinem ersten Job als Softwareentwickler. Seitdem konnte Jesús verschiedene Software- und Hardwareunternehmen bei der Entwicklung komplexer Produkte unterstützen sowie bei der agilen Transformation begleiten. Heute arbeitet er als Senior Agile Master bei den Vorwerk Elektrowerken in Wuppertal.

Déjà-vu mit Hindernissen

Der Geruch von Maschinenöl und das rhythmische Geräusch unzähliger Roboter und Förderbänder liegen noch heute in der Luft, wenn ich an meine Zeit in der Automobilindustrie denke: Eine eng getaktete Abfolge von unzähligen Produktionsschritten, an deren Ende täglich hunderte von farbig lackierten, glänzenden Fahrzeugen vom Band rollen, um an die stolzen Besitzer ausgeliefert zu werden. In Gießerei, Presswerk, Karosseriebau, Lackiererei, Getriebe- und Motorenbau sowie in der Endmontage arbeiten dafür zahlreiche Menschen und Roboter mit höchster Sorgfalt daran. Sie sorgen dafür, dass alle Teile gemäß gegebener Qualitäts- und Sicherheitsanforderungen gefertigt und zum späteren Endprodukt zusammengebaut werden. Auch die Zulieferunternehmen spielen hierbei eine wichtige Rolle und müssen funktionieren – »just in time« und »just in sequence«, genau darauf kommt es an. Wenn sie es nicht schaffen, ihren Beitrag rechtzeitig an die gewünschte Stelle der Produktionslinie zu befördern, dann stehen die Bänder still. Das ist für einen Automobilhersteller sehr teuer und muss unbedingt verhindert werden; die Kosten dafür muss das Zulieferunternehmen tragen, sofern der Stillstand in seine Verantwortung fällt, weil es nicht pünktlich fertig wurde. Doch erst wenige Stunden, bevor die Teile am Fahrzeug montiert werden, erhält ein Zulieferer die endgültige Reihenfolge der Teile, die benötigt werden. Bei der heutigen Variantenvielfalt ist es also eine echte Herausforderung und alle Prozesse müssen sehr gut geplant werden, damit alles funktioniert.

Zum richtigen Zeitpunkt und in der richtigen Reihenfolge wichtige Fahrzeugteile für einen großen Kunden auszuliefern, war auch Gegenstand eines Auftrages, für den mein damaliger Arbeitgeber sich beworben und den

Zuschlag bekommen hatte. Er war nicht der erste Auftrag dieser Art, aber er war besonders: neue Fabrik, neue Technologie, neuer Kunde, hohe Stückzahlen, große Variantenanzahl. Von der operativen Planung der Zulieferfabrik, die mehrere Monate in Anspruch nahm, war ich eigentlich einige Abteilungen entfernt, trotzdem kam ich schon recht früh mit dem Projekt in Berührung: Damals – vor über zehn Jahren – bestand ein Teil meiner Aufgabe nämlich darin, mit Hilfe eines interdisziplinären Teams, das wir für jedes Thema neu zusammenstellten, in bestehenden Projekten des Unternehmens Optimierungspotenziale aufzuspüren. Üblicherweise wurden wir zu Aufträgen gerufen, die bereits eine Weile liefen, sodass wir vorhandene und im Einsatz befindliche Strukturen, Prozesse, Fähigkeiten, Werkzeuge, Materialien und vieles mehr genau unter die Lupe nehmen konnten. Informationen aus erster Hand wurden analysiert, Ideen für Verbesserungen gesammelt, miteinander verbunden und ausgearbeitet. Mit Hilfe unserer Ergebnisse war es im Nachgang vielfach gelungen, durch Umsetzung der Verbesserungsmaßnahmen in den Aufträgen viele Kosten einzusparen, jede Menge Arbeitsschritte zu erleichtern und die Kundenzufriedenheit deutlich zu erhöhen.

Dieses Mal war jedoch alles anders. Es gab noch keinen Ort, den wir – wie sonst – mit Klemmbrettern unter dem Arm begehen konnten und auch noch keine Personen, mit denen wir Verbesserungsideen aufspüren und diskutieren konnten. Das Projekt existierte bisher nur auf dem Papier: Konzepte, Spezifikationen und Prozessbeschreibungen wurden auf der Basis von Kundenanforderungen und theoretischen Annahmen erstellt. Doch das sollte uns nicht abhalten. Wir stellten wie gewohnt ein neues interdisziplinäres Team zusammen und machten uns an die Arbeit. Mit der Unterstützung der in die Planung involvierten

Personen arbeiteten wir uns in den bisherigen Stand der Überlegungen ein und identifizierten Ansätze zur Minimierung von Risiken und zur Verbesserung der Planung. In bisherigen Projekten hatten wir in unseren Workshops die Möglichkeit gehabt, vieles gleich auszuprobieren und unsere Hypothesen zu prüfen. Auf diese Weise konnten wir sicher sein, dass die erarbeiteten Maßnahmen in der späteren Umsetzung zum Erfolg führten.

In diesem Fall blieb es bei den Hypothesen, die zwar auf umfangreichem Know-how unseres interdisziplinären Teams beruhten, sich jedoch vorerst nicht überprüfen ließen. Dabei waren zahlreiche Ideen für alle Bereiche des zukünftigen Zulieferwerks entstanden, die wir am Ende dem Planungsteam übergaben. Leider war dieses nicht begeistert von unseren Hinweisen, hatten wir doch seine bisherige Arbeit deutlich hinterfragt und an vielen Stellen mit Verbesserungsvorschlägen bedacht. Natürlich hatte das Team zuvor auch nach bestem Wissen und Gewissen gearbeitet und so sah es sich zu dem Zeitpunkt nicht in der Lage, Ideen und Hinweise aufzunehmen und mit den von uns erarbeiteten Ideen zu arbeiten. Ratschläge können sich eben wie Schläge anfühlen, das wusste schon der Volksmund und insbesondere dann, wenn der Empfänger des Ratschlags nicht darum gebeten hatte. Tatsächlich hatte die Geschäftsführung uns in diesem Fall beauftragt und nicht das Planungsteam. Während unseres Workshops war es uns auch nicht gelungen, eine vertrauensvolle Atmosphäre zu entwickeln und die Mitglieder des Planungsteams bei der Entwicklung der Verbesserungsansätze so einzubinden, dass das Ergebnis ein gemeinsames wurde. Vielmehr hatten wir völlig unterschätzt, welche Gefühle gut gemeinte Ratschläge auslösen konnten und fanden uns in einer konfrontativen Situation wieder: »Wir« gegen »die« und umgekehrt. Die Ablehnung unserer Punkte fiel teilweise sogar besonders leicht, denn manchmal hatten wir nur Argumente, die auf Erfahrungen einzelner Personen unseres interdisziplinären Teams beruhen, die in anderen Kontexten gesammelt werden konnten. »So ein Unsinn, sowas passiert bei uns doch nicht«, war die Antwort der anderen. So wurden wir mit unseren Bedenken nicht ernstgenommen, teilweise sogar ausgelacht und fanden keinen Weg zur Zusammenarbeit. Ich ging mit dem traurigen Gefühl nach Hause, dass unsere Arbeit umsonst gewesen war und dass wir dieses Mal keinen Beitrag zur Verbesserung leisten konnten. Beim nächsten Projekt müssten wir es wieder besser anstellen, um gemeinsam an Lösungen arbeiten zu können.

Einige Tage später kam ich noch einmal mit einem der Produktionsexperten ins Gespräch, der Teil unseres interdisziplinären Teams gewesen war und wir kamen noch einmal auf unseren Workshop zurück. Eins ließ uns keine Ruhe: Der Produktionsprozess selbst. »Das kann doch so nicht funktionieren«, sagte der Kollege. Wir hatten die Hypothese aufgestellt, dass der enge Takt, der zur rechtzeitigen Belieferung des Kunden nötig war, mit den geplanten technischen Gegebenheiten nicht eingehalten werden konnte. Dies wäre jedoch fatal, da der Rhythmus der Produktion entscheidend war, um den Auftrag überhaupt zur Zufriedenheit des Kunden zu erfüllen. Wir entschieden uns deshalb, unsere Analyse zusammen mit zwei Mitstreitern aus dem Workshop auf eigene Faust zu erweitern und den Produktionsprozess zu simulieren: An einem der Unternehmensstandorte trieben wir zunächst eine Lagerhalle mit ausreichend Platz auf, die wir benutzen durften. Vor Ort malten wir den Grundriss mit Kreide maßstabsgetreu auf den Hallenboden. Mit Tischen, Kartons und Teilen bauten wir uns dann unsere Montagestrecke auf. Eine Weile schoben wir Tische hin und her, bis alles passte und die Entfernungen den richtigen Abmaßen entsprachen. Nachdem wir damit fertig waren, ahmten wir an den verschiedenen Stationen die einzelnen Handgriffe nach, die später am Band zu tun waren und stellten mit Hilfe unserer Stoppuhren schnell fest, dass der wenige Sekunden lange Takt auf diese Weise nicht zu halten war. Mit ratlosen Gesichtern sahen wir uns gegenseitig an. Was nun? Wir hatten gerade erst erlebt, dass unsere Hinweise abgelehnt wurden. Warum sollte es mit dieser entscheidenden Erkenntnis anders sein?

Monate später fand ich mich auf dem Weg zu einer Produktionsumgebung wieder, deren Hochlauf von den ersten Teilen bis zur Produktion in Vollauslastung kurz bevorstand. Draußen reihten sich die LKWs auf, die Material anlieferten. Mit meinem PKW bahnte ich mir einen Weg auf einen der frisch aufgezeichneten Parkplätze. Ich kam dort eher zufällig vorbei, da ich eine Person sprechen wollte, die sich dort aufhielt. Trotzdem ließ ich mir die Gelegenheit nicht nehmen, mir die Maschinen und Lager anzuschauen, mit deren Hilfe schon bald ein Kunde tägliche Lieferungen erhalten sollte – just in time, just in sequence, zur richtigen Zeit in der richtigen Reihenfolge. Zahlreiche Menschen wuselten geschäftig umher, Gabelstapler fuhren Material durch die Gegend. Mir wurde in dem Moment, in dem ich nachdenklich an einer der Produktionslinien vorbeilief, klar, dass es hier einen gewaltigen Rückstand im Zeitplan gab, sollte doch in der Folgewoche der Hochlauf beginnen. Dieses Mal fanden meine Bedenken Gehör – ich weiß bis heute nicht warum. Ein Blick in die Projektpläne bestätigte den ersten Eindruck: Deadlines waren überschritten, verantwortliche Personen teilweise schon lange nicht mehr da. Aus meinem Besuch an dem Standort wurde ein Einsatz und plötzlich hatte ich eine Mission: Die Fabrik musste rechtzeitig an den Start gehen, um die Bänder beim Kunden nicht lahmzulegen, sondern die Fahrzeugproduktion zu sichern.

Die folgenden Tage waren davon geprägt, Transparenz zu schaffen, wo wir standen: Maschinen, Prozesse und Menschen. Wir vergegenwärtigten uns die wesentlichen Ziele, setzten eine grobe Planung auf und bildeten themenbezogene Teams. Von da an halfen uns einwöchige Iterationen, den Fortschritt zu inspizieren, kurzzyklisch Dringendes von Wichtigem zu unterscheiden, unseren Plan auf diese Weise immer wieder anzupassen und unsere Zusammenarbeit kontinuierlich zu verbessern. Langsam, aber sicher kamen wir in eine Position, in der unser Kunde das Vertrauen, das er bei Auftragsvergabe in uns gesetzt und zwischenzeitlich verloren hatte, wieder zurückzugewinnen. Doch es dauerte nicht lange bis zu unserem ersten Rückschlag: Im Wareneingangslager ging es drunter und drüber. Der Verwaltungssoftware fehlte die Verbindung zur Realität und dementsprechend drehten die Mitarbeitenden mit ihren Gabelstaplern große Runden durch das Labyrinth aus Regalen, um bestenfalls die passenden Paletten zu finden und schlussendlich mit Verspätung zur Produktionslinie zu befördern. Alles dauerte viel zu lange. Gegen die Zeit optimierten wir Prozesse, visualisierten was das Zeug hielt und sorgten dafür, dass die Materialversorgung zumindest einigermaßen funktionierte. Doch noch bevor wir damit fertig waren, passierte das nächste nur 150 ms dauernde Drama: Stromausfall. Der Strom lief nach einem Wimpernschlag wieder, aber die Maschinen standen still. Sie hatten im Übrigen auch vergessen, was sie zu tun hatten.

»Warum gibt es keine unterbrechungsfreie Stromversorgung?«, schoss es mir durch den Kopf und ich bemerkte das Gefühl eines Déjà-vus in mir aufsteigen. Hatte ich diese Frage nicht schon einmal gestellt? Ja! Vor Monaten! In diesem Workshop, den wir auf der Basis der Papierlage, nämlich des Planungsstandes durchgeführt hatten. Damals hatte ich mich für die Frage nach der USV auslachen

lassen müssen, nun wurde das Gerät nachgerüstet – für unglaublich viel Geld im Monat stand sie schon bald auf dem Werksgelände und begrüßte jeden Lieferanten und jeden Besucher. Und es kam noch schlimmer: Zwischenzeitlich hatte ich die Liste aus dem Workshop rausgesucht und mir dämmerte, dass uns alle Punkte auf dieser Liste über kurz oder lang beschäftigen würden, da sie keine Berücksichtigung gefunden hatten. So war es. Die Hindernisse tauchten nicht mehr so überraschend auf und an vielen Stellen konnten wir bereits entgegenwirken, bevor es zum Knall kam. Trotzdem stand das Projekt lange auf Messers Schneide. Am Ende schafften wir durch persönlichen Einsatz aller Beteiligten in diesem Projekt eine Punktlandung: Die Produktion ging rechtzeitig an den Start. Danach brauchte ich Urlaub. Wieder einmal hatte sich gezeigt, dass Kommunikation die Mutter aller (agilen) Methoden ist: Wenn wir es in unserem Workshop viele

Monate vorher geschafft hätten, einen gemeinsamen Weg mit dem Planungsteam zu finden, dann hätte uns das viel Ärger erspart.

Juliane Pilster

Juliane Pilster ist agile Führungskraft mit Leib und Seele. Die Wirtschaftsingenieurin in der Fachrichtung Elektrotechnik hat in unterschiedlichen Unternehmen und Branchen lernen dürfen, dass die wesentlichen Erfolgsfaktoren einer (agilen) Organisation sind, wie die Menschen darin zusammenarbeiten und welches Umfeld ihnen dafür zur Verfügung gestellt wird. Sie unterstützt Einzelpersonen, Teams und ganze Organisationen dabei, sich schlank und dynamisch aufzustellen, Führung und Zusammenarbeit zukunftsfähig zu machen.

Denn sie wissen noch nicht, was sie wirklich brauchen

Themen, die in diesem Bericht über eine Transformation in den USA berührt, aber nicht erklärt werden, sind: Systemtheorie, Theorie X/Y, Open Space Technology, Inviting Leadership, Zutrauen vs. Vertrauen.

Fühlen Sie sich eingeladen, selbst ein bisschen zu recherchieren.

Nico ist ein alter Hase: Er hat eine lange Karriere als Führungskraft hinter sich, ist international erfahren und liebt Amerika. Als Geschäftsführer hat er selbst eine agile Transformation hinter sich und ist danach als systemischer Coach durchgestartet.

Alex ist ein cooler Berater, gerade auch weil er so anders ist. Er hat viele unterschiedliche Ausbildungs- und Berufserfahrungen, u. a. als Fotograf, gemacht, bevor er zum agilen Coach geworden ist. Seine vielen verschiedenen Perspektiven sind eine echte Bereicherung für jede Zusammenarbeit.

Die beiden erinnern sich an einen Auftrag aus dem Jahr 2022.

Alex:
»Nico, weißt Du noch, wie es begonnen hat? Christian hat angerufen, er hätte da einen Kunden in den USA, aber keine Zeit und dann hat er uns einander vorgestellt. Wir kannten uns schon via Twitter und haben bereits in unserem ersten Telefonat festgestellt, dass wir ein ähnliches

systemtheoretisches Verständnis von Veränderungsarbeit haben: Wir wollen Menschen in Unternehmen helfen, nicht länger komplizierte Lösungen für komplexe Probleme zu nutzen.«

Nico:
»Ach ja – und das war mir zuerst peinlich, weil ich Dir kurz vorher erst auf Twitter entfolgt war. Und dann haben wir schon im ersten Gespräch erkannt, wie toll wir uns in unserem Verständnis durch unsere unterschiedlichen Hintergründe und Ansichten ergänzen und so Mehrwert stiften können.

Unser Kunde sollte ein im Südosten der USA ansässiger Konsumwarenhersteller sein, der seine Distributionskanäle erweitern wollte und irgendwie schon im Gefühl hatte, dass diese Herausforderung auch Veränderung in der Organisation erfordern würde. Es gab also ein diffuses Verständnis, dass sich etwas ändern musste.«

Alex:
»Wir haben also überlegt, dass wir dem CEO eine Lernreise für ihn und das Senior-Management anbieten möchten, um gemeinsam herauszufinden, wie weit die gemeinsame Dringlichkeit für Veränderung verstanden ist und wie weit Wissen und Vorstellungskraft über modernes Organisationsdesign in dem Kreis der Top-Autoritäten vorhanden ist.

Der CEO hat das Budget und kauft die Katze im Sack ohne die übliche klare Lieferung und Deadline. Er muss uns also zutrauen, hilfreich bei der Lösung eines seiner Probleme zu sein, er muss uns als Partner auf Augenhöhe betrachten, um Rat und Wissen anzunehmen und uns an seine Crew ranzulassen.

Ein wirklich gutes Konzept reicht da nicht aus. Ich glaube, Du hast den Ausschlag gegeben, weil Du selbst ein alter und transformationserfahrener CEO bist.«

Nico:

»Während der Transformation des eigenen Unternehmens hatte ich die Erfahrung gemacht, dass es zu wenig ist, mit den Führungskräften ein bis zwei Workshops zu machen und dann schon den weiteren Bogen zu spannen. Das reicht bei Weitem nicht, um die auftretenden Spannungen in und zwischen den Führungskräften abzubauen und sie auf neue Rollen vorzubereiten. Wir haben uns daher entschlossen, so lange mit den Führungskräften zu arbeiten, bis diese bereit sind, alle anderen Mitarbeitenden zur Transformation einzuladen. Einladungsbasiert war uns wichtig, weil ‚Agile' für uns auch neue Wege der Entscheidungsfindung und Beteiligung bedeutet. Und dazu sollte auch der Ersatz von Top-Down befohlenem Mitmachen durch Einladung und Freiwilligkeit gehören.«

Alex:

»Wir hatten also einen CEO in einer klassischen Hierarchie, der seine Macht eingesetzt hat, um seine Führungskräfte einen halben Tag pro Woche zu versammeln und gemeinsam zu lernen. Das war krass! Das hat ein unglaubliches Signal der Dringlichkeit in die gesamte Organisation gesandt.«

Nico:

»Eine Organisation, die konsequent auf hierarchisches Command & Control ausgerichtet ist, braucht auch in der Stunde 0 einer Transformation eine klare Vorgabe ‚von oben'. Auf etwas anderes hat sie gar nicht zu reagieren gelernt.

Wir haben dann jede Session gemeinsam vorbereitet und durchgeführt und so einen sehr breiten Erfahrungshintergrund einfließen lassen.«

Alex:
»Um ehrlich zu sein: Wir erwarteten, innerhalb von 6 bis 8 Wochen (Februar & März) an den Punkt zu kommen, an dem sich entscheidet, ob es eine Einladung zu einem großen Open Space Event geben würde. Oder ob wir die Transformation eindampfen oder sogar einstellen.

Am Ende hat die Lernreise für die Manager und den CEO ganze 12 Wochen gedauert, weitere 4 Wochen zur Vorbereitung des Open Space, der dann Ende Mai vor Ort in den USA stattfand.«

Wir haben da mal was vorbereitet
Alex:
»Wir hatten ausreichend Erfahrungen mit den üblichen Transformationsversuchen und wollten dieses Mal einiges anders machen. Dennoch waren wir speziell auf einige interkulturelle Aspekte nur mäßig vorbereitet. Ich habe schon viel mit Amerikanern gearbeitet und Du bist ein wirklich alter Hase, was Beziehung und Verständnis in Richtung Amerika angeht … aber in einem Moment dachten wir beide: Gleich schmeißen sie uns raus! – Da stand ein Kommentar ʽDas ist doch eine kommunistische Ideeʼ im Raum.

Aber dazu später mehr. Hier erst ein paar der klassische Hürden, und wie wir in diesem Fall damit umgegangen sind:«

Challenge
Die Ambiguität von ‚agile‘ wird nicht gesehen oder gewollt. Ein agiler Coach implementiert eine agile Methode für uns!

Nico:

»Das grundlegende Verständnis für die Rolle des ‚Coaches' hat in einem von klassischen Beratern geprägten Umfeld total gefehlt. ‚Bringt uns eine Methode und wenn die nicht klappt, probieren wir die nächste'.

Lösung

Wir zwei Coaches mit unterschiedlichen Hintergründen haben zuallererst vorgemacht, wie man mit Ambiguität umgehen kann. Wir sind total verschieden, haben unterschiedliche Hintergründe, Ausbildungen, Sozialisierung und Meinungen und können uns doch permanent in den Dienst des Prozesses stellen und um passende Lösungen ringen. Der Wert ist für alle aus unserer Art der Zusammenarbeit spürbar geworden.«

Challenge

Top-Autoritäten haben zu wenig gemeinsames Wissen und Wollen. Der Fokus der Veränderung liegt auf der operativen Basis. Die Kluft zwischen Basis und Management wächst.

Alex:

»In fast allen Veränderungsvorhaben sind die Top-Autoritäten in Unternehmen noch im ‚Delegations-Modus'. D. h. sie wollen andere Ergebnisse und wollen, dass andere Menschen in der bestehenden Umgebung für diese anderen Ergebnisse sorgen. Sie haben wenig Zeit und sind wenig involviert.

Wenn nun die operative Basis Unterstützung durch agile Coaches bekommt und beginnt, agile Interaktionen zu erproben, dann wird dort extrem schnell und viel gelernt. Mit diesem Lerntempo können andere Menschen im Unternehmen nicht mithalten.

Lösung

Wir beginnen nur mit einer Lernreise für die Senior-Management-Gruppe! Ziel ist, eine gemeinsame Vorstellung von ‚Agilität' zu erzeugen und einen guten Grund für eine Veränderung zu formulieren. Erst wenn dies gelungen ist, beginnen wir die Arbeit mit allen anderen im Unternehmen. Wir haben diesen Scope definiert und dementsprechend das Zeitfenster dafür variabel gehalten.«

Challenge

Manager kennen sich nicht und denken stark in den Grenzen ihrer Silos.

Nico:

»Auch so eine Eigenart der amerikanischen Arbeitswelt. Wir nennen es gerne ‚hire and fire'-Mentalität, anders betrachtet kann man es aber auch ‚beidseitige Jobflexibilität' nennen. In unserem Szenario waren viele Manager neu im Unternehmen, es hatte einen regelrechten Totalaustausch der Führungskräfte gegeben. Das ganze zu Beginn der Corona-Pandemie mit einem hohen Anteil Home Office hat natürlich auch Folgen: Die Führungskräfte kannten sich als Team wenig und waren sehr auf ihre funktionalen Silos konzentriert.

Lösung

Wir haben zunächst alle sensibilisiert, dass dies im gegebenen System vollkommen normal ist und niemanden zu einem schlechten Manager macht. Alleine das Bewusstsein, warum funktionale Abtrennungen zu lokalen Rationalitäten führen, hat zur Erkenntnis geführt, dass daran gearbeitet werden muss.«

Challenge
Führungskräfte trauen nicht jedem Mitarbeiter zu, zu gestalten.

Alex:
»Das ist vielleicht der Kern von Command & Control. Menschen glauben gerne, dass sie es selbst am Besten wissen. Wir haben ein Problem mit Zutrauen, Zuhören und der Akzeptanz, dass es andere Menschen vielleicht anders, aber auch gut machen.

Das führt zu einer sich selbst verstärkenden Spirale aus Bevormundung und zerstörter Mitarbeitermotivation sowie der Beobachtung, dass Mitarbeiter noch mehr Anweisung und Kontrolle benötigen, um wenigstens Dienst nach Vorschrift zu machen.

Lösung
Natürlich erwähnen wir Theorie X/Y, aber es braucht neue Erfahrungen, um diese Spirale zu durchbrechen. Diese Erfahrung haben wir geschaffen, indem wir einen zweitägigen Open Space mit allen Angestellten vor Ort moderiert haben, bei dem die Führungskräfte als »normale Teilnehmer« mitschwimmen konnten. Sie konnten beobachten, mit wie viel Interesse und Engagement plötzlich alle Mitarbeiter zu Mitdenkern rund um die Herausforderungen des Unternehmens wurden.«

Der dritte Coach
Alex:
»Kommen wir mal zu dem Moment, an dem wir das erste Mal dachten, es könnte kippen.

Eine Erkenntnis aus der Systemtheorie ist ja, dass ein System aus den Interaktionen zwischen Menschen besteht, nicht durch die Individuen selbst. Das Wertgenerierende am System sind nicht die Menschen, sondern die Interaktionen zwischen Menschen, Teams, Unternehmenseinheiten und so weiter.

Oh je – das beißt sich natürlich mit den tiefsten Glaubenssätzen der US-amerikanischen Kultur, in der es viel um Heldenkult und Top-Performer geht. Wenn da nun zwei Coaches aus Europa stehen und behaupten, dass individuelle Performance nur ein zweifelhafter Mythos ist und dieses Narrativ performance-mindernde Strukturen schützt ... nun – das ist provokativ!«

Nico:
»Na ja, zum Glück hatten wir ja einen dritten Coach dabei, der diese Botschaft überbrachte. Wir hatten relativ früh im Prozess entschieden, einen Teil der wöchentlichen Sessions darauf zu verwenden, mit den Führungskräften gemeinsam ein Buch zu lesen. Die Teilnehmer hatten das

Buch vorab als physisches Exemplar erhalten, jedoch ohne Auftrag, es zu lesen. Woche für Woche haben wir dann je ein Kapitel auf unser virtuelles MIRO-Board gepackt, gemeinsam gelesen und direkt mit Sticky Notes kommentiert. Das Buch war provokativ genug geschrieben, um das Senior-Management ordentlich zu irritieren und gerade noch an der Grenze, um es nicht zu überziehen. Insgesamt hat das Buch aber insofern als dritter Coach gewirkt, indem es Botschaften überbringen konnte, die nicht direkt anschlussfähig waren und wir beide durch Beobachtung der Reaktionen ausgleichend wirksam werden konnten.

Das Thema Einzelleistung und Heldenkult hat uns in seiner Stärke ziemlich überrascht. Von meinen vielen Aufenthalten in Amerika (Schule, MBA, Leadership Program und Arbeit für einen US-Konzern) war mir schon klar, dass Amerikaner gerne starke Helden haben und Individualleistung immer höher bewertet wird als kollektive Leistung, aber im vorliegenden Fall war das schon beeindruckend.«

Alex:
»Unser dritter Coach, das Buch, warf den Satz ‚individual performance is a myth' in den virtuellen Workshopraum und hat ihn zum Überkochen gebracht. Die Diskussion mündete dann in dem Vorwurf, wir würden kommunistische Ideen verfolgen, was in Amerika ein echtes Totschlagargument ist.«

Nico:
»Letztendlich haben wir die beiden Welten dann aber wieder gut zusammengefügt, indem wir die Begriffe Einzel- und Teamleistung gemeinsam hinterfragt haben. Diese Auflösung durch uns war aber nur möglich, weil der dritte Coach und nicht wir diese »ungeheuerliche« Behauptung aufgestellt hatten.«

Fazit und Erfolgsfaktoren

Alex:

»Außerdem war es für den Kunden gut, dass wir aus einem Land weit, weit weg stammen – dieser Abstand hat einiges ermöglicht. Aber auch unsere unterschiedlichen Erfahrungen mit diversen Unternehmen und Mitarbeitern aus aller Herren Länder war gut, um den Führungskräften eine gewaltige Bandbreite an Verständnis und Erklärungsansätzen zu bieten.

Das Muster

Ein Buch (Titel »Organisation für Komplexität«) als Provokateur und wir beide als erklärende Unterstützer – das war brillant. Das kann ich nur empfehlen, einmal auszuprobieren.

Ein CEO, der deutlich etwas wollte

Der seine Autorität genutzt hat, sodass wir konsequent mit den Top-Autoritäten im Unternehmen gearbeitet haben, bis diese genügend Wissen über modernes Systemdesign hatten, ein zu lösendes Problem klar kommunizieren konnten und bereit waren, die gesamte Mitarbeiterschaft zur Problemlösung einzuladen.

Und unser Pairing

Sollten wir noch betonen – dass es super wirksam war, dass wir als Duo unterwegs waren. Jede Vor- und Nachbereitung, jeden Workshop, jede Besprechung haben wir konsequent zu zweit geliefert und damit eine bessere Lösung geboten, als es jeder von uns einzeln gekonnt hätte.«

Nicolas Korte info@nicolaskorte.de
Alexander Krause a.krause@agil-inform.com

Epilog 5: Wenn die Welt verrücktspielt

Die Welt im Wandel

Die Zeit, in der wir leben, ist von einer Vielzahl globaler Probleme geprägt: von politischen Umbrüchen und wirtschaftlichen Turbulenzen bis hin zu Umweltkrisen und gesundheitlichen Bedrohungen. Die Pandemie hat uns gezeigt, wie schnell sich die Welt verändern kann und wie unvorhersehbar die Zukunft sein kann. Wenn man aktuell die Nachrichten einschaltet, könnte man denken, man ist mitten in einem Mission Impossible-Film gelandet: weltweite Pandemie, russischer Angriffskrieg, Angriffe auf Sicherheitssysteme, Aufrüstung von Atomwaffen, … Wir warten nur noch auf die Agenten der Impossible Mission Force (IMF).

Jede Generation behauptet, die Welt wäre noch nie so verrückt gewesen, wie zu ihrer Zeit. Gleichzeitig hören wir, dass der Fortschritt unvermeidlich sei und wir von der Zukunft weniger Elend und Leid erwarten. Jedoch ändern sich manche Dinge nie. Früher wie heute sind die Menschen von der Dynamik überfordert und hoffen auf »Normalität«, die nie wieder zurückkehrt. Jede Generation spricht von ihrer Revolution, davon, dass alles schneller, höher, weiter sein soll. Niemand versteht mehr den Stoff, den er oder sie bearbeitet.

Wenn wir die sechs Geschichten dieses Kapitels in zehn oder zwanzig Jahren lesen werden, werden sie wahrscheinlich in der ein oder anderen Variation immer noch wahr sein. Wenn wir uns an die Vergangenheit erinnern, dann gerne als die »gute alte Zeit«. Dabei überholt sich der technische Fortschritt gerne selbst. Technologien wie künstliche Intelligenz entwickeln sich exponentiell weiter. Jede Lösung für ein Problem erschafft zig neue Probleme: Der Elektromotor ist eine gute Lösung für die Probleme der

CO_2- oder Lärm-Emissionen und der Energieeffizienz. Dadurch ergeben sich neue Probleme der Rohstoffbeschaffung, des Recyclings oder der Ladeinfrastruktur – die Menschen sind ratlos. Sie hoffen auf eine dauerhaft gültige Weltordnung und Weltfrieden und werden enttäuscht.

Wir müssen uns auf ständigen Wandel einstellen. Das volle Zerstörungs- und Krisenpotential hat die verrückte Welt noch nicht erreicht. Wir müssen uns darauf einstellen, dass wir zukünftig noch stärker auf gute Ideen angewiesen sind. Unsere heutige Ideenwelt wird rasant altern.

Eine gute Idee entsteht

In diesen Zeiten können sich Menschen entmutigt fühlen, aber genau jetzt ist es wichtig, den Glauben an die Kraft einer guten Idee aufrechtzuerhalten. Wenn die Welt verrücktspielt, braucht man eine gute Idee. Die sechs Berichte zeigen, dass eine gute Idee den Unterschied zwischen Stillstand und Fortschritt bedeutet, wenn scheinbar die ganze Welt aus den Fugen gerät. Die gute Idee versetzt uns in die Lage, uns den Herausforderungen zu stellen, neue Wege zu finden.

Dafür müssen wir im passenden Moment auf die passende Idee kommen. Erst das betriebliche Vorschlagswesen zu aktivieren, wäre sicherlich viel zu langsam. Ideen können wir aber nicht erzwingen. Sie sind zu Beginn Gedanken, die nur im eigenen Kopf sinnvoll und konsistent erscheinen. Wir drehen und wenden die Gedanken hin und her, bis wir sie mutig jemand anderem mitteilen. Vielleicht findet der Gedanke Anklang bei der ersten Person, vielleicht bei einer anderen, vielleicht bei vielen Personen – vorhersagen können wir das nicht.

Ideen können wir nicht managen. Wir können sie nicht operationalisieren, können weder ein Rezept noch einen Prozess angeben, wie wir Ideen entwickeln.

Design Thinking-Methoden können helfen, sie garantieren aber keine guten Ideen. Als Basis braucht es ein echtes geteiltes Problem, das spürbar und nicht künstlich konstruiert ist. Ist das Problem transparent, braucht es die talentierten Menschen, die Ideen haben.

Andrea beschreibt in ihrer Geschichte, wie sie im QLab Think Tank die talentierten Menschen zusammenbringen. Mit ihren multidisziplinären und internationalen Teammitgliedern aus aller Welt entwickeln sie maßgeschneiderte Lösungen rund um das Thema Energiewende. Während sie auf der einen Seite für Energieversorger klimaneutrale Geschäftsmodelle kreieren, kämpfen die Mitarbeiterinnen und Mitarbeiter auf der anderen Seite gegen Stromabschaltungen und starke Regenfälle. Sie alle eint der Wunsch, etwas zu bewegen, und das Gefühl, dass sie ein brauchbares Talent für diese echten Probleme mitbringen. Design Thinking hilft ihnen dabei, über den Tellerrand zu schauen und neue Perspektiven einzunehmen.

Ideengeber & Raumgeber

Jeder und jede kann eine passende Idee haben, die das Potential hat, die Welt zu verändern. Wenn die Welt verrücktspielt, bilden sich Gruppen, die die Probleme lösen möchten. Wir schauen auf diese Gruppen, was sie bewirken, was sie besser machen als andere. Ihr Verhalten zu analysieren, macht gar keinen Sinn. Die nächste kritische Situation braucht mit Sicherheit ganz andere kreative Ideen. Aber vielleicht hilft uns die Beobachtung dabei, selbst aktiv zu bleiben, nach Möglichkeiten zu suchen und sie erzeugt den einen Gedanken, der zu einer guten Idee führt. Passiv zu bleiben und nur zuzugucken und abzuwarten ist keine Option. Im Film »Natürlich blond 2« wird dies sehr berührend verglichen mit einem Frisörbesuch: Wir sitzen im Stuhl, und lehnen die teure Haarkur nicht ab, sagen nichts, während der Haarschnitt mehr und mehr in die falsche Richtung geht und lassen uns nachher die Haare noch aufwendig stylen, obwohl wir eigentlich keine Zeit mehr haben. Und nach dem Friseurbesuch regen wir uns tierisch auf, obwohl wir die ganze Zeit Einspruch erheben hätten können. Wir haben nichts gesagt und sind deshalb ganz allein selbst daran schuld.

Wenn wir die verrückte Welt verändern wollen, müssen wir mutig sein, unsere Ideen auch auszusprechen. Dafür müssen wir uns so sicher und wertgeschätzt fühlen, dass wir uns trauen, sie zu äußern. Typisch ist es leider in Unternehmen, dass Ideen sofort kleingeredet werden. »Das funktioniert eh nicht! Das läuft eh schief! Doofe Idee! Sowas haben wir schon mal gemacht und das hat nicht geklappt. Das ist viel zu gefährlich und zu teuer!« Manche Führungskräfte und Autoritätspersonen schaffen es, einen geschützten Raum zu geben, in dem viele ihre Gedanken aussprechen.

Es braucht auf der einen Seite diesen Raumgeber und auf der anderen Seite den Ideengeber. Beide Rollen sind nicht so leicht zu übertragen. Davon kann **Juliane** in ihrem Bericht erzählen. Eine gute Idee zu haben heißt noch lange nicht, dass andere diese Idee ebenfalls für eine gute Idee halten. Manchmal wird die Idee falsch verstanden, manchmal fehlt dem Gegenüber auch der geschützte Raum, um die Idee annehmen zu können. Zusätzlich wirkt oft das Prinzip, dass wir eher dem Ideengeber folgen als der Idee. Wir trauen dem Ideengeber zu, dass er oder sie etwas Gutes erzeugt und die Zusammenarbeit Spaß machen wird.

Wird die Idee vom Ideengeber getrennt, fehlt oft die Energie, diese zu verfolgen und umzusetzen.

Wenn jemand von außen kommt, Ansätze zur Verbesserung identifiziert und Hypothesen aufstellt, fällt es uns schwer, diese anzunehmen. Oft werden diese Ratschläge als »Schläge« wahrgenommen. Sie greifen unseren Selbstwert an, wo wir doch nach bestem Wissen und Gewissen alles unternommen haben, was uns in diesem Kontext persönlich möglich war.

Und so braucht es erst die echten, schmerzenden Probleme, bevor die Punkte auf der Liste angegangen werden. Dann öffnet sich auch der Raum, um den Hindernissen entgegenzuwirken, bevor es zu schwerwiegenden Folgen kommt.

Echte Probleme annehmen

In den Berichten von Andreas und Jesús finden wir Ansätze, die das echte Problem in den Fokus setzen. Sie lassen sich von der verrückten Welt nicht einschüchtern, sondern nehmen die Herausforderung an. **Andreas** formt die Experten unterschiedlicher Abteilungen zu einem Scrum Team. Bevor sie die Regeln und Prozesse einer Personalsoftware verbessern, fragen sie nach dem Problem, welches gelöst werden soll. Dabei wird klar: Jedes Framework ist nicht mehr und nicht weniger als ein Mittel, um Probleme in der Wertschöpfung zu lösen.

Jesús fragt genau nach dem Problem, welches der Kunde vom Team gelöst bekommen möchte. Sein Team war sehr intensiv beschäftigt, aber es arbeitete nur sehr wenig an den echten Problemen des Kunden. Erst als der Kunde seinen Auftrag zurückziehen will, ergibt sich der geschützte Raum, um alle sinnlose Beschäftigung fallenzulassen. Mit neu gewonnenem Fokus wird beim Kunden neue Begeisterung geweckt.

Trotz Ungewissheit voller Tatendrang

Wenn wir in einer kritischen Situation eine Idee haben, kann dies uns Hoffnung geben. Es ermutigt uns, trotz der widrigen Umstände weiterzumachen. Die Idee ist der leuchtende Funke, der uns weitermachen lässt. Der Plan funktioniert nicht mehr und Effizienz ist nur ein frommer Wunsch. Im besten Fall haben wir uns vorbereitet und rechnen mit Überraschungen. Wir sorgen für Redundanz und haben mehr Ressourcen und mehr Leute vor Ort als notwendig. Wir tun Dinge, obwohl wir sie vermutlich oder auch hoffentlich nicht brauchen. Wir stellen genau die Menschen ein und ziehen genau die Menschen hinzu, die mit Überraschungen gut umgehen können.

Franziska beschreibt in ihrer Geschichte mit »Mr. Plan B« eines dieser Talente für Überraschungen. Die Ungewissheit auf einer Reise zu hoher See kommt schon allein durch die Überraschungen durch die Naturgewalten. Mutig und voller Tatendrang finden sie auf alternativen Wegen einen freigelegten Felsen. Ganz ohne konkreten Plan entstand am Ende etwas Magisches, das am Ende vielleicht sogar besser war als der ursprüngliche Plan.

Auch **Nico** und **Alex** begeben sich auf eine Reise. Hier ist es eine Lernreise ins Ungewisse. Auf dieser Reise lernen sie nicht nur, wie dringend die Veränderung eingeschätzt wird. Sie lernen etwas über das Verständnis von Agilität, über die Muster der Organisation, über das Wissen und Wollen der Top-Autoritäten, über die Werte und Gefühle von Manager und Mitarbeiter. Nicht zuletzt lernen sie sich selbst besser kennen und gewinnen wertvolle Erfahrungen hinzu.

Zum Beispiel die Erfahrung, dass ein Buch ein »dritter Coach« sein kann, der wertvolle Diskussionen entfacht – das erhoffen wir uns auch von den Geschichten und Berichten dieses Buches.

In unserer verrückten Welt müssen wir selbst die IMF unserer Geschichten sein. Aber anders als bei den Mission: Impossible-Filmen streiten wir nicht die Kenntnis über unsere agilen Missions Impossible ab. Wir halten an unserer Gesinnung fest, sei die Welt auch noch so verrückt. Wir können nur auf diesen agilen Missionen aktiv werden. Nichts davon kommt wieder.

Gegeneinander statt miteinander

Die drei Kulturzonen

Juli 2019

Ich hatte meinen ersten Arbeitstag bei einem Automobilkonzern. Für mich, der bisher nur bei einem mittelständischen Softwareunternehmen als Projektleiter gearbeitet hatte, bedeutete dies – neue Firma, neuer Job als Scrum Master, neue Umgebung, neue Kultur und neue Menschen. Es begann ein neuer Lebensabschnitt für mich und ich wollte sowohl was Neues sehen als auch mich dabei weiterentwickeln (raus aus der Komfortzone). Dieses Gefühl war sehr aufregend und ich freute mich auf die neue Herausforderung.

Ein paar Tage später lud mich der Senior Manager Tom zu einem Gespräch ein und meinte Folgendes: »Ich möchte, dass du bei uns im Projekt sowohl beim Projektmanagement-Team (PM-Team) als auch bei den zwei Software-Teams (SW) als Scrum Master arbeitest und meine Erwartungen an dich sind, dass du all die Probleme von dem Projekt löst!« Das Projekt hatte zwar zwei agile SW-Teams, jedoch gab es noch ein Hardware- und ein System-Team, die weiterhin nur einen Lead hatten, der sich um die Planung, Koordination, Kommunikation und Kontrolle kümmerte. Das PM-Team hatte die Aufgabe, die Teams zu koordinieren und dieses bestand aus dem Senior Manager Tom, dem Projektleiter Peter und den Team-Leads. Das PM-Team war zwar funktionsübergreifend, jedoch hatte es keine gemeinsamen Ziele. Jede Domain hatte ihre eigenen Meilensteine und sie fokussierte sich auch nur darauf. Denn das war von den Prozessen so vorgegeben. Deshalb liefen ihre Dailies auch wie ein Status-Meeting ab, in welchem die Leads und die Product Owner ihren Vorgesetzten den aktuellen Stand und deren Probleme berichteten.

Nach einigen Wochen kam ein Mitarbeiter und berichtete im Daily von einem Problem mit den Tool-Lizenzen. Tom antwortete rasch: »Ich kläre das mit dem Abteilungsleiter!« Ich dachte mir: »Sehr cool, dass er sich so einbringt und als Senior Manager vieles selbst löst.« Nach einer halben Stunde kam er zu mir und meinte: »Meine Erwartung an Sie ist, dass Sie die Probleme lösen. Sie müssen sich mehr einbringen – ansonsten ist dieser Job nichts für Sie!«. Ich merkte sofort, dass hier ein anderes Arbeitsklima und Miteinander herrschte als das, was ich bisher kannte. Ich versuchte zu argumentieren, weshalb ich nicht eingeschritten bin. Dabei erklärte ich, dass ich den Teams als Servant Leader helfen kann, jedoch nicht muss, wenn das Team die Probleme selbst lösen kann. Er antwortete: »Sie verstehen hier was falsch. Sie als Scrum Master müssen all die Impediments der Teams lösen, so dass die Teams in Ruhe weiterarbeiten können!« Ich schlug ihm vor, dass wir die Rollen für das Projekt besser definieren sollten, da wir sie doch anders interpretieren. Darauf antwortete er harsch: »Nein, dafür haben wir keine Zeit und die Rollen sind im Scrum Guide definiert. Wenn du deine Rolle nicht kennst, dann lies es dir dort noch einmal durch.« Ich fühlte mich eingeschüchtert und wusste, dass wir nicht auf einen gemeinsamen Nenner kommen würden und ging auf die Diskussion nicht weiter ein.

In dem prozess- und effizient gesteuerten Unternehmen spürte ich eine Mentalität des Konkurrenzkampfes, welche von den Managern gefördert wurde. Die Manager fordern von den Mitarbeitern, dass sie ihre Tasks anhand der vordefinierten Prozesse abarbeiten. Zudem betrachteten sie die Agilität mit den dazugehörigen Events und Alignments als ineffizient. Im Umkehrschluss bemängelten die Manager, dass die Mitarbeiter keine Leidenschaft zeigen, sich nicht für die Themen verantwortlich fühlen und auch kein Commitment abgeben. Das spiegelt die »5 Dysfunktionen eines Teams« von Patrick Lencioni wider. Laut Lencioni ist Vertrauen die notwendige Grundlage eines funktionalen Teams. Dieses Vertrauen entsteht vor allem, indem wir uns verletzlich zeigen. In meiner Umgebung wurde Verletzlichkeit als Schwäche angesehen. Ich fühlte mich wie Don Quijote und fragte mich innerlich: »Willst du wirklich in so einer Umgebung arbeiten und gegen solche Windmühlen (Organisation & Management und Mitarbeiter) kämpfen? Ich entschied mich dafür, mich für die Mitarbeiter einzusetzen und mein Ziel war es, weiterhin eine Kultur zu schaffen, in der alle produktiv miteinander arbeiten und zufrieden sind.

Dezember 2019

Es wurde in der Zwischenzeit konzernweit eine Agile Coach-Ausbildung ausgerollt. Als mich der Director, der auch ein Agile Fanatiker ist, darauf ansprach, schöpfte ich neue Hoffnung: »Endlich kann ich etwas Neues lernen, um die Kultur voranzubringen!« Die Ausbildung sollte ein Jahr lang dauern. An der Agile Coach-Ausbildung nahm auch Tom teil. Unsere Coaches waren Externe. Man spürte auf Anhieb, dass dies das Arbeitsklima positiv beeinflusste. Mein erster Gedanke war: »So eine Arbeitsatmosphäre will ich bei uns auch schaffen!« Unser erstes Modul startete mit einem Daumenwrestling. Grundsätzlich gibt es einen Punkt sobald man den Daumen des Partners mit seinem eigenen Daumen gefangen hat und unsere Aufgabe bestand darin, so viele Punkte wie möglich zu erzielen – Challenge accepted! Viele kämpften gegen ihre Partner und versuchten, den Partner zu besiegen. Nach 15 Sekunden war die Zeit vorbei und die Frage lautete, wie viele Punkte wir denn erzielt haben. Da jeder für sich selbst gekämpft hat, hatten die meisten nur drei oder vier Punkte erzielt. Ein Paar erreichte 45 Punkte, woraufhin jeder im Raum staunte. Sie hatten die Frage als einziges Team richtig verstanden und miteinander so viele Punkte wie möglich gesammelt. Im Arbeitsalltag beobachte ich häufig dieses Phänomen des Konkurrenzdenkens. Jeder Mitarbeiter kämpft für die jeweils eigenen Ziele und Interessen, anstatt dass man gemeinsam Ziele verfolgt. James W. Tamm geht in seiner Theorie darauf ein, welche Art der Kommunikation eine zielführende Zusammenarbeit als Ergebnis hat. In dieser Theorie »Radical Collaboration« beschreibt er die 3 Zonen »pink«, »red« und »green«. In der pinken Zone befindet sich jener, der ein passiv aggressives Verhalten

vorweist. Dazu zählen vor allem die Menschen, die Angst haben, ihren Standpunkt klar nach außen hin zu vertreten und die schwierigen Gesprächen oder kritischen Feed-

backs eher ausweichen. Wenn eine Person ein aggressives Verhalten aufweist, wie z.B. Bedrohungen oder zynische Kommentare, befindet sich derjenige in der roten Zone. Das Ziel ist es, dass sich jeder in dem grünen Bereich befindet und dementsprechend die Werte einer gewaltfreien Kommunikation vertritt, wie z. B. eine ehrliche, offene

und respektvolle Kommunikation bzw. mit seinem Gegenüber konstruktiv zu kooperieren. Ein Team kann nur dann Erfolg haben, wenn es gemeinsam arbeitet. Das heißt, dass jeder dem anderen vertrauen muss und zudem die Stärken und Schwächen des anderen kennen sollte. Dabei müssen die Gesprächspartner immer ehrlich zueinander sein und falls sie irgendwelche Bedürfnisse und Wünsche haben, diese auch direkt ansprechen (psychologischer Sicherheit). Das Wissen über die drei Zonen kann zur Konfliktlösung beitragen. Die Gesprächspartner müssen ihr eigenes Verhalten anhand der Zonen reflektieren und überdenken, wie sie wieder in die grüne Zone kommen können. Erkennt einer der beiden Gesprächspartner, dass er sich selbst in der roten/pinken Zone befindet, sollte er sich dazu äußern und Gegenmaßnahmen einleiten.

Am selben Abend saßen wir mit der Gruppe zusammen und diskutierten, weshalb Agilität bei uns noch nicht gut genug funktioniert. Tom hat sehr viel technisches Wissen und er will den Mitarbeitern helfen, dass sie so wenige Fehler wie möglich machen bzw. die Arbeit so schnell wie möglich lösen. Einige Kollegen und ich versuchten zu argumentieren, dass wir mehr Vertrauen und Selbstständigkeit benötigen, sodass die Teams aus ihren Fehlern selbst lernen können. Wir einigten uns darauf, dass Tom nicht mehr an den Dailies teilnimmt und dass er den Teams mehr Vertrauen schenkt. Er soll nur noch an den Reviews teilnehmen und so sein Feedback an das Team weitergeben.

Nachdem Tom nicht mehr an den Meetings teilnahm, sah Peter seine Chance und spielte seine Autorität beim Team aus. Wir hatten vom Kunden harte Deadlines einzuhalten und dadurch war die Stimmung im Team noch angespannter. Peter hatte immer ein klares Bild vor seinen Augen und wollte es strikt durchsetzen. Die Teammitglieder beschwerten sich oft bei mir über Peters Verhalten und Kommunikation. Jedoch wollten sie nie ein Feedbackgespräch mit ihm direkt führen. In unseren Retrospektiven waren sie nicht offen und ehrlich zueinander. Sie schwiegen und blieben weiterhin in ihrer »pinken Zone«. Ich nutzte jede mögliche Situation, sodass die Beziehung und Kommunikation zwischen den Teammitgliedern und dem Projektleiter besser wurde. Meine Strategie bestand darin, viele Einzelgespräche zu führen. Dadurch sollten sie den anderen mehr verstehen, Empathie zeigen und nachvollziehen können, weshalb der andere so reagiert hat.

März 2020

Wir hatten unseren nächsten großen Release und dazu mussten alle Teams für die Auslieferung an den Kunden zusammenarbeiten. Der Kunde agierte selbst sehr chaotisch und stellte fast täglich neue Anforderungen und Wünsche. Peter versuchte, die Wünsche des Kunden zu erfüllen und gab die Anforderungen direkt an das Team weiter. Kurz vor der Abgabe fragte Peter ein Teammitglied: »Hast du das

Qualitätsdokument fertig erstellt?« »Nein – ich habe noch nicht damit begonnen«, antwortete der Mitarbeiter verunsichert. Peter kommentierte sehr aggressiv und impulsiv (rote Zone): »Und was denkst du, wann du damit fertig bist? du weißt schon, dass wir das Dokument an den Kunden schicken müssen! Wann bekomme ich endlich ein Commitment oder ein Datum von dir?« Der Mitarbeiter sprach nun mit gehobener Stimme und reagierte sehr trotzig (pinke Zone): »Nö, du wirst von mir kein Commitment oder ein Enddatum hören, da ich das erst im Detail herausarbeiten muss!« Peter wurde nun auch lauter: »Das geht so nicht weiter!« und sie schrien sich gegenseitig weiter an. Ich versuchte sofort die Konfrontation zu schlichten und sagte, dass wir das Thema im Nachgang klären müssten.

Ich lud beide zu einem Gespräch ein und erklärte ihnen, dass ich mit ihnen den Konflikt besprechen und lösen möchte. Ich habe den Termin auf den nächsten Tag gesetzt, sodass jeder nochmal die Möglichkeit hatte, darüber nachzudenken. Am nächsten Tag sind beide zu meinem Termin gekommen und ich habe ihnen erklärt, dass wir heute das Problem gemeinsam lösen wollen, um dadurch ein besseres Miteinander für die Zukunft zu schaffen. Ich habe mich dabei an die vier Schritte der gewaltfreien Kommunikation (GfK) von Marshall Rosenberg orientiert. Dazu habe ich auf den Boden die vier Phasen des GfK als Zettel hingelegt (Tanzparkett). Die vier Schritte bestehen aus »Beobachtungen, Gefühlen, Bedürfnissen und Wünschen.« Der Mitarbeiter startete und schilderte im ersten Schritt die Situation, ohne sie zu bewerten. Anschließend bewegte er sich zur zweiten Stufe und drückte seine Gefühle dabei aus: »Ich habe in solchen Situationen Angst und fühle mich überfordert.« Im Bedürfnisfeld erzählte er weiter, dass er nicht wieder ein Burnout erleben möchte und dadurch nicht gerne unter Druck stehe. Im letzten Teil wünschte er sich von

Peter, dass er die Aufgaben priorisieren und diese dementsprechend verteilen solle. Anschließend begann Peter, seine Beobachtungen zu schildern, wobei er sagte, dass er noch nicht bereit wäre, seine Gefühle zu äußern. Am Ende einigten sie sich auf den Vorschlag des Mitarbeiters. In den nächsten Tagen und Wochen bemerkte ich bei diesem Team und vor allem bei Peter, wie die Personen nun wertschätzend, respektvoll, offen und ehrlich miteinander arbeiteten. Der Erfolg und der Spaß bei der Arbeit kamen danach von ganz alleine (»grüne Zone«).

Ahmet Keysan

ist ein Optimist und lösungsfokussierter Wirtschaftsinformatiker mit Schwerpunkt IT-Management. Seit 2021 arbeitet er als Scrum Master, Agile Coach, und OKR Coach bei ZF Group. Er begleitet und unterstützt Individuen, Teams und Organisationen auf ihrem Weg in Richtung agiler Werte, Prinzipien und Organisationsstrukturen. Dabei soll der Fokus immer auf der Menschlichkeit liegen.

Agile Events – vom Jammern zum aktiven Mitmachen

Kennst du das? Bei den Regelmeetings nehmen von Mal zu Mal immer weniger Personen teil? Du hörst kreative Ausreden wie »die Zeit brauchen wir für wichtige Abschlussarbeiten«, und du erfährst indirekt von Beschwerden über die agilen Events und Prozesse?

Genau in solch einem Umfeld habe auch ich mich vor ein paar Jahren als Scrum Master wiedergefunden, als ich gebeten wurde, die Scrum Master-Rolle teamübergreifend für ein »Produkt« zu übernehmen. Ich kannte die Leute in den Teams sehr gut. Daher belastete mich die jetzt spürbare Unzufriedenheit sehr. Warum äußerten sie ihre Beschwerden nicht offen und warum veränderten sie nichts

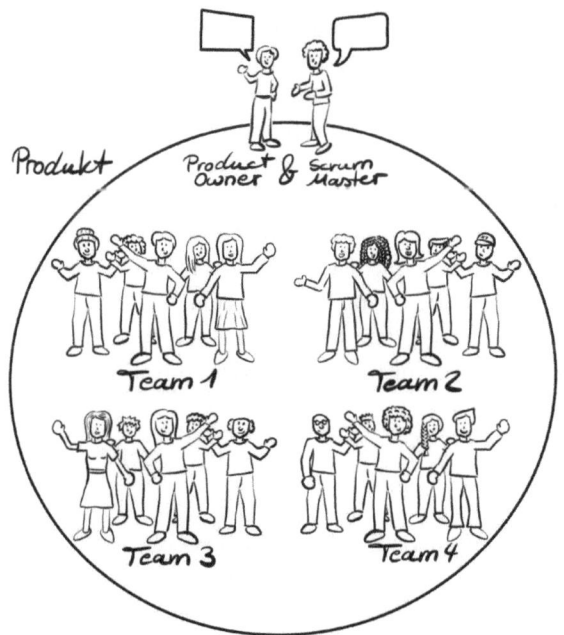

proaktiv? Mich reizte die Herausforderung. Aber noch mehr waren mir die Menschen in den Teams wichtig, sodass ich nicht lange überlegen musste und die Rolle als übergreifende Scrum Master annahm.

***

Als Scrum Master des Produktes arbeitete ich mit dem Product Owner Tim zusammen. Wir waren Teil eines skalierten Scrum-Frameworks und somit umfasste unser »Produkt« vier Teams, die jeweils einen eigenen Product Owner und Scrum Master hatten. Die Teams waren teilweise voneinander abhängig. Die Sprintdauer der Teams betrug 2 Wochen. Als »Produkt« stellten wir die zusammenfassende Klammer der Teams dar und hatten einen gemeinsamen 6-Wochen-Zyklus mit »Produkt«-Plannings, -Reviews und -Retrospektiven.

Wir standen vor dem Problem, dass die Teilnehmer vor unseren Reviews und Plannings kurzfristig absagten und somit nur wenige Teamvertreter teilnahmen. Sie betonten, wie wenig die Teams untereinander fachlich gemeinsam hätten und wie unnötig die Events daher seien. Gleichzeitig war zu beobachten, dass die Teams ihre geplanten Sprintergebnisse nicht erreichten und die Stakeholder bereits unzufrieden Tim kontaktierten. Zusätzlich bemerkten wir besorgt, dass einige Personen sich zurückzogen, nörgelten, aber nicht aktiv wurden, um ihre Situation zu verbessern.

***

Zum Zeitpunkt, als Tim und ich verzweifelt nach einem Lösungsweg suchten, traf ich mich wieder mit meiner Freundin Anja. Anja strahlt eine unheimliche Zuversicht aus und sieht in Jedem das Gute. Wir hatten uns zwei Jahre zuvor auf einem Coaching-Seminar kennengelernt und sofort super verstanden. Inzwischen hat sich eine Art Sparringspartnerschaft zwischen uns entwickelt, wodurch wir uns seit einem Jahr regelmäßig austauschen und uns wunderbar ergänzen. Bei unserem Treffen erzählte ich ihr meine aktuelle Situation. Da fing Anja an zu lächeln. Ich stutzte: »Woran denkst du, Anja?« Sie sagte: »Erinnere dich an unser Seminar. Gehe davon aus, dass in jedem Menschen und in jeder Idee etwas Gutes steckt. Zeige Verständnis und lasse aus den einzelnen Perspektiven etwas Neues entstehen.« Ich wollte schon widersprechen, stoppte dann aber. Sie hatte recht. Jeder der Kritikpunkte hatte seine Berechtigung – zumindest aus der Perspektive der Betroffenen. Jetzt sah ich den ersten Schritt auch ganz klar vor mir: »Wir müssen die Sichtweisen der Betroffenen kennenlernen und dann herausfinden, welchen Mehrwert die Events den Teams bringen.«

Diese Erkenntnis erzählte ich Tim und damit begann unsere Veränderungsreise, auf der wir alle mitnehmen wollten. Dafür luden wir die Teams zu einer außerplanmäßigen Retrospektive ein. Unsere Herausforderung war es, eine Atmosphäre zu schaffen, in der sich alle trauten, ihre Kritik offen zu teilen und anschließend motiviert waren, Verbesserungsideen aktiv anzugehen. Für eine vertrauensvolle Atmosphäre führte ich zu Beginn der Retro die Haltung der Prime Directive ein. Die Prime Directive besagt: Wir gehen stets davon aus, dass jeder in seiner Vergangenheit aus dem besten Wissen und Können gehandelt hat. Zudem nahmen Tim und ich jede Meinung ernst. Wir wollten wirklich verstehen, welche Perspektive, Empfindungen und Konsequenzen die Betroffenen sahen. Darum fragten wir ausdrücklich nach den »Pain Points«. Mit genug Zeit wurden auch immer mehr Punkte offen angesprochen. Unsere Impulse, die Pain Points zu hinterfragen, stellten Tim und ich hinten an; Denn für uns zählte nur, dass diejenigen, die den »Schmerz« schon länger spürten, ihre Perspektive frei und ungefiltert erzählen durften.

Als Nächstes ging es um die Lösungsfindung. Hierbei war uns wichtig, dass die Betroffenen diese als hilfreich und nachhaltig empfanden. Dafür durften die Teilnehmer zu jedem Pain Point erarbeiten: »Woran werden wir merken, dass es besser geworden ist?« Dadurch erhielten wir von den Teilnehmern »Akzeptanzkriterien« für mögliche Lösungen. Im Anschluss ließen wir Lösungsvorschläge erarbeiten. Es war bemerkenswert, zu sehen, wie auf einmal sehr engagiert und positiv über Verbesserungen gesprochen wurde. Wir hatten es durch die zukunftsgerichtete Frage und unser motiviertes Zuhören geschafft, die Selbstverantwortung und ein aktiveres Verhalten zu wecken. Abschließend entschieden die Betroffenen über die Reihenfolge, in welcher die Pain Points gelöst werden sollten.

***

Nun war es für die Betroffenen wichtig, zu erleben, dass ihre Pain Points ernst genommen werden. Wir starteten mit dem Pain Point »Im Review sind die Demos für Personen, die nicht im Team arbeiten, nicht nachvollziehbar«. Dafür trafen wir uns mit acht Teamvertretern, die sich in der Retro freiwillig gemeldet hatten. Kai erklärte den Pain Point: »Ich weiß gar nicht, was das Team ‚Birds‘ eigentlich macht. Woher soll ich dann wissen, was ihre präsentierten Ergebnisse bedeuten?« Wir arbeiteten gemeinsam heraus, dass es helfen kann, wenn am Anfang einer Demo der Kontext geschildert wird. Daher sollte jede Demo mit der Antwort auf die Frage starten: »Welche Informationen

Agile Events – vom Jammern zum aktiven Mitmachen | 333

benötigen teamfremde Zuhörer zum Kontext, in dem das Ergebnis entstanden ist?« Inwiefern diese Lösung half, testeten wir im nächsten Review.

***

Vorerst jedoch stellten wir uns dem zweiten Pain Point: »Im Review fehlen die Stakeholder«. Auch hier trafen wir uns mit Teamvertretern. Ein Kollege beschrieb das Hauptproblem: »Ich glaube, dass die Stakeholder, also die Softwarenutzer, sich für unsere Ergebnisse gar nicht interessieren. Bisher können wir nur das Backend und häufig sogar nur Dokumentationen zeigen, aber keine fancy anschauliche und klickbare Software.« Endlich fanden wir heraus, warum die Teams nie Stakeholder zu den Reviews eingeladen hatten: Die Teams dachten an die Softwarenutzer, also Endkunden. Wir verstanden unter »Stakeholder« jedoch auch Entwickler, die im Folgeprozessschritt mit den Ergebnissen der Teams Folgelösungen für die Endkunden bauten. Nachdem wir das aufgelöst hatten, vereinbarten wir als Maßnahme, dass die Teams im Vorfeld überlegten: »Wer nutzt unser Ergebnis?«, denn das sind die Stakeholder, die eingeladen werden sollten.

Vor dem nächsten Review war noch der Pain Point »Warum sollen wir Ergebnisse den anderen Teams präsentieren, wenn die doch nichts mit uns zu tun haben?« offen. Tim und ich waren überzeugt, dass es fachliche Zusammenhänge zwischen den Teams gab. Dennoch durchdachten wir kritisch: »Was für Verbindungen haben die Teams entlang der Wertschöpfungskette?« Wir fanden durchaus Zusammenhänge. Unter anderem konnten die Teams hinsichtlich ihrer Arbeitsweisen und Technologien voneinander lernen. Ich beschloss, dass ich im nächsten Review auf diese Verbindungen achten würde.

Bei unserem ersten neu gestalteten Review waren wir gespannt, inwieweit die Veränderungen wirkten. Wir freuten uns, dass fünf Stakeholder eingeladen worden waren und auch tatsächlich zum Review erschienen. Die Referenten leiteten mit dem Kontext der Ergebnisse ein und veranschaulichten den Kundennutzen für die Stakeholder. Schön war, dass die Stakeholder unglaublich gute Fragen stellten und auch die anderen Teams neugierig wurden. Das so durchgeführte Review begeisterte die Stakeholder. Zudem waren Zusammenhänge zwischen den Teams beobachtbar, die ich durch eine wertschätzende Moderation transparent machte. Kai bedankte sich sogar am Ende bei einem anderen Team für die Möglichkeit, jetzt schon die Schnittstellenfunktionalität zu sehen, die sein Team als Nächstes bei sich integrieren musste. Die Rückmeldungen waren sehr positiv: »Wertvolle Informationen«, »gut zu wissen, dass die anderen daran arbeiten« oder »ein ganz anderes Feeling, viel wertschätzender und freudiger«. Wir hatten einen ersten Erfolg erreicht, die Teams hatten den Mehrwert des Reviews erlebt.

***

Mit gleicher Motivation kümmerten wir uns um die Pain Points zum Planning Event. Das war Tims und mein Sorgenkind, denn das Planning wurde stark hinterfragt: »Warum sollen wir unsere Zeit mit Planen im gesamten Produkt vergeuden, wenn uns die Pläne der anderen gar nicht interessieren?« und »Warum sollen wir einen 6-Wochen-Plan machen, wenn wir in 2-Wochen-Sprints planen?« Ich erinnerte mich wieder an mein Gespräch mit Anja. »Mehrwert« war das Stichwort. Die Teams erkannten scheinbar keinen Mehrwert in den Plannings und daher war ihr Antrieb, die Plannings zu nutzen und zu verbessern, auch gering. Also fragte ich zunächst Tim: »Wofür brauchst du als Product Owner das Planning?« Seine Antwort kam prompt: »Liefertreue und verlässlichere Planung gegenüber den Stakeholdern: Ich brauche eine Gesamtsicht, inklusive der Abhängigkeiten, um mindestens 6 Wochen vorausplanen zu können und den Stakeholdern die Verzögerungen verständlich machen zu können.« Diese Erkenntnis war das Fundament für einen Workshop mit Teamvertretern.

In dem Workshop erklärte Tim seinen erhofften Mehrwert von dem Planning. Zudem fanden wir heraus, wie die Teams planten und welche Bedürfnisse sie hatten. Basierend auf dieser Transparenz leiteten wir während des Workshops ab, wie das gemeinsame Planning für die Teams und Tim Sinn ergeben konnte. Die Teams akzeptierten, dass Tim einen längerfristigen Überblick benötigte. Zudem fanden sie es nun attraktiv, das Planning Event für die Vorausplanung der nächsten Sprints zu nutzen und dadurch frühzeitig festzustellen, was sie nicht schaffen können. Dafür integrierten wir in der Planning Agenda Zeiten für die Teams, in denen sie mit Teamvertretern planen wollten. Der Pain Point »Warum sollen wir einen 6-Wochenplan machen, wenn wir in 2-Wochen-Sprints planen?« war somit gelöst. Zudem sollte das Planning mit einer fokussierten Präsentation je Team enden, in der nur die Top 3 Ergebnisse und Verzögerungen dargelegt werden.

Es hatte sich gelohnt. Im nächsten Planning stellten alle Teams ihre Pläne vor. Die »Birds« machten den Abschluss und überraschten uns: Souverän stellten sie einen merklich detaillierten Plan vor und konnten genau sagen, was sie in ihren Sprints die nächsten 6 Wochen fertigstellen wollten und wo sie Risiken sahen. Das weckte die Leistungsmotivation der anderen Teams. Im zweiten Planning hatten bereits zwei Teams diesen Überblick erlangt, weil sie ihre Planung im Vorfeld mit dem gesamten Team abgestimmt hatten. Das war ein großer Schritt in Richtung Vertrauen in die agilen Events und aktives Verbessern.

Nun blieb noch der Pain Point: »Warum sollen wir unsere Zeit mit Planen im gesamten Produkt vergeuden, wenn uns die Pläne der anderen gar nicht interessieren?« Diese Frage erübrigte sich noch bevor wir mit den Teams darüber sprechen konnten. Im zweiten neu strukturierten Planning beobachtete ich, wie die Teams untereinander nachfragten, ob bestimmte Entwicklungen geplant waren, denn sie warteten darauf. Als Moderatorin zeigte ich diese Beobachtung wertschätzend auf. Das war ein weiterer Erfolg, der darlegte, dass sich unser genaues Zuhören, unsere Offenheit, das Beteiligen der Betroffenen und unsere Ausdauer gelohnt hatten.

***

Wir reflektierten die Pain Points und Veränderungen regelmäßig mit den Teams in den Retros. Wenn die Teams einen Pain Point als gelöst und die Veränderung als hilfreich ansahen, entschieden wir uns über ein Voting für den nächsten zu lösenden Pain Point.

Tim und ich hielten ein, was wir versprochen hatten und nahmen ernst, was die Betroffenen benötigten. Diese lernten dadurch, dass sie kritisieren und verbessern, Ideen vorschlagen und umsetzen konnten. Waren sie zum Start der Reise aufgrund von negativen Erfahrungen überzeugt, dass sie ihre Situation nicht ändern könnten, so hatten sie sich nun von dieser erlernten Hilflosigkeit gelöst. Dies führte dazu, dass sie den Mehrwert der agilen Events erkannten und sogar für sich erweiterten. Sie beschwerten sich offen und verbesserten konstruktiv ihr Umfeld. Nach einem ¾ Jahr hatten wir die ursprünglichen Pain Points geschlossen.

***

Wenn du mich jetzt fragst, wann ich das stärkste Gefühl von Erfolg auf der Reise hatte, dann war es folgender Moment: Eine ehemalige Scrum Master begleitete als Urlaubsvertretung für kurze Zeit eines der Teams. Beim Mittagessen sagte sie plötzlich zu mir: »Irgendwie hat sich die Kultur bei euch geändert ... sie ist jetzt richtig angenehm.«

Felicitas Huppertz
ist bekannt für nachhaltige Veränderungen, die sie als erfahrene Scrum Master und Agile Coach mit Teams und Organisationseinheiten in verschiedenen skalierten Setups geschaffen hat. Zu dem Erfolgskonzept der Wirtschaftspsychologin gehört es, sowohl den strukturellen als auch den kulturellen Wandel zu berücksichtigen. Hierfür ist es ihr wichtig, dass die Betroffenen den Sinn & Zweck erkennen und in den Prozess eingebunden werden.

Die Wunder und Tücken des Loslassens

»Die Zukunft gehört den Mutigen« (Yvonne Kuschel)

Mutig sein bedeutet für mich, das Unaussprechliche auszusprechen, das Unsichtbare sichtbar zu machen und den Unerhörten eine Stimme zu geben.

Wie sehr mich das Mutigsein in den nächsten Monaten beschäftigen wird, sollte ich noch erfahren.

Doch ganz auf Anfang!

»Mitarbeiter gestalten das Unternehmen« – wir saßen im Innovationsraum, ein 60 m² lichtdurchfluteter Saal versehen mit ausgefallenen Sitzgelegenheiten, auf denen eigens gestaltete Sitzkissen platziert waren und Pioniergeist lag in der Luft.

»Ich bin froh, dass du da bist«, flüsterte mir meine neue HR-Kollegin noch hastig ins Ohr. »Endlich ein Agile Coach und endlich habe ich jemanden, mit dem ich das Vorhaben zusammen machen kann.« Mit diesen Worten machte sie mich nicht nur neugierig, sondern steckte mich auch förmlich mit ihrer Euphorie an. Es hielt mich kaum noch auf meinem Stuhl und ich wartete auf eine Erklärung der beiden Geschäftsführer, die ich auch prompt bekam.

Im Kern hat man im Management verstanden, dass die Mitarbeiter viel näher am Kunden sind. Dieses Potenzial sollte genutzt werden, schließlich machten es die großen Player aus dem Silicon Valley genauso. Dabei bringen Mitarbeiter Themen aus ihrer täglichen Arbeit in das Unternehmen und ermöglichen dem Management somit, an den wirklich richtigen Dingen zu arbeiten.

»Ein unglaubliches Ziel«, schoss es mir durch den Kopf. Mich ließ dieses Ziel, dass Mitarbeiter ihre Organisation mitgestalten und mitbestimmen können, nicht mehr los.

Die Wunder und Tücken des Loslassens | 339

»Du und Caro, ihr seid die neuen Meister!«, riss mich einer der Geschäftsführer aus meinem Tagtraum. Ihm entging mein fragender Blick nicht und so ergänzte er: »Ihr schafft zusammen die notwendigen Rahmenbedingungen, setzt die wichtigen Meetingformate auf und führt die wesentlichen Workshops durch. Eins sei gesagt, unsere Consultingstruktur im Unternehmen hält einige Tücken bereit.« Die kommenden Monate sollten mir aufzeigen, dass bei diesem Vorhaben Theorie und Praxis urknallartig aufeinandertreffen können. Aber der Reihe nach. Wenn du

möchtest, folge mir auf meiner agilen Reise bis zu einem bislang größten Wendepunkt meiner Karriere.

Schotten dicht und Freigeister ahoi

Ein Townhall Meeting gab den Startschuss, in dem die Geschäftsführung die neue Reiseroute und die dahinterliegende Idee näherbrachte. Aus Mitarbeitern sollten Mitgestalter werden. Ziel des ganzen Vorhabens war ein rollenübergreifendes Arbeiten an Themen, die nun nicht länger das Management, sondern die Mitarbeiter in das Unternehmen tragen sollten.

Dies war die Geburt der Freigeister, die sich intrinsisch motiviert neben den Kundenprojekten nun auf den unternehmerischen Gedanken fokussierten.

Dies verlangte allerdings, dass das Management jene Dinge loslässt, von denen es bisher glaubte, sie selbst denken oder tun zu müssen. Kurz gesagt, das Management tauscht Freimut gegen die Zuversicht nach exponentiellem Wachstum.

Ich war gespannt, wie wohl meine Kollegen auf diese Neuigkeiten reagierten. Ich drehte mich um und sah, wie mich viele verschiedene Facetten der Emotionen umgaben – Überraschung, Vorfreude, Besorgnis und Vorsicht. Bei mir selbst überwog die Begeisterung und Überzeugung von der Idee und führte dazu, dass ich die skeptischen Gesichtsausdrücke zu diesem Zeitpunkt ausblendete.

Mann über Bord

Der Aufwand für die Vorbereitung war enorm. Dennoch ließ das Management die Mitarbeiter an der Ausrichtung des Unternehmens teilhaben. Dabei durfte jeder Einzelne frei entscheiden, ob, an wie vielen und auch an welchen Zielen er im Quartal mitwirken wollte.

Nach 6 Monaten fielen mir wieder schlagartig die Gesichtsausdrücke meiner Kollegen aus dem initialen Townhall Meeting ein. Ich kann mich noch sehr gut daran erinnern, dass sich die Entwickler in den ersten Wochen stark zurückhielten. Dabei ist zu sagen, dass das Entwicklerteam bestehend aus 10 Personen alles andere als dem Nerd-Klischee entsprach. Dies lag vor allem daran, dass das Team durch das Consultingumfeld und den damit verbundenen Kundenkontakt geprägt wurde. Gerade deshalb verwunderte es mich, dass die Entwickler sich selten und eher unterdurchschnittlich beteiligten. So brachten die Entwickler beispielsweise auch keine Quartalsziele ein. Was war der Grund hierfür?

Ausbooten mit Open Space

Seit ein paar Tagen lag das Buch »Open Space Agility Handbuch« von Miriam Sasse auf meinem Tisch. Mich ließ der Gedanke nicht los, dass hierin die Antwort zu finden ist. Open Space Agility ist ein Ansatz, der den Mitarbeiter speziell bei agilen Transformationen in den Fokus setzt. Dabei gilt die Idee »gemeinsam, transparent und iterativ« und dies in Form von kleinen Experimenten, die die Teams selbst formulieren und so ihre Transformation gestalten.

Kurzerhand stellte ich die Idee meinem Chef vor, der genau wie ich den Wohlfühlfaktor für die Entwickler zum unternehmerischen Denken steigern wollte. Das »Ja« hatte ich schnell in der Tasche, auch wenn die folgende Anmerkung nicht ausblieb: »Ich bin gespannt, ob sich die Entwickler auf den zusätzlichen Aufwand wirklich einlassen.« Ganz unrecht hatte er damit nicht, denn auch ich machte mir bereits meine Gedanken. Würden und können sie neben ihrem Alltagsgeschäft in Kundenprojekten und dem Unternehmensgestaltungsprozess nun auch noch einen

Transformationsprozess in ihren Alltag integrieren? »Aber andersherum gedacht, was habe ich zu verlieren?«, gab ich mich zuversichtlich.

Zugegebener Weise passte ich das Konzept des Open Space an mein Ziel an. Ich führte den Open Space-Ansatz nur mit den Entwicklern durch, um einerseits den Ansatz in einer kleinen Gruppe zu erproben und andererseits, da hier der größte Bedarf lag.

Worauf ich auf keinen Fall verzichten wollte, war, den Zweck des Open Space in jeglicher Form an die Entwickler heranzutragen, damit sie spürten, dass sie es waren, die ihre Transformation gestalten. Denn schließlich kannten nur sie die Antworten, die sie zum selbstgesteckten Ziel führten.

Crew-Messe mit erfolgreichem Beigeschmack

Das erste Open Space Event kombinierte ich mit einem ausgelassenen Frühstück. Eine Sache, die ich für große Workshops beibehalten habe – Essen lockert die Stimmung auf und regt die Sinne an. Ausgestattet mit diesem Reiseproviant und einer Auffrischung, was die Erwartungshaltung und der Zweck des neuen Unternehmensgestaltungsprozesses waren, näherten wir uns 3 Fragen:

- Was erhoffen wir uns vom Unternehmensgestaltungsprozess?
- Was ist unsere Idealvorstellung?
- Worin sind wir schon Helden und was ist verbesserungswürdig?

Es war die Einladung zur Veränderung, die es ermöglichte, mehr zu den Hintergründen zu erfahren. Ich war erstaunt, mit welcher Schnelligkeit dies geschah und dass dabei auch Selbstkritik geäußert wurde. Zur Mittagspause standen sieben Experimente auf meinem Flipchart.

Das Entwicklerteam und ich waren gleichermaßen überrascht. Nun kam die größte Offenbarung. Ich fragte die Entwickler, ob sie sich vorstellen könnten, eine agile Transformation durchzuführen. Fast schon mit zugekniffenen Augen wartete ich gespannt ihre Reaktion ab. »Klar!«, kam es schnell über ihre Lippen. Ohne zu zögern, nutzte ich die Gelegenheit und vereinbarte alles Weitere mit ihnen.

Beim Klabautermann

Ein Kanban-Board, ein 15-minütiges Meeting je Woche, mit Zielen versehene Experimente und schon befanden wir uns mitten in der Transformation. Tatsächlich verliefen die 100 Tage genauso einfach und fließend, wie es sich hier liest. Die Entwickler integrierten erstaunlich schnell die Experimente in ihren Alltag.

Mehrfach reflektierte ich für mich selbst die Leichtigkeit, die das Open Space mit sich brachte und fand die Antwort von Woche zu Woche mehr. Dadurch, dass es einen expliziten Fokus auf das Thema gab und die Entwickler ihre Transformation selbst bestimmen durften, stellte sich ein schneller Erfolg ein. Die Wertschätzung ihrer Rolle und ihrer Ideen machte den Unterschied.

Die Entwickler traten im Unternehmensgestaltungsprozess mehr in den Vordergrund. Nicht nur die Beteiligung stieg, auch ihre selbstformulierten Ziele zur Unternehmensgestaltung sorgten für gesteigertes Interesse bei den Kollegen im Unternehmen.

Die oben genannte Wertschätzung führte zu etwas, was mir bis heute ein breites Grinsen als Zeichen des Erfolgs in mein Gesicht zaubert. Im zweiten Open Space Event, dem Abschluss des ersten Zyklus, kamen sie bereits mit einer vorbereiteten Liste neuer Themen für eine fortführende Transformation. Damit hatte ich nicht gerechnet.

Aber wie heißt es so schön in Miriams Buch: – »Machen Sie sich darauf gefasst, überrascht zu werden«.

Der Wind dreht sich

In der Zwischenzeit ereignete sich zudem eine Überraschung, bei der ich mich unangenehm handlungsunfähig fühlte. Noch in den ersten 9 Monaten konnten die Mitgestalter zum Quartalsende ihre Vorschläge einreichen und diese wurden lediglich geringfügig während des Workshops zum Quartalsabschluss angepasst. Jedoch fiel es dem Management zusehends schwerer sich mit den Mitarbeitervorschlägen zu identifizieren. Die Vorschläge wurden geradezu heiß in dem Managementworkshop diskutiert und mir entging nicht, wie sich eine nervöse Stimmung breitmachte. Diese Diskrepanz führte dazu, dass mit jedem weiteren Quartal das Management die Richtung mehr vorgab. Zunächst durch vordefinierte Themenblöcke und schließlich durch vom Management selbst beschlossene Ziele und Themen. Ich fühlte mich wie gelähmt. Die Grundpfeiler unseres Ansatzes waren erschüttert. Was passierte hier?

Das Management riss die Festlegung der Ziele und Themen an sich. In einer gesunden Organisation mit einem »starken« Immunsystem sind faire und konstruktive Dialoge der Schlüssel zur Steigerung der Mitarbeitermotivation. Schon damals glaubte ich fest daran, dass ein Dialogformat, in dem das Management mit den Mitarbeitern sowohl Herausforderungen als auch über den sich daraus ergebenden Zwiespalt offen diskutiert, eine mögliche Lösung präsentieren könnte. Dieser Dialog fehlte jedoch gänzlich.

Abschiedssignal und Ausschiffen

In meinem Arbeitsleben habe ich mich noch nie so hilflos, überwältigt und sprachlos gefühlt. Wäre es nicht meine Aufgabe gewesen, diesen Verlauf zu unterbrechen? Doch damals wollte ich der Situation einfach nur noch entfliehen und konnte es kaum erwarten, in den bevorstehenden Mutterschutz zu flüchten, als im letzten Quartal das Management ankündigte: »Es ist wohl das Beste, wenn wir die Mitgestalter je Ziel zuordnen.«

Ich weiß heute, dass es nicht DEN Schuldigen gibt. Vielmehr ist der Kontext entscheidend. Wo also lag die Ursache des Scheiterns und der Diskrepanz zwischen den Mitarbeitern und dem Management? Das Management versprach sich mit dem Vorhaben »Unternehmensmitgestaltung« eine Kulturentwicklung in Richtung intrinsisch motivierter Mitarbeiter. Eine tückische und gleichzeitig komplexe Herausforderung, da die Kultur ein Abbild und die Summe der Verhaltensweisen ist. Zudem wurde die Inkonsistenz der Kulturentwicklung außer Acht gelassen. Möchte ich einen Unternehmenswert erhöhen, ist es hierfür notwendig, unproduktive Widersprüchlichkeiten und Inkonsistenzen zu beseitigen. Aus meiner Sicht gab es zu diesem Zeitpunkt zwei konfligierende Werte, die zeitgleich aufeinandertrafen:

1. Um den Wert »eigenverantwortliches Handeln« zu stärken, hätte trotz der unerwünschten Entwicklung die Zielformulierung weiterhin bei den Mitarbeitern liegen müssen. Wenn auch mit entsprechendem Dialog.
2. Um den Wert »offene Kommunikation« durch das Vorhaben nicht zu beeinträchtigen, hätte trotz der bestehenden Diskrepanzen, die das Management verspürte, ein offenes Austauschformat gefunden werden müssen.

Das Unaussprechliche auszusprechen, das Unsichtbare sichtbar zu machen und den Unerhörten eine Stimme zu geben, ist also ein größeres Unterfangen als ich es mir vorgestellt hatte. Etwas Neues zu beginnen, erfordert Mut, aber dabeizubleiben, ist die wahre Größe.

Josephin Woschick

Hey, ich bin Josi und hier ein kurzer Auszug aus meinem Leben unter dem Konfettiregen.

2019 stolperte ich als ursprüngliche Wirtschaftsingenieurin der Automobilindustrie mitten in die agile Szene. Zuerst als Organisationsberaterin, dann als Agile Coach eines Consultingunternehmens und heute als Agile Expert in der Telemedizin.

Lange hält es mich nur da, wo ich echte Führung und den Wunsch nach selbstorganisiertem Arbeiten verspüre.

Weitere Infos Sherlock?

Ich liebe es bunt! Ausgefallene Klamotten, vielfältiges und vor allem scharfes Essen, gute Musik und schließlich meine eigene kleine Familie. Meine Wahlheimat findest du übrigens in Mexiko.

Das ZAM4all der KfW

Stellt Euch vor, ihr müsstet mit Euch bislang unbekannten Menschen ein Werkzeug entwickeln. Und zwar ein Werkzeug, das von einer Ärztin, einem Erzieher, einer Bauarbeiterin und einem Kassierer in einer Zoofachhandlung gleichermaßen genutzt werden kann …

So oder so ähnlich muss man sich die Agile Mission Impossible vorstellen, die Markus Röhle und seine Kolleg*innen in der KfW-Bankengruppe angetreten sind. Doch lasst uns im Jahr 2021 starten, mitten in der Hochzeit der Corona-Pandemie. Hier beginnt die Agile Mission Impossible des ZAM4all:

Erfolgreiche agile Zusammenarbeit in einzelnen Bereichen – was fehlt, ist die Klammer

Die KfW hat in den vergangenen Jahren ihre agile Transformation mit viel Energie vorangetrieben. An vielen Stellen in der Organisation starteten Projekte und Initiativen, die mit agilen Methoden experimentierten und neue Strukturen verankerten. Dabei kam viel in Bewegung, allerdings fehlte die gemeinsame Klammer. Hier kommt Markus Röhle ins Spiel. Markus war Mitglied des KfW-weiten interdisziplinären »Transformationsteam Agile KfW« – kurz TTA. Das TTA sollte die unterschiedlichen agilen Initiativen innerhalb der KfW enger miteinander vernetzen, um sicherzustellen, dass alle Einzelaktivitäten ein gemeinsames Ziel – die agile, anpassungsfähige KfW der Zukunft – unterstützen.

Eine Beobachtung, die Markus und seine Kolleg*innen früh machten, betraf die bereichsübergreifende Zusammenarbeit: Diese war teilweise herausfordernd, weil die Arbeitsweisen, -prozesse und -strukturen in verschiedenen Bereichen der KfW unterschiedlich gestaltet waren: Während in manchen Umfeldern bereits entlang agiler Prinzipien und Frameworks gearbeitet wurde, hatten andere die Reise der agilen Transformation gerade erst begonnen. Dabei kam es immer wieder zu Reibung, weil die Frage »Wie wollen wir eigentlich zusammenarbeiten und was leitet uns dabei?« unterschiedlich beantwortet wurde.

Komplexe Probleme erfordern eine neue Form der Zusammenarbeit

Gleichzeitig wurde genau die bereichsübergreifende Zusammenarbeit in der KfW immer wichtiger: »Während Corona mussten wir von einem auf den anderen Tag neue Wege gehen. Wir hatten schlicht keine Zeit für zig Abstimmungsschleifen, individuelles Vorgehen und Risikovermeidung. Unterschiedliche Teams mussten unter enormem Zeitdruck auf ein Ziel hinarbeiten: die schnelle Bereitstellung von Wirtschaftshilfen. Und es funktionierte!«

Diese Erfahrung zeigte: Der Weg zu einer agilen Förderbank führt über eine veränderte Form der Zusammenarbeit. Die Art und Weise, wie die Menschen in der KfW zusammenarbeiten, entscheidet darüber, wie gut die KfW auf neue Anforderungen reagieren kann, wie schnell sie neue Produkte mit spürbarem Mehrwert entwickelt und wie wirksam ihre Förderung ist. »Es ging darum, basierend auf den Corona-Erfahrungen und den vielen guten Ansätzen in einzelnen Bereichen ein Zusammenarbeitsmodell für die gesamte Bank zu entwickeln – die Idee vom ZAM4all war geboren!«, erinnert sich Markus.

Unterstützer*innen verzweifelt gesucht

Gemeinsam mit seinem TTA-Kollegen Christian machte sich Markus auf die Suche nach Unterstützer*innen, die Lust hatten, das ZAM4all gemeinsam zu entwickeln. Und diese Suche gestaltete sich schwieriger als gedacht. Das hatte zwei Gründe:

Erstens fiel es vor allem den Bereichen, die ihre Zusammenarbeit bereits erfolgreich weiterentwickelt hatten, schwer, den Nutzen eines neuen Zusammenarbeitsmodells zu erkennen: »Wir haben so viel Aufwand in unsere Zusammenarbeit gesteckt und stehen in unserem Bereich richtig gut da – wieso müssen wir dann jetzt nochmal alles über den Haufen werfen?«, war eine Frage, die Markus und seinen Kolleg*innen in den ersten Vorgesprächen immer wieder begegnete.

Zweitens lief die KfW zu diesem Zeitpunkt auf absoluten Hochtouren. In der Corona-Pandemie mussten Hilfsprogramme schnell, pragmatisch und gleichzeitig sicher auf- und umgesetzt werden. »Ich brauche meine Leute jetzt gerade an anderer Stelle – mit der Zusammenarbeit können wir uns beschäftigen, wenn wir die akuten Themen hinter uns haben«, war eine Rückmeldung, die Markus öfter hörte.

Der Stakeholderkreis setzt den Rahmen

Beide Rückmeldungen nutzte das TTA, um gemeinsam mit zwei KfW-Vorständen die Idee eines bankweiten Zusammenarbeitsmodells zu schärfen: Bestehendes sollte aufgegriffen und genutzt werden. Der Entwicklungsprozess für das ZAM4all sollte schlank und selbst Prototyp für eine agile Zusammenarbeit sein. Er sollte zeigen, dass durch die Arbeit im hierarchie- und bereichsübergreifenden Team innovativere Ergebnisse mit höherer Qualität, geringerem Zeitaufwand und mehr Freude und Wirkung erzielt werden können.

Rückenwind für die Idee gab ein erster Workshop zur Auftragsschärfung mit dem Stakeholderkreis, der aus allen Bereichsleiter*innen der KfW-Muttergesellschaft und den Geschäftsführer*innen der KfW-Tochtergesellschaften bestand. Er wurde ins Leben gerufen, um die Perspektive des Top-Managements von Beginn an in die Entwicklung des ZAM4all mit einzubeziehen. Was Mut machte, war die Tatsache, dass der Bedarf an einer Weiterentwicklung der Zusammenarbeit auch in dieser Runde gesehen wurde. Es wurde aber auch eine zentrale Anforderung deutlich: Es galt, die unterschiedlichen Startpunkte und Bedarfe an agile Zusammenarbeit zu berücksichtigen. »Wir brauchen ein Modell, das wirklich alle nutzen können«, formulierte ein Bereichsleiter die Anforderungen. Das Ergebnis des Stakeholder-Workshops war eine Definition of Done, die Abnahmekriterien für das spätere ZAM4all formulierte, ohne dabei das konkrete Ergebnis vorzugeben.

Das Realisierungsteam startet

Mit diesem Rückhalt startete im Mai 2021 ein neunköpfiges »Realisierungsteam ZAM4all« seine Mission. Vom Produktmanager bis zur Teamleiterin, vom Abteilungsleiter bis zur Scrum-Masterin kamen Menschen mit unterschiedlichen Rollen und Vorerfahrungen zusammen. Sie alle vereinte, dass sie sich freiwillig für die Arbeit im Realisierungsteam gemeldet hatten und motiviert waren, die bereichsübergreifende Zusammenarbeit in der KfW zu verbessern.

Das pandemiebedingte digitale Setting stellte die Gruppe vor einige Herausforderungen: »Bei der KfW waren wir es gewohnt, herausfordernde Themen im direkten Kontakt vor Ort zu klären. Das virtuelle Setting wirkte zu Beginn merkwürdig distanziert«, erinnert sich Markus. Grund genug, um zu Beginn viel Zeit ins Kennenlernen zu investieren und dabei auch die individuellen Bilder über die wesentliche Frage abzugleichen: Was bedeutet gute

Zusammenarbeit für uns? »Bei diesem Abgleich zeigte sich, dass die Beobachtung, die Anlass für die Entwicklung des ZAM4all war, auch auf die Gruppe zutraf: Wir hatten enorm unterschiedliche Vorstellungen davon, welche Symptome wir eigentlich heilen wollen, auf welchen Ursachen diese beruhen und was die passende Medizin dafür ist.«

In fünf Entwicklungssprints zum ZAM4all

In insgesamt fünf zweitägigen digitalen Sprints entwickelte das Team ein Zusammenarbeitsmodell, das an den gemeinsam beobachteten Schmerzpunkten ansetzte und den Blick auf eine wünschenswerte Zusammenarbeit lenkte: Wie wollen wir zukünftig bereichsübergreifend zusammenarbeiten, um unserem Auftrag als leistungsstarke Förder- und Transformationsbank bestmöglich gerecht zu werden? In mehreren Iterationen erarbeitete das Realisierungsteam ein Set aus sechs Prinzipien, die jeweils mit Verhaltensankern unterlegt sind. Diese Verhaltensanker beschreiben beobachtbares Verhalten, an dem man sehen kann, dass die Prinzipien im Alltag gelebt werden.

Feedbackrunden als erste Bewährungsproben

Ein wesentliches Prinzip des Entwicklungsprozesses war es, schnelles Feedback zu ersten Überlegungen einzuholen – schließlich sollte das ZAM4all bankweite Akzeptanz und Anwendung erfahren. Und so wurde nach den ersten Schleifen im Realisierungsteam eine Runde »wohlwollender Feedback-Geber*innen« aus unterschiedlichen KfW-Umfeldern eingeladen. Sie sollten ein erstes Prinzipienset feedbacken. Die Rückmeldungen brachten das Team ordentlich ins Schwitzen. »Bei der KfW ticken wir oft so, dass wir von Beginn an Perfektion erwarten – und so fiel auch das Feedback aus: ‚Das soll es jetzt gewesen sein?‘,

‚So kann man das doch nicht formulieren?', ‚Find ich gut, aber…', … Manche hängten sich an einzelnen Formulierungen auf, anderen waren die Prinzipien zu abstrakt«, fasst Markus die Anmerkungen der Kolleg*innen zusammen. »Was uns Mut machte, war die Tatsache, dass der Bedarf an einem Zusammenarbeitsmodell von wirklich allen gesehen wurde. Deswegen war das Feedback hilfreich, weil es unseren Blick geschärft und verdeutlicht hat: Wir bohren hier ein wirklich dickes Brett. Wir hatten bereits zu diesem Zeitpunkt extrem viel über unsere Organisation gelernt – aber auch darüber, wie jede*r von uns mit Feedback umgeht.«

Zieleinlauf mit Hindernissen

Im Herbst 2021 folgte die erste Reifeprüfung: In einem Präsenz-Workshop sollten die Stakeholder des ZAM4all die Ergebnisse abnehmen und gleich auf die Zusammenarbeit im Führungskreis anwenden. Das Realisierungsteam plante den Workshop, produzierte Plakate mit den Prinzipien und ihren Verhaltensankern und freute sich auf die erste Face-to-Face-Befassung mit dem ZAM4all. Und erneut machte dieser Begegnung Corona einen Strich durch die Rechnung: Während alle Vorbereitungen auf den Workshop liefen, tagte der KfW-Krisenstab. Das Ergebnis: Die Corona-Zahlen steigen erneut, Workshops vor Ort sind nicht mehr zulässig. Die Folge: Kurzes Abklatschen des bereits angereisten Moderator*innen-Duos von covolution am Frankfurter Hauptbahnhof sowie eine abendliche Konzeptions-Session, um das Face-to-Face-Format in ein digitales Design zu überführen. Eine nächtliche Conceptboard-Schleife später fand der Stakeholder-Workshop dann tatsächlich statt, im digitalen Raum.

Der Workshop selbst lief rund: Die Stakeholder verabschiedeten das ZAM4all als Rahmen für die Zusammenarbeit in der KfW und beschlossen unter anderem, ihre Zusammenarbeit als Bereichsleiter*innen und Geschäftsführer*innen regelmäßig entlang des ZAM4all zu reflektieren. Pünktlich zum Jahresende wurde das ZAM4all dann im KfW-Intranet veröffentlicht und damit allen Mitarbeiter*innen zugänglich.

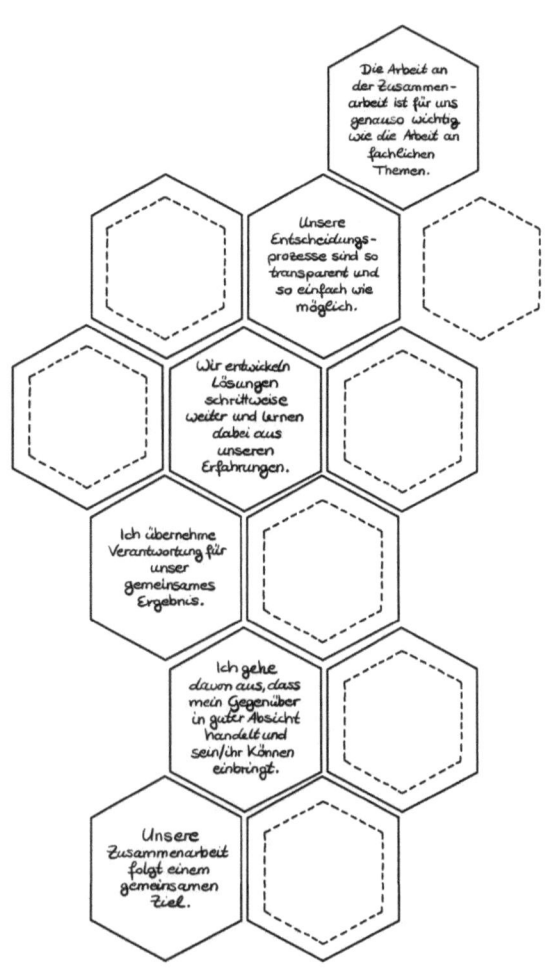

Verankerung des ZAM4all in der Organisation

Für den Rollout erarbeitete das Realisierungsteam ein Verankerungskonzept. Zentrale Formate waren neben der kommunikativen Begleitung über alle bestehenden internen Kanäle der KfW zwei Workshop-Formate: Erstens ZAM4all-Meetups, die Menschen aus unterschiedlichen Bereichen in den Austausch zum ZAM4all bringen, und zweitens ZAM4all-Gruppenworkshops, die die Weiterentwicklung der Zusammenarbeit auf Team- und Abteilungsebene, im Führungsteam oder in einem Projekt ermöglichen. Innerhalb der KfW hat sich mittlerweile außerdem eine Gruppe Freiwilliger gefunden, die die Verankerung des ZAM4all über die initiale Rollout-Phase hinaus begleitet. Und genauso wichtig: Das ZAM4all ist nun Bestandteil des HR-Instrumentariums und wird so auf unterschiedlichen Ebenen immer wieder erlebbar.

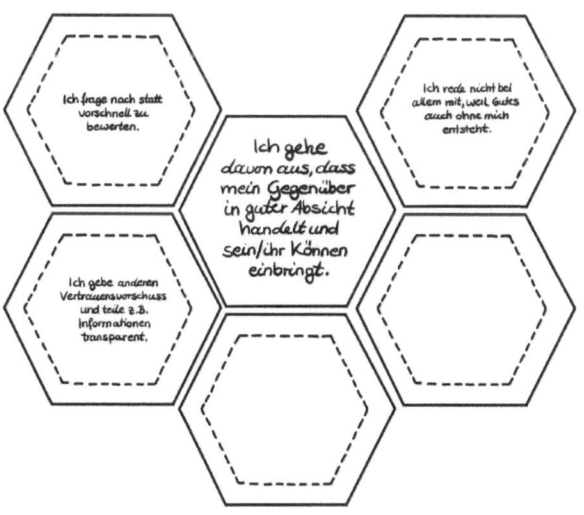

Realitätscheck: Das ZAM4all lebt an vielen Stellen weiter

Wir machen einen Zeitsprung ins Jahr 2023. Markus beißt genüsslich in einen ZAM4all-Müsliriegel. Diesen gibt es inzwischen in jedem Workshop-Format als Stärkung. Mittlerweile ist einiges rund um das ZAM4all passiert. »Wir haben das ZAM4all als Anker genutzt, um die Zusammenarbeit entlang von ganz konkreten Fällen im Haus weiterzuentwickeln«, berichtet Markus. Das ZAM4all diente dabei immer als Rahmen für das »WIE?« der Zusammenarbeit. Was das konkret bedeutet? An vielen Stellen in der KfW arbeiten Menschen mal bewusster, mal unbewusster mit den sechs Prinzipien und den Verhaltensankern wirkungsvoller Zusammenarbeit. Die Anwendung des ZAM4all auf ganz unterschiedlichen Ebenen funktioniert:

- Eine Vielzahl von Führungs- und Projektteams nutzt das ZAM4all, um die eigene Zusammenarbeit entlang der Prinzipien immer wieder zu reflektieren und weiterzuentwickeln.
- Es findet ein verstärkter Austausch über gemeinsame Ziele statt – zum Beispiel im Rahmen der Priorisierung des bankweiten IT-Change-Backlogs.
- Bereichsübergreifende Zusammenarbeit findet auch abseits der definierten Prozesse statt – zum Beispiel im Rahmen komplexer Beschaffungen, an denen neben den Fachbereichen auch Einkauf und Rechtsabteilung beteiligt sind.

In vielen Fällen führt die Nutzung des ZAM4all dazu, dass durch eine andere Zusammenarbeit schnellere und bessere Ergebnisse erzielt werden können und, dass der Spaß an der Zusammenarbeit einen echten emotionalen Mehrwert schafft. Aber: Die Verankerung eines Zusammenarbeitsmodells passiert nicht von alleine; schließlich geht es mitunter um die Änderung von über Jahre etablierten Verhaltensweisen.

Resümee: Die Arbeit an der Zusammenarbeit ist Alltag geworden

Markus Resümee nach fast zwei Jahren ZAM4all: »Was mich immer wieder begeistert, ist, wie sich das ZAM4all verselbstständigt hat, ohne dass wir es noch aktiv treiben müssen. Immer wieder begegne ich Menschen innerhalb der KfW, die mir berichten, dass sie das ZAM4all als Grundlage genutzt haben, um gemeinsam mit anderen in ihrem Umfeld an der Zusammenarbeit zu werkeln.« Und so ist das ZAM4all ein Werkzeug für Risiko-Controller*innen, Volkswirt*innen, Bereichsleiter*innen und Scrum-Team-Mitglieder. Und wir sind uns sicher: Auch Ärzt*innen, Erzieher*innen, Bauarbeiter*innen und Kassierer*innen könnten die Prinzipien entlang ihres Arbeitsalltages mit Leben füllen und würden davon profitieren.

Sören Krüger, covolution GmbH

Zwillings-Papa, Hobby-Barista und Organisationsberater: Sören Krüger begleitet als Transformationsexperte bei covolution Unternehmen in ihrer Weiterentwicklung. covolution bietet Unterstützung in drei Feldern: strategische Ausrichtung, Organisationsentwicklung und wirksame Zusammenarbeit. Sören studierte Kommunikations- und Sozialwissenschaften und verfügt über Aus- und Weiterbildungen u. a. in Systemischer Organisationsberatung und Facilitating Change & Agile Organisationsentwicklung. www.covolution.eu

Markus Röhle, KfW Bankengruppe

Markus leitete bis 2018 das Konsortialfinanzierungs-Team der Inlandsförderung. Seit fünf Jahren widmet er sich in unterschiedlichen Rollen leidenschaftlich der Modernisierung der KfW, u.a. von 2022 bis 2023 im bankweit agierenden Transformationsteam agile KfW. Auslöser waren viele gute Erfahrungen, mit Arbeit an der Zusammenarbeit schneller bessere Ergebnisse zu erzielen – bei mehr Spaß an der Arbeit für Führungskräfte und Mitarbeitende! Erholung davon findet er mit seinen Hunden im Wald, beim Kochen oder in seinem Garten.
www.kfw.de

New Show in Town »Agilität für alle!«

Wie Business-Theater entsteht …
Erzählt von Volker, dem Hinterbühnen-Techniker, und Miriam, der Vorderbühnen-Lichtdesignerin.

Die Handlung und alle handelnden Personen sind frei erfunden. Jegliche Ähnlichkeit mit realen Personen und Ereignissen wäre rein zufällig und nicht beabsichtigt. Jede Person ist eine Art fusionierter und manchmal überspitzter Collage-Charakter, den wir beide bereits mehrfach erlebt haben.

Erster Akt: Vorderbühne – vor dem Büro des Bereichsleiters, Konzernzentrale

Der Vorhang geht auf. Wir sehen den typischen Flur eines Bürogebäudes. Konstanze Jäger, die standhafte und tatkräftige 45-jährige Projektleiterin, betritt die Bühne und geht den Flur entlang. Drei hochkarätige und höchstbezahlte Top-Berater kommen ihr entgegen.

»Frau Jäger! Wie schön, Sie persönlich kennenzulernen! Wir sind schon gespannt darauf, zu hören, wie Sie den aktuellen Status des Projektes sehen.«

»Wir arbeiten hart daran, das nächste Release vollständig zu liefern«, antwortet sie selbstbewusst.

»Bisher haben Sie mit Ihrem Team alle Termine gerissen. 15 Personen mit mehreren Millionen Budget – und dann schaffen Sie es nicht, Ergebnisse zu erzielen?«

»Ich bin zuversichtlich, dass …« Konstanze wird harsch unterbrochen.

»Ihre Zuversicht in allen Ehren. Wir verstehen nicht, wie der Bereichsleiter weiterhin Ihnen als Projektleiterin vertrauen kann, dass Sie und Ihr Team das schaffen.«

Erschrocken weicht sie einen großen Schritt zurück.

»Wir pflegen einen hervorragenden Austausch zu unseren

Kunden. Wir schätzen ihre Interessen sehr und setzen alle Regularien um.«

Ein Berater wird laut: »Unsinn! Sie wurden viel zu lange in Watte gepackt!«

Konstanze denkt für sich und spricht zum Theaterpublikum: »Was für ein Theater wird hier gespielt? Warum zitieren sie mich in die Konzernzentrale, um mich persönlich vorzuführen? Sind wir wirklich gescheitert?«

»Die Anforderungen an das Projekt werden immer mehr. Das Team kämpft unermüdlich, um alle Anforderungen zu erfüllen.« Sie ergänzt in Richtung Publikum: »Und ich kämpfe auch. Nur ist es wie einen Sack Flöhe zu hüten.«

Einer der Berater entfernt sich aus der Gruppe und geht weiter. Der zweite folgt ihm mit seinem Blick: »Wir wollen nicht zu spät kommen. Der Bereichsleiter erwartet uns.«

Es braucht eine massive Veränderung, aber sie ist sich sicher, dass sie keine Unterstützung durch die Berater oder den Bereichsleiter erwarten kann.

Sie hört die Berater tuscheln: »Es macht ganz den Anschein, als ob in dem Projekt ganz und gar niemand arbeitet. Wie kann ein halbes Jahr kein Release erscheinen?«

Wie gerne hätte Konstanze nun eine Souffleuse, die ihr zuflüstert, was die Berater und das Management hören wollen. Sie muss sich aus dem Kraftfeld zurückziehen, um sich autark verhalten zu können. Nicht wie eine Marionette.

Zweiter Akt: Hinterbühne — Kanban rettet den Tag

Konstanze kehrt zurück zu ihrem Team. Ein langer, dunkler Flur mit vielen Bürotüren. Hin und wieder beleuchtet ein großer Scheinwerfer einzelne Ecken. Benji, ein Teammitglied, sieht Konstanze verzweifelt an ihrem Bürotisch sitzen: »Hey, wie geht's dir?«

»Es ist zum Verzweifeln. Wir sind noch lange nicht für das nächste Release bereit. Wir können den Kunden und dem Management nichts versprechen, was wir nicht liefern können. Aber genau das wollen sie hören.«

Benji nickt bestätigend: »Wir müssen es irgendwie schaffen. Aber wir haben nicht genug Leute.«

»Ja. Und wir bekommen auch nicht mehr Leute. Wir müssen das Release irgendwie zusammenstellen. Notfalls, ohne alle Richtlinien zu erfüllen.«

Benji ist überrascht. Konstanze hält immer die Prozesse und Vorgaben ein. Ihm fehlen die Worte.

»Tut mir leid, wir müssen uns auf das Wesentliche konzentrieren und alles weglassen, was nicht unmittelbar auf unseren Projekterfolg einzahlt. Und wer hat eigentlich gesagt, dass wir in unserem Projekt dieselben Richtlinien erfüllen müssen und nichts Neues ausprobieren dürfen?«

Benji schaut nachdenklich auf dem Tisch umher und entdeckt ein Buch »Kanban in der IT«.

Konstanze geht darauf ein: »Das Buch ist klasse. Kanban klingt gut, aber ich habe es noch nie ausprobiert.«

Die Wochen vergehen und Konstanze tut alles, um das Projekt wieder auf Kurs zu bringen. Im Hintergrund bündeln die Mitarbeitenden ihre Kräfte, um das nächste Release aufzubauen. Die Mitarbeitenden wirbeln über die Hinterbühne. Gemeinsam kleben sie ein riesiges Kanban Board an die Wand hinter der Bühne. Alle helfen mit, große Aufgabenkärtchen an das Board zu kleben, umzuhängen und herunterzunehmen.

Zu Beginn jonglieren alle mehrere Kärtchen gleichzeitig und oft fällt etwas runter. Konstanze ruft dem Team immer wieder zu:

»Nicht so viel gleichzeitig.«, »Die Vorschrift lassen wir weg.«, »Das Ziel ist, die Wartezeiten zu reduzieren.« und »Bitte denkt an die direkte Kommunikation.« Konstan-

362 | Agile Missions Impossible

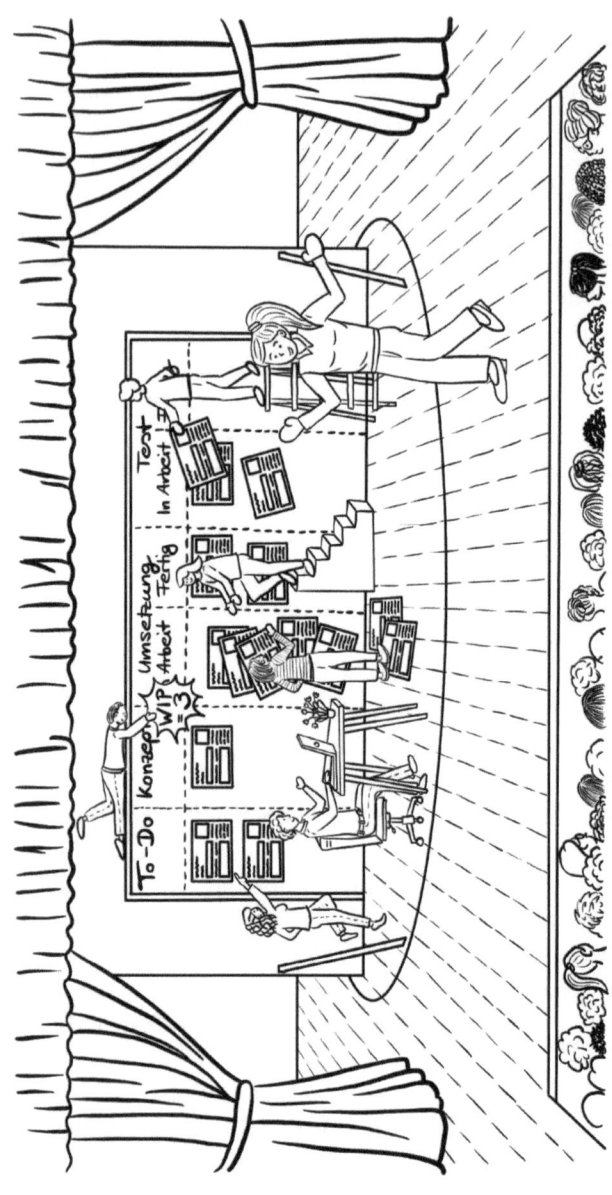

ze lobt »Herzlichen Dank für eure Anstrengung, dass ihr euch so einbringt« und »Wir haben viel gemeinsam gelernt, das ist hervorragend!« Die Ergebnisse werden nach und nach immer besser und erste Pakete entstehen.

Langsam kehren Ruhe und wiederkehrende Muster ins Chaos ein. Konstanze hält sich zurück, die Teammitglieder geben sich die Anweisungen selbst: »Wir machen erst fertig, was wir angefangen haben, bevor wir etwas Neues starten.«, »Ich brauche hier kurz Hilfe.« oder »Lasst uns alle zusammen an dieser einen Aufgabe arbeiten.« Nach und nach stapeln die Teammitglieder immer mehr Pakete aufeinander.

Konstanze läuft derweil mit einzelnen Paketen auf die Vorderbühne und zeigt sie den Kunden, den Beratern und dem Bereichsleiter. Immer schneller werden Pakete fertig. Das Auslieferungsintervall wird von fünf Monaten auf einen Monat reduziert.

Dritter Akt: Hinterbühne – die Besucher

Konstanze bringt zwei Kunden und einen Berater mit hinter die Bühne. Auf der Hinterbühne stehend, stoppt das Team die Arbeit und alle schauen gespannt zu, als die Besucher gemeinsam in einige Pakete hineinschauen.

Ein Kunde ist begeistert: »Das ist klasse und enorm wichtig für uns! Bislang mussten wir fast immer zu lange auf die Neuerungen warten, die wir gerade brauchten.«

Konstanze ergreift das Wort: »Ja, unser Backlog war nicht richtig priorisiert und voller alter Anforderungen. Heute priorisieren wir monatlich die Anforderungen neu. Kaum zu glauben, aber am Ende eines Jahres sind uns durchschnittlich 40 % der kommenden Anforderungen noch gar nicht bekannt. Heute sind wir viel besser darin, das zu liefern, was die Kunden zu diesem Zeitpunkt wirklich benötigen.«

An den Berater gerichtet ergänzt Benji: »Ich habe gehört, dass man unser Arbeitsprinzip ‚agiles Arbeiten' nennt. Und dank unseres Erfolgs konnten wir uns mit unseren Kunden auf etwas höhere Stundensätze verständigen.«

Die Besucher tuscheln untereinander und verlassen andächtig die Hinterbühne.

Konstanze verlässt erneut die Hinterbühne und betritt sie erneut mit Begleitung einiger Besucher. Dieses Mal sind es andere Projektleiter. Sie zeigt ihnen das Kanban Board und die Kärtchen.

Ein Projektleiter sagt: »Und auf diese Weise kooperiert ihr? Dadurch lohnt sich die Zusammenarbeit wieder?«

»Nicht dadurch allein. Wir haben uns die Probleme in der Wertschöpfung angesehen. Dadurch hatten wir Referenzpunkte. Wir haben uns an einigen Stellen nicht mehr an den offiziellen Prozess gehalten. Aber dadurch wurden wir schneller, die Probleme wurden gelöst und die Bereitstellung von Releases läuft heute besser.« antwortet Konstanze.

Alle Besucher erschrecken und machen einen Schritt zurück.

Ein zweiter Projektleiter fragt: »Das hast du aber auf der Bühne nicht erzählt! Das kannst du doch nicht machen!«

Konstanze: »Aber natürlich. Es braucht etwas Kreativität und Verhandlungsgeschick. Dem Team den Rücken frei halten und die Wertschöpfung in Gang halten, gleichzeitig auf der Bühne mit genug Selbstbewusstsein die Ergebnisse präsentieren. Das hat schon etwas von einem Doppelagenten-Status.«

Alle Besucher treten noch einen Schritt zurück.

Konstanze: »Aber das könnt ihr auch!«

Alle Besucher antworten: »Niemals! Das geht bei uns nicht!« und treten einen weiteren Schritt zurück.

Konstanze: »Das ist echt harte Arbeit, aber es funktioniert.«

Ein Projektleiter ergreift das Wort: »Ihr versucht hier hinter der Bühne die Lücken in den Anforderungen zu füllen und auf der Vorderbühne lobt ihr die Kunden?«

Konstanze: »Ja, ich beruhige das Management auf der Vorderbühne und auf der Hinterbühne arbeiten wir eng mit dem Kunden zusammen an den Lösungen. Das gibt den Teammitgliedern Energie und dem Management das Gefühl der Sicherheit.«

Alle Besucher sind geschockt und treten noch einen Schritt zurück.

Ein Projektleiter flüstert: »Aber was ihr auf der Vorderbühne zeigt, muss doch alles genauestens durchdacht sein, maßgeschneidert, nach allen Prinzipien und Regularien der Kunst!«

Die Teammitglieder holen Pakete aus Paketen, halten Klebeband, Tacker und Klebepistolen hoch.

Benji: »Was zum Kunden geht, ist immer gut durchdacht. Was nur der Vorstellung beim Management dient, ist mit doppeltem Boden, zusätzlichen Klebeband oder Tackernadeln für den Anlass zusammengeflickt. Die Show auf der Vorderbühne muss weitergehen, das Risiko gehen wir ein. Aber wichtiger ist, dass uns hier hinten nichts auf die Füße fällt, was den Kunden wichtig ist. Dafür arbeiten wir hier hinter der Bühne alles nacheinander weg, auch wenn wir dem Management berichten, dass wir an ALLEN Punkten gleichzeitig arbeiten.«

Konstanze: »Wir haben zwar ein paar Dinge getan, die man bei uns normalerweise anders macht, aber dafür haben wir Ergebnisse in kürzester Zeit geliefert. Das Team arbeitet wieder gern miteinander und ist zusammen mit den Kunden stolz auf die gemeinsame Leistung.« Das gesamte Team nickt.

»Das geht vielleicht bei euch, aber bei uns geht das nicht!« geschockt verlassen die Besucher rückwärts gehend die Hinterbühne.

Konstanze ruft ihnen hinterher: »Aber das Kanban Board ist wirklich gut! Die Transparenz ist super und wir schaffen viel mehr, seitdem wir weniger gleichzeitig machen!«

Die Besucher erkennen, dass es manchmal notwendig ist, unkonventionelle Methoden zu verwenden, um eine erfolgreiche Show auf die Bühne zu bringen.

Alle verlassen nach und nach die Hinterbühne. Nur Konstanze und Benji bleiben zurück.

Konstanze: »Irgendwie scheint um unser Projekt herum ein geschützter Raum entstanden zu sein. Von uns können die anderen so viel lernen!«

Benji: »Die anderen können sich einfach nicht vorstellen, wie es anders gehen könnte.«

Konstanze: »Auf unserer Hinterbühne geht es immer sehr stressig zu. Es herrscht dauernd Zeitdruck. Persönliche Konflikte, technische Probleme, Gesundheitsprobleme und dazu ständig unvorhergesehene Ereignisse. Unerwartet kann das ganze Kontrukt zusammenbrechen und wir müssen schnell reagieren und improvisieren.«

Benji: »Kanban einzuführen war die richtige Entscheidung. Endlich können wir uns im Team wieder erholen und stolz auf Ergebnisse sein, die den Kunden gefallen.«

Konstanze: »Nicht nur die Methode ist klasse, sondern auch die Mentalität bei der Umsetzung ist genau richtig für uns. Das kann allen hier im Unternehmen helfen. Ich werde mehr davon berichten und Werbung für Kanban machen.«

Vierter Akt: Vorderbühne – immer mehr Werbung machen

Konstanze ist so stolz auf ihre Arbeit, dass sie will, dass andere ihre Vorgehensweise kopieren. Doch als sie den anderen Projektleiterinnen und Projektleiter ihre Methode vorstellt, schlägt ihr nur Ablehnung entgegen. Alle sagen, dass es bei ihnen nicht anwendbar sei. Auf der Vorderbühne läuft sie von einer Bürotür zur anderen. Immer wieder hören wir die Antworten: »Bei mir geht das nicht« oder »Mit meinen Leuten geht das nicht«.

Konstanze findet keine Nachahmer. Sie schafft es nicht, andere zu inspirieren. Sie hält Poster und Wimpel in der Hand auf denen steht:

»Enge und iterative Zusammenarbeit mit den Kunden«, »Ein-eindeutige Priorisierung von Anforderungen« oder »Kanban reduziert Wartezeiten«. Alle rennen reaktionslos an ihr vorbei.

Sobald Konstanze jemanden direkt anspricht, kommt das Feedback:

»Das ist doch überflüssige Bürokratie mit diesen Kanban Kadenzen!«

»Keine Ahnung, wofür das gut sein soll.«

»Bei uns gibt es keine Überraschungen, nur schlechte Planung!«

Sie ist enttäuscht und zieht sich auf die Hinterbühne zurück, wo das Team weiter hervorragend arbeitet. Während sie das Team betrachtet, entdeckt sie ein neues Buch im Regal. Sie nimmt es heraus und beginnt zu lesen. Auf dem Bucheinband steht »Einführung in die Systemtheorie – von Niklas Luhmann«.

Es wird dunkel und ihre Teammitglieder gehen nach Hause. Konstanze liest immer noch. Ihre Erkenntnisse spricht sie laut aus und teilt sie dem Publikum mit:

»Ja klar! Unsere Ideen sind hier überhaupt nicht anschlussfähig! Niemand erkennt etwas an unserem Vorgehen, an das er andocken könnte.«

»Unsere Lösung ist zu speziell. Das passt zu keinem anderen Problem der Organisation.«

»Kanban – und auch Scrum – sind an manchen Stellen in unserer Organisation nur ein Vehikel, um in Ruhe arbeiten zu können.«

»Mit unseren Erkenntnissen dürfte auch kein anderer auf die Vorderbühne rennen. Wir sind ein Schutzraumprojekt, sie jedoch würden gesteinigt werden und ihr eigenes Projekt in Gefahr bringen.«

»Wir sind geschützt auf der Hinterbühne. Hier kann das Team in Ruhe wertschöpfend arbeiten.«

Konstanze hat eine Erkenntnis und geht zum Publikum: »Wie gut, dass an unser Projekt nicht die gleichen Erwartungen gestellt werden, wie an andere. Wir können so wirksam sein, weil wir hinter der Bühne in Ruhe lernen können und es vor der Bühne nicht besprechen müssen. Das Theater, das sie auf der Vorderbühne spielen, müssen wir hier hinten nicht mitspielen. Wir haben Glück. Wir können gekonnt mit dem weitermachen, was wirklich hilft.«

Fünfter Akt: Vorderbühne – Büro der Geschäftsführung

Drei Jahre später steht Konstanze auf der Hinterbühne und schaut zufrieden auf das Kanban Board. Sie reflektiert über die vergangenen Jahre, als Benji vorbeikommt.

Benji: »Hey! Worüber denkst du nach?«

Konstanze: »Ich habe so viel gelernt in den letzten drei Jahren. Am Anfang habe ich das Business-Theater gespielt und versucht, es allen recht zu machen. Aber ich habe erkannt, dass ich nicht jedem gefallen kann. Es ist wichtiger, dass ich Wertvolles schaffe und mir selbst treu bleibe.«

Benji: »Das ist eine großartige Einstellung. Ich bin so stolz auf dich.«

Konstanze lacht: »Danke, Benji. Ich bin auch stolz auf mich selbst. Ich habe so viel gelernt und ich bin bereit, weiterzumachen und noch mehr zu erreichen.«

Plötzlich wird Konstanze auf die Vorderbühne gerufen in das Büro der Geschäftsführung. An einem großen Tisch sitzen bereits einige Manager. Sie wird freudig empfangen:

»Frau Jäger! Unsere Heldin! Schön, dass sie da sind. Ihre Arbeitsweise im Projekt hat sich rumgesprochen. Wir wollen Agilität jetzt überall einführen und starten ein großes Transformationsprojekt. Ihr Ansatz von Kanban soll im Mittelpunkt stehen. Wir fokussieren uns vollkommen auf die Umsetzung der Blaupause im kommenden Jahr. Und Sie dürfen die neu geschaffene Stabsstelle ‚Agilität für alle!' einnehmen! Ist das nicht toll!«

Konstanze ist verdutzt, sprachlos, geht ein paar Schritte zurück und wendet sich an das Publikum:

»Was ist denn hier passiert? Hat sich hier etwas maßgeblich gewandelt? Vor drei Jahren hätte ich mich noch über diesen Auftrag gefreut, aber heute ...«

Sie dreht sich dem Geschäftsführer zu und antwortet ängstlich: »Ich weiß nicht, ob ich das schaffen kann. Ich dachte, unsere Arbeitsweise wäre die Lösung für jedes Projekt, aber jetzt bin ich mir nicht mehr so sicher.«

Geschaftsfuhrer: »Warum?«

»Ich habe erkannt, dass es alles nur Methoden sind, die für uns gut funktioniert haben, aber das heißt nicht, dass sie für jedes Projekt oder Team geeignet sind. Jedes Projekt hat seine eigenen Anforderungen und Herausforderungen.«

Der Geschäftsführer wurde wütend: »Das ist Arbeitsverweigerung! Sie haben hier die Aufgabe, überall Agilität einzuführen! Scrum, Kanban und wie das alles heißt. Sie selbst haben gesagt, diese Methoden wären hervorragend. Jetzt setzen Sie das um, wir arbeiten schneller, mehr und besser und machen viel Geld damit. Ich gehe davon aus, dass sich unser Umsatz bis nächstes Jahr verdoppelt!«

Konstanze nimmt alle Kraft zusammen und versucht es noch einmal: »Aber das ist doch keine Wunderlösung! Wir werden dadurch niemals den Umsatz verdoppeln!«

Einer der Berater, den wir schon aus dem ersten Akt kennen, ergreift das Wort:

»Wir haben gesehen, wie sie die Leistungsfähigkeit in Ihrem Team verdoppelt haben. Das rollen wir jetzt auf das ganze Unternehmen aus. Oder wollen Sie Ihren Erfolg nicht mit den anderen teilen? Das hätte natürlich Konsequenzen für Sie!«

Der Bereichsleiter bringt sich ein: »Am besten erstellen Sie ein Fünf- oder Sieben-Schritte-Konzept für die Einführung. Daraus machen Sie einen One-Pager.«

Der Berater hat eine Idee: »Und diesen One-Pager geben wir dann auch dem Vertrieb mit! Mit Sicherheit interessieren sich auch die Kunden für Ihr Vorgehen und das können wir für viel Geld am Markt verkaufen!«

Alle auf der Vorderbühne – bis auf Konstanze – sind begeistert und jubeln.

Konstanze ist am Ende ihrer Kraft. Sie verlässt mit gesenktem Kopf die Vorderbühne. Auf der Hinterbühne angekommen, wird ihr bewusst, dass sie keine andere Wahl hat.

Sie kramt ihre Poster und Wimpel wieder heraus, geht zurück auf die Vorderbühne und stellt sich lustlos hin.

Nach und nach laufen die Projektleiter von vorher an ihr vorbei, sagen:

»Das machen wir natürlich auch!«, »Wir haben das schon gestern umgesetzt!«. Sie gehen weiter und lachen hinter Konstanzes Rücken, während sie die Vorderbühne verlassen.

Vertriebsmitarbeiterinnen und -mitarbeiter kommen zu Konstanze und stellen weitere Poster und Banner neben ihr auf. Auf denen steht:

»Machen Sie Ihr Unternehmen agil in nur 90 Tagen!«
»Ihr Kochrezept für mehr Agilität!«
»Doppelt so viel Ergebnis in der Hälfte der Zeit – das können sie auch!«

Konstanze geht es immer schlechter. Ein Projektleiter kommt vorbei und klagt sie an:

»Wie kannst du so etwas nur nach außen behaupten! Das bringt doch alles gar nichts! Niemand hier arbeitet nach deinen fünf Schritten, wir arbeiten alle so wie vorher. Wie kannst du das nur als Heilsversprechen verkaufen?«

Konstanze lässt alle Schilder, Poster und Banner fallen und verlässt die Vorderbühne.

Sie läuft mit gesenktem Kopf an der Hinterbühne vorbei. Ihr altes Kanban Board ist mittlerweile eingestaubt. Die Teammitglieder sind verschwunden. Benji ist gerade dabei, die letzten Kärtchen abzuhängen. Lange konnten sie auf der Hinterbühne so weitermachen wie zuvor. Nun wurde das Projekt beendet, der Schutz durch Konstanze ist verschwunden und alles bleibt nur noch eine Erinnerung im Geiste der Unternehmenskultur. Benji erblickt Konstanze.

Benji: »Hey! Wie geht's dir? Hab dich lange nicht mehr hier gesehen!«

Konstanze dreht sich zu ihm um: »Ach Benji. Das hat doch alles keinen Sinn. Nichts davon wirkt. Keiner will das wirklich. Alle versprechen sich das große Geld damit. Und ich habe keine Kraft mehr, allen zu gefallen. Ich muss nicht mehr gut dastehen. Es reicht.«

Konstanze verlässt die Hinterbühne und lässt Benji allein zurück. Er schaut sich um und sieht niemanden. Er geht auf die Vorderbühne, wo alles wie gewohnt weitergeht und spricht den Bereichsleiter an.

Benji: »Wie können Sie Konstanze gehen lassen?«

Der Bereichsleiter winkt ab: »Konstanze konnte dem Druck nicht standhalten. Hinter ihren Ideen war nix da-

hinter. Sie war nicht die Richtige, um das Geschäftsmodell aufzubauen und unseren Umsatz zu verdoppeln. Dafür braucht es echte Könner! Sind Sie ein solcher Könner?«

»Ganz bestimmt nicht!« antwortet Benji und verlässt rückwärts gehend die Vorderbühne.

Auf der Hinterbühne angekommen fasst Benji seine Erkenntnisse für das Publikum zusammen:

»Er beklagt seine Mitarbeiterin und attestiert sich selbst damit nur das eigene Führungsversagen. Mitarbeiter bedienen den Rahmen, der ihnen zur Verfügung gestellt wird. Nicht aus jeder Lösung, die man für ein Problem gefunden hat, lässt sich ein Geschäftsmodell machen. Konstanze hatte die entscheidenden Ideen für unser Team. Aber das hinter der Idee vermutete Geld, der scheinbare Nutzen für die gesamte Organisation, hat den Kern in den Hintergrund gerückt. Konstanze hat uns mit ihrem Können und ihren Ideen verlassen.«

Benji weist auf die am Boden liegenden Poster, Wimpel und Banner.

»Zurück bleiben ein Geschäftsmodell, mit dem sich niemand auskennt, und viele verwaiste Ideen.«

Der Vorhang fällt, Ende des Stückes.

Volker,
der Hinterbühnen-Techniker, sorgt dafür, dass Schutzräume entstehen. Er ist Zuhörer, Fragensteller und Lernender rund um Agilität, Organisationsentwicklung und Führung. Der Biologe und Doktor der Agrarwissenschaften war lange Zeit als Software-Ingenieur tätig, bevor er als Abteilungsleiter und (Achtung: Ironie) »Head of Agile« die Vorderbühnenluft eines IT-Service Unternehmens schnupperte.

Miriam,

die Vorderbühnen-Lichtdesignerin, bringt Licht auf die Stellen in der Organisation, wo Business-Theater die Wertschöpfung stört. Die Doktorin der Ingenieurwissenschaften promovierte zu KI und Machine Learning in der Kunststoffverarbeitung. Sie war im Qualitäts- und Projektmanagement tätig, bevor sie sich ganz den agilen Transformationen und der psychologischen und soziologischen Beratung von Teams und Führungskräften zuwendete.

Epilog 6: Gegeneinander statt miteinander

In den fünf unmöglichen, agilen Missionen dieses Kapitels geht es um das Gegeneinander statt des Miteinanders. Bei **Josephin** ziehen die Führungskräfte die Gestaltung der Transformation wieder an sich, gegen den Willen der Mitarbeitenden. Bei **Ahmet** sorgt der Konkurrenzkampf für Jeder-gegen-Jeden. **Felicitas** beschreibt das Gegeneinander zwischen Teams, die eigentlich intensiv zusammenarbeiten sollen. **Sören** und **Markus** versuchen die agilen und weniger agilen Teams in der gesamten Organisation zu einem Miteinander zu bewegen. Wie etablierte Strukturen und Hierarchien gegen die agilen Prinzipien und Arbeitsweisen antreten, lesen wir bei **Volker** und **Miriam**.

Die Anschuldigungen und Begründungen sind bei allen gegnerischen Parteien zahlreich:
- Die verstehen uns nicht und sind zu skeptisch!
- Die bremsen uns aus und behindern den Fortschritt!
- Die wollen uns etwas aufzwingen und verstehen unsere Probleme nicht!
- Die werden noch alles ins Chaos stürzen, wenn sie so weitermachen!
- Die bedrohen die Sicherheit und Ordnung in unserer Organisation!
- Die setzen die falschen Prioritäten und tragen nicht zum Geschäftserfolg bei!

All diese Konflikte und Spannungen sind ganz natürlich und treten bei vielen agilen Transformationen auf. Manchmal mehr, manchmal weniger. Eine offene, gewaltfreie Kommunikation und der echte Wille, gemeinsam Lösungen zu finden, können helfen. Wie das konkret aussehen kann, beschreibt Ahmet in einem Workshop zur Gewaltfreien Kommunikation. Der sprichwörtliche Tanz auf dem Business-Parkett sorgt für Erfahrungen, die sich tief in den Köpfen der Teilnehmenden verankern und vielleicht sogar als Kultur in das Gedächtnis der Organisation eingehen.

Mit Verhaltensankern und Prinzipien arbeiten auch **Sören** und **Markus** in ihrem Bericht. Sie versuchen sehr unterschiedliche Professionen und Arbeitsbereiche zusammenzubringen. »Als würden Ärzt*innen, Erzieher*innen, Bauarbeiter*innen und Kassierer*innen die gleichen Prinzipien der Zusammenarbeit entlang ihres Arbeitsalltages nutzen und mit Leben füllen.« Typische Regeln, Prozesse oder Arbeitsmethoden passen nicht in jeden Kontext gleichermaßen. Wer in einem Kontext mit einer Arbeitsweise erfolgreich ist, muss es mit der gleichen Arbeitsweise in einem anderen Kontext nicht sein.

Ein talentierter Geschäftsführer, dem in einem Unternehmen viele folgen und der viel erreicht, kann in einem anderen Unternehmen mit der gleichen Führungsart auf großen Widerstand stoßen. Die gegenseitige Abhängigkeit der beteiligten Personen ist so hoch, dass niemand die Zusammenarbeit eindeutig beschreiben und unangefochten interpretieren kann. Wenn Führungskräfte nach Helden suchen, oder selbst ein Held oder eine Heldin in einem bestimmten Kontext sind, werden sie enttäuscht sein, wenn sie in der neuen Umgebung, im neuen Projekt oder beim neuen Problem versagen. Das Talent ist zwar noch da, es gerät jedoch nicht in Resonanz mit dem System und kann seine Wirkung nicht entfalten.

Dies erkennt man – wenn überhaupt – nur durch ständige Selbstreflexion und Supervision. In vielen Unternehmen ist dafür keine Zeit, weil man verbissen auf die Auslastung der Mitarbeitenden und die Produktivitätskennzahlen starrt. Es wird keine Zeit zur Verfügung gestellt, in der man für noch unbekannte Situationen übt. Es gibt keine vorgehaltene Kapazität für überraschende Engpässe. Es wird kein Wert darauf gelegt, aus einer Gruppe von Menschen ein echtes Team zu machen, das gemeinsam an Lösungen arbeitet und darauf achtet, die gleichen Ziele zu verfolgen.

Stattdessen gibt es mehr Gegeneinander aufgrund des Effizienzwahns der Manager. In Sonderfällen schaffen es einzelne Manager, geschützte Räume offenzuhalten, in denen sich die Teams weiterentwickeln können. Einen solchen Raum erleben wir in jeder der fünf Berichte. Wir lesen, wie sie entstehen und wie sie – in den Storys von Josephin, Sören und Markus, Volker und Miriam – wieder verschwinden.

Wenn man schon nicht das erfolgreiche Miteinander an den talentierten Mitarbeitenden festmachen kann, dann doch aber wenigstens an der hervorragenden Methode!

Weit gefehlt. Bei Josephin, Volker und Miriam werden die passenden Ideen für ein gutes Miteinander durch die Literatur über Ansätze, Methoden und Praktiken getriggert, die schon mehrfach erfolgreich waren. Das verspricht aber nicht, dass sie auch in diesem Kontext und bei dieser Zusammenarbeit auf die richtige Weise wirken.

Da kommt ein Agile Coach daher und moderiert ein geniales Team-Kick-Off. Er benutzt Methoden aus dem Set der Liberating Structures und macht Open Space Technology. Anschließend schafft er es noch, mittels Entscheidungsbaum einen Konflikt im Team zu entwirren. Doch das Licht des Erfolgs strahlt nicht auf das Talent des Agile Coaches. Stattdessen interessieren sich die Teilnehmenden für die Methoden und bestellen im Internet schnell drei Bücher über Liberating Structures, Open Space Technology und Entscheidungsbäume. Damit kann man die Moderation beim nächsten Teamevent selbst übernehmen. – Eben nicht!

Jede Werkzeugwerbung wird von einer Fachperson präsentiert. Das Auto, das durch die engsten Gassen jongliert.

Das hochentwickelte Keyboard, das klassische Musik in Konzertflügelqualität spielt. Das Pinselset, das wie von selbst naturalistische Berglandschaften zaubert.

Womit wir wieder bei »Menschen mit Talent« wären.

Dennoch erwartet das Management Methodentreue in jedem Team. Besonders erfolgreiche Tools will das Management nach außen verkaufen. Die guten Mitarbeiterinnen und Mitarbeiter sind diejenigen, die sich an die Methode halten. Dabei ist es egal, für welche Probleme die Methoden überhaupt geeignet sind. Das ist so, als würde man eine Poliermaschine für Parkett kaufen, weil diese wärmstens empfohlen wird, obwohl man nur billiges Laminat im Wohnzimmer hat. Ein Fachmann erkennt diesen Fehler sofort. Die Poliermaschine ist für Laminat sogar schädlich, weil sie die vorhandene Schutzschicht auf dem Laminat zerstört.

Genauso kann eine Methode für »gute Kooperation« im Team für ein stärkeres Gegeneinander sorgen. Vor allem dadurch, dass die echte Kooperation in den Hintergrund rückt, während alle sich auf die Methode konzentrieren. Im schlimmsten Fall wird die Methode so hoch gelobt, erhält alle Aufmerksamkeit und gerät sogar ins Interesse der externen Vermarktung. Zappos, Spotify und viele andere Unternehmen, die das versucht haben, können berichten, wie dies umkippen kann zu erhöhtem Spott aus dem Markt.

Volker und **Miriam** greifen genau dieses Kooperations- und Marketingtheater auf. Irgendwann wird es schwierig, zwischen inszenierter Kooperation und echtem Bemühen um gute Zusammenarbeit zu unterscheiden. Das Team misstraut sich und arbeitet noch weniger zusammen. **Felicitas** erzählt, wie in kleinen Schritten und gezielt die Knoten der verwirrten Zusammenarbeit in ihrem Team gelöst wurden. Es braucht viel Arbeit und Ausdauer, um diese eingefahrenen Verhaltensmuster zu durchbrechen.

Viele Führungskräfte und Mitarbeitende arbeiten so, wie es im Unternehmen immer wieder belohnt wird: Die nächste Karrierestufe erklimmen wir, wenn die eigene Arbeitsleistung dem Vorgesetzten gefällt und nicht, weil sie den Kolleginnen und Kollegen eine große Hilfe ist. Den Jahresbonus erhalten wir, wenn wir selbst die vorgegebenen Kennzahlen erreichen und nicht, weil wir einem anderen Team geholfen haben, einen Qualitätspreis für ein Produkt zu erhalten.

Sich immer wieder verteidigen zu müssen, weil man lieber unbürokratisch geholfen und kooperiert hätte, macht »kooperationsmüde«. Echte Zusammenarbeit wird unwahrscheinlicher, lohnt sich nicht und wird durch die selbst geschaffenen Strukturen sehr erschwert. Man kann nur noch informell »mal schnell zusammenarbeiten«. Diese Inkonsistenz zieht sich durch alle fünf Geschichten dieses Kapitels. Zusammenarbeit scheint nicht wirklich gewollt zu sein. Da hilft auch kein Wandtattoo im Flur »Gemeinsam sind wir stark!«.

Die mangelnde Zusammenarbeit ist nicht darauf zurückzuführen, dass die Mitarbeitenden nicht kooperieren »wollen« oder »können«. Es liegt viel tiefer, als dass es nur an der Übertragung von Befugnissen durch das Management liegt. Schließlich kooperieren die Menschen tagtäglich in der Familie, im Verein oder wenn große Probleme zu lösen sind. Häufig, ohne um Erlaubnis zu fragen. Sie brauchen kein Teambuilding an der Kletterwand, weil ihnen die Selbsterfahrung für eine erfolgreiche Kooperation fehlt. Es gibt ein echtes Problem, wie die Elbeflut oder der Tornado in Paderborn, das wildfremde Menschen zusammenbringt. In solchen Situationen steht das reale Problem im Mittelpunkt und alle wissen, dass sie nur gemeinsam eine realistische Chance haben, es zu lösen. Dann macht die Zusammenarbeit Sinn und es braucht keine flammenden Reden des Managements, um Energie und Tatendrang zu entfachen.

Gute Absicht reicht nicht

Ausprobieren geht über Studieren

»Agile? Wir arbeiten schon immer agil!«
»Agil heißt jetzt also, dass es keine Regeln mehr gibt?«
»Wo bleibt denn die Möglichkeit, Druck auf die Mitarbeiter auszuüben, wenn das Projekt nicht läuft?«
»Vor der Einführung von agilen Methoden waren unsere Projekte alle gut unterwegs, jetzt sehe ich nur noch rote Statusampeln! Vorher war alles besser.«

Kennen Sie solche Sätze aus Ihrem (Top-) Management? Ja? Dann sind Sie genau richtig hier. Falls nicht, möchte ich Sie beglückwünschen. Vielleicht bleiben Sie aus Interesse trotzdem bei mir.

Ich habe viele Jahre mit der agilen Transformation von großen Forschungs- und Entwicklungsabteilungen verbracht. Ein besonderes Augenmerk musste man dabei auf das (Top-) Management werfen, wie die sinngemäßen Zitate weiter oben erahnen lassen.

Zum Beispiel die Einführung eines SAFe-Ansatzes in einem der Unternehmen führte am Ende der ersten Produkt-Inkrement-Planung zur Eskalation, als das (Top-) Management sich die Ergebnisse der Planung am Abend anschaute. Was war passiert? Nun, nicht mehr oder weniger als die volle Transparenz über den Status aller Teilbereiche des Release Trains war zum allerersten Mal sichtbar geworden. Dieser Status war leider deutlich schlechter als zuvor angenommen und auch im alten klassischen Projektmanagement vor Einführung von »Agile« dargestellt.

Das (Top-) Management suchte nun nach Ursachen und fand sie in der Veränderung zur agilen Methodik. Sonst hatte sich für sie ja nichts verändert.

Die Scrum Master des Release Trains schauten betreten zu Boden. Das Management hatte doch, genau wie alle anderen Mitarbeiter:innen, eine Basisschulung in Scrum und SAFe erhalten? Wieso gab man nun der Methode die Schuld? Die Probleme in den vielen kleinen Projekten, die es vor der Gründung des Release Trains gab, kannten die Mitarbeiter:innen gut, leider waren diese auf dem Berichtsweg nach oben oft melonengrün angestrichen worden (Exkurs: Eine Wassermelone hat eine sehr dünne grüne Schale, eine schmale gelbe Schicht und einen großen roten Kern. Ein Projekt mit einer melonengrünen Statusampel ist also eigentlich rot).

Wir hatten also ab diesem Zeitpunkt wochenlang damit zu kämpfen, bei unserem (Top-) Management den Fokus auf die eigentlichen Probleme zu lenken und ihnen die Wirkung und die Idee von Agilität tiefer zu erklären.

Wir lernten sehr deutlich: Eine einfache Schulung mit Folien, einem Lego Setup und Erfahrungsberichten war nicht hilfreich und holte das Management nicht ab. Die Kolleg:innen im Release Train arbeiteten jeden Tag nach agilen Prinzipien, die Manager kamen nur bei der PI-Planung und den Reviews mit diesen in Kontakt. Sie waren nicht Teil des »Systems«, sondern nur Beobachter und dabei verständlicherweise von sehr kritischer Natur. Was blieb für mich, war diese zentrale Frage:

Wie kann man die Wirkmechanismen von Agilität und auch die dabei entstehenden Unterschiede zu klassischen Projektmanagementmethoden für Menschen wirklich erfahrbar machen?

Ein paar Monate später fand ich endlich einen Ansatz für dieses Problem. Ich besuchte im Rahmen meiner Ausbildung als Agile Coach ein Seminar bei Patrick Steyaert. Er vermittelte uns die Idee, dass das Lernen zunächst die eigenen Hände (Anfassen), danach den Kopf (Verstehen) und zuletzt das Herz (Intuition) benötigt, um nachhaltig zu sein. Patrick bietet dafür eine Simulationsumgebung mit dem Namen Okaloa Flow Lab(http://okaloa.com) an, mit der man die Agilität erfahrbar machen kann.

Diese Simulationsumgebung setzte ich sehr erfolgreich ein, um dem (Top-) Management die Erfahrung zu ermöglichen, wie sich agiles Arbeiten anfühlt und wo die Unterschiede zum klassischen Projektmanagement liegen.

Ein paar Jahre später war ich als Professor an die Hochschule gewechselt und stellte mir die gleiche Frage in Bezug auf meine Studierenden: Wie konnte ich sie Agilität erfahren lassen?

Sicherlich nicht mit Powerpoint oder dem typischen agilen Legospiel. Die Wirkung und die Unterschiede sollten für die Studierenden messbar sein.

Ich beschloss, meine Vorlesung um die Okaloa Flow Lab-Simulationsumgebung herum aufzubauen.

Jetzt habe ich Sie hoffentlich genug auf die Folter gespannt. Im Folgenden möchte ich Ihnen eine Idee des Ansatzes näherbringen und wie ich ihn eingesetzt habe:

Die Arbeit wird mit (grünen) Arbeitskarten dargestellt. Die Karten durchlaufen den Prozess von Ready über Step A, dann Step B bis in die Spalte Complete. Arbeit kann zufällig blockiert werden (rote blocked Karte). Das kann z. B. eine fehlende Zulieferung aus einer anderen Abteilung sein. Durch Extra-Arbeit kann man die Blockaden dann lösen.

Gearbeitet wird durch Würfeln. Der Arbeitsfortschritt unterliegt damit also einem gewissen Zufall.

Zu Beginn des Semesters startete ich die Vorlesung mit einer kurzen organisatorischen Einführung. So weit, so normal und erwartungskonform für die Studierenden, aber danach sah ich doch in skeptische Gesichter. Ich zeigte Ihnen die Simulationsumgebung, die bei den Studierenden zu der Ansicht führte, dass wir in dieser Vorlesung jetzt wohl Brettspiele spielen würden und nicht über Projektmanagementmethoden sprechen.

Aber sie hatten keine Wahl, also »spielten« die Studierenden mit mir eine Runde klassisches Projektmanagement. In unserem Fall bedeutete dies: Ein Projektleiter weist den Mitarbeitern Arbeit zu. Die Mitarbeiter sind Experten auf ihrem Gebiet und erledigen ihre Arbeit exklusiv, ohne dass jemand anderes helfen kann. Die vollständige Auslastung aller Projektmitarbeiter war Vorgabe für den Projektleiter: Keine Arbeitskraft sollte »verschwendet« werden.

Das Ergebnis einer solchen Runde ist auch in der Abbildung zu sehen. Das Projektteam hatte jede Menge Arbeit angefangen, aber nur sehr wenig (nämlich 4 Arbeitskarten) tatsächlich fertiggestellt. Alle waren frustriert und machten vor allem die zufallsbasiert auftretenden Blocked-Karten dafür verantwortlich.

Nun versuchte ich mit den Studierenden die wahren Gründe für das Ergebnis gemeinsam zu erarbeiten. Interessanterweise stellten sie zuerst die Tatsache in Frage, dass man sich nicht gegenseitig im Projektteam helfen konnte. Wenn man eine solche Simulation mit Menschen in der Wirtschaft durchführt, wird diese Vorgabe so gut wie nie in Frage gestellt, da allgemein die Meinung herrscht, dass ein Experte immer am effizientesten eine Aufgabe erledigen kann.

Aber wir haben ja eine Simulationsumgebung und können daher ausprobieren, ob gegenseitige Hilfe etwas verbessert. Daher legten wir als neue Regel fest, dass jemand einem anderen Teammitglied mit 50 % Effektivität helfen kann (eine gewürfelte 6 entspricht dann nur 3 Arbeitspunkten, es wird aber aufgerundet).

Jetzt stand noch das Problem im Raum, wie wir verhindern können, dass so viele Arbeitselemente teilweise fertig werden und auch so viele parallel angefangen werden.

Ausprobieren geht über Studieren | 387

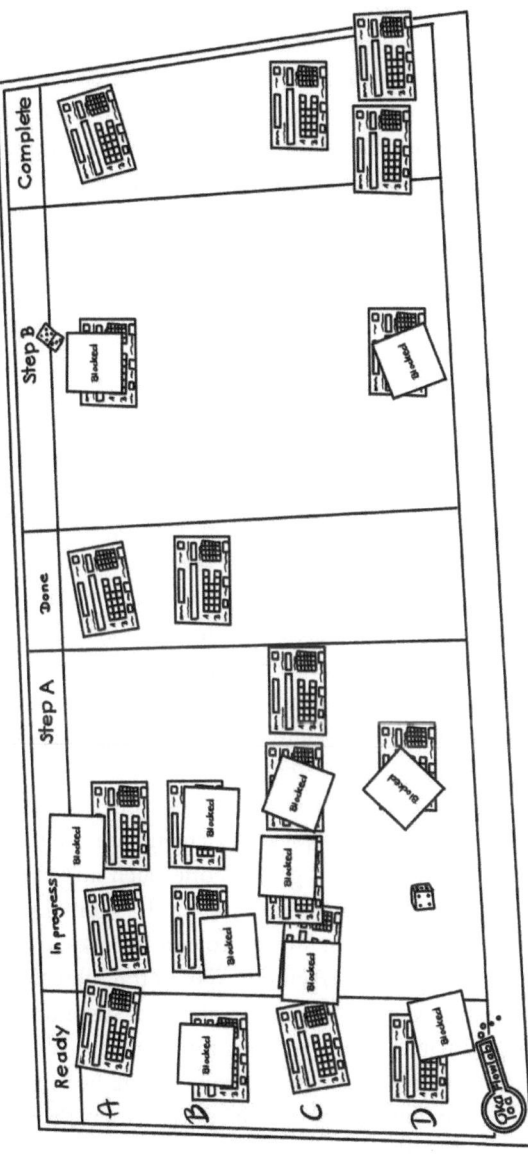

Hier brauchten die Studierenden einen kleinen Denkanstoß von mir. Wir designten unser erstes Work in Progress Limit (WIP-Limit). Die Studierenden durften dieses Limit in ihrem Simulationsteam selbst festlegen. Eine Gruppe nahm die doppelte Gruppengröße, eine die Gruppengröße und eine die Gruppengröße minus 1.

Mit diesen beiden neuen Regeln führten wir die Simulation nun erneut durch. Wir veränderten sonst nichts. Die Studierenden waren hoch motiviert, bei diesem Experiment herauszufinden, ob sich etwas verändert hatte.

Tatsächlich war der »Aha«-Moment am Ende der Simulation, wie von mir erhofft, da. In der zweiten Abbildung ist die Situation am Ende der zweiten Simulation dargestellt. Das Arbeitsboard hat wenige aktive Arbeitskarten (genau eine) und am Ende der Simulation sind insgesamt 7 Karten (beim letzten Mal waren es 4) fertiggestellt worden.

Die Studierenden haben auf diese Art und Weise die Wirkung von gegenseitigem Helfen und einem WIP-Limit selbst erfahren. Sie haben die Simulationen selbst durchgeführt (Hand), wir haben die Wirkmechanismen gemeinsam entwickelt und diskutiert (Kopf) und am Ende das Gefühl des Erfolgs, ein aufgeräumtes Board und viel mehr fertige Arbeit gefeiert (Herz).

Ab diesem Zeitpunkt war die Skepsis der Studierenden gegenüber dem »Brettspiel« verschwunden. Darüber hinaus kamen wir mit weniger Theoriefolien aus, die die Ergebnisse der Simulation ergänzten und dokumentierten.

Wir erarbeiteten uns in den folgenden Wochen immer weitere Aspekte der Agilität. Wir betrachteten genauer die Wirkung von Lernen im Team, die Ausbildung eines T-Shape-Profils bei den Teammitgliedern. Warum das selbstständige Ziehen (Pull) von Arbeit besser funktioniert als die Zuweisung (Push) durch einen Projektleiter. Zu guter Letzt waren wir uns einig, dass wir einen Pro-

Ausprobieren geht über Studieren | 389

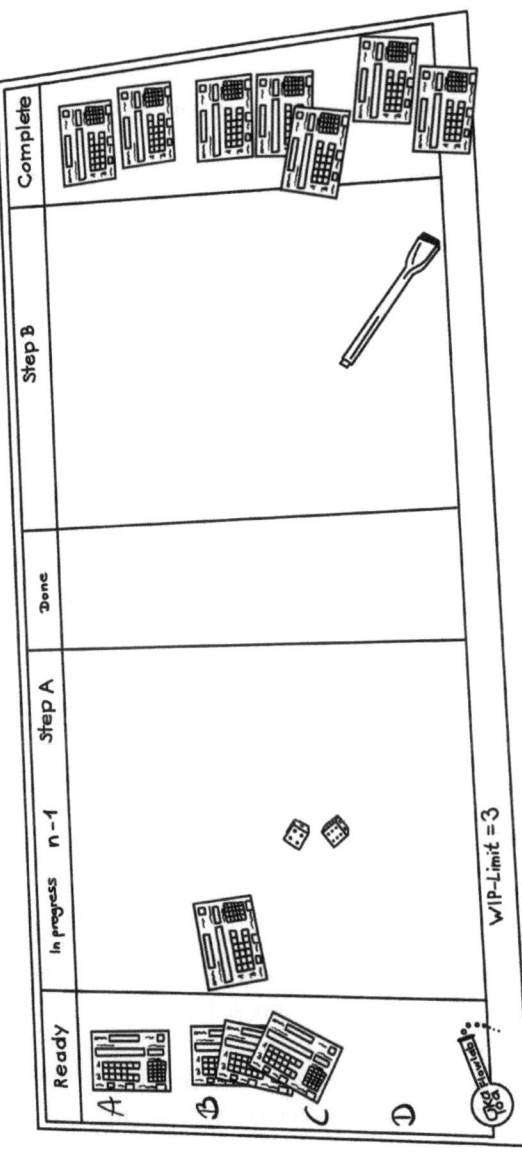

jektleiter in dieser Form für ein Team nicht mehr brauchen würden.

Alle diese Aspekte der Agilität und noch viele weitere erarbeiteten wir uns selbst in der iterativen Wiederholung der Schritte:

1. Simulation des immer gleichen Szenarios mit vorher definierten Regeln
2. Retrospektive auf die Probleme der Arbeitsmethodik
3. Anpassen der Regeln, basierend auf den gefundenen Problemen
4. Erneute Simulation mit angepassten Regeln
5. Dokumentation des Gelernten

Nun war das Fundament der Agilität gegossen und wir konnten uns mit darauf basierenden Methoden beschäftigen. Da wir uns bisher in der Simulation mit einzelnen, unabhängigen Teams befasst hatten, lag das Thema Scrum nahe:

Die Studierenden lernten nun die Rollen, Artefakte und Ereignisse der Scrum-Methode kennen. Dabei referenzierten wir immer wieder auf die zuvor gelegten Grundlagen. Es war spannend zu sehen, wie Studierende Scrum einordneten: Zum einen war für sie völlig logisch, dass Scrum keinen Projektleiter kennt. Andererseits wunderten sie sich darüber, dass in der Methodik das WIP-Limit keine Erwähnung findet.

Um die Erfahrung mit Scrum wiederum so plastisch wie möglich zu machen, nutzen wir Microsoft Azure DevOps als Werkzeug für unsere Simulation. Unser Projekt war der Bau des ersten Apple iPhones. Die Auswahl dieses Projektes hatte den Vorteil, dass jeder das Produkt extrem gut kannte. Der Fokus lag daher auf dem Lernen der Scrum-Methodik und nicht auf den sonst wichtigen Diskussionen über die Features des Produktes.

Wir starteten mit der Produktvision, danach erstellten wir Product Backlog Items (PBIs) und lernten Techniken wie User Storys schreiben, Planning Poker und WSJF kennen. Alle diese Werkzeuge sind nicht direkt Teil von Scrum, aber halfen den Studierenden, ihr iPhone-Projekt aus Sicht der Anforderungen und dem Produkt Backlog voranzutreiben. Die Velocity und weitere Metriken wie Sprint und Release Burndown Charts halfen den Studierenden ihren Fortschritt zu messen.

Wir hatten uns nun Stück für Stück die Idee von Agilität mit dazu passenden Rollen, Werkzeugen und Ereignissen erarbeitet. Ich stelle als Nächstes die Frage, was passieren würde, wenn man nun mehr als ein Team von maximal 9 Leuten an einem Produkt zusammenarbeiten lassen möchte.

Dafür setzten wir wiederum das Okaloa Flow Lab ein und simulierten drei Teams, die synchronisiert versuchten, an einem Produkt zu arbeiten.

Wir erfuhren, wie schwer es ist, Teams zu synchronisieren und einen gemeinsamen Takt zu erreichen. Speziell wenn ein Team agil und ein anderes mit klassischem Projektmanagement arbeitet. Auf die Realität übertragen ist dies z. B. bei einem agilen Software-Team und einem klassischen Hardware-Team der Fall.

Die erste Simulation offenbarte uns diese Probleme und wir erarbeiteten uns wiederum Mechanismen, um auch im skalierten Umfeld die Grundsätze von Lernen, Kollaboration und Flow einbringen zu können. Wir führten zum Beispiel einen Token-basierten Pull-Mechanismus ein. Jedes Team hat eine gewisse Anzahl Token, die seine Kapazität definiert. Bei der Abschätzung von Features wird dann im Vielfachen dieser Token geschätzt. Dabei kann ein Feature Token verschiedener Teams benötigen. Wird die Entwicklung eines Features gestartet, bindet das

Feature die Token so lange, bis das Feature fertig ist. Danach stehen sie wieder für neue Features zur Verfügung. Mit diesem Vorgehen kann sichergestellt werden, dass nur Features angefangen werden, für die auch insgesamt genug Kapazität in allen Teams vorhanden ist.

In der zweiten Simulation probierten die Studierenden diesen Mechanismus aus und konnten erfahren, wie dieser das System der drei Teams ausbalancierte. Auch hier konnten sie die positive Wirkung auf den Arbeitsfluss selbst erleben, aber auch die dabei entstehenden nächsten Probleme, wie zum Beispiel das arbeitsseitige Leerlaufen von einzelnen Teams, wenn keine passenden Features mehr vorhanden waren.

Im Anschluss an die Simulationen warfen wir gemeinsam einen Blick auf die Frameworks Large Scaled Scrum (LeSS) und Scaled Agile Framework (SAFe), um an existierende Frameworks anzuknüpfen, die in der Wirtschaft eingesetzt werden.

Was konnten wir gemeinsam (Studierende und Dozent) nach Abschluss des Semesters feststellen? Das Lernen in umgekehrter Reihenfolge, also vom Handeln zum Verstehen und schlussendlich zum Erfahren, führt zu einem engagierten Lernumfeld. Für die Studierenden war der Schritt von agilen Prinzipien zu darauf aufbauenden Methoden wie Scrum logisch und nachvollziehbar.

Oder viel kürzer und weniger akademisch: »Ausprobieren geht über Studieren!«

Andreas Wübbeke

ist Professor für Software Engineering an der Fachhochschule Südwestfalen und lehrt und forscht unter anderem zu agilen Methoden, speziell im Bereich Arbeitsfluss. Zuvor arbeitete er für die Firmen Wincor Nixdorf und CLAAS E-Systems, welche er intensiv bei der Transformation zu einer skalierten, agilen Arbeitsweise begleitet hat. Dabei spielte auch das Thema Servant Leadership eine zentrale Rolle, um die agilen Prinzipien im (Top-) Management verankern zu können.

Die New Work-Falle

Es ist Mittwoch. Bergfest. Nur noch zwei Tage und ein bisschen bis zum erlösenden Wochenende. Schnaufend erreicht Heiko den Pausenraum, um sich den dritten Automatenkaffee des Tages zu ziehen. Es ist erst 11 Uhr. »Ich sag dir, Anke …«, raunzt er der langjährigen Kollegin aus der Personalabteilung entgegen. »Wenn ich nicht schon 20 Jahre lang diesen Laden hier aushalten würde – morgen wäre ich weg. In meinem Team hat schon wieder eine Kollegin gekündigt. Schon die dritte Kündigung in diesem Monat. Alle Leistungsträger. Die Arbeit wird nicht weniger. Neue Leute bekommst du heute auch nicht mehr. Jedenfalls nicht wir im klassischen Mittelstand. Die gehen doch nur noch in hippe Start-Ups oder für viel Geld in den Konzern.«

Das Thema Fachkräftemangel sei aktuell ganz oben auf der Agenda im Bereich Personal, gibt Anke ihm zu verstehen. »Mach dir keine Sorgen, Heiko«, sagt sie. »Wir führen jetzt New Work ein.«

Episode 1: Die Schöner-Wohnen-Initiative
Um dem adressierten Problem – dem Fachkräftemangel – etwas entgegenzusetzen, initiiert Anke, begleitet durch eine auf New Work spezialisierte Agentur, ein umfassendes Re-Design der Unternehmenswebsite und der Social Media-Auftritte. Den jungen Leuten reicht es heute schließlich nicht mehr aus, einfach nur gut bezahlt zu werden. Im »War for Talents« muss man schon etwas bieten, um die besten Leute zu bekommen. Oder, um überhaupt Leute zu bekommen.

Es bildet sich ein Team um Anke, das neben der New Work-Agentur auch Spezialisten aus dem Marketing und der Unternehmenskommunikation mit aufnimmt.

Schnell ist klar, wohin die Reise geht. Aus dem verstaubten »Sie« wird das persönliche »Du« in allen Ansprachen. Der Karriere-Bereich auf der Website bekommt ein frisches Design und startet direkt mit der Kategorie: »Was wir dir bieten ...« Flache Hierarchien, ein familiäres Umfeld, flexible Arbeitszeiten, Gratis-Obst und (endlich) einen Kaffeevollautomaten, Sabbatical, Chill-Area mit Kickertisch und Billard, betriebliche Altersvorsorge, Home-Office-Möglichkeit an drei Tagen in der Woche, Kinderbetreuung, MacBook, IPhone, Firmenfitness und Job-Ticket.

Man legt sich so richtig ins Zeug im »Kampf« um die besten Talente. Und siehe da: Es scheint zu funktionieren. Eine LinkedIn-Kampagne und ein paar TikToks später flattern wieder Bewerbungen rein.

»Und, hab ich´s dir nicht gesagt?«, ruft Anke sichtlich zufrieden Heiko zu, als sie ihn in einem der neuen Lounge-Sessel im Pausenraum entdeckt. »Ganz ehrlich, Anke, ich habe die Faxen hier bald echt dicke.« Fragend schaut Anke ihn an. »Ist ja schön und gut, dass hier jetzt ein paar neue Kollegen reinkommen. Aber zum Arbeiten sind die offensichtlich nicht da. Schnattern mir ständig was von Work-Life-Balance entgegen, wenn die Projekte mal wieder so richtig drücken. Weißt du, Anke, der Jeremy, der trägt sich jeden Dienstag zwischen 13-16 Uhr »Me-Time« in den Kalender ein. Da ist er dann einfach nicht verfügbar. Muss angeblich seine Akkus aufladen. Wovon ...? Zu nichts zu gebrauchen, die jungen Leute. Die ersten gehen auch schon wieder. Die Anfangseuphorie ist hier schnell vorbei, sobald es ans Arbeiten geht.«

Anke denkt nach. »Du kannst auch nicht ständig den Chef raushängen lassen, Heiko. Die junge Generation, die wollen schließlich Selbstverantwortung und Freiräume. Das ist ein anderes Führungsverständnis, als wir das früher kennengelernt haben. Aber lass mich mal machen. Ich habe da schon eine Idee.«

Episode 2: Leitbildtheater

Für Anke ist völlig klar, dass die Führungskräfte den neuen New-Work-Gedanken vorleben müssen. Führungskräfte sind eben Vorbild. Das etwas eingestaubte Führungsverständnis vieler langjähriger Führungskräfte muss dringend aufgemöbelt werden. Heute zählen andere Werte als command & control. Anke geht auf die Geschäftsleitung zu, um ihre Beobachtungen zu schildern. Sie holt sich das Go ein für einen Führungskräfte-Workshop zum Thema Unternehmenswerte und Führungsleitbild. Keine drei Wochen später schlurfen siebenunddreißig Herren und drei Damen mit dem Titel »Führungskraft« über den rotgemusterten Teppich im Seminarhotel »Zum heiligen Gral«. Die externen Trainer empfangen die Runde fröhlich-gut-gelaunt mit einem auflockernden Energizer, der als Auftakt für zwei »inspirierende Tage« dient. Nach einem einleitenden Impuls mit dem Titel »Fördern und Fordern – die Führungskraft als Coach« folgt ein erster Austausch über das individuell persönliche Führungsverständnis der Workshopteilnehmer. »Führung muss wie eine Einladung verstanden werden«, ruft Anke ihr Fazit bei der anschließenden Diskussion im Plenum in den Raum. »Wir wollen unsere Mitarbeiter mehr in ihrem Menschsein unterstützen«, ergänzt Peter.

Der Workshop geht in eine gute Richtung. Insbesondere am Nachmittag wird beim Wettkampf im Sackhüpfen durch die anschließende Reflexion deutlich, mit welchem Mindset die Workshopper unterwegs sind. Über ein paar weitere Teamübungen, Seifenkistenrennen und gemeinsame Reflexionen kann die Runde sich auf gemeinsame Werte vereinbaren, die ab der Folgewoche dann konsequent gelebt werden sollen. Auf einer großen Leinwand entsteht – als letzter Programmpunkt des Workshops – ein gemeinsam mit Fingerfarben entwickeltes Führungsleitbild. Die Werte »Vertrauen, Offenheit, Wertschätzung, Augenhöhe, Unterstützung, Mut und authentisches Vorbild sein« stehen in großen Lettern nebst Handabdrücken aller Beteiligten auf der Leinwand. Das hat Spaß gemacht und stärkt das Wir-Gefühl. Zufrieden verlässt Anke am Nachmittag nach ihrem Check-Out den Workshopraum und geht ins wohlverdiente Wochenende. Gleich am Montag hängt sie die Leinwand mit dem Führungsleitbild prominent im Empfangsbereich des Büros auf. Als Heiko ihr auf dem Flur über den Weg läuft, meint sie euphorisch: »Jetzt wird's hier endlich was mit New Work.« Für Anke ist klar: Wenn das, was in der Außenkommunikation über

New Work gesagt wird, auch konsequent durch die Führungskräfte gelebt und verankert wird, dann wird die Motivation der Leute durch die Decke gehen. Und das hätte ja schließlich erhebliche Auswirkungen auf ihre Leistung.

Heiko ist gewohnt skeptisch. Und er soll Recht behalten. Keine fünf Monate später wird für alle klar erkennbar, dass sich durch das neue Führungsleitbild eigentlich nichts verändert hat. Oder eben doch: Heiko läuft mittlerweile mit tiefen Augenringen durch die Flure, der nächste große Kunde ist abgesprungen und bei den Mitarbeitern macht sich so etwas wie Zynismus breit. Wer jeden Tag die hübschen Worte auf der Leinwand in der Empfangshalle liest, um anschließend den Kampf um Projektressourcen in unzähligen Meetings auszutragen und seit Wochen nichts mehr so richtig fertigbekommen hat, der stellt eben schnell fest: »So sind wir hier nicht.«

Episode 3: Die agile Welle reiten
Anke gibt nicht auf. Nach einigen Gesprächen mit Kollegen aus unterschiedlichsten Bereichen wird ihr klar: Den Arbeitsalltag hat der neue New-Work-Weg noch nicht erreicht. Sie recherchiert im Internet und stößt im Zusammenhang mit den Werten Mut, Offenheit, Fokus, Respekt und Commitment auf die Projektmethode Scrum. »Bingo«, denkt sie sich. Das ist genau die Verbindung zwischen unserem Leitbild und dem Arbeitsalltag unserer Leute. Sie beauftragt direkt externe Dienstleister, die im großen Stil »Agile« ins Unternehmen bringen sollen. Über ein ganzes Jahr hinweg durchlaufen alle Mitarbeitenden Scrum-Schulungen. Sogar der Geschäftsleitung, die ebenfalls an den Trainings teilnimmt, leuchten die Vorteile der Scrum-Methodik ein. Sie definieren »Agile« als eines der wichtigsten, strategischen Handlungsfelder für das laufende Geschäftsjahr. Im Unternehmen sind spürbare Veränderungen zu

beobachten. Überall hängen Boards mit bunten Zetteln, die Projektteams versammeln sich in ihren Stand-Up's kreisförmig auf den Fluren und schieben Post-It's hin und her. Für die Führungskräfte steht ein weiterer Baustein im Trainingsportfolio an. »Servant Leadership«. Statt alle Entscheidungen selbst zu treffen, sollen die »neuen Chefs« jetzt ihre Abteilungen dazu bringen, selbst Verantwortung zu übernehmen. Es herrscht ein buntes Treiben im Unternehmen.

»Hurra, wir werden agil«. Anke boxt Heiko in der Coffee-Lounge spielerisch gegen die Schulter. »Jetzt verändert sich hier was«, sagt sie zu ihm. »Ja«, entgegnet Heiko, »nur die Zufriedenheit unserer Kunden, die Projektlaufzeiten und die Arbeitsergebnisse, die bleiben unverändert schlecht.« So leicht ist es dann doch nicht mit der Verantwortungsübernahme. Entscheidungen dürfen nun ja nicht mehr von den Führungskräften getroffen werden. Stattdessen verzettelt man sich im Streben nach Konsens in unzähligen Diskussionen. Überhaupt ist es mit der Agilität irgendwie komplizierter geworden. Bereichsübergreifende Retrospektiven lösen den Kampf um Projektressourcen dann am Ende doch nicht so richtig auf. »Mit unseren Leuten kannst du nicht agil arbeiten«, äußert sich Heiko kritisch gegenüber Anke. Die würden viel »Home« und wenig »Office« machen, wenn er sie nicht regelmäßig auf Spur bringen würde. Das mit dem Commitment haben die Leute wohl nicht so ganz verstanden. Da müssten einige nochmal an ihrem Mindset arbeiten.

Episode 4: Mindset-Therapie

Anke atmet tief durch. Sie hat sich das alles leichter vorgestellt. Gar nicht so einfach, New Work bei einem klassischen Mittelständler zu etablieren. Sie vertraut Heiko. Schließlich ist er täglich »an der Basis« unterwegs und kann den ganz normalen Wahnsinn ganz gut einschätzen. Wie sollen die Leute auch von heute auf morgen mit den neuen Freiheiten umgehen können? Das haben sie ja schließlich nicht gelernt. Das agile Mindset kommt eben nicht von heute auf morgen. Sie in ihrer Rolle als Personalerin hat die Verantwortung, die Leute zu befähigen und Unterstützung anzubieten. Dieses Mal soll der Schuss sitzen. Anke wird aktiv. Sie organisiert eine Vortragsreihe zum agilen Mindset. Erfahrene Experten klären auf und berichten aus dem Alltag agiler Unternehmen. Ergänzt wird die Vortragsreihe um diverse Veranstaltungen und Austauschformate. Im »agilen Cafe« sollen die Leute über Erfahrungen aus ihrem Alltag reflektieren, wie gut sie in ihren Bereichen schon unterwegs sind in Sachen Agile. Dazu etabliert sie »die agile Safari« und bietet Exkursionen zu anderen Unternehmen an, die schon »weiter sind« in Sachen Agilität. Die Leute müssten sich das schließlich vorstellen können. Teilweise sind Mitarbeiter 1-2 Tage in der Woche damit beschäftigt, die agilen Angebote wahrzunehmen. Anke wertet es als Erfolg für ihr Tun, dass die Angebote so gut angenommen werden. Klar, das kostet Zeit. Dem Klagen einiger Projektleiter über die Abwesenheit ihrer »Key-Player« kontert sie souverän. Das sei eben eine Investition in die Zukunft. Das würde sich in einiger Zeit schon auch in den Projekten bemerkbar machen.

Tut es nicht. Ein neues Format nach dem nächsten schläft in den nächsten Monaten wieder ein. Nur das Klagen der Projektleiter bleibt. Anke ist verzweifelt. »Jetzt machen wir doch schon so viel für unsere Mitarbeiter…«, murmelt sie. Die schicken Büros, das Rundum-Sorglos-Paket, das Führungsleitbild, die Unternehmenswerte, die Sachen mit dem Mindset, agile Methoden, all die Trainings …

Besser geworden ist im Unternehmen eigentlich nichts. Im Gegenteil. All die Initiativen haben viel Zeit, Energie und Geld gekostet. Und dabei ist die ehrliche Bilanz: Kein Projekt läuft wirklich besser. Die Kundenzufriedenheit ist noch weiter gesunken – langjährige Auftraggeber sind sogar abgesprungen und zur Konkurrenz gewechselt. Die Fluktuation ist hoch. Immerhin kein Stillstand, aber nicht das, was man sich erwartet hatte.

Worum es wirklich, wirklich geht
Auch Anke ist mittlerweile sehr nachdenklich und gezeichnet mit den gleichen Augenringen, die auch Heiko nach wie vor über die Flure trägt. Über mehrere Wochen zieht sie sich zurück. Sie gönnt sich eine Auszeit und einen längeren Urlaub. Ganz allmählich kommt ihr ein Gedanke, der sie nicht mehr loslässt. Möglicherweise hat sie einen entscheidenden Aspekt übersehen. Zurück im Unternehmen bittet sie Heiko um ein Gespräch. Heiko sieht ihr sofort an, dass etwas anders ist. Gespannt und gleichzeitig etwas besorgt fragt er: »Was bewegt dich, Anke?« Anke holt Luft. Sie wirkt sehr klar und sortiert:

»Könnte es sein, dass wir uns bei all den Maßnahmen nur damit beschäftigt haben, das ‚New' in New Work anzuschauen, um alles etwas schöner und bunter zu machen? Haben wir uns darin verloren, unsere Leute zu betüdeln und zu bemuttern, obwohl erwachsene Menschen das eigentlich gar nicht brauchen? Haben wir das ‚Work' vergessen und sollten wir anfangen, uns um die eigentliche Arbeit zu kümmern – also um die Rahmenbedingungen der Wertschöpfung? Ist es das, worum es bei New Work wirklich, wirklich geht? Ist es am Ende doch echte, ehrliche Arbeit für unsere Kunden, die junge Leute motiviert und zu Höchstleistung animiert?«

Arne Schröder

ist »im ersten Leben« Bankkaufmann. Das frustrierende Gefühl von sinnloser Beschäftigung und die Erkenntnis, dass sehr viele Menschen in ihren Organisationen leiden, führte ihn über ein Studium der Psychologie sowie die intensive Auseinandersetzung mit systemischen und systemtheoretischen Fragestellungen in die Organisationsberatung. Heute bildet er in Organisationsentwicklung aus, arbeitet als Trainer in Seminaren und Leadership-Programmen und berät Menschen in Unternehmen, um Führung, Organisation und Zusammenarbeit ins 21. Jahrhundert zu holen und den Problemen der neuen Arbeitswelt wertschöpfend gerecht zu werden. Besonders wichtig ist Arne in seiner Arbeit als Organisationsberater das Zusammenspiel von Systemtheorie, Psychologie und Betriebswirtschaftslehre. Auf das UND kommt es an. Diese multidimensionale Perspektive auf Menschen und Organisationen bearbeitet Arne regelmäßig als Podcaster, Vortragsredner und Hochschuldozent.

Mindset: Let's do it like Karate-Kid

»Und wieder dieses Thema Mindset. Das stressen wir nun schon seit mehr als 3 Jahren, hoch und runter, hier im Training und auch bei uns im Unternehmen, und nichts passiert. Ganz im Gegenteil, ich bin immer genervter von diesem Thema, weil mir stets das Gefühl gegeben wird, nicht richtig zu sein«, sagt Catalea zu Yasmin, die beide aus dem Raum gehen, wo gerade Modul 3 der Trainingsreihe für Führungskräfte »Agil führen« stattfand.

»Ich verstehe dich«, entgegnet Yasmin. »Das ging mir auch lange Zeit so, bis wir in unserem Führungsteam vor ca. 6 Monaten einen externen Coach engagierten, der mit uns das Thema komplett anders angegangen ist. Magst du davon erfahren?«

»Oh ja«, erwidert Catalea. »Lass uns in dieses Cafe um die Ecke gehen, du weißt schon, uns dort einen Cappuccino und einen Snack bestellen. Dann kannst du mir davon erzählen.« Gesagt, getan. Catalea und Yasmin betraten das Cafe, suchten sich eine stille Ecke und bestellten.

Yasmin legte los: »Im Rahmen der Transformation in unserem Bereich haben wir uns im neu geschaffenen Führungsteam eine Art Charta gegeben, in dem wir definiert haben, wie wir ab sofort miteinander agieren wollen. Da standen Sätze wie ‚Wir wollen füreinander da sein und uns unterstützen' oder ‚Wir sind stets lösungsorientiert unterwegs und weniger anklagend'.«

»Klingt einleuchtend«, meinte Catalea. »Und? Habt ihr euer Verhalten dahingehend geändert?«

»Nein. Überhaupt nicht«, entgegnet Yasmin. »An unserem Verhalten hat sich gar nichts geändert. Wir haben die Charta zwar in Hochglanz gebracht und jeder Mensch, der neu in unser Führungsteam gestoßen ist, hat diese Charta feierlich überreicht bekommen. Es war eher ernüchternd.

Wir haben das auch beobachtet und immer wieder darüber gesprochen, es uns vorgenommen, aber nichts änderte sich.«

»Auch das klingt einleuchtend«, antwortet Catalea mit einem kleinen Augenzwinkern. »Das habe ich oft erlebt und auch von anderen oft gehört. Das ist wie mit den schönen Neujahrsvorsätzen. Und was habt ihr dann gemacht? Du hast vorhin von dem externen Coach erzählt.«

»Ja genau. Der externe Coach. Der hat mit uns dieses Thema komplett neu und anders aufgezogen. Das Folgende ist mir dabei im Laufe der letzten Monate klar geworden«, führt Yasmin aus. »Strukturen konditionieren Menschen im Denken und Handeln. Möchte man, dass sich Denken und Handeln von Menschen ändern, sollte man an den zu Grunde liegenden Strukturen ansetzen. Bei den Strukturen unterscheiden wir zwischen externen und internen. Externe Strukturen sind beispielsweise formal beschriebene Regeln in Unternehmen (Prozesse, Rollen, Methoden etc.), in und nach denen Menschen handeln.

Es gibt aber auch informale Regeln, die zwar nicht explizit definiert und beschrieben sind, nach denen Menschen in Unternehmen aber trotzdem handeln. Zum Beispiel, wenn in einem Meetingraum ein bestimmter Platz am Tisch immer dem Vorgesetzten vorbehalten ist. Interne Strukturen bedingen die Art und Weise, wie die Menschen ihre Umwelt wahrnehmen und dann darüber reflektieren und lernen. Diese internen Strukturen sind mentale Modelle, die höchst subjektiv sind. Häufig werden diese auch als Mindset oder Haltung beschrieben. Beide Strukturen, die internen und die externen bedingen einander, das bedeutet die internen beeinflussen die externen und umgekehrt.«

Yasmin hält kurz inne und schaut Catalea an: »Okay, soweit?« »Ja«, entgegnet Catalea, »ich bin gespannt, wie es weitergeht.«

Yasmin setzt also fort: »Möchte man nun einen Wandel in einem Unternehmen forcieren, müssen Strukturen geändert werden. Lass uns mal jetzt nur auf die internen Strukturen fokussieren, also die Haltung von Menschen.«

Yasmin holt nun ein Blatt Papier aus ihrer Tasche und malt diese Wirkzusammenhänge.

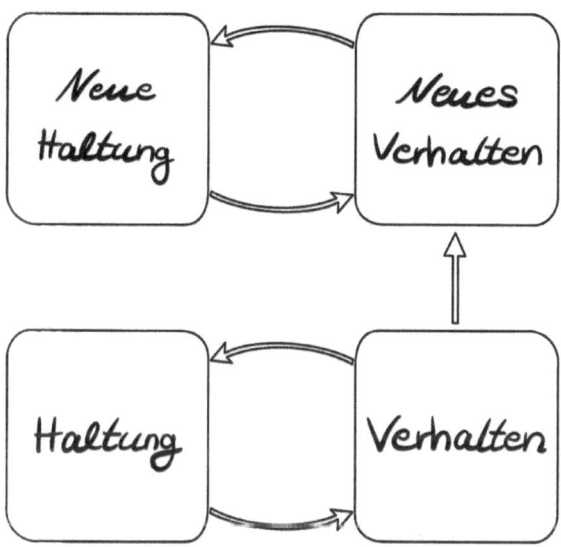

»Menschen sollten ihre Haltung ändern, damit nachhaltige Veränderung gelingt. Trotzdem sollte man deshalb nicht an der Haltung anderer Menschen herumfummeln.«

Catalea pflichtet Yasmin bei: »Oh ja, deshalb ja mein Unbehagen. Auch heute wieder in unserem Modul.«

»Absolut!«, fährt Yasmin weiter fort. »Es gibt Organisationen, in denen das getan wird. Das sind aber beispielsweise Sekten. Und in solchen Organisationen wollen wir sicher nicht agieren und wir wollen auch nicht, dass die Organisationen, in denen wir wirken, zu Sekten mutieren.«

Auf das Bild zeigend erklärt Yasmin den folgenden Zusammenhang: »Haltung beeinflusst Verhalten und Verhalten beeinflusst Haltung. Jedoch sollte man bei Änderungsvorhaben niemals bei Haltung ansetzen. Das hatten wir eben. Bleibt also Verhalten übrig. Und da kommt Shu-Ha-Ri als wirksames Werkzeug ins Spiel. Es werden mit diesem Werkzeug Routinen eingeübt und damit anderes Verhalten erprobt. Dieses neue Verhalten muss man im ersten Augenblick nicht unbedingt als erfolgsversprechend einstufen, es vielleicht noch nicht einmal begreifen. Es gilt hier nur, es einfach zu TUN. Durch Ausüben dieses anderen, nicht unbedingt besseren, Verhaltens, reagiert die Umwelt anders. Diese anderen Reaktionen der Umwelt verarbeiten Menschen, sammeln dadurch neue Erfahrungen. Und dadurch kann sich Haltung verändern. Ein neuer Kreislauf zwischen Verhalten und Haltung beginnt sich zu drehen. Und dadurch verfestigen sich dann formale und informale Strukturen, die Menschen in einer Organisation grundsätzlich zu anderen Verhaltensweisen konditionieren.«

»Hmmm, Shu-Ha-Ri habe ich noch nie gehört. Klingt irgendwie japanisch«, unterbricht Catalea den Redefluss von Yasmin, die gerade so richtig warm wird.

»Ja genau«, führt Yasmin weiter aus. »Shu-Ha-Ri fasst Lehren aus der japanischen Kampfkunst zusammen. Shu, als erste Stufe des Lernens bezeichnet, bedeutet so viel wie Erhalten oder Gehorchen. Man lernt, indem man stur gegebenen Regeln folgt. Ha, die zweite Stufe, lässt sich übersetzen mit (Auf)Brechen, Freiwerden oder Abschweifen. Hier geht es darum, die kontextlosen Regeln und Standards zu interpretieren und auf den Kontext abgestimmt zu variieren. Dazu gehört also, den Sinn und Zweck der einzusetzenden Methoden zu verstehen, um so über das reine Befolgen dieser hinaus zu kommen. Ri, als dritte und höchste Stufe schließlich, bedeutet Verlassen, Trennen,

Abschneiden. Hier wird gemeint, die gegebenen Muster hinter sich zu lassen, um, von eigenen Impulsen gesteuert, eigene Wege zu gehen. Hast du den Film ‚Karate Kid' aus dem Jahr 1984 gesehen? In diesem bekommt doch der 15-jährige Daniel LaRusso vom freundlichen und hilfsbereiten Hausmeister Kesuke Miyagi Karate gelehrt. Allerdings muss er am Anfang so eigenwillige Tätigkeiten wie Autowaschen oder Zaunstreichen ausführen, und das immer wieder und immer wieder. Scheinbar haben diese Aufgaben rein gar nichts mit Karate an sich zu tun. LaRusso befindet sich inmitten der ersten Stufe des Lernens, dem strengen Befolgen von Regeln.«

»Ah, stimmt. Jetzt kann ich das viel besser einordnen. Ich habe mich damals immer gewundert, warum LaRusso das tun muss. Sehr cool. Danke«, antwortet Catalea erfreut.

»Und genau diese Methode Shu-Ha-Ri haben wir in unserem Führungsteam eingesetzt, um zu anderem Verhalten zu kommen und damit nachrangig zu neuer Haltung«, fährt Yasmin fort. »Aber bevor ich dir ein Beispiel erzähle, noch einmal kurz zusammenfassend, da ich bei diesen

Ausführungen immer wieder die folgende Frage gestellt bekomme: Warum sollte jemand sein Verhalten ändern, wenn ihm die entsprechende Haltung dazu fehlt? Woraufhin ich dann folgende Beobachtung einwerfe.

1. Haltung ändern Menschen ausschließlich, indem sie vorher anders gehandelt und Reaktionen der Umwelt verarbeitet haben. Ein Warten auf Änderung der Haltung ohne verändertes Verhalten führt in eine Sackgasse.
2. Alleiniges Denken und mit anderen Menschen darüber zu diskutieren reicht niemals aus, um Haltung zu ändern.
3. Änderungen der Haltung erfolgen also ausschließlich über verändertes Verhalten, was mit der eigenen Haltung nicht konform geht. Allerdings geht dies nur über einen knappen Zeitraum, da dies sehr energieaufwändig ist, da man ja gegen seine grundlegenden Überzeugungen agieren muss.
4. Sehr oft führt der in Punkt 3 beschriebene Prozess dazu, dass sich keine neue Haltung einstellt, wenn nämlich nicht genügend Energie aufgewendet wurde oder wenn die Reaktionen der Umwelt und die darauf aufbauende Reflexion dazu nicht animiert haben.«

Yasmin macht in ihrer Ausführung eine kurze Pause, um mehrere Happen ihres köstlichen Snacks zu sich zu nehmen, und macht dann unbeirrt weiter. Catalea merkt, dass Yasmin in ihrem Element ist und dieses Thema wohl eines ihrer Herzensthemen ist.

»So, nun komme ich zu einem Beispiel, mit dem ich dir verdeutlichen kann, wie wir bei uns Shu-Ha-Ri eingesetzt haben. In unserer Charta haben wir unter anderem definiert, dass wir achtsamer mit unserer Zeit, der eigenen und der der anderen umgehen wollen. Was geschah aber in der

Vergangenheit viel zu häufig? Es wurde viel zu schnell und unreflektiert zu Meetings eingeladen, in denen Themen besprochen wurden. Das führte zu vollen Kalendern bei allen Menschen und zu relativ viel Aufwand für nicht unbedingt mehrwertgenerierende Tätigkeiten. Dazu kommt auch noch, dass wir Führungskräfte das Einladen zu den Meetings an unsere Assistenzen delegieren konnten. Das bedeutet, der eigene Aufwand für uns Führungskräfte für das Einladen zu Meetings ging gegen null.«

»Oh ja, dieses Phänomen kenne ich nur zu gut«, unterbricht Catalea kurz. »Mein Kalender ist auch voll. Zum richtigen Arbeiten komme ich entweder vor 9:00 Uhr oder nach 17:30 Uhr.«

»Absolut«, fuhr Yasmin weiter fort, »und dieses Phänomen wollten wir weghaben. Was haben wir lange probiert, um dem Prinzip des achtsamen Umgangs mit der Zeit aus der Charta Leben einzuhauchen? Jeder Mensch sollte vor dem Einladen zu einem Meeting sich die Frage beantworten, ob es nicht auch ohne geht. Und erst, wenn er oder sie sich die Frage mit ‚Nein' beantwortet, die anderen dann einladen oder die Führungskräfte sollten zu ihrer Assistenz gehen und zum Meeting einladen lassen. Es hat sich nichts geändert. Der Coach hat uns dann das Agieren nach Shu-Ha-Ri vorgeschlagen. Wir benötigten in der ersten Stufe Shu eine einfache neue externe Regel, die uns zu wirklich neuem Handeln animierte. Diese Regel musste so einfach sein, dass sie interpretationsfrei ist, da sie nur dann bei Nichtbefolgen auch sanktionierbar ist. Das hört sich jetzt vielleicht hart an. Aber es ist wie im Sport bei einem Regelvergehen. Eine Regel, die ich stets zu meinem Gunsten uminterpretieren kann, ist keine Regel. Wir haben auf der Basis die folgende Regel definiert, und ganz wichtig, in der Ich-Form, damit sie persönlicher und damit handlungsleitender wirkt.

1. Verspüre ich den Impuls, ein Meeting haben zu müssen, in dem ich mit meinen Kollegen und Kolleginnen über ein Thema diskutiere, denke ich darüber nach, was genau in diesem Meeting erreicht werden soll (Ziel), dieses formuliere ich dann klar aus und schaue, wer dafür im Meeting notwendige Teilnehmer sind.
2. Des Weiteren beantworte ich mir im Kontext des Meetingziels das ‚Warum'. Ich denke also darüber nach, was konkret im Unternehmen oder in meinem Bereich besser wird, wenn das Meetingziel erreicht ist.
3. Ich lade zu diesem Meeting ein. Einladungen zu Meetings delegiere ich niemals weg.
4. In der Einladung formuliere ich das Ziel dieses Meetings klar und verständlich. Einladungen ohne klare Zielangabe zum Meeting können seitens der eingeladenen Kollegen und Kolleginnen ab sofort kommentarlos abgesagt werden.
5. Ich achte bei Einladungen zu Meetings auf die Verfügbarkeit meiner Kollegen und Kolleginnen. Ich passe mich der Verfügbarkeit der eingeladenen Teilnehmer an. Ich lade niemals Menschen ein, wenn diese in dem Slot nicht verfügbar sind, es sei denn ich hole mir vorher das f2f Einverständnis dafür ab.

In der ersten Stufe dieser Veränderung handelten wir streng nach dieser Regel. Quasi wie ‚Maschinen' befolgten wir diese Regel Schritt für Schritt. Mit dem Handeln nach dieser Regel sammelten wir im Kontext von Meetings neue Erfahrungen. Auf der einen Seite wurden nur noch wirklich wichtige Meetings eingeladen, denn die Einladung zu einem Meeting an sich ist mit Aufwand verbunden. Da überlegt man sich schon recht gut, welche Meetings wirklich wichtig sind und welche nicht. Auf der anderen Seite sammelten wir auch die Erfahrung, dass es oft auch ohne Meetings geht. In diesem Prozess gingen wir dann nach und nach in Stufe 2 über, indem wir das Prinzip hinter dieser einfachen, oben aufgeschriebenen Regel verinnerlichten. In Stufe 3 sind wir noch nicht ganz, aber das ist das Ziel, nämlich dass wir irgendwann diese Regel überhaupt nicht mehr benötigen. Das Prinzip dahinter ist uns dann in ‚Fleisch und Blut übergegangen'. Die Haltung zu Meetings hat sich dann geändert und wir leben unser Prinzip ‚Wir gehen achtsam mit unserer Zeit um!' ein bisschen mehr.«

Catalea sieht auf die Uhr: »Wow, es ist mittlerweile 20 Uhr. Sind wir wirklich schon 3 Stunden hier? Wahnsinn. Eine extrem spannende Geschichte, Yasmin. Ich nehme das mal mit in unseren Bereich. Ich danke dir dafür und bis in 3 Wochen zum Modul 4. Vielleicht kann ich dann auch schon ein bisschen berichten.«

Sie zahlten die Rechnung, verabschiedeten sich und gingen jede für sich ihren Weg nach Hause.

Conny Dethloff
wurde 1974 geboren und hat sein Studium 1999 als diplomierter Mathematiker abgeschlossen. Bis 2011 war er Unternehmensberater bei PwC und der IBM Deutschland GmbH. Anfang 2012 ist er dann bei der OTTO GmbH & Co KG als Manager eingestiegen, um bei der Gestaltung datengetriebener Geschäftsmodelle zu wirken. Konkret war dort seine Aufgabe, OTTO im Kontext Business Intelligence, Big Data und Kultur in das digitale Zeitalter zu führen. Seit Mitte 2020 ist er Berater bei borisgloger consulting GmbH, um seine gewonnene Erfahrung in Organisationen, vornehmlich Handelsorganisationen im Rahmen von Transformationen, einzusetzen.

Sustainable Pace im Führungsteam

Es ist Herbst 2021. Wir befinden uns in einer großen IT-Organisation, die schon seit mehreren Jahren mitten in einem digitalen Transformationsprozess ist. Veränderung ist dort für die Menschen nichts Neues. Agilität ist Standard oder soll es zumindest werden. Unternehmensweit natürlich, nicht nur in der IT.

Corona ist wieder da oder immer noch. Egal! Wir sind eine IT-Organisation und arbeiten selbstverständlich weiterhin komplett remote.

Gerade habe ich wieder ein Team von 10 Führungskräften als externer Coach frisch übernommen. Ich darf sie in ihren neuen Rollen als laterale Führungskräfte und beim Wachstum zu Servant Leaders begleiten.

Höchste Erwartungen

Doch in diesem Team ist etwas anders, als ich es bisher erleben durfte: Alle Menschen sind ausnahmslos hochmotiviert. Sie haben höchste Erwartungen – an sich selbst und an ihre Kollegen und Kolleginnen.

Einige der frischgebackenen Servant Leaders hatten schon Führungspositionen vor der »ganz großen SAFe-Transformation« inne. Andere waren ganz frisch in ihrer ersten Führungsrolle, die jetzt auch gleich noch lateral sein sollte. Eben Servant Leadership und nicht wie früher »klassisch disziplinarisch«. Und fast ausnahmslos alle kamen aus einer fachlichen oder technischen Laufbahn zuvor.

Unsicherheit und Unklarheit waren reichlich vorhanden; doch die »endgültige digitale Transformation« hatte ja quasi gerade erst begonnen.

Altlasten der Organisation

Und wie es denn auch so ist: Es gibt natürlich haufenweise Altlasten aus der alten Organisationsform: verschiedenste Interessen, alte »Königreiche«, implizite Ansprüche und einander entgegengesetzte Motivationen Einzelner.

Die Altlasten verbrannten zusätzlich unnötig Energie Einzelner, wobei diese Energie doch fürs Neue dringend gebraucht wurde.

Und zwischendrin: lauter unglaublich gut ausgebildete und erfahrene IT-Fachkräfte.

Die Personen im Führungsteam waren also nicht im luftleeren Raum: Ihre Mission war es, gute Führungsarbeit zu liefern. Damit alle Menschen in ihrem Bereich wiederum ihre Team-Missionen erfüllen können: stabile und hochwertige IT-Services in einem Cutting-Edge-Technologiefeld bereitstellen und letztlich dem gesamten Unternehmen zu weiterem Erfolg verhelfen.

Wozu Führung und wieso gemeinsam?

Neues zu lernen und vor allem Veränderung gemeinsam zu gestalten, das braucht einen langen Atem und gute Begleitung.

So fragte sich auch dieses frischgebackene Führungsteam:
- Was ist eigentlich »GUTE Führung«?
- Was ist Führung in UNSEREM Kontext?
- Und wie führt man GEMEINSAM und verteilt?

Wie lernt man alles das auch noch »während Corona« und in weltweiten Krisenzeiten?

Alle diese Dinge hochmotiviert auf EINMAL zu wollen, das musste einfach zu Spannungen im System führen.

Krankenstand & Energie

Da kam ich also nun frisch als Teamcoach dazu, und mir wurde direkt mitgeteilt, dass mehrere der Kollegen und Kolleginnen gerade im Krankenstand waren.

Zwei der Führungspersonen waren ausgebrannt.

Bald stellte sich auch heraus: Weitere waren offenbar knapp davor oder tanzten auf einem schmalen Grat zwischen »muss ja« und »geht nicht mehr«.

Offenbar verbraucht so eine Transformation ganz schön viel Energie!

Offenheit & Sorge

Die beiden gerade abwesenden Kollegen waren sehr offen mit ihrer Erkrankung umgegangen.

Das ganze Team wusste von den Burnouts.

»Wie gut, dass es hier nichts Unausgesprochenes gibt«, dachte ich mir.

Alle Menschen im Bereich waren auf ihre Art und Weise besorgt: »Wenn Sam und Tim bald wieder zurückkommen, müssen wir aufpassen, dass unser System sie nicht wieder verschlingt?!«, hörte ich oft. Und: »Wir müssen am System etwas verändern!«

Da stand ich nun als Führungskräftecoach und gleichzeitig als Mentorin für noch einzustellende weitere neue Führungspersonen.

Mit eigener Burnout-Erfahrung wusste ich zu gut, wie leicht und schnell ein solches Organisationssystem ein einzelnes Individuum verschlingen kann.

Also: Achtung!

Voran? Na klar! – Gemeinsam? Naja …

Alle wollten voran. Alle waren motiviert. Aber gemeinsam?

Alles »war doch klar« und »wir müssen es machen, wie ICH denke« war nur eine der unausgesprochenen impliziten Erwartungen.

Alte Handlungsmuster poppten an allen Ecken und Enden wieder auf.

»Wir müssen vorwärts arbeiten«, »auf uns schaut die Unternehmung«, »man verlässt sich auf uns und auf unsere Cutting-Edge-Tech-Services« und »wir können doch jetzt nicht innehalten, inspizieren und anpassen und DANN erst weitergehen!?!«

In dieser Atmosphäre war etwas wie Sustainable Pace, ein Arbeitstempo, das gemeinsam und auf unbestimmte Zeit aufrechterhalten werden kann, nicht nur ein Fremdwort.

Nein, es war mehr: Es war ein Reizwort!

Denn natürlich hatten »alle mehr als genug zu tun«.

Die »offensichtlichen« agilen Dinge, die »man schnell mal einführen kann«, wie eine Veränderung im Arbeitssystem, mehr Fokus, andere WIP-Limite – all das griff gut, zumindest in den einzelnen IT-Teams.

Nicht nur Verstehen, sondern vor allem agiles Umsetzen von Arbeiten »am gemeinsamen Organisationssystem« im Führungsteam zum Leben zu erwecken, das erwies sich schwieriger als erwartet.

Was ist Führung – und wenn ja, wie viele?

Ist Produktstrategie Führung? Hat Architekturarbeit etwas mit Führung zu tun? Wo fängt Organisationsentwicklung an und wo hört sie auf?

»Braucht es (so viel) Abstimmung?«

»Müssen wir wirklich sehen, wer woran und wozu arbeitet?«

Oder: »Können wir nicht ‚eiiiinfach mal was wegarbeiten'?«

Selbst ich als geduldig geltende Person konnte manches bald einfach nicht mehr hören!

Kognitives Verständnis für agile Arbeitsweisen war bei allen reichlich vorhanden. Das waren gut ausgebildete und vor allem erfahrene Menschen. Die Eigenreflexionsfähigkeiten und der wahrgenommene Handlungsspielraum waren jedoch ausbaufähig und sehr unterschiedlich verteilt.

Stress an vielen Ecken (sei es privat, pandemisch, beruflich oder eine Mischung aus alledem), alte Erfahrungen, unterschiedliche Ziele und Motivationen: All das spielte hier eine gewichtige Rolle.

»Mit NOCH MEHR Methoden kommen wir hier nicht voran!«, kam es mir eines Abends auf einer Joggingrunde in den Sinn. Die nächste Intervision mit anderen externen Agile Coaches bestätigte mir diese intuitive Einsicht.

Also erstmal: Einzelcoachings mit denen, die bereit sind. Und Retrospektiven mit allen.

Los, los! Voran!

Doch: Warum und wieso Retrospektiven auch für das Führungsteam?

Ich hörte Aussagen wie: »Wir sind doch gar kein Team!«

Und: »Ich möchte doch einfach nur MEINEN Job machen!«

Da waren sie wieder, die früher hilfreichen Handlungsmuster: Königreichbildung und Einzelkämpfertum statt Denken in Systemen. Eben das, was im alten, lange gewachsenen Organisationssystem funktionierte. Mehr oder weniger. Doch es funktionierte gut genug.

Systemblick

Neben denen, die »vorausrennen und einfach ihr Eigenes machen« wollten, gab es jedoch auch Menschen, die bereits das größere Ganze sahen.

Menschen wie Fran, einer der Scrum Master, Max, ein Product Owner und Rolf, einer der erfahrenen Architekten. Die drei bemühten sich immer und immer wieder, Learnings aus ihrem Teilsystem, ihrem Team, mit in den größeren Kontext und die gemeinsame Führungsarbeit zu bringen.

Nicht zu vergessen, die endlich wachsende Gruppe der Scrum Master inklusive des Release Train Engineers: Chris, Chet, Fran und Karsten. Ihre gemeinsame Hauptaufgabe war die Weiterentwicklung und Verbesserung ebendieses Organisationssystems.

Go with the willing ...

Oft sah es so aus, als würden die Gräben (noch) größer werden.

Doch Max und Rolf brachten immer wieder Impulse aus ihren Teams mit. Sie halfen dem gesamten Führungsteam, Probleme und Herausforderungen aus Technik- und Produkt-Brille zu sehen.

Fran teilte immer wieder Einsichten aus seiner Arbeit mit den Menschen eines der Teams, ohne dabei das große Ganze aus den Augen zu verlieren.

Und Karsten, der erfahrenste Scrum Master, lebte regelmäßig vorbildhaft vor, wie es aussieht, wenn eine Führungsperson direkt und zugleich gefühlvoll handelt.

Ich fühlte mich oft als Coach dieses Führungsteams an Forschung und Impulse von Brene Brown erinnert: stark und verletzlich zugleich zu sein.

Stress? Stress!!!
Zugleich kam auch immer wieder das Thema Stress und seine Auswirkungen im Arbeitskontext auf den Tisch. Nicht immer direkt oder in der großen Runde aller Führungspersonen, doch spätestens in den gern genutzten Einzelcoachings.

Natürlich hätte ich weiter einzeln coachen können und darauf hoffen, dass das Veränderungsmoment im Führungsteam auf diese Weise irgendwann groß genug wird.

Doch ich wollte weder den Willigen diese Bürde auflasten, noch war es zielführend, alleine darauf zu vertrauen, dass die Kraft weniger Einzelner ausreichen würde.

DIE Retro
Ich nahm also eine große Portion Mut und Direktheit und bereitete die nächste Führungsteam-Retrospektive vor.

Mit dem Thema Stress war sie nicht »klassisch« auf die Arbeit einer 2-wöchigen Iteration – wie die eines Softwareproduktteams – ausgelegt. Wie auch bei Führungsarbeit?

Mir war klar, dass es sicher mindestens Reibungswärme, vielleicht auch -hitze geben würde. Denn manche im Führungsteam schätzten bereits sowohl den tieferen Austausch miteinander als auch das Teamcoaching. Für andere schien all das noch so viel Unsicherheit und Angst mit sich zu bringen, dass sie – in Kombination mit anderen Personen- und Umweltfaktoren – lieber mit »Fight« reagierten.

Ich formulierte also die Einladung noch deutlicher: als EINLADUNG, und das Thema der Retrospektive noch klarer: Es geht um Stress und den gemeinsamen Umgang damit.

Es ging um nicht weniger als Sustainable Pace für das gesamte Führungsteam!

Sustainable Pace – oder: »Wir erlernen unser Rezept beim Kochen«
Einladungen darf man ablehnen. Und so erschienen auch nicht alle Führungspersonen zu dieser Retrospektive. Doch wie es auch bei einem Open Space ist: Die, die da sind, das sind die Richtigen!

Nach dem Check-In und einem Mini-Input zu Stress und Auswirkungen im Arbeitskontext, sammelte das Führungsteam gemeinsam »stressige Situationen« der letzten Zeit.

Fast wie von selbst entstand ein fruchtbarer Austausch der Führungskräfte untereinander:
- was für jede*n Stress bedeutet,
- wie sich Stress für jede*n zeigt
- und was jede*r an individuellen Coping-Strategien nutzt, um mit Stress umzugehen.

Jede*r kam zu Wort. Es wurde einander zugehört.

Die Atmosphäre war (trotz Full-Remote-Arbeitsmodus) konzentriert, nah und voller Empathie. Auch Personen, von denen ich es bisher nicht gesehen hatte, zeigten sich von einer verletzlicheren Seite als sonst.

»Der Anfang für ein wirkliches Miteinander ist gemacht«, dachte ich mir nach drei Stunden mit dem Team.

Ich war wirklich erschöpft! Doch ich war auch zufrieden, dieses bisher unausgesprochene ‚weiche' Thema Stress für das Team ansprechbar gemacht zu haben.

Auch wenn es keine »klassische« Retro war, nahm das Team natürlich Ergebnisse mit:
- wie sie in den kommenden Wochen miteinander umgehen wollten,
- wo sie einander erinnern wollten, wenn wieder Stressanzeichen aufkommen

- und besonders wichtig: gemeinsam als Team »Nein!« sagen üben.

Gemeinsam!

Erste Früchte dieser Teamentwicklungsarbeit zeigten sich bald auch im ganzen Bereich:

Einladungen zu Events und SAFe-Ritualen kamen früher als »wirklich kurz vor knapp«.

Sie enthielten auch mehr Infos: eine kurze, klare Agenda wurde zum Standard.

Es wurde vermehrt kommuniziert und zwar nachlesbar für alle.

Was früher als »reine Schikane« oder mindestens unnötige Bürde angesehen wurde, schliff sich langsam aber sicher ein und begann zum guten Ton miteinander zu gehören.

Statt »haja, da waren wir zu viert doch gerade vor Ort und haben am Whiteboard gepinselt« plus anschließendem Vergessen, dass mehr als die 4 Menschen im Team waren, wurden auf einmal Informationen sinnvoll in Remote-Arbeitswerkzeugen wie Chats und Wikis bereitgestellt und vor allem: aktiv verteilt.

Von außen betrachtet könnte man jetzt wertend anmerken: »Ach, das sind doch alles Kleinigkeiten!« Oder vereinfachend feststellen, das alles gehöre doch zum »gesunden Menschenverstand«.

Doch wenn man selbst Teil eines neuen und sich stetig verändernden Organisationssystems ist, dann sind das alles große, bemerkenswerte und vor allem wertvolle Schritte. Schritte, die erwachsene, gebildete und erfahrene Menschen freiwillig miteinander aushandeln und vor allem: gehen. In ihrem ganz eigenen Tempo.

Resilienz & Feedbackschleifen

Es brauchte noch eine weitere Führungsteamretrospektive. Krankheits- und urlaubsbedingt wieder nicht mit allen, aber dafür wieder mit motivierten Menschen und in einer anderen Zusammensetzung als letztes Mal.

Es brauchte auch noch einen Offsite-Teamcoaching-Workshop. Wieder konnten nicht alle teilnehmen. Wieder kamen »meine« Führungskräfte als ein sich allmählich formendes Team ein paar Schritte weiter.

Und ganz langsam schienen auch Themen, die ich schon vor langem »gepredigt« hatte, anzukommen.

Nein, natürlich hatte ich nichts gepredigt!

Ich schlug Dinge vor, begründete sie und erkundete Bedürfnisse und Bedenken, wenn Zweifel geäußert wurden. Immer und immer wieder.

Natürlich nur, wenn es passte; und es passte oft in verschiedenen Gesprächen und Kontexten.

Als einzige nicht komplett ins Führungsteamsystem involvierte Person hatte ich auch einen (halbwegs) frischen Blick von außen.

So wuchsen also neuerdings leise, zarte »Pflänzchen«, die von den Führungspersonen selbst gehegt und gepflegt wurden.

Es wurden GEMEINSAME Inspect & Adapt-Zyklen gefordert und sich für eine Aufhebung der starken Trennung des Führungskreises und der »restlichen« Menschen in den Teams stark gemacht. Kürzer sollten die Feedbackzyklen auch noch werden.

Mein Teamcoachherz begann höher zu schlagen!

Innehalten & Integrieren

Auf einmal wurden Retrospektiven etwas von den Menschen Gewolltes, statt etwas von mir als Teamcoach Gefordertes.

Auch die bereichsweiten Reviews für die gemeinsam verantworteten IT-Services und Softwareprodukte sollten ab sofort auch Aspekte der Führungsarbeit enthalten. Das Bewusstsein wuchs, dass sowohl Produktstrategie wie auch technische Cross-Cutting-Concerns auf einer gewissen Flughöhe für alle von Relevanz und Interesse waren.

Und nein, natürlich entstand das alles nicht »mit einem Mal«.

Akzeptanz stellt sich ein

Aus der Gruppe Führungskräfte entwickelte sich langsam aber sicher ein echtes Team. Sie formten gemeinsame Ideen und Wünsche. Sie begannen an MIR als ihrem Teamcoach zu »ziehen«, statt – im übertragenen Sinne – ich immer wieder an IHNEN zu »zupfen«.

Offen gestanden brauchte ich einen, naja, eher zwei Momente, um das alles zu verdauen.

Ja, ich bin professionell ausgebildete Coach und seit vielen Jahren Teamcoach. Ich weiß, es ist Teil meines wunderbaren Jobs, Menschen zu helfen, sich selbst zu helfen und vor allem: eigene Wege zu finden und zu gehen.

Doch auch ich bin nur ein Mensch: Zu sehen, dass manche Impulse erst dann wirklich aufgegriffen wurden, wenn sie von innen heraus kamen, das war nicht immer leicht für mich.

Manches wurde natürlich auch anders, als ich mir das mit meiner langjährigen Erfahrung vorstellte. »Zumindest werden sie gemeinsam lernen«, das wusste ich. Und wenn gemeinsames Lernen stattfindet, dann war auch dieser Schritt essentiell für die Entwicklung als Team.

Kognitiv wusste ich all das natürlich.

Und manchmal ertappte ich mich emotional doch am Zweifeln, ob ich »nicht doch etwas hätte anders machen können, dass meine Message schneller und effizienter bei ihnen ankommt«.

Nein, natürlich nicht!

Spätestens in meiner Supervision wurde ich wieder daran erinnert:
- wie Systeme von Menschen funktionieren,
- was es braucht, um gemeinsam zu lernen …
- … und dass alles gut so ist, wie es geworden war.

Die von mir grundlegend geschaffenen Inspect- und Adapt-Mechanismen hatten die internen Kollegen und Kolleginnen nun entweder übernommen oder bewusst verändert.

Und immer öfter hörte ich in meinen Einzelcoachings etwas wie »Es geht langsamer … aber es geht endlich gemeinsam«, »Das fühlt sich gut an« und »Wir kommen gemeinsam weiter!«

Cosima Laube

ist freiberufliche Agile Coach und Trainerin mit langjähriger Erfahrung in einer Vielzahl von Branchen (Automotive, Finance, Health, Reise und Tourismus, öffentlicher Sektor). Basierend auf einem starken Fundament als Entwicklerin und People Lead in der Softwareentwicklung hat sie ihr Portfolio mit professionellen Coaching-Fähigkeiten (PCC der International Coaching Federation) und einem Universitätsstudium mit Schwerpunkt A/O- und Gesundheitspsychologie erweitert. Ihr Credo: mit »respect & adapt« gemeinsam MEHR erreichen!
https://www.cosima-laube.de

Culture eats agility for breakfast

In der nächsten Firma sollte es ganz anders werden. Warum meine Begleitung der agilen Transformation eines Unternehmens trotz guter Voraussetzungen keine zwei Jahre dauerte, dazu mehr in den folgenden Zeilen.

Die Ausgangslage

Der Finanzdienstleister hatte sich für Verbesserungen in der Softwareentwicklung von einem bekannten Beratungshaus bei der Einführung von Scrum mehrere Monate begleiten lassen. Anschließend hat ein anderes Beratungshaus bei Themen rund um Karrierepfade und neue Organisationsstrukturen unterstützt. Dabei wurden Teamleiter mit fachlichen Schwerpunkten eingeführt, unter anderem für die Scrum Master. Auf diese Stelle wurde ich eingestellt. Nach einem fünfwöchigen Einarbeitungsprogramm für alle neuen Mitarbeitenden übernahm ich die disziplinarische Verantwortung der Scrum Master mit der Aufgabe, die agile Transformation des Unternehmens voranzutreiben. Das Ziel: Der ganze Softwarebereich sollte nach agilen Methoden, Praktiken und Prinzipien organisiert sein und arbeiten.

Was dann passierte

Die ersten Monate glichen einem Schlaraffenland. Endlich waren finanzielle Mittel da, um meine Ideen für Organisations- und Teamentwicklung umzusetzen. Mein Chef hatte Agilität verstanden und wollte die Transformation wirklich. Ich genoss Vertrauen bis in die oberste Geschäftsführung, hatte Rückendeckung, Sichtbarkeit und einen Verantwortungsbereich mit hoher Autonomie.

Nach den ersten Wochen der Beobachtung mit vielen Gesprächen startete ich mit der Einführung von Portfolio-Boards, organisierte einen regelmäßigen Termin für alle Product Owner, um Abhängigkeiten der Produkte und Kundenwünsche bestmöglich erkennen und gute Lösungen umsetzen zu können. Wir Scrum Master führten konsequent Retrospektiven ein, kümmerten uns um die Steigerung der Softwarequalität und eine gute Zusammenarbeit in den Teams. Die kontinuierliche Entwicklung der Kolleginnen und Kollegen innerhalb der Teams behielten wir im Austausch mit den Teamleitern zudem im Blick. Es lief alles wie am Schnürchen, sollte man meinen. Nur wirklich besser wurde es nicht. Warum?

Professionalität ohne Kreativität

Die Menschen in dem Unternehmen arbeiteten bezogen auf die direkten Aufgaben ihrer Jobs hochprofessionell. Ihre Stärke lag dabei nicht in kreativer Zusammenarbeit. Kreative Ansätze für Retrospektiven wurden schnell abgelöst durch einfaches Kleben von Post-Its. Die Versuche, andere Dinge für neue Sichtweisen und Impulse auszuprobieren, wurden ausgesessen oder offen als »Tschakka-Methodik« abgelehnt. Freundlicher Umgang war selbstverständlich, die Zusammenarbeit in den Scrum-Sprints beschränkte sich aber auf das Bearbeiten der eigenen Aufgaben. Die Produkt-Teams glichen mehr effizienten und gut geölten Maschinen, als einem an Effektivität interessierten Team von kreativen Wissensarbeitenden. Das war ebenso neu für mich wie die Feststellung, dass sich trotz einiger Maßnahmen nichts änderte. Woran lag das?

Scrum kennt keine Hierarchien, die Menschen schon.

Bei der Einführung von Scrum wurden große Fehler gemacht, die zur Ablehnung der Methode führten. Kurz vor der Einführung ernannte Teamleiter wurden mit der Einführung von Scrum entmachtet, um in den Scrum-Teams formelle Hierarchien abzubauen. Entsprechend wenig begeistert waren Betroffene, die gleichermaßen für viele ein Vorbild waren und deren Meinung eine hohe Strahlkraft hatte. Manche äußerten offen Kritik, ohne die Bereitschaft, sich an einer Verbesserung zu beteiligen. Andere folgten dem effektivsten Weg von Widerstand: Zustimmung. Sie fanden Wege, nach außen agilen Prozessen zu folgen, ohne dabei tatsächlich etwas zu ändern. Das Problem lag aber noch tiefer.

Klassische Hierarchie durch und durch

Die tiefe Verankerung einer im Kern durch klassische Hierarchie und individuelle Höchstleistung getriebenen Kultur wurde völlig unterschätzt. Karriere war möglich durch einen guten Stand und hohe Sichtbarkeit beim Bereichsleiter der Softwareentwicklung. Spannende neue Aufgaben wie Produktverantwortung oder Teamleitung wurden abhängig von der Einschätzung des Bereichsleiters vergeben. Und nur über diesen Weg konnte ein hoher Bonus erarbeitet werden oder das Gehalt steigen. Verständlich also, dass die Menschen sich mehr um ihre individuelle Leistung und Sichtbarkeit als um die guten Ergebnisse in der Produktentwicklung kümmerten. Den Wert von Team-Bonus gegenüber individueller Leistungsbeurteilung konnte ich bis zum Ende nicht vermitteln.

Die Kultur fand sich im gesamten eher auf Beratung ausgelegten Unternehmen wieder. Die Einführung agiler Methoden in der Softwareentwicklung hatte keine Auswirkungen auf andere Teile des Unternehmens. So habe ich beispielsweise neun Monate darum kämpfen müssen, dass wenigstens die Scrum Master das Recht erhielten, Besprechungsräume selbst buchen zu können. Bis dahin war das ein Privileg der Geschäftsführung delegiert an die Assistenz. Die Sorge: Es könne immer passieren, dass die Geschäftsführung die Meetingräume selbst bräuchte. Tatsächlich trat dieser Fall in der darauffolgenden Zeit kein einziges Mal ein.

Auch in den Meetings selbst wurde die Hierarchie deutlich. Da warteten regelmäßig 15 Personen 20 Minuten in Terminen, bis ein eingeladenes Mitglied aus der Geschäftsführung auch erschien. Erst die Berechnung der durch die Wartezeit entstehenden Kosten konnte ein Umdenken und eine Veränderung erzeugen. Auf das Gewicht der Aussagen des Chefs in den Terminen selbst hatte das natürlich keine Auswirkungen: Was er sagte, wurde gemacht. Dass eine grundlegende Veränderung nicht das eigentliche Ziel war, wurde auch an anderen Stellen deutlich.

Status Quo statt neuer Wind

So viel Geld das Unternehmen auch in die Einführung von Agilität durch Beauftragung von zwei Beratungsunternehmen investierte: Ein echter Wille zur Veränderung war bestenfalls nur sehr vereinzelt spürbar. Veraltete Dresscode-Regeln der Branche wurden weiter wie selbstverständlich gepflegt und die Softwareentwicklung wurde weiterhin als Dienstleister für die Berater im Haus gesehen und zweitklassig behandelt. Es war dabei unerheblich, dass Kunden des Unternehmens dem Dresscode der Branche bereits längst selbst nicht mehr folgten. Kamen Kunden ins Haus, wurde der Belegschaft per E-Mail der Dresscode des Tages vorgeschrieben bis hin zur Aufforderung, Manschettenknöpfe zu tragen. Auch dass mittlerweile das Geschäftsvolumen der Softwareentwicklung mit dem des Beratungsgeschäfts gleichauf war, sorgte nicht für einen gleichwertigen Umgang mit- und untereinander. Bei so wenig tatsächlichem Veränderungswillen war es dann auch nicht mehr verwunderlich, dass unter Druck wieder zu alten Methoden gegriffen wurde.

Gut gemeint ist nicht gut gemacht

Die typischen Herausforderungen der Softwareentwicklung gab es auch hier. Das Zeit- und Geldbudget reichte selten für die vielen Wünsche aus. Aufwände für die Softwarequalität und Wartung wurden unterschätzt und die Aufwände für Neuentwicklung nicht immer gut abgeschätzt. Die zweiwöchigen Entwicklungszyklen in den Teams spielten für die Kunden und ihre halbjährlichen Releasezyklen keine große Rolle. Zu einem definierten Release-Zeitpunkt drohte der vereinbarte Funktionsumfang nicht fertig zu werden. Da hieß es wortwörtlich vom Geschäftsführer: »Jetzt wird es zeitlich eng und wir müssen mal wieder richtig arbeiten.«

Es wurde also kurzerhand für »richtiges Arbeiten« eine Woche ein Raum in einem Hotel mit Übernachtung für alle Mitarbeitenden des Projekts gemietet – Kost und Logis frei. Teilnahme für das Team war Pflicht. Ankündigung eine Woche im Voraus. In dem Raum saß das Team dann zusammen von 8 bis 20 Uhr (freiwillig auch länger) und arbeitete wortwörtlich eng zusammen – wie man es sich eigentlich in einem funktionierenden Scrum Team vorstellt, allerdings ohne Rücksicht auf verträgliche Zeiten und ohne echten Plan. Der Verantwortliche der Softwareentwicklung war begeistert dabei, ging als Vorbild voran und programmierte mit. Zum Leidwesen seiner Mitarbeitenden, die hinter vorgehaltener Hand einen Monat danach bestätigten, dass sie die letzten Zeilen Code des Chefs wieder ausgebaut hatten. Ich war mehr als verwundert über das Vorgehen. Die Menschen in dem Unternehmen kannten das aber bereits und konnten sich erstaunlich gut mit der klaren Ansage des Chefs und dieser Durchführung arrangieren.

Was mich noch mehr irritierte, war ein geplantes Fotoshooting für die neue Website des Unternehmens mit dem Ziel, der Softwareentwicklung auch in der Online-Präsenz des Unternehmens mehr Gewicht zu geben. Die Menschen selbst sollten bei ihrer Arbeit fotografiert werden. Dass sie dafür alle in entsprechendem Dresscode zu erscheinen hatten, wunderte mich nicht mehr. Wohl aber der Moment, als ich zu fortgeschrittener Stunde die Mitarbeitenden der Softwareentwicklung in den Aufenthaltsräumen und Küche antraf, statt an ihren Arbeitsplätzen beim Shooting. Auf meine Rückfrage bekam ich die Antwort, der Fotograf wünsche sich andere Gesichter und es wurden kurzerhand Menschen aus dem Beratungsteil des Unternehmens gebeten, Softwareentwickler für geeignetere Bilder der Website zu spielen.

Als dann einige Wochen später aus wirtschaftlichen Gründen jede Teamleitung aufgefordert wurde, einem Mitarbeitenden zu kündigen, die Auswahl der Personen aber hinter verschlossener Türe durch die Geschäftsführung getroffen wurde und die Teamleitungen nur noch Übermittler der schlechten Nachricht sein konnten, wusste ich, dass dies kein passendes Arbeitsumfeld mehr für mich war. Als dann dem Mitarbeiter, dem ich einen Tag vor seiner Elternzeit kündigen musste, einige Wochen später von der Geschäftsführung, ohne mich zu informieren, für eine andere Position ein neuer Job angeboten wurde, war es definitiv Zeit zu gehen.

Ein kleines Unternehmen mit 120 Mitarbeitenden und einer derart geprägten hierarchischen Struktur, mit so wenig tatsächlichem Veränderungswillen und einem Menschenbild, das Menschen abhängig von ihrer Profession unterschiedlich behandelt, habe ich keine Grundlage für mich gesehen, zu dem Zeitpunkt wirksam zu werden und mich selbst bei der Arbeit wohl genug zu fühlen. Ich begann, mich nach neuen Herausforderungen umzusehen.

Trotzdem dankbar
In meiner Rolle als Teamleiter der Scrum Master und der Verantwortung für die agile Transformation des Unternehmens war ich nicht erfolgreich. Meine Erfahrung und Wissen haben trotz der guten Grundlage, stark in die Veränderung zu investieren, nicht ausgereicht, um tief verankerte kulturelle Prägungen zu verändern.

Dabei habe ich viele neue Erfahrungen machen können und tolle Menschen kennengelernt. Meine größte Erkenntnis war, dass die Einführung von agilen Methoden auch kombiniert mit einer Reorganisation der Aufbauorganisation nicht automatisch zu einer Veränderung führt, selbst wenn viele Ansätze und Ideen in eine passende Richtung zeigen. Ohne die Bereitschaft einer umfassenden Neugestaltung können Menschen Agilität ausrufen und neue Methoden einführen, ohne dass sich tatsächlich etwas ändert.

Eine agile Transformation muss einen Nutzen für die Organisation und ihre Mitglieder haben, der mindestens von Verantwortlichen gesehen und konsequent verfolgt wird. Diese Veränderung braucht einen geschützten Raum und Zeit, um sich zu manifestieren. Der Schutz entsteht durch Menschen mit Verantwortung, die sich konsequent für die Veränderung einsetzen und sie auch bei Schwierigkeiten und gegen Widerstände weiterführen.

Menschen verändern sich ohne Probleme auch schnell, wenn sie einen persönlichen Nutzen oder die Notwendigkeit für sich erkennen: Es hilft die Möglichkeit zur Mitgestaltung und Verbesserung muss immer wieder spürbar werden. Grundlegende Veränderungen sind viel Arbeit für jeden einzelnen Menschen und kein Selbstläufer. Sie brauchen eine hohe Disziplin, ausreichend Nachdruck, einen langen Atem und Impulse von außen, um sich gut für die Herausforderungen der immer näher in die Gegenwart rückenden Zukunft aufzustellen. Zukunftsfähige Organisationen brauchen mehr als Agilität.

Daniel Dubbel

Veränderungsbegleitung, Organisations- und Teamentwicklung sind meine Passion. Räume für Menschen zur Potenzialentwicklung und Entfaltung zu öffnen und zu gestalten, ist meine Leidenschaft. Mit Führungsverantwortung aktuell bei der DB Systel GmbH, nebenberuflich als Berater oder als Agile Coach, unterstütze ich Unternehmen, Teams und Menschen und bleibe dabei mein Leben lang mit hoher Neugierde selbst immer ein Lernender.

Mehr zu mir unter https://www.inspectandadapt.de

Plan A for AARRGH!

»One man's toxic sludge is another man's potpourri.«
The Grinch

»Thank you, and Merry Christmas to you, too!« I put down the phone as abruptly as the caller had, and let out a half squeal – half, because I wasn't sure. Whatever just happened would signal toxic sludge or sweet potpourri.

Here's how the story goes. I'd spent an entire year bidding for a monster tender to provide language training across the country – a tender that was way out of my league. There I was, the founder of a small business that had just been awarded a contract destined to change my life, and that of my language and communication agency. And it did just that.

For this tale to unfold, you must know that I founded my agency in 2004. I was 25, six months into the business and pregnant. As if that wasn't enough, I'd also just moved to a new city. Despite all of the goings-on, I seldom questioned what was happening to me. Things happened and that was that. But how does that pay into the concept of agility? Of being nimble in body and mind?

Jack be nimble,
Jack be quick,
Jack jump over
The candlestick.
By Mother Goose

Back to the tale …

Moments after that said call some ten years ago, I was already considering the HOW of going about doing things. The job at hand was to manage some 150 different language courses taking place on site every week – and this with as few cancellations and learning gaps as possible. #challengeaccepted. At that time, there were three schools and a handful of freelancers doing all the work. I was one of those freelancers. (Sidenote: there were no hybrid or online classes back then, so logistically, everything was more challenging.)

The tender involved identifying and choosing an agency that could merge the service providers and provide an end-to-end solution within three months. Ta-da! That was my prize. That was the oh-so-sweet potpourri.

Remember me saying earlier that I had always been quick to accept things and just get shit done? Well, that's exactly what I did again. Similar to trying to eat an elephant: a bit at a time and maybe a beer or two alongside.

»Hate, hate, hate. Double hate. Loathe entirely.«
The Grinch

The problem is, I can't sleep at night. That is, I can't when there's something that requires my attention. Promising to deliver on promises is something that I take seriously. I take that very seriously. I got that bowl of sludge disguised as potpourri Christmas of 2012. By 1 April 2013, it was go-live. Picture me in my pyjamas on 2 January 2013, sticky notes, moderation cards and scribbles all over my living room.

On le liste de acciones, it said something like establish the team. Easier said than done. Anybody who's worked with freelancers knows just how resilient they can be, and how stubborn and independent they are.

I can't say that I won them all. But most of them! My need was real, and so was I. And that was hard not to believe. I called and met with nearly everyone. I wanted them to trust me, to understand me, and ultimately, I needed them to join me.

> *»I'm all toasty inside.«*
> The Grinch

My business was already agile at the time of the tender. I just didn't know it yet! I mean, who can honestly say they knew what agile meant back then? In 2012, word of the year, according to dictionary.com, was bluster, as in to stray or to wander. Nothing agile about that.

Okay, so establish the team. Tick. What next? Schedule the courses with little to no losses.

When I was a child, my father collected bar towels. You'll still find these 16 by 19-inch towels laid out on the bars of most local UK pubs today. They soak up the beer after the crown on your pint has been lovingly beheaded with a beer comb. My mother turned hundreds of these towels into a huge patchwork quilt. Laid side-by-side according to colours and patterns. It reminds me of how we coordinated all those courses with all those teachers back then – I just didn't go as far as to sew the moderation cards together! We kneeled on the floor, shuffled cards around, and then after two days of tip-toeing around the patchwork quilt-like carpeting, we nailed it! Then digitized it. Told everyone. Tick.

»*Saving you, is that what you think I was doing? Wrong-o. I merely noticed that you're improperly packaged, my dear.*«
The Grinch

We merged the team, the participants and the courses in record time and to this day, I'm convinced that being nimble and having the ability to ignore some of the small red flags along the way helped me to succeed – back then, and to this day. That and the tremendous confidence I had in myself, in life and in the unexpected.

When I slip into my role of mentoring start-ups, I often recommend a healthy portion of naivety. Just enough to keep you focused on the task at hand and to avoid weighing up all the risks. What's the point in knowing the ins and outs of what might go wrong, when you can influence, steer and determine what could go right? Exactly!

If you don't know me, you might possibly think I did a fake-it-until-you-make it after winning that contract and binding myself to endless promises to deliver a multilingual service, but it wasn't like that. My ambition, drive and survival instinct resulted in Plan AARRGH!.

> »*It is a mistake to believe that the decisive moments of a life when its direction changes forever must be marked by sentimental loud and shrill dramatics… In truth, the dramatic moments of a life-determining experience are often unbelievably low-key. It has so little in common with the bang, the flash, or the volcanic eruption that, at the moment it happens, the experience is often not even noticed. When it unfolds its revolutionary effect, and ensures that a life is revealed in a brand-new light, with a brand-new melody, it does that silently and in this wonderful silence resides its special nobility.*«
> *Pascal Mercier, Night Train to Lisbon*

So, what's happened since that decisive moment Christmas of 2012? A lot, truth be told.

My agency has been going for 19 years now. And I'm not pregnant anymore! We continue to service this major key account, and we are still growing. Now looking to expand across Europe for the same client with the streamlined processes we set-up back then. With the same genuine intention to service our customers' needs and to go to great lengths in doing so. What seemed a mission impossible, became possible. Jack be nimble, …

Jessica Thamm

ist Britin und versteht sich als professionelle Nomadin. Mit 18 Jahren ist sie nach Deutschland gezogen, gründete mit 25 Jahren ihre eigene Sprachagentur und ist mittlerweile seit 19 Jahren Unternehmerin. Mit ihrem Unternehmen führt sie, unter anderem, Sprachtrainings durch, coacht Führungskräfte und begleitet Gruppen bei Strategie- und Veränderungsprozessen. Jessica Thamm setzt auf Netzwerk-Kapital. Sie engagiert sich seit 15 Jahren ehrenamtlich für die Stellung der Frau und Gewalt gegen Frauen und Mädchen. Sie ist Mutter von zwei Kindern, lebt in einer festen Beziehung und verweilt derzeit in Bielefeld.

Einmal hin und weg – eine Weihnachtsgeschichte

Es ist ein ruhiger Freitagmorgen im verschneiten Lappland. Das Dorf, in dem der Weihnachtsmann mit seinen Wichteln lebt, erwacht langsam zum Leben. Bevor der hektische Arbeitstag beginnt, sitzen die Wichtelmänner, -frauen und -kinder zusammen im großen gemütlichen Gemeinschaftssaal und genießen ihren Frühstücksbrei. Jette und Helmi unterhalten sich. Jette arbeitet schon lange in der Puppenschneiderei. Helmi dage-

gen hat erst vor vier Monaten in der Werkstatt für Computerspielzeug angefangen, die es noch nicht so lange gibt. Da sich viele Kinder heutzutage lieber Technik zu Weihnachten wünschen als klassische Spielzeuge, wurden im Westflügel des Dorfes innerhalb kürzester Zeit mehrere Hallen errichtet und Wichtel aus aller Welt gesucht, um dort zu helfen. Jette nimmt einen großen Schluck duftender heißer Schokolade und sieht Helmi neugierig an. »Du sag mal, mir ist da was zu Ohren gekommen. Der PC-Piet hat mir erzählt, dass du so unglücklich bist, mit deiner neuen Position und dass du schon wieder gehen willst? Aber du bist doch extra zu uns ins Weihnachtsdorf gezogen, um eine der neuen Abteilungen zu leiten. Und du bist doch erst vier Monate hier? Gefällt es dir nicht bei uns? Magst du uns etwa nicht?«

»Oh doch natürlich!«, antwortet Helmi, die gerade den dritten Löffel Zimt über ihren Brei streut. »Ich finde euch alle ganz furchtbar nett. Aber irgendwie ist alles anders, als ich es mir vorgestellt habe.« »Was hast du dir denn vorgestellt?«, fragt Jette. »Ich habe damals den Aufruf gelesen: ,Wir suchen eifrige Weihnachtswichtel, die einen neuen Bereich im Weihnachtsdorf leiten können. Du bist verantwortlich für zwanzig bis dreißig andere Wichtel, die von überall aus der ganzen Welt zusammengekommen sind, um völlig neue und moderne Spielzeuge zu erfinden und zu bauen. Du musst aber selbst kein Technikwichtel sein, denn deine Aufgabe ist es, dafür zu sorgen, dass es allen in deiner Werkstatt gut geht und dass sie gut arbeiten können. Das ist alles. Und weil wir so neumodische Dinge tun, wäre es gut, wenn du dich auch in neumodischen Arbeitsweisen auskennst. Denn wir können hier nicht, wie in den herkömmlichen Werkstätten, in Teams arbeiten. Dadurch sind wir vermutlich zu langsam. Bei uns dürfen alle Wichtel selbstständig Entscheidungen treffen. Die einzige Herausforderung, der wir uns stellen müssen: Bis Weihnachten dauert es nicht mehr lange.'«

Jette fragt noch einmal erstaunt nach: »In dieser Zeit des Jahres ist einfach so viel zu tun, ich habe es noch gar nicht geschafft, mir mal die neuen Werkstätten anzuschauen oder mit einem der neuen Erfinderwichtel zu sprechen, die bleiben immer unter sich. Aber das klingt doch eigentlich nach einer ganz tollen Umgebung, oder? Obwohl es schon ein bisschen komisch wirkt, weil ja der Rest vom Weihnachtsdorf ganz anders arbeitet. Und, seid ihr nicht von den anderen Werkstätten abhängig, um eure Materialien zu bekommen?«

Helmi nickt. »Ja, aber es klang wirklich genau nach dem, was ich schon immer machen wollte. Ich war mir sicher, dass es für alle Probleme eine Lösung gibt. Ich wollte das unbedingt ausprobieren.« »Und wie war es?« »Zu Beginn noch ganz toll, alle waren sehr nett und haben sich total gefreut, dass ich da bin, denn obwohl es die neuen Hallen schon seit anderthalb Jahren gibt, gab es wohl bisher keinen Wichtel, der sich um alle gekümmert hat und allen wurde die ganze Zeit gesagt, wenn ich und die anderen Führungswichtel da sind, wird alles besser.« »Ah, deshalb sehen die Computerwichtel immer so angestrengt aus. Es war die ganze Zeit niemand da, der sich richtig um sie gekümmert hat.« »Richtig.« »Aber da waren sie doch bestimmt alle sehr dankbar, oder?«

Wieder nickt Helmi so doll, dass ihr fast die rote Strickmütze vom Kopf fällt. »Ja, ganz doll. Aber weil der Bedarf so groß ist, waren es schon fünfundvierzig Wichtel in der Werkstatt und es kommen immer noch mehr dazu.«

»So viele?« Jette macht große Augen. »So viele sind wir ja nicht mal in allen Puppenwerkstätten zusammen.«

»Ich habe auch echt lange gebraucht, um mit jedem wenigstens einmal zu sprechen und bei allen hatten sich über die lange Zeit so viele Probleme angestaut. Du kannst dir gar nicht vorstellen, wie viele Notizbücher ich vollgeschrieben habe. Und dazu kommt noch, dass gar nicht alle von ihnen an nur einer Sache arbeiten. Wenn du zum Beispiel eins von deinen hübschen Puppenkleidern nähst, weißt du ganz genau, was zuerst zu tun ist, wo du den Stoff herbekommst oder wer dir helfen kann, wenn die Nadeln alle sind. Stell dir vor, die armen Computerwichtel arbeiten zum Teil an fünf verschiedenen Spielzeugen. Und ein paar davon werden eigentlich in der anderen Werkstatt erfunden, meistens wissen wir aber gar nicht, in welcher. Oder ein anderer Wichtel muss dafür sorgen, dass das technische Spielzeug, an dem er arbeitet, in ganz verschiedene Länder an Kinder geliefert werden soll, aber wir wissen gar nicht, ob die Steckdosen in den Kinderzimmern dafür überhaupt passen. Und wir wissen auch nicht, wie wir das herausfinden sollen. Aber trotzdem wollen wir natürlich allen Kindern rechtzeitig zu Weihnachten ihre Spielzeuge schicken.« Entmutigt sackt Helmi zusammen. Jette klopft ihr auf die Schulter und tut ihr nochmal einen dicken Klecks Brei auf den Teller. Einen mit extra viel braunem Zucker drauf. »Das klingt wirklich anstrengend.«

»Ich bin wirklich verzweifelt. Ich habe nach der ganzen Zeit immer noch keinen kompletten Überblick darüber, was denn nun eigentlich jeder Einzelne von ihnen tut. Aber ich soll mich doch um sie kümmern. Und dadurch sitze ich jeden Tag, bis es dunkel wird, in der Werkstatt und versuche, Lösungen zu finden oder noch irgendwie zu helfen. Ich habe nicht einmal am Rodelturnier am Wochenende teilgenommen, weil ich immer das Gefühl habe, ich muss noch mehr machen. Aber irgendwie werden die Probleme nicht weniger.«

»Gibt es denn ganz klare Ziele, was genau zu Weihnachten erreicht werden muss oder wie ihr das machen sollt?«, will Jette wissen.

»Nein, leider nicht. Jeder hat irgendwie seine eigenen Ziele, auch wenn wir natürlich alle die Kinder glücklich machen wollen. Aber wir wissen gar nicht, wie wir am besten zusammenarbeiten können. Und dann hieß es, dass wir Führungswichtel, doch eine Idee ausarbeiten sollen. Aber wir dürften an den Rahmenbedingungen nichts ändern und sollen auch niemanden vom Arbeiten abhalten, weil die Zeit drängt.«

Jette schaut zaghaft zu einer Gruppe von Computerwichteln hinüber, die gerade hereingekommen sind, sich hektisch einen Teller Brei und eine Tasse Kakao nehmen und zurück an ihren Arbeitsplatz eilen. Die meisten von ihnen haben schon vor dem Frühstück die erste Schicht absolviert. »Die tun mir so leid. Ich liebe meinen Platz in der Puppenwerkstatt so sehr. Dort ist es warm und gemütlich. Wir kennen uns alle schon lange und singen beim Nähen oft zusammen Weihnachtslieder oder einer der Bäckerwichtel bringt uns ein paar Kekse vorbei und wir nehmen uns die Zeit, um uns ein paar Geschichten zu erzählen.«

»Ich glaube, dass die Computerwichtel ihre Arbeit auch so toll finden«, antwortet Helmi. »Wenn sie mit ihrer Technik zu tun haben, glänzen für einen kurzen Moment ihre Augen. Aber Zeit zum Geschichtenerzählen oder singen haben wir nicht. Und bisher ist schon fast jeder einmal zu mir gekom-

men und hat gefragt, ob ich nicht dafür sorgen könne, dass er oder sie eine extra Portion Haferbrei am Nachmittag bekommen könnte oder die Möglichkeit, mal eine Reise zu unternehmen, um woanders etwas zu lernen. Aber mir wurde gesagt, dass das nicht vorgesehen ist. Andere fragen mich, ob ich denn nicht einfach mehr neue Wichtel einstellen kann, damit wir schneller vorankommen oder die jetzigen Wichtel auch mal eine Pause machen können, aber auch da wurde mir gesagt, das darf ich nicht entscheiden. Und mit denjenigen, die das entscheiden, darf ich nicht sprechen. Aber ich dachte, wir wurden ja extra geholt, um trotzdem eine Lösung zu finden. Wir überlegen auch jeden Tag. Mir qualmt der Kopf, aber alle Ideen, die ich habe, werden abgelehnt, weil sie angeblich bei uns nicht funktionieren würden. Mir fällt einfach nichts mehr ein. Ich darf auch keine weiteren Helferwichtel einstellen, die dabei unterstützen, die Arbeitsabläufe besser zu gestalten oder die Zusammenarbeit zu verbessern. Dafür wären keine Plätze in der Werkstatt vorgesehen. Das können wir Führungswichtel doch schließlich auch machen.« Eine kleine Träne kullert von Helmis Gesicht.

Jette weiß gar nicht, was sie noch sagen soll: »Und es wird gar nicht besser? Der Weihnachtsmann muss das doch wissen und euch helfen.«

»Nein, es ist auf absehbare Zeit keine Besserung in Sicht. Und der Weihnachtsmann hat einfach selbst zu viel zu tun. Er hat ja uns Führungswichtel eingestellt, damit wir uns eben darum kümmern. Ich habe auch die ganze Zeit gedacht, es liegt vielleicht an mir und ich habe einfach nicht genug Erfahrung oder immer noch nicht gut genug davon verstanden, wie es in unserer Werkstatt läuft und wenn ich mehr verstehe, wird es besser und ich finde Lösungen. Aber ich musste mir eingestehen, dass es wohl keine gibt. Und stell dir vor, vor ein paar Tagen hat mich Mikael, einer von den Rentierwichteln, gefragt, ob ich nicht auch finde, wie schön die Sonne im Schnee glitzert. Und da ist mir aufgefallen, dass ich seit morgens nicht mal gemerkt habe, dass die Sonne scheint. Und ich war seit vier Tagen nicht mehr draußen gewesen. Das geht doch nicht. Also habe ich allen gesagt, dass ich so nicht arbeiten kann und gehen werde.«

Erschrocken schaut Jette Helmi an: »Wie? Du willst das Weihnachtsdorf verlassen? Es ist doch so schön hier.«

»Ich habe das auch noch nie gemacht. Also zu sagen, ich gehe, ohne zu wissen, wo ich stattdessen arbeiten werde. Aber unter diesen Bedingungen halte ich es nicht mal bis Weihnachten durch.« In Jettes kleinem Lockenkopf beginnt es zu arbeiten. »Du musst doch nicht ganz gehen. Wenn du jetzt weißt, was du willst, oder was du eben nicht willst, ist das doch schon ein großer Schritt. Ich weiß, dass in der Wichtelkinderschule noch Wichtel gebraucht werden. Oder im Büro vom Weihnachtsmann. Vielleicht kannst du an einer anderen Stelle deine Erfahrung mit einbringen und dort doch noch etwas zum Guten verändern.«

Helmi beginnt zu lächeln. »Oh Jette, das ist so lieb von dir. Da werde ich auf jeden Fall nachfragen. Und so leid es mir auch tut, dass ich die, mittlerweile fünfzig, Computerwichtel allein lassen muss, aber du hast recht. Und vielleicht ändert sich ja auch etwas, wenn sogar wir Führungswichtel aufgeben.«

Jette nickt eifrig und nimmt Helmi bei der Hand. »Absolut. Komm, wir suchen eine bessere Werkstatt für dich. Und ich verspreche dir, ich gehe jeden Tag einmal mit dir Rodeln, damit du nie wieder verpasst, wenn die Sonne scheint.«

Lisbeth Ott

Ihre Wurzeln hat Lisbeth in Therapie und Coaching. 2012 wechselte sie in die agile Welt und stellte fest, dass beides zusammen eine wundervolle Ergänzung darstellt. Lisbeth arbeitet aktuell bei der DB Systel. In der Rolle des Agility Masters, kann sie ihre langjährige Erfahrung als Agile Coach und People Lead vereinen und somit stehen die Entwicklung von Mensch und Organisation im Zentrum ihres Arbeitsalltags. Der Fokus neben dem Beruf liegt auf ihrer Familie, Gesang und dem ersten eigenen Roman

Ein Unterschied, der einen Unterschied macht

Es ist ein Nachmittag im Mai, die Sonne scheint zaghaft durch die Lamellen am Fenster unseres kleinen Besprechungsraums. Unsere Auftraggeberin möchte mit freundlich-interessiertem Blick von uns wissen: »Wie macht ihr denn die Kollegen fit in Agilität? Was sind die konkreten Inhalte und Meilensteine der Grundlagenschulung und wann genau ist die Einführung der agilen Arbeitsweisen abgeschlossen?« Wir hätten das früher vermutlich einfach mit einer Power-Point-Präsentation beantwortet, auf der alle Zeiten festgehalten und alle Inhalte detailliert aufgeführt worden wären, z. B. als oft erprobte und standardisierte, einwöchige Methodenschulung mit dem Team. Doch heute gehen wir bewusst anders vor: Als Rahmen zeigen wir lediglich ein Phasenmodell mit ungefähren Zeiträumen, nur grob vorgeplanten Themenschwerpunkten und einem Zielhorizont als Richtung, mit dem Fokus eher auf der Begleitung des Prozesses als auf den konkreten Inhalten. Denn weder Menschen noch organisationale Systeme verhalten sich vorhersehbar oder lassen sich zuverlässig steuern. Wir sehen uns außerdem weniger in der Rolle der Experten, sondern vielmehr in der Rolle der Prozessbegleiter und Coaches.

Ein Ausdruck von Überraschung huscht über das Gesicht unserer Auftraggeberin – bedienen wir doch nicht die im Konzern an vielen Stellen üblichen Erwartungen an Planbarkeit und Sicherheit. Wir erläutern weiter unser Vorgehen: »Wir sind davon überzeugt, dass die Erfolgswahrscheinlichkeit von Veränderungen – wie die Einführung neuer Arbeitsweisen – größer wird, wenn wir die Beteiligten aktiv dabei einbeziehen, gemeinsam relevante Inhalte

Ein Unterschied, der einen Unterschied macht | 447

festlegen und Freiräume schaffen, um jederzeit flexibel auf aktuelle Gegebenheiten reagieren zu können. Denn die Teammitglieder wissen genau, was sie brauchen.« Die Verantwortung für das Gelingen des gemeinsamen Vorhabens liegt dabei nicht nur bei uns, sondern ebenso bei den Teammitgliedern. Unsere Auftraggeberin will es genauer wissen und wir diskutieren einige Punkte.

Schlussendlich bekommt unser Vorschlag einen Vertrauensvorschuss, auch wenn wir manche Fragen unbeantwortet lassen (wie z. B. wann genau wir »fertig« sind). Puh, hier hätte unser Vorhaben also schon mit einem Veto enden können, bevor es richtig angefangen hat. Aber eine saubere Auftragsklärung ist uns wichtig. Nur so können wir eine verlässliche Grundlage schaffen, in der wir mit unserem nicht ganz so üblichen Vorgehen wirksam werden können.

Die Blaupause für die nachhaltige, erfolgreiche Einführung agilen Arbeitens ist wie das mythische Inselreich Atlantis – es gibt sie nicht.

Wir legen also mit der Einführung von agilen Arbeitsweisen bei einem Team los, dessen Aufgabe überwiegend Data Analytics ist. Wir, das sind Dennis und Nadine, interne Coaches in einem Unternehmen aus dem Energiesektor mit etwa 25.000 Mitarbeitern. Wir sind Teil eines crossfunktionalen Teams, das die digitale Transformation vorantreibt. Dabei verantworten und begleiten wir Initiativen in technologisch geprägten Umfeldern, in denen die Beteiligten neue Arbeitsweisen und Fähigkeiten erlernen und ausprägen.

Warum wir heute anders arbeiten? Wir teilen eine Leidenschaft, die zu einer Haltung geworden ist: Die von Gunther Schmidt begründete Hypnosystemik. Sie verbindet zwei Ansätze miteinander: Die Hypnotherapie nach

Milton H. Erickson und die Erkenntnisse aus dem systemisch-konstruktivistischen Denken. Kurz erklärt fokussieren sich dabei die Beteiligten auf die gewünschte Zukunft und das Erleben von Sinn, auf Kompetenzen, Ressourcen und Lösungen. Gleichzeitig wird das innere Erleben berücksichtigt, also bewusste und unwillkürliche Erlebnisprozesse, Gewohnheiten und gelernte Muster. Dabei verstehen wir die Organisation als lebendigen Organismus. Wir arbeiten dabei weder personen-, noch systemzentriert, sondern beziehen beide Perspektiven ein und betrachten das Zusammenspiel und die Beziehungen der Einzelelemente. Denn es wirkt immer beides: das System, der Kontext und der Mensch – denn der Mensch nimmt sich selbst immer mit, in welcher Umgebung er sich auch befindet.

Auf diesen Erkenntnissen aufbauend entwickeln wir ein Konzept, das unserer Ansicht nach die Wahrscheinlichkeit des Erfolgs von Transformationsvorhaben (wie die Einführung von Agilität) erhöhen kann. So die Theorie und unsere gute Absicht. Ob uns das gelingt? Wir sind gespannt.

Wir »treiben nicht die nächste Sau durchs Unternehmen«, sondern möchten die Weichen für eine echte Veränderung durch Unterschiedsbildung stellen.

Nach der Auftragsklärung folgt die Konzeptionsphase, das »Go See«. Wir schauen dem Team vor Ort bei der täglichen Arbeit über die Schulter, statt nur auf Erzählungen zu setzen. Wir machen uns selbst ein Bild von den Interaktionen im Team, der inhaltlichen Arbeit, der räumlichen Situation etc. Daraus folgen dann die Konzeption und Planung des Gesamtprozesses.

Nächste Phase: der mehrtägige Kick-Off-Workshop. Das »RampUp-Camp« ist ein geschützter Raum fernab der Organisation, in dem wir den Veränderungsprozess starten. Wir befinden uns in einem lichtdurchfluteten Tagungsraum ein paar Kilometer vom Konzernsitz entfernt, unverputzte Wände und modernes Flair. Wir sitzen im Stuhlkreis und haben erste Agendapunkte besprochen. Dann kommen wir zum Thema »Erfahrungen mit Agilität«. Als wir dazu Meinungsbilder sammeln, kleben an der Metaplanwand vor allem bunte Post-its mit nüchternem bis positivem Tenor, wie »Durch Agilität werden wir schneller« oder »Agiles Arbeiten hilft, Kundenwünsche besser zu erfüllen«. Klingt gut. Aufgabe erfüllt, weiter mit dem nächsten Thema? Wir haben den Eindruck, dass hier mehr dahintersteckt und teilen offen unsere eigenen Ambivalenzen mit dem Team: Richtig eingesetzt, können agile Methoden sehr wirkungsvoll sein und helfen unterschiedlichste Ziele zu erfüllen. Wir haben aber auch erlebt, dass das Thema verbrannte Erde hinterlassen kann, wenn jenseits der agilen Werte einfach Methodiken durchgepeitscht werden.

Jammern hilft temporär – wenn die dahinterliegenden Bedürfnisse wertgeschätzt werden

Eine junge Teilnehmerin, die die ganze Zeit unruhig auf ihrem Stuhl hin und her gerutscht ist, meldet sich: »Also, wo ihr es schon ansprecht – ganz wohl ist mir gerade nicht, ich habe ein ungutes Bauchgefühl. Ich finde Agilität grundsätzlich gut. Ich persönlich habe aber in einem agilen Projekt hohen Druck erlebt und würde das ungern noch einmal durchmachen.« Zustimmendes Gemurmel kommt auf. Andere ergänzen nach und nach weitere Perspektiven, Skepsis, Bedenken und Wünsche. Wir können dabei vielen kritischen Punkten Raum geben und manche auflösen. Die problemhaft empfundenen Situationen sind oft Ausdruck nicht erfüllter Bedürfnisse und geben uns wertvolle Informationen für den weiteren Prozess. So verstehen wir nach hypnosystemischer Logik Jammern als Lösungsversuch wie etwa das Bedürfnis nach Wertschätzung für Erlittenes. Dafür einen sicheren Raum zu schaffen, in dem keine Abwertung stattfindet, sondern in dem wir gemeinsam versuchen, die relevanten Punkte nutzbar zu machen – darum geht es uns während des gesamten Prozesses. Gut, dass wir hier nachgefragt haben. Hätten wir einfach weiter gemacht, wäre das Thema womöglich unter der Oberfläche weiter gewabert und hätte uns mit Sicherheit, bewusst oder unbewusst, immer wieder beschäftigt.

Energy flows, where attention goes – Wir richten die Aufmerksamkeit auf das »Wofür«

Wir besprechen, was wir aus der Vergangenheit loslassen und verlernen wollen (»weg von«). Im weiteren Verlauf achten wir darauf, die Aufmerksamkeit der Teilnehmenden auf die in der Vergangenheit bereits geglückten Lösungsversuche und Kompetenzen zu richten – immer bezogen auf die gemeinsame, angestrebte Zukunft, also das »Wofür« der Veränderung (»hin zu«). Um einen Unterschied deutlich zu machen, fragen wir auch bei der Gestaltung des Zielbildes, wofür wir es jetzt anders machen wollen: Was ist Sinn und Zweck der Veränderung, warum ist sie notwendig? Welche Vorteile ergeben sich dadurch für das Team und für die Einzelnen? Durch diese bewusste Aufmerksamkeitsfokussierung können auch unwillkürliche Prozesse bei den einzelnen Teammitgliedern (und durch Wechselwirkungen auch in der Gruppe) aktiviert und zur Erreichung der gewünschten Ergebnisse genutzt werden. Wir machen semantisches Wissen der Teilnehmenden nutzbar, das in ihrem Erfahrungsspektrum bereits vorhanden ist. Aus dem Leidensdruck (»weg von«) und dem Lustsog (»hin zu«) entsteht so Veränderungsenergie (vgl. Glasl, Friedrich / Kalcher, Trude / Piber Hannes: Professionelle Prozessberatung. Das Trigon-Modell der sieben OE-Basisprozesse. 4. Auflage. 2020, Seite 116f).

Alte, dysfunktionale Routinen aufbrechen und neue Muster etablieren

Was sollten wir bei der Initiierung der Veränderung – die Einführung der agilen Arbeitsweise – noch beachten? Es lohnt sich, Muster in den Blick zu nehmen. Mit Mustern meinen wir wiederkehrende Verhaltensweisen, Interaktionen oder Denkweisen sowohl von Personen als auch Teams oder Systemen, die sich im Laufe der Zeit etabliert haben. Hypnosystemisch betrachtet bedeutet Veränderung »eine Unterschiedsbildung, die unter Entstehung neuer, bislang nicht stark ausgeprägter vorhandener neuronaler Muster im Gehirn angelegt wird.« (vgl. Starker, Vera und Peschke, Tilmann: Hypnosystemische Perspektiven im Change Management, 2. Auflage, Berlin, Springer, 2021). Hier kommt uns die Neuroplastizität des Gehirns zugute. Das bedeutet, dass unser Gehirn Zeit unseres Lebens in der Lage ist, sich zu verändern – man lernt quasi nie aus. Hat also jemand positive Erfahrungen mit Veränderung im Allgemeinen und im Speziellen mit Agilität gemacht, werden diese positiven Muster weiter stabilisiert – vor allem, wenn eine positive Emotion wie Freude dabei erlebt wurde.

Hat eine Person umgekehrt allerdings negative (emotionale) Erfahrungen gemacht, können sich daraus Vermeidungsmuster verankern. Wird jetzt eine neue Veränderung wie die Einführung von Agilität umgesetzt, wo viele negative Erfahrungen vorliegen, dann sollte dies nicht in ähnlicher Weise passieren, wie viele Male zuvor. Also eben nicht die einwöchige, standardisierte Methodenschulung mit dem Team. Vielmehr sollten die Beteiligten einen Unterschied erleben, damit nicht erneut das negative Muster greift, sondern neue Muster entstehen können. Dabei reicht es oft, ein Element und nicht das gesamte Muster zu verändern. In unserem Fall haben wir darauf geachtet, neue Räume und Kontexte zu schaffen, in denen die Teilnehmer positive Erfahrungen machen können. So werden neue Handlungsoptionen ermöglicht. Deshalb haben wir beispielsweise die Inhalte der agilen Ausbildung nicht komplett vorgegeben, sondern mit den Teilnehmern gemeinsam an konkreten Fällen aus ihrem Arbeitsalltag gearbeitet. So können wir auch bei der Gestaltung des gemeinsamen Prozesses einen Unterschied zum bisherigen Erleben schaffen und das Selbstwirksamkeitserleben der Beteiligten in den Vordergrund stellen.

Nach Abschluss des zweitägigen Kick-Off-Workshops betreuen wir das Team intensiv am Ort der Arbeit und beim Transfer des »Neuen« in die Praxis. Wir unterstützen dabei, alte dysfunktionale Arbeitsweisen zu verlernen. Wir üben die neue Arbeitsweise intensiv ein und wiederholen sie so oft, dass neue Gewohnheiten entstehen können. Aktuelle Erkenntnisse der Neurowissenschaften zeigen, dass diese häufigen Wiederholungen stärkere Verschaltungen im Gehirn bilden (quasi erst zu Trampelpfaden, dann zu Autobahnen werden) und später implizit abgerufen werden.

Wir übernehmen operativ die Rolle des Scrum Masters und bieten bedarfsgerecht zusätzliche Impulse an – wie zum Beispiel zur Fragestellung, wie konzentriertes Arbeiten für das Team durch Deep-Work-Phasen in seiner räumlichen Umgebung ermöglicht werden kann. Die Idee dahinter: Keine Schulungen und kein Wissen auf Halde, sondern im »moment of need«, sodass die erarbeiteten Ergebnisse sofort adaptiert und ausprobiert werden können.

Wir sorgen außerdem für ein attraktives Umfeld, das für die neue Arbeitsweise förderlich war, und kümmern uns um die nötigen Rahmenbedingungen (wie z. B. co-located arbeiten, also eine neue, gemeinsame Fläche), um die Umsetzung so einfach wie möglich zu machen.

Nicht zu früh aufhören – neue Muster zu verfestigen, braucht Zeit!

Zum Ende dieser Phase werden oft zu früh Erfolge ausgemacht und Begleitung von außen abgesetzt. So auch in unserem Fall. Wir hatten uns bereits etwas zurückgezogen. Die Auftraggeberin signalisierte uns, dass doch alles gut liefe, die gewünschten Ergebnisse eingetreten seien und das Team alles ab jetzt doch bestimmt auch allein hinbekomme. Auch in unserem eigenen Aufgabenfeld gab es viel zu tun, sodass wir fast versucht waren, unsere Arbeit mit dem Team abzuschließen – aber nur fast. Denn die Erfahrung aus vorherigen Prozessen hatte uns gelehrt, dass wir gerade jetzt dabeibleiben sollten. Die Anfangseuphorie aus dem Workshop hatte sich gelegt, der Druck wuchs aufgrund zeitkritischer neuer Aufgaben und es wurde stressig. Das Umfeld des Teams arbeitete überwiegend noch klassisch-hierarchisch. Es gab Anforderungen, die dem neuen Setting nicht entsprachen, wie einen detaillierten Projektplan für das nächste Jahr zu liefern. All das führte zu Unsicherheiten auch in Bezug auf die neue Arbeitsweise. Einige im Team verfielen prompt in altes Verhalten zurück – wie ein Pendel, das zurückschwingt: Sie ignorierten das Backlog, erledigten nur noch Aufgaben aus ihrem bevorzugten Themengebiet, stimmten sich nicht mehr ab oder fehlten bei den Ritualen. Die offene, kooperative Atmosphäre wich einer gedrückten Stimmung. All das sind individuelle Stressreaktionen, erlernte Lösungen für bereits erlebte, als Problem bewertete Situationen aus der Vergangenheit. Wie die Hirnforschung belegt, führen diese Stressreaktionen oft dazu, dass ein archaisches Notfallprogramm schnell und reflexartig anspringt, ohne dass uns dies unbedingt bewusst ist. Der Zugang zu vorhandenen Kompetenzen wird dabei aktiv gehemmt: Wir verfallen in alte Gewohnheiten, sind rigider, kaum noch kreativ und agieren weniger emphatisch. Das kann beispielsweise dazu führen, dass die Kooperationsbereitschaft sinkt – so auch in unserem Team.

Was also sollten wir tun? Auch hier hilft uns die Hyposystemik: Gunther Schmidt hat dazu den Begriff »Ehrenrunde« geprägt. Statt des negativ behafteten Worts »Rückschritt« fokussierten wir uns mit dem Begriff augenzwinkernd auf völlig normale Phänomene in Veränderungsprozessen. Es soll ausdrücken, dass die erneute Nutzung unerwünschter Muster bei Veränderungen ganz natürlich ist – schließlich wurden diese Verhaltensweisen lange Zeit erfolgreich eingeübt und fallen uns leichter als die neuen. Wichtig war uns, wertschätzend damit umzugehen, um keine weitere Frustration zu erzeugen. Wir begriffen die Ehrenrunde als Lernrunde, als Ausholbewegung für das neue Muster und besprachen in der nächsten Retrospektive, was wir daraus ableiten können und was das Team braucht, um wieder gut im neuen Modus zu arbeiten.

Wie sich herausstellte, gab es einige ungünstige Rahmenbedingungen (wie Direktaufträge vom Product Owner und Leiter, fehlendes Verständnis für agile Arbeitsweisen etc.), die wir oder die Teammitglieder selbst beheben konnten. Hier war es uns ein Anliegen, sowohl die Menschen als individuelles, komplexes System als auch in Wechselwirkung mit der Organisation gut zu berücksichtigen.

Der Moment der Wahrheit: Was hat's gebracht?

Nach dem Abschluss unseres Auftrags wollten wir herausfinden, ob unser Vorgehen erfolgreich war. Wir befragten die Teammitglieder mittels Fragebogen anonym und baten auch die Auftraggeberin um ein qualitatives Feedback. Wir erhielten hohe Zustimmungswerte in allen abgefragten Kategorien wie Prozessbegleitung, konkrete Veränderung der Arbeitsweise, Steigerung der Produktivität etc. Lediglich bei der Betreuung vor Ort hätten sich die Befragten mehr Präsenz von uns gewünscht – das war uns aufgrund zusätzlicher Aufgaben in unserem eigenen Team nicht immer so gelungen, wie wir es uns gewünscht hätten. Die Befragten schätzten sehr, dass sie sich in die Entwicklung der Lösung einbringen konnten. Auch die Auftraggeberin war zufrieden, vor allem darüber, »wie sich die anfängliche Skepsis gegenüber der agilen Vorgehensweise immer mehr in Begeisterung gewandelt hat.«

Geschafft! Wir waren erleichtert und freuten uns, unser Plan war aufgegangen. War es doch manchmal ein Spagat, unseren Weg zu gehen, der eigenen Haltung zu folgen und dennoch anschlussfähig im Unternehmen zu bleiben. Die Einführung agiler Methoden nach hypnosystemischen Grundsätzen war erfolgreich – zumindest in diesem Fall. Auf ein Neues beim nächsten Mal, denn Blaupausen gibt es ja nicht ...

Dennis Lange
arbeitet als Manager für Digitale Transformation im obigen Unternehmen, ist als Coach und Organisationsentwickler selbstständig sowie einer der Gesellschafter von Augenhöhe (augenhoehe-film.de). Er begeistert sich dabei für lebendige Gestaltungsräume, in denen

Menschen sinnstiftende Initiativen kreieren und ihrer Individualität Raum geben können. Aufbauend auf den Erfahrungen in immer digitaler werdenden Arbeitswelten in verschiedenen Rollen fokussiert er sich zunehmend auf die weichen Faktoren der Arbeit, die für ihn einen Unterschied machen. Fundiert in Wirtschaftsinformatik, -psychologie und Hypnosystemik begleitet und unterstützt er mit Humor und Klarheit Menschen und Organisationen dabei, individuelle Prozesse zu gestalten, um die für sie stimmigen Lösungen zu erarbeiten.

Nadine Schramer
ist Managerin für Digitale Transformation bei einem Energieversorger und als systemischer Coach und ganzheitliche Organisationsentwicklerin selbstständig. Dabei achtet sie besonders auf die Wechselwirkungen von Strategie, Identität, Struktur, Menschen, Funktionen, Prozessen und physischen Mitteln (z. B. Technologie). Sie gestaltet Lern-, Entwicklungs- und Veränderungsprozesse partizipativ und auf Augenhöhe. In ihrer Arbeit verbindet sie verschiedene Ansätze integrativ, wie etwa systemische und hypnosystemische Konzepte, neurobiologische Erkenntnisse sowie Kommunikations-, Kreativitäts- und Innovationsmethoden – für lebendige Organisationen.

Neuer Geschäftsführer, dieselben Sessel

Der Geruch von Öl, Metall und Hitze. Lange, sehr lange, hatte ich ihn nicht mehr in der Nase. Er ruft Erinnerungen wach. Erinnerungen, die ein wohliges, fast heimatliches Gefühl verbreiten. Es ist ein bisschen wie nach Hause kommen. Lange Zeit war ich nach meiner Werkzeugmacherlehre und dem anschließenden Studium in Konzernen und großen wie kleineren Betrieben gewesen, draußen in der Welt, nicht nur in Deutschland, und hatte dort viel an Erfahrungen gesammelt. Über Menschen, über Kommunikation, über Konflikte und Systeme und Organisationen. Und nun saß ich hier, in diesem schweren, viel zu tiefen, schwarzen Ledersessel und hatte noch den Geruch der Werksführung in der Nase.

Es gab und gibt Menschen, die sich von äußeren Impulsen durchs Leben treiben lassen. Das war nie meins. Ich habe den nächsten beruflichen Schritt bewusst gewählt – immer, um mehrere Dinge zu kombinieren. Beim

Berufseinstieg den ersten Job im Einkauf, um Technik, Wirtschaft und Kommunikation zu verbinden. Kommunikation finde ich seit Kindesbeinen super spannend. Weitere Jobs in der Logistik, um das Thema Projektmanagement mehr zu betonen und um mehr Abwechslung in den Tätigkeiten zu haben sowie mehr Branchen und Betriebe kennenzulernen. Während all dieser Zeit entwickelte ich ein tiefes Verständnis von Kommunikation(-systemen) und Organisationen. Nun saß ich in diesem tiefen, schwarzen Ledersessel und war der Überzeugung: Das ist es! Das ist das Problem, das dich anspricht!

Vor mir, auf der anderen Seite des Tisches, in einem ebenso tiefen Sessel, saß Inge Drach und ließ mich teilhaben an ihrer Geschichte. Sie hat seit Kurzem im Zuge der Nachfolge alle Gesellschafterrollen ihres Vaters bei seinen Firmen übernommen. Kurz nach dem Krieg hatte ihr Großvater andernorts in Deutschland den Grundstein mit einer Schlosserei gelegt. Unter der Führung ihres Vaters entwickelten sich daraus mehrere Metall- und Maschinenbauunternehmen. So auch nach der Grenzöffnung jenes, in dessen Geschäftsführerzimmer wir in den Ledersesseln versanken. Der Geschäftsführer von Blechmetall, dem ostdeutschen Unternehmen mit den schwarzen Sesseln, war seit über 15 Jahren in Verantwortung und ging in Pension. Da war es – das Problem, was mich ansprach und sagte: »Löse mich!«

Um eine Firmengruppe im Metallbereich zu leiten, wäre ein Maschinenbau oder BWL-Studium naheliegend. Doch das Leben schreibt die tollsten Geschichten. Wir tauschten uns angeregt über Führung, Unternehmensführung, Kommunikation und Denk- und Verhaltensweisen aus. Viele der Ansichten und Standpunkte dieser promovierten Archäologin lösten bei mir Resonanz aus. Sie formulierte in diesem Gespräch ihre gute Absicht, ihren klaren Auftrag: »Herr Fuhrmann, ich möchte, dass Sie als Geschäftsführer die Führungskultur in dieser Organisation zum Positiven verändern!«

Da war sie, die Herausforderung. Das Interessante. Noch kannte ich das Unternehmen nicht. Ich kannte weder die Vergangenheit, ich wusste nicht, welche Prägung der scheidende Geschäftsführer hinterlassen würde und ich kannte die informellen Strukturen nicht. Aber ich hatte die innere Überzeugung, dass es mir gelingen würde. Ich freute mich auf die kommende Arbeit, konnte ich doch so all meine Talente und Erfahrungen einbringen. Kennst du das, wenn man voller Ideen und Tatendrang loslegen möchte, um Wirkung zu erzielen? So ein Moment war das!

Wer neu in bestehende Strukturen kommt, kennt das Gefühl: Man kommt zu spät zur Party. Alles ist schon im Gange und man muss erst mal seinen Weg dazu oder hinein finden. Mir ging es da nicht anders. Was dem im Wege stand, war die Rolle als Geschäftsführer. Ich merkte sehr schnell, welche Hinterlassenschaften mein Vorgänger mir »vermacht« hatte. Es war die Art, wie die Menschen in der Organisation auf mich zukamen. Durch die jahrelange Prägung hatten sich Allianzen gebildet, viele Führungskräfte hatten Leichen im Keller. Heutige Mitarbeiter waren ehemals Führungskräfte, die über bestimmte Konflikte »gestolpert« sind. Das volle Programm. Die Stabilität des alten Systems basierte auf Abhängigkeiten und verdeckten Informationen. Die Menschen hatten sich daraufhin ausgerichtet und versuchten nun ihre Position zu mir, dem neuen Geschäftsführer, zu finden, der sehr transparent und rechtlich einwandfrei vorging. Was für ein krasser Wechsel der Rahmenbedingungen.

Glücklicherweise fand ich schnell Kontakt zu Simon Meffert. Er war schon lange bei Blechmetall und kannte sich mit den Interna bei Blechmetall gut aus. Wir hatten an derselben Uni studiert, kannten die Professoren dort und konnten so über gemeinsame Erinnerungen quatschen. Ziemlich schnell wurde klar, dass wir dieselben Ziele verfolgen und uns gegenseitig ganz gut fanden. War ich froh, einen Bruder im Geiste gefunden zu haben!

Im Eingangsgespräch mit Inge Drach war ich mit vielen Themen in Resonanz gewesen und hatte auch gerade deswegen die Stelle angetreten. Im weiteren Verlauf kamen dann Situationen auf, die von Resonanz weit entfernt waren. Sie führte eine Tradition ihres Vaters fort. Dieser hatte an den Tagen, an denen er die Firma besuchte, Spaziergänge zwischen den Maschinen gemacht und mit der Belegschaft gesprochen. Klingt erst mal positiv. Jedoch: Gute Absicht reicht nicht. Eine Intention dieser Rundgänge war, sich direkt von der Belegschaft Rückmeldungen über den Geschäftsführer einzuholen.

In meinen früheren Tätigkeiten in Projekten habe ich immer sorgfältig geschaut, wer das Projekt leitet und ob ich mit der Person klarkomme. Es ist einfach wichtig und relevant, wem man eine Führungsrolle zuspricht und wie derjenige Führung gestaltet. Die Blechmetall GmbH kannte seit 15 Jahren den Führungsstil des scheidenden Geschäftsführers und war darauf eingestellt. Das emotionale Erleben von Menschen in Veränderungsprozessen wurde von Elisabeth Kübler-Ross in der nach ihr benannten Veränderungskurve beschrieben. Nach meinem Antritt als Geschäftsführer bei Blechmetall konnte ich die ersten beiden Stufen Schock und Widerstand beobachten. Zu den weiteren 5 Stufen Trauer, Abschied, Öffnung, Akzeptanz kam es bei Blechmetall jedoch nicht mehr. Doch dazu später mehr.

Den wichtigsten und einflussreichsten Teil der informellen Netzwerke in der Firma konnte ich recht schnell identifizieren. Wenn die Controlling- und Zahlenverantwortlichen, die Assistenz des (alten) Geschäftsführers und der Leiter der Produktion alle Raucher sind, sich alle anderthalb Stunden treffen und noch die Mittagspause gemeinsam verbringen, dann ist ziemlich schnell klar, wie einer der Informationsflüsse aussieht. Simon Meffert, der meine neuen Impulse bezüglich der Firma wohlwollend und sichtlich erleichtert aufnahm, unterstütze mich nach Kräften. Es machte große Freude, mit ihm Dinge zu verändern. Gemeinsam überlegten wir die voraussichtliche Wirkung und ließen manche Dinge dann auch wieder sein. Andere Veränderungsmaßnahmen, wie der Wegfall von Genehmigungsgrenzen und die Installation von Informationsbildschirmen sowie die Einrichtung eines gemeinsamen Versammlungsraums setzten wir um. Da wir uns noch in der Phase Schock und Widerstand befanden, wurde das in der Belegschaft mit großen Augen und abwartender Haltung aufgenommen.

Sehr zeitnah, nachdem ich die Verantwortung als Geschäftsführer bei Blechmetall übernommen hatte, begann das monatliche Betriebsergebnis zu sinken. Eine offensichtliche und simple Erklärung dafür gab es nicht. Keine der Einflussfaktoren hatte sich geändert oder war durch mich verändert worden. Auch Meetings mit der Controllerin Frau Weiß, einer nach außen mürrisch wirkenden Frau in meinem Alter, brachten keine Klarheit. Ich fand das sehr sonderbar, denn ich hatte seit dem Beginn meiner Geschäftsführung wohlweislich keine Schnellschüsse unternommen und Änderungen vorgenommen. Meine Idee war, dem Team zuerst ein Stück psychologische Sicherheit zurückzugeben, um dann mit ihnen gemeinsam als Team Veränderungen anzupacken. Auch gab es keinen Kundenschwund in diesem Zeitraum. Wo also kam die Verschlechterung des Betriebsergebnisses her? Auch Simon Meffert, mit dem ich mich gemeinsam auf die Suche nach Gründen gemacht hatte, konnte keinen identifizierbaren, sichtbaren Grund finden.

Konrad Drach, der Vater von Inge Drach, hatte zwar die Leitung der Firmen an seine Tochter übergeben, war jedoch immer noch regelmäßig auf dem Firmengelände am Stammsitz der Firma im Nordwesten Deutschlands zugegen. Und wie üblich wurde er natürlich über die Entwicklung und den finanziellen Status der Firmen informiert. Die Informationsquelle bei Blechmetall, der er vertraute, nämlich der ausgeschiedene Geschäftsführer, lieferte kaum noch aktuelle Informationen. Mit meinem Vorgänger hatte ich die Vereinbarung geschlossen, dass er dem Firmengelände größtmöglich fernbleiben sollte, um mir in meiner Startphase zu ermöglichen, Klarheit in der Struktur zeigen zu können. Konrad Drach hatte meinen Vorgänger häufig und regelmäßig angerufen, um sich mit ihm über Veränderungen der gemeldeten Finanz- und Bestandszahlen zu unterhalten.

Je länger ich Teil dieser Organisation war, desto besser verstand ich den Begriff »steueroptimierte Buchhaltung bzw. Unternehmensführung«. Mein Vorgänger hatte bei der Übergabe der Geschäftsvorgänge an mich häufig und eindrucksvoll darauf hingewiesen, wie wichtig die rechtzeitige Übermittlung der »richtigen« Zahlen an den Stammsitz war. Offensichtlich war die Blechmetall GmbH Teil eines streng kennzahlengetriebenen Firmengeflechts. Simon Meffert, der Mitstreiter an meiner Seite, versorgte mich mit allen Informationen, die ihm zur Verfügung standen. Dies half mir, einige der Fettnäpfchen zu umgehen, die hier und da lauerten. Um ihn, Simon, herum entwickelte sich ein kleiner Kreis derjenigen, die den neuen Ideen und Anregungen gegenüber aufgeschlossen waren. Es kamen Nachfragen über den Stand der Umsetzung und Angebote zur Mitarbeit und/oder Verbesserung.

Die Koalition der Willigen und das weitere Durchleben der Phasen des Veränderungsprozesses wurden jäh gestoppt durch meine Entlassung. Inge Drach betrat in einer zerknirschten Stimmung das Zimmer und teilte mir freundlich meine Demission mit. Das Betriebsergebnis hatte im Vormonat die Nulllinie erreicht. Ein triftiger Grund dafür war immer noch nicht gefunden. Die Entscheidungen für Blechmetall traf ab sofort Inge Drach, die die Rolle der Geschäftsführerin zusätzlich zu ihrer Rolle als Gesellschafterin übernahm. Ich setzte mich in die tiefen, schwarzen Ledersessel und rief mir die Szene aus dem Einstellungsgespräch in den Sinn. »Herr Fuhrmann, ich möchte, dass Sie als Geschäftsführer die Führungskultur in dieser Organisation zum Positiven verändern!«

Gute Absicht reicht nicht.

3 Monate nach meinem Ausscheiden war das Betriebsergebnis wieder auf dem gewohnten Niveau. Ein klar definierbarer Grund für den Anstieg wurde nicht gefunden. Simon Meffert hat das Unternehmen mittlerweile verlassen. Auf Veranlassung ihres Vaters gab Inge Drach später fast alle Geschäftsführerposten ab. Ihr Vater setzte externe, angestellte Geschäftsführer ein.

Robert Fuhrmann
ist Organisationsberater und Bündnispartner für Veränderungen. Seine Mission: Die Arbeit WIRKsamer machen.
Seit 2018 begleitet er Geschäftsführer und deren Organisationen des verarbeitenden Gewerbes bei ihrer Veränderung. Durch das Aufdecken alter und etablieren neuer Denkwerkzeuge und Denkmuster führt er sie hin zu einer dynamikrobusten Einheit mit motivierten, reflektierten und anpassungsfähigen Teams.

Robert begleitet veränderungsbereite Entscheider dabei, ihre Organisation so zu gestalten, dass sie nachhaltig erfolgreich und gleichzeitig attraktiv für Mitarbeiter sind.

Seine Erfahrungen verarbeitet Robert in Form eines Podcasts (www.dunstunddeutlich.de) sowie Artikeln (www.der-organisationsberater.de/blog). Weitere Informationen zu Robert Fuhrmann und den Angeboten von kingago Consulting findest du unter www.der-organisationsberater.de.

Wenn Teamfindungsworkshops scheitern

Der Abend des Vortages zu einem Teamfindungsworkshop begann für den Teamcoach Hugo mit zwei Folgen der Serien »The Billion Dollar Code« und »The Playlist« bei seinem beliebten Streamingdienst. Spannend, denkt er sich, diese Handlungen sind genau das, was er sich bei seinen Kunden immer vorstellt. Ehrfürchtig schaut er diesen Wahnsinnsmenschen zu, die immer den Unterschied machen. Die immer die richtigen Entscheidungen treffen, rechtzeitig und mit Weitblick. Sie arbeiten – neben einigen kleinen Zwischenmenschlichkeiten – auch immer wie ein Bollwerk zusammen. Und es entstehen Freundschaften in einem Ausmaß, auch das wünscht sich praktisch jeder. Was für ein Traum vieler Agilisten. Dieses Bild mag Hugo sehr gerne, denn auch seine Mission ist es – von schauspielerischen Leistungen mal abgesehen – eine Aufträge für Teams ebenso zu gestalten, dass im Ergebnis gute Teams herauskommen. Und zu seinem Ritual gehört es, vor solchen Workshops am Abend immer eine passende Folge zu schauen, um sich auf den kommenden Tag einzustimmen.

Die Sonne ließ die Stadt schon in den schönsten Farben erhellen, als die Teilnehmer des Teamfindungsworkshops den Konferenzraum im eigenen Unternehmen im Herzen der Stadt betraten. Sie waren voller Hoffnung und Vorfreude auf den Tag, der vor ihnen lag. Sie kannten sich bereits, da sie in unterschiedlichen Abteilungen und Funktionen bereits zusammengearbeitet hatten, einige waren allerdings auch neu im Unternehmen. Sie alle teilten jedoch ein gemeinsames Ziel: ein erfolgreiches Team zu bilden, das gemeinsam Herausforderungen meistern und Erfolge feiern würde.

Hugo war ein erfahrener Coach für Teamentwicklung und hatte schon viele Teams erfolgreich zusammengeschweißt. Klaus hingegen war Teil des Managements und hatte die Idee für den Teamfindungsworkshop. Gemeinsam hatten sie den Plan für den Tag entwickelt und waren überzeugt davon, dass sie das Team auf eine neue Ebene heben würden. Wie genau sich diese Gruppierung nun formen sollte, sodass es gut wird, das war das Ziel des Tages, welches mit Spannung erwartet wurde.

Hinter den beiden lagen schon eine ganze Reihe anstrengender Termine, von denen die Teilnehmer nur ahnen konnten. Natürlich kannten sie ihren Klaus. Klaus war schon ein Urgestein der Firma und hatte sie mit aufgebaut. Er stand auf der Schwelle von über 20 Jahren vom Management zum Leadership. Für ihn klang das alles einfach, ein neuer Begriff, das Team ist nun selbstorganisiert und der Rest ist ja wie immer. Hugo musste einiges an Energie investieren, damit Klaus sich Gedanken machte, wie Regeln für diesen Workshop aussehen könnten. Hugo war sich sicher aus seiner Erfahrung: Grobe Regeln, die Leitplanken für das Team aufstellen und Zeit für das Team, sich aufzustellen, sind die zwei wichtigsten Zutaten für diesen Workshop. Zwei Tage, wie sonst üblich von Hugo veranschlagt, wollte Klaus aber nicht geben. Und ein Abendevent auch noch zwischen den Tagen? Nein, das sei zu teuer und unnütz. Warum nicht an einem Tag? Nachfragen und Diskussion zwecklos.

Es kam nun genau zu diesem einen Tag, zu dem die Teilnehmer gerade in den Konferenzraum kamen. Hugo war noch damit beschäftigt, die Regeln von Klaus mit anderen Informationen an den Wänden zu befestigen und ebenso den Raum umzustellen: Eine klassische Anordnung von Tischen, die teilweise auch noch fest am Boden installiert waren, machte es nicht einfach – doch Hugo schaffte es mit etwas kreativer Energie, eine gute Arbeitsfläche zu schaffen. Es gab verschiedene Techniken und Plätze im

Raum, in denen mit Praktiken aus dem Management 3.0, Skalen und viel Visualisierung gearbeitet werden konnte.

Klaus wollte sich zunächst überhaupt nicht in den Workshop einbringen. Immer wieder beteuerte er gegenüber Hugo, dass doch alles klar sei. Mit einigen Fragen kitzelte Hugo Klaus dann doch und nahm sich die Zeit. Aber es ging nur zu Beginn und dann musste er wieder ins Meeting. Er kam vorbei und hatte sich im Vorfeld extra etwas Zeit genommen, eine kleine Rede zu schreiben. Hugo kannte die Rede nicht, gab ihm aber einen wichtigen Satz mit auf den Weg: »Klaus, denke am Ende daran, zu sagen, ‚egal wie euer Ergebnis am Ende aussieht, ich akzeptiere es!'«

Die Rede begann und Klaus wirkte etwas verloren. »Liebe Kollegen, wir befinden uns in einer Ära des Wandels, in der Agilität zur zentralen Säule unseres Erfolgs wird. Wir müssen flexibel auf die sich ständig verändernden Marktbedingungen reagieren und innovative Lösungen entwickeln ...«, argumentierte Klaus. Dieser Satz, wie viele weitere, waren beliebig austauschbar. Hugo kannte diese und ähnlich klingende Beteuerungen aus anderen Unternehmen nur zu gut. Er lauschte und schaute sich die Reaktionen der Teilnehmer an. Viele Emotionen in deren Gesichtern entdeckte er nicht. Es war eine Rede, deren Worte man nicht mehr wirklich im Nachgang behielt und die sich anhörte wie auf einer Agilitätsagenda. Während die Rede voranschritt, konnte Hugo sehen, wie die meisten Teilnehmer nur halbherzig zuhörten oder auf ihre Handys schauten. Klaus schien ebenfalls zunehmend desorientiert und verlor den Faden. Hugo fragte sich, warum er überhaupt hier war und ob es überhaupt einen Zweck hatte. Plötzlich wurde er aus seinen Gedanken gerissen, als Klaus mit einem tiefen Seufzer endlich die langweilige Rede beendete. Der Applaus, der folgte, war höflich, aber nicht besonders enthusiastisch. Hugo dachte darüber nach, wie viele ähnliche Reden er schon gehört hatte, bei denen er kaum etwas behalten hatte.

Hugo zog die Augenbrauen hoch und suchte Blickkontakt zu Klaus. Der schien aber nicht so recht zu verstehen, was genau er meinte. Nach dem Ende der Rede versuchte es Hugo dann noch mal etwas indirekter, auf den aus seiner Sicht wichtigen Satz hinzuweisen: »Möchtest du uns noch etwas für den Tag mitgeben?«

Da fiel es auch dem Klaus wieder ein – der Satz kam, war nicht wirklich authentisch und schien auch keinen Impact zu erzeugen. Die Teilnehmer blickten nun gespannt auf den eigentlichen Tag. Klaus ging, Hugo startete mit der Agenda durch und der Workshop begann.

Es war ein Workshop mit echt guter Energie. Alle merkten, dass ohne Klaus die Atmosphäre deutlich besser wurde. Es folgten im Team gute Gespräche für den Teamaufbau: welche Produkte werden entwickelt, welche Kommunikationskosten treten auf und der Tag nahm seinen Lauf.

Die Teilnehmer arbeiteten hart und konzentriert zusammen und mit jeder Stunde, die verging, fühlten sie sich

mehr und mehr wie ein echtes Team. Sie lernten, wie man sich gegenseitig unterstützt, wie man effektiv kommuniziert und wie man gemeinsam Ziele erreicht. Hugo führte sie durch verschiedene Übungen und Diskussionen, die sie dazu anregten, ihre Ideen und Gedanken auszutauschen und sich aufeinander einzulassen. Es fühlte sich alles gut an, doch schien es, als schwebe eine kleine Regenwolke über ihnen, wie etwas Unausgesprochenes.

Während des Workshops entstanden auch einige lustige Momente, die die Teilnehmer näher zusammenbrachten. Bei einer Übung, bei der sie gemeinsam einen Turm aus Papier bauen mussten, brach plötzlich das Gebilde zusammen und sie lachten alle herzhaft darüber. Ein anderer Moment war, als sie gemeinsam eine Visualisierung des Teams erstellten und jeder auf einem großen Blatt Papier seine Stärken und Schwächen notierte. Sie waren überrascht, wie viel sie gemeinsam hatten und wie gut sie sich ergänzten. Die Moving Motivators aus dem Management 3.0 brachten ebenso interessante Erkenntnisse hervor, bei denen gelacht wurde und auch wichtige Erkenntnisse gewonnen wurden: »Ach, wir haben nur zwei Menschen, denen Ordnung besonders wichtig ist?«

Es lag nicht an den Impulsen, auch nicht am Inhalt. Aber irgendwas drückte die Stimmung und hinderte die wirkliche Veränderung. Es wurde weiterhin konzentriert und gut gearbeitet und der Tag schritt schnell voran, bis es am Ende dann vollbracht war. Hugo schaute, ob sich Klaus zufällig noch mal blicken ließ. Tat er nicht.

Am Ende fasste es ein Teammitglied richtig zusammen: »Schade«, meine sie, »hätten wir die zwei Teams-Grenze nicht gehabt und auch keine doppelten POs, wäre eine ganz andere Perspektive möglich gewesen«, ein interessanter Satz, der Hugo noch etwas verfolgen sollte.

Abends auf der Dachterrasse des Hotels ließ Hugo die Gedanken Revue passieren. Die Führung aus Sicht von Klaus bestand schon aus einem klaren Bild, wie das Ergebnis aussehen sollte, bevor der Workshop überhaupt begann. Diese Erwartung wurde indirekt in Regeln und den Rahmen übertragen, ohne die Menschen zu Wort kommen zu lassen, die tatsächlich die Arbeit verrichten. Da wo es spannend wird, wo Energie existiert, gibt es keine Möglichkeit zu interagieren. Dort, wo das Umfeld eh klar ist, wird versucht über Möglichkeiten zu sprechen und Optionen zu ermöglichen, die aber alles andere als effektiv sind, maximal effizient. Dieses Muster gepaart mit einer guten Absicht von Teamfindungsworkshops aus Sicht des Managements verändert meistens gar nichts. Solange die eigentlichen Strukturen für die Teams nicht zur Option stehen, wird ein Teamfindungsworkshop nie einen tatsächlichen Impact erzeugen. Das ist aber genau das, was sich alle Beteiligten vorstellen.

Wie die Regeln lauteten? Es sollten sich zwei Teams finden. Alle Themen sollten dem einen oder anderen Team zugeordnet sein. Es gibt einen übergreifenden Architekten. Zwei Product Owner und auch ein Chief Product Owner sollten es zudem sein. Und bitte nichts an Strukturen anpassen, was die Personalabteilung betrifft. Das beinhaltet keine Verschiebung von Aufgaben, kein Wechseln von Abteilungen und Ähnliches.

Sebastian Schneider

Als Problemlöser und Impulsgeber hilft Sebastian Stück für Stück, schlechte Prozesse aus Unternehmen zu entfernen, um eine wertorientierte Produktentwicklung zu ermöglichen.

Epilog 7: Gute Absicht reicht nicht

Die zehn unmöglichen Missionen dieses Kapitels lenken unseren Blick auf die Absichten hinter den agilen Missionen. Mögen die Absichten auch noch so ehrenhaft sein, so ist nicht sichergestellt, dass sie erfolgreich sein werden.

Dabei geht es meistens um die Absichten der Führungskräfte, die die agile Mission initiieren. Sie rufen ständig nach Veränderung, leiten den nächsten Wandel ein, stellen das Organigramm noch einmal um, verordnen Trainings und sehen die Veränderung dann bereits als abgeschlossen. Vieles wird eingeführt, weil es in ihren Augen gerade Mode ist – wie Holakratie oder Scrum – anderes, weil jeder sagt, dass es verändert werden muss – Kommunikation, Kollaboration, Kosteneffizienz, und andere Klassiker.

In den zehn Beiträgen des Kapitels mag es oft so erscheinen, als wären die Führungskräfte schuld an der Misere. Bei genauerer Betrachtung stellen wir fest, dass sie sich oft in einer ungünstigen Position befinden, in der die gegensätzlich wirkenden Kräfte oder inkonsistenten Strukturen der Organisation ihre volle Wirkung zeigen. Kaum eine Führungskraft hat ein Studium oder eine Weiterbildung in Organisationsdesign oder Change Management abgeschlossen. Manche haben viel darüber gelesen und interessieren sich dafür, aber reicht das aus? Sie haben eine persönliche Erwartung, wie die Arbeit im Unternehmen ablaufen sollte, nur waren sie bisher selbst nie in diesem Endzustand und wissen nicht, wie sich dieser anfühlt. Wer bereits in einem anderen Unternehmen eine Erfahrung gemacht hat und diese im neuen Unternehmen erzeugen möchte, ist enttäuscht, dass sich das Ergebnis nicht genauso anfühlt wie dort.

Viele durch Manager angeregte Veränderungen laufen in ganz falsche Richtungen, die nie ihre Absicht waren. Dabei werden die Wirkmechanismen solcher Maßnahmen oft nicht verstanden oder fehlgeleitet interpretiert. Hier drei vereinfachte Beispiele:

Beispiel 1:
Problem: Wir brauchen mehr Talente und finden sie nicht am Markt.
Absicht: Wir bilden die Talente unseres eigenen Unternehmens stärker aus.
Maßnahme: Wir machen ein Schulungsprogramm für Talente, für das Personen von ihren Führungskräften empfohlen werden.
Wirkung: Wer nicht empfohlen wird, fühlt sich vernachlässigt. Das Schulungsprogramm ist nicht für alle Talente gleichermaßen interessant. Es bereitet niemanden auf die echten zu lösenden Probleme vor.

Beispiel 2:
Problem: Viele Mitarbeitende kündigen, weil sie sich während der Corona-Pandemie in der 100%igen Remote-Arbeit dem Unternehmen nicht mehr verbunden fühlen.
Absicht: Die Mitarbeitenden sollen sich häufiger wieder persönlich vor Ort treffen und austauschen und dadurch wieder Beziehungen aufbauen.
Maßnahme: Wir verpflichten die Mitarbeitenden dazu, mindestens 25% ihrer Arbeitszeit im Büro anwesend zu sein.
Wirkung: Noch mehr Mitarbeitende kündigen. Nun aber, weil sie sich zu nichts zwingen lassen wollen, weil sie weiter weg gezogen sind, unter der Prämisse der Remote-Arbeit eingestiegen sind, oder sich mit der Remote-Arbeit einen anderen Lebensstil aufgebaut haben.

Beispiel 3:
Problem: In einer Umfrage sagen 90% der Mitarbeitenden, dass sie zu viel Zeit in Meetings verbringen würden und zu wenig Zeit zum echten Arbeiten haben.

Absicht: Wir machen die Meetings effektiver und effizienter und reduzieren sie in ihrer Anzahl.
Maßnahme: Es wird ein Leitfaden für Meetings veröffentlicht. Hier werden Inhalte aufgeführt wie »Jedes Meeting bekommt eine Agenda«, »Jedes Meeting wird dokumentiert« und »Wir überlegen vorher, ob es dieses Meeting wirklich braucht«.
Wirkung: Die Mitarbeitenden fühlen sich infantilisiert und die Top-Manager ignorieren den Leitfaden gekonnt. Es gibt genauso viele schlechte Meetings wie vorher. Durch zynische Sprüche während der Meetings sinkt jedoch die Stimmung maßgeblich.

Die Maßnahmen sind alle in guter Absicht eingeführt, verfehlen jedoch ihre gewünschte Wirkung. Oft steckt ein gewollter direkter Steuerungsversuch dahinter. Etwas noch stärker festzuhalten, noch detaillierter vorzugeben oder sich noch mehr zu schützen, erschafft meist mehr wertlose Beschäftigung und weniger wertvolle Arbeit. Wir

finden uns in einer Druck-Spirale wieder: Die Führungskräfte finden ineffiziente oder ineffektive Arbeitsweisen vor, und versuchen sie mit mehr Kontrolle, mehr Steuerung und mehr harten Ansagen von oben in die richtigen Bahnen zu drücken.

Der Druck erzeugt einen Gegendruck: Mitarbeitende merken den Druck und wollen sich nicht kontrollieren, steuern oder einschüchtern lassen. Dadurch werden die Arbeitsweisen noch ineffizienter und ineffektiver. Die Führungskräfte versuchen nun noch stärker zu kontrollieren und Anweisungen zu geben.

Die Mitarbeitenden merken die Spannungen und versuchen, sich zum Schutz stärker abzusichern. Sie machen nur noch das, was sie gesagt bekommen und entscheiden zur Sicherheit weniger selbst. Führungskräfte versuchen das Gleiche und erschaffen mehr Leitlinien, Arbeitsanweisungen und Regularien. Das Ergebnis: Alles wird langsamer, träger, bis sich nichts mehr bewegt und nichts mehr fertig wird.

Nun müsste man umfangreich die Strukturen aufräumen, alte Anweisungen ausmisten, mehr Befugnisse erteilen und viel Zeit investieren. Aber so viel Energie und Geld steckt oft nicht hinter der Absicht. Es bleibt bei T-Shirts mit Firmenlogo für alle, einem lustigen »Ihr gestaltet mit!«-Video und Fähnchen mit Unternehmenswerten im Foyer. Es wird ein Pflaster geklebt, statt tiefgreifend die Symptome zu verringern.

Schauen wir auf ein paar feine Details der zehn Beiträge dieses Kapitels

Bei **Andreas** erfahren wir, was es bedeutet, wenn Führungskräfte mit guter Absicht Agilität einführen wollen und dann von den Wirkmechanismen geschockt sind.

Wenn die Arbeit in einem Team oder einer Abteilung nicht gut läuft, wird die Schuld gerne auf die agile Arbeitsweise geschoben.

Andreas schreibt, wie er mit Okaloa Flow Lab die Wirkmechanismen anfassbar und fühlbar gemacht hat. Durch dieses tiefergehende Verständnis für agile Wirkmechanismen, wird der Umgang damit schneller intuitiv.

Gute Absicht reicht nicht, es braucht auch Intuition.

Arnes Geschichte über die Einführung von New Work lässt immer wieder Hoffnung aufkommen, dass durch die guten Absichten etwas im Unternehmen zum Positiven verändert wird. Leider werden wir jedes Mal enttäuscht: Die Veränderung bleibt oberflächlich. Anke, die Hauptprotagonistin, schafft es nicht, mit zahlreichen Angeboten, Trainings und Wandtattoos der neuen Werte, dass die Probleme der Organisation weniger werden. Im Gegenteil: So treiben die agilen Maßnahmen wie Blütenblätter auf einem See: Erst wunderschön anzuschauen, dann vergehen sie, niemand beachtet sie mehr, bis sie zerfallen und eins werden mit ihrer Umgebung.

Gute Absicht reicht nicht, es braucht auch tiefgreifende Veränderung.

Wenn wir in **Connys** Beitrag schauen, erinnern wir uns an die harte Schule bei Karate Kid zurück. Shu Ha Ri heißt: »Deine Absicht muss gepaart sein mit großem Durchhaltevermögen« Erst meisters du das Folgen stur vorgegebener Regeln, dann das Abstimmen der Regeln auf den jeweiligen Kontext und im dritten Schritt lässt du alle gegebenen Muster hinter dir und gehst deine eigenen Wege. Die Absicht, direkt das Verhalten des Mitarbeitenden oder das Mindset der Organisation verändern zu wollen, ist übergriffig. Als Führungskraft fokussieren wir uns deshalb darauf, die Umgebung und die Regeln zu reparieren und nicht die Menschen.

Artikel 1 des Grundgesetzes besagt »Die Würde des Menschen ist unantastbar. Sie zu achten und zu schützen ist Verpflichtung aller staatlichen Gewalt.«. Die Achtung der Würde des Menschen gilt nicht nur bezüglich der Diskriminierungsschutzes und der Gewalt- und Mobbingprävention, sondern auch bei der Festlegung und Mitbestimmung der Arbeitsbedingungen. Jemandem mitzuteilen: »Du verhältst dich schlecht! Deine Persönlichkeit passt uns nicht! Du musst den Sinn hier erkennen und dich mit unseren Werten identifizieren!« ist nicht respektvoll und nicht fair. Kein Wunder, dass immer mehr Mitarbeitende das Gefühl bekommen, »nicht richtig zu sein.« Jeder Mensch möchte selbstverantwortlich an wertvollen Themen arbeiten und sich dabei zum Meister entwickeln. Vor allem möchte jeder nach eigenem Ermessen an sich selbst arbeiten.

Gute Absicht reicht nicht, es ist ein langer Weg bis zur Meisterschaft.

Cosima begleitet ein Team von Führungskräften in ihren neuen Rollen als laterale Führungskräfte und beim Wachstum zum Servant Leader. Das Höher-Schneller-Weiter brachte sie in ein Arbeitstempo, das nicht zu halten war, wenn nicht nach und nach alle in einem Burnout enden wollten. Sich einzugestehen, dass es so nicht weitergehen kann, war der Anfang. Die Absicht, etwas zu verändern, war der erste Schritt auf dem gemeinsamen Weg. Auf diesem Weg können die Führungskräfte lange Zeit nicht einschätzen, welche Geschwindigkeit sie einnehmen können, ohne auszurutschen, zu stolpern oder zu stürzen. Nach langer Übungszeit und vielen Missions Impossible können sie einschätzen, wie weit sie innerhalb einer gewissen Arbeitszeit kommen.

Sie haben gelernt, die maximale Geschwindigkeit nicht zu überschreiten, die sie langfristig gehen können, ohne selbst Schaden zu nehmen. Auch wenn es langsamer geht, so ist es eine nachhaltig gangbare Höchstgeschwindigkeit ohne zusätzlichen Stress, die zu zuverlässigen Ergebnissen führt.

Gute Absicht reicht nicht, es braucht auch Nachhaltigkeit.

Daniel fühlt sich zuerst wie in einem Schlaraffenland, wo er bei der Einführung agiler Ansätze ganz hervorragend auf die bereits geleistete Arbeit aufbauen kann. Mit genug Geld und Rückendeckung war es leichter als gedacht. Doch dann merkte er, wie alte Muster unverändert blieben: veraltete Dresscode-Regeln, gleiche Arbeitsweisen, gleiche Hörigkeit für die Obrigkeit. Die Einführung von agilen Methoden führt nicht gleichzeitig zu einer echten Veränderung. Dafür braucht es die Bereitschaft zum Musterbruch.

Der römische Redner Cicero sagte: »Auch wenn es anders gekommen ist, so ist doch das Bewusstsein, etwas recht und wahrheitsgemäß gewollt zu haben, ein großer Trost.« Trösten wir uns mit diesem Gedanken und richten unsere Aufmerksamkeit dorthin, wo echte Bereitschaft herrscht, etwas zu verändern.

Gute Absicht reicht nicht, es braucht auch Bereitschaft zum Musterbruch.

Jessica nimmt eine Mission an, die weit außerhalb ihrer Liga liegt. Sie nimmt die Herausforderung an und vertraut in sich selbst, in das Leben und in das Unerwartete. Kleine Warnsignale ignoriert sie gekonnt und fokussiert sich auf den nächsten erreichbaren Schritt. Ihre Absicht, kombiniert mit ihrer Gewandtheit und ihrem Vertrauen führt sie zum Erfolg und lässt alles hinterher sehr einfach aussehen.

Gute Absicht reicht nicht, es braucht auch Vertrauen.

Mit **Lisbeth** tauchen wir in eine Weihnachtsgeschichte ein, die sich auch im Hochsommer allgegenwärtig anfühlt. Wichtel Helmi beginnt als neuer Wichtel in der Werkstatt für Computerspielzeuge. Schon nach kurzer Zeit ist sie sehr unglücklich, da ihre Erwartungen an die neue Stelle alle nicht erfüllt werden. Im Weihnachtsdorf bestand die Absicht, leitende Wichtel einzustellen, die sich um das Wohlergehen der anderen Wichtel kümmern. Nun werden ihr jedoch nicht die Mittel und der passende Rahmen gegeben, um dies leisten zu können. Schnell ist Helmi am Ende ihrer Kräfte und sucht das Glück in einem Jobwechsel.

Die Absicht, Führungskräfte für das Wohl der Mitarbeitenden einzustellen, ist natürlich gut. Aber das bloße Einstellen von neuen Führungskräften reicht nicht. Es braucht die notwendigen Mittel, die notwendigen Befugnisse und die ständige Reflexion, ob die Erwartungen erfüllt werden. Nur dann können neue Mitarbeitende im neuen Job richtig ankommen und glücklich ihre neue Aufgabe erfüllen. Der deutsche Hochschullehrer Michael Marie Jung sagte: »Schon die Wahl der Rahmen lässt manche Absicht ahnen.« Hier ist der Rahmen genauso schwach und vergänglich wie die Absicht.

Gute Absicht reicht nicht, es braucht auch den passenden Rahmen.

Nadine und **Dennis** betonen in ihrer Geschichte, wie wichtig es ist, die Aufmerksamkeit gezielt und lösungsorientiert zu nutzen. Sie erarbeiten ein gemeinsames Zielbild und nutzen dieses kontinuierlich zur grundlegenden Orientierung. Indem sie sich auf die gestaltbare Zukunft und neue Verhaltens- und Denkmuster konzentrieren, können diese langfristig etabliert werden. Die Aufmerksamkeit bestimmt, wohin unsere Energie fließt. Es ist wichtig, sie bewusst zu lenken.

Gute Absicht reicht nicht, es braucht auch Aufmerksamkeit.

Manchmal sitzen wir in einem tiefen, dunklen, alten Ledersessel und fragen uns: Was hat mich hierher geführt? Bin ich hier richtig? Ist das genau das Problem, für das ich Talent mitbringe? – Mit **Robert** rutschen wir nicht nur tiefer in diesen Ledersessel hinein, sondern auch in die tiefen, dunklen und alten Strukturen eines Unternehmens. Er stellt sich die Frage: Bin ich allein bereits Irritation genug, um Veränderungen zu bewirken? Veränderungen, die ich nicht verstehe?

Mit guter Absicht eine Stelle angetreten zu sein, sein Bestes zu geben, heißt nicht, dass das Umfeld sich berechenbar verhält und das Beste anerkennt. Um empathisch und mitfühlend zu bleiben, ist es wichtig, die Situation und das Verhalten aller Beteiligten zu akzeptieren, wie sie sind. Nur mit Akzeptanz wird auch in Zukunft die Absicht gut sein.

Marshall Rosenberg, ein amerikanischer Psychologe, sagte dazu: »Jeder Mensch macht in jedem Augenblick seines Lebens das Beste, was er in diesem Augenblick tun kann.«

So können wir akzeptieren, dass steueroptimierte Buchhaltung oder Allianzen zum Unternehmen gehören. Ebenfalls können wir akzeptieren, dass die Gründertochter die Zügel wieder an sich zieht und ihrer vorherigen Absicht, die Führungskultur zu verändern, nicht länger folgt. Wir werden die Hintergedanken nie erfahren und somit auch nicht die dahinter liegende echte Absicht.

Gute Absicht reicht nicht, es braucht auch Akzeptanz.

Sebastian nimmt uns mit in einen Teamfindungsworkshop. Schnell erkennen wir, dass Manager Klaus nur halbherzig hinter dieser Absicht zu stehen scheint: die Zeit wird von zwei auf einen Tag reduziert, er will sich im Workshop nicht einbringen, hält eine nicht authentische Rede, verliert den Faden, geht danach und kommt nicht wieder.

Im Workshop wird zwar gut und konzentriert gearbeitet, aber den Teilnehmenden fehlt der Blick für die Möglichkeiten, etwas zu verändern. Zum Schluss wird nicht nur einigen Teilnehmenden, sondern auch dem Moderator Hugo klar: Die wesentlichen Strukturen, Befugnisse und Rollen im Team dürfen nicht verändert werden. Das war der vorgegebene Rahmen durch Klaus als Manager. Dadurch war der Workshop wirkungslos.

Master Yoda sagte im Film »Das Imperium schlägt zurück« zu Luke Skywalker: »Do. Or do not. There is no try.« – Man kann nicht loslassen und gleichzeitig festhalten, sich raushalten und gleichzeitig mitmischen oder vertrauen und gleichzeitig zweifeln.

Um das Unwahrscheinliche zu erreichen, braucht es ein außerordentliches Maß an Mut loszulassen. Im Film heißt es: »Du musst dich selbst darin trainieren, alles loszulassen, was du fürchtest zu verlieren.« Die Kunst des Loslassens ist vermutlich die schwerste, aber auch eine, die viel Freiheit in sich trägt.

Gute Absicht reicht nicht, es braucht auch ein Loslassen.

Der Ansatz des Intent-based Leadership, der absichtsorientierten Führung, nach David Marquet greift alle aufgeführten Erkenntnisse in seinen Prinzipien auf. Es geht darum, seine Absichten offen mitzuteilen, statt direkt eigene Lösungen und Arbeitsanweisungen vorzugeben. Auf diese Weise können Mitarbeitende eigene Lösungsideen einbringen und sich gegenseitig beim Erreichen der Absichten unterstützen. Sie fühlen sich stärker wertgeschätzt und sind motivierter, einen Beitrag zu leisten und Verantwortung zu übernehmen.

Ein Ideal, das nie existierte

Navigieren in Zwickmühlen

»Hilfe, ich stecke in einer Zwickmühle!« – so beginnt die verzweifelte E-Mail, die mich mitten in der Nacht von meiner Kollegin Julia erreicht. Julia ist seit zwei Jahren Scrum Master in einer IT-Abteilung. Ein Arbeitsauftrag ihres Vorgesetzten Gregor bringt sie neuerdings in einen heftigen Konflikt: Sie soll ihm »alles Wesentliche« berichten, das im Team passiert. Sogar Informationen aus den Retrospektiven soll sie weitergeben! Diese ungewöhnliche Forderung bereitet ihr schlaflose Nächte: Wirklich »alles«

zu berichten, würde das Vertrauen des Teams aufs Spiel setzen; Informationen zurückzuhalten, könnte wiederum den Vorgesetzten enttäuschen. Julia ist ratlos und bittet mich um Unterstützung. Wie ihr letztlich eine Lösung gelungen ist und wie der Beratungsprozess hierzu aussah – das ist meine Geschichte.

Aufbau der Unterstützung

Julia und ich vereinbarten, dass ich sie nicht nur bei der Selbstreflexion und einem Perspektivenwechsel unterstützen sollte. Parallel dazu wollten wir in einem kollegialen Wissensaustausch die methodisch-fachliche Ebene meiner Beratung reflektieren. Schließlich ergab sich folgende Struktur für unsere Arbeit:
- Das Anliegen: Worum geht es?
- Die Perspektiven: Wie viele gibt es?
- Das Ziel: Was soll erreicht werden?
- Das Vorgehen: Welche Schritte sind erforderlich?

Das Anliegen: Worum geht es?

Zu Beginn meiner Beratung verfolge ich nur zwei Ziele: eine positive Beziehung zu Julia aufzubauen und ihr Anliegen zu besprechen. Mit ihrer Bitte um Unterstützung hatte sie mir einen Vertrauensvorschuss gewährt, dem ich nun gerecht werden möchte. Julia muss spüren, dass ich ihr Anliegen, ihre Wahrnehmungen und Probleme wirklich ernst nehme – das ist zentral für den weiteren Vertrauensaufbau. Nur durch eine gute Beziehung, die auch von Julia so empfunden wird, kann sie sich neuen Sichtweisen öffnen – und das wird wichtig sein. Denn Julias Wahrheiten und die ihres Vorgesetzten sind vielleicht unterschiedlich.

Julia erzählte: Ihre Organisation steht ganz am Anfang der agilen Transformation. Die IT-Abteilung, in der sie arbeitet, ist am stärksten von Veränderungen betroffen. So wurden z. B. agile Teams mit dem Rollenmodell nach Scrum etabliert und mit agilen Prozessen ausgestattet. Doch die Folgen für die bestehenden Strukturen, Positionen und Prozesse wurden dabei zu wenig mitbedacht. So sei völlig unklar, welche Aufgaben den Führungskräften im neuen Kontext der Agilität zukommen sollten. Waren sie es zuvor gewohnt, für alles die Verantwortung zu übernehmen und im Zweifel die fachlichen, technischen und prozessualen Entscheidungen allein zu treffen, dominierte nun die Idee von autonomen Teams. Häufig und schnell hatte ihr Team also Entscheidungen getroffen, die Gregor erst im Nachhinein oder sogar überhaupt nicht erfuhr. Solange das Team in dessen Sinne handelte, war dieses autonome Vorgehen in Ordnung. Wenn jedoch Beschlüsse aus seiner Sicht »falsch« waren, drohte Gefahr für die Autonomie des Teams. Um alle Beteiligten vor solch »falschen« Entscheidungen möglichst zu bewahren, möchte sich Gregor zukünftig alle notwendigen Informationen auf kurzem Dienstweg besorgen. Fachliche Inhalte liefert der Product Owner, technische Inhalte der Senior-Entwickler – und »wie es im Team so läuft«, soll Julia berichten.

Aber: Relevante Inhalte werden vertraulich behandelt – das darf das Team von dem Scrum Master erwarten. Doch darf der Vorgesetzte nicht ebenfalls erwarten, dass sein Auftrag erfüllt wird? Julia fühlt sich gefangen in einer typischen Zwickmühle, die nur die Wahl zwischen »Pest oder Cholera« lässt, und ihre beiden »Optionen« heißen: Vertrauensverlust oder Vorwurf der Arbeitsverweigerung. Wie komme ich nur aus diesem Dilemma heraus – darum kreisen ihre Gedanken Tag und Nacht.

Die Perspektiven: Wie viele gibt es?

Nach der Beschreibung des Anliegens steuere ich behutsam in die nächste Phase unserer Arbeit: Julias scheinbar fest zementierten Perspektiven müssen möglichst andere Sichtweisen hinzugefügt werden, um neue Lösungsansätze zu identifizieren. Denn ihre Zwickmühle wäre keine, wenn sich aus ihren bisherigen Überlegungen funktionierende Auswege ergeben hätten. Ein guter Weg, die Problematik durch eine andere Brille zu betrachten, bietet eine Hypothesenbildung über die versteckten Absichten dieses quälenden Auftrags. Also frage ich: »Welche Beweggründe leiten Gregor? Waren die ‚falschen' Entscheidungen des Teams wirklich so verheerend?«

Julias Hypothese kam schnell: »Mein Vorgesetzter misstraut dem Team, er will lieber alles micro-managen.« Doch schon während sie sprach, merkte sie selbst, wie voreingenommen diese negative Annahme klang. Denn zu keinem Zeitpunkt hatte Gregor je geäußert, dass er dem Team nicht vertraute, auch wenn sein Verhalten dagegen sprach. Julia wurde klar: »Ich habe Gregor aus reiner Unwissenheit negative Absichten unterstellt. Dadurch begegne ich ihm mit weniger Wertschätzung.« Eine vertrauensvolle Zusammenarbeit kann so natürlich nicht gelingen!

Im nächsten Schritt bringe ich eine neue Perspektive ein, indem ich Julia mit einem hypothetischen Szenario konfrontiere: »Angenommen, du wärst in der Position deines Vorgesetzten und hörtest in der letzten Zeit des Öfteren vom Management: ‚Dein Team performed nicht gut genug – du hast es wohl nicht im Griff?!' Was würdest du dann machen?« Schlagartig wurde Julia klar, dass sie ihre Situation und das Verhalten von Gregor bisher aus einer idealen, agilen Weltanschauung heraus betrachtet hatte. In dieser Wunschvorstellung lösen Teams weitestgehend autonom ihre Problemstellungen und tragen die Konsequenzen selbstständig. Jedoch gilt in einer Organisation, die erst am Anfang ihrer agilen Reise steht, vermutlich auch weiterhin: Die Verantwortung tragen die Vorgesetzten! Diese Perspektive hatte den Charme, bei Julia spontan mehr Verständnis für das Verhalten von Gregor zu wecken, auch wenn ihre Einsicht lediglich auf einer (möglicherweise falschen) Hypothese beruhte. Von nun an gelang ihr eine stärker wertschätzende Betrachtung ihres Vorgesetzten – und damit eine wichtige Navigationshilfe aus der Zwickmühle heraus.

Hypothesen erheben keinen Anspruch auf Wahrheit und ermöglichen deshalb eine emotionale Distanz. Sie werden akzeptiert, weil die bisherige persönliche Wahrheit dadurch nicht notwendigerweise abqualifiziert wird.

Das Ziel: Was soll erreicht werden?

Zu Beginn wusste Julia nur, dass sie »das Team vor Micro-Management von außen bewahren« wollte. Nach der Hypothesenbildung erweiterte sich ihre Sichtweise auf die Situation um die Perspektive des Vorgesetzten. Julias neue Ausrichtung lautete nun: »Es findet ein regelmäßiger Austausch mit Gregor statt, sodass dieser dem Management jederzeit berichten kann.« Aber: »Welche Informationen weitergegeben werden, ist transparent, d. h. sie sind mit dem Team abgesprochen.«

Da Julia auch immer wieder über Schlaflosigkeit und Gedankenkarussell klagte, ist es mir wichtig, nicht nur die kognitive Ebene anzusprechen. »Julia, was würde sich konkret in deinem Erleben ändern, wenn die Zwickmühle verschwindet?« »Ich könnte endlich wieder abends abschalten und hätte bei meinem Vorgesetzten kein beklemmendes Magengefühl mehr«, war ihre erleichterte Antwort.

Bei der Beschreibung von Zielen kann die Kombination aus körperlichen und kognitiven Aspekten helfen, plastische Formulierungen zu finden. Daran lässt sich später gut messen, ob das Ziel wirklich erreicht wurde.

Das Vorgehen: Welche Schritte sind erforderlich?

Zunächst wollten wir Julias Versuche betrachten, sich selbst aus der Zwickmühle zu befreien. Sie waren zwar vergeblich, doch werden durch eine solche Rückschau vielleicht wertvolle Kompetenzen oder Ideen sichtbar, die uns auf neue Spuren führen.

Julia erinnerte sich ungern, aber schließlich erzählte sie: Völlig fehlgeschlagen war ihr Versuch, den Vorgesetzten über »Agilität« zu belehren. Auch das Aussitzen der Arbeitsanweisung und nur »unwesentliche« Informationen mit ihm zu teilen, hatten nicht zum Erfolg geführt. Doch dann ergänzte sie auf einmal, sie hätte sich nicht getraut, das Team über ihren Arbeitsauftrag in Kenntnis zu setzen. Da ohnehin Spannungen zwischen dem Team und Gregor bestanden, hatte Julia befürchtet, dass die Stimmung zusätzlich darunter gelitten hätte und ggf. sie dafür verantwortlich gemacht worden wäre.

Mit diesem letzten Aspekt erweiterte Julia plötzlich den bisherigen Horizont. Denn hatte sie zuvor nur ihre eigene Person gesehen, zerrissen zwischen zwei Parteien, nahm sie nun das Verhältnis zwischen dem Team und Gregor in den Blick. Jetzt ergab sich als Denkfigur ein Dreieck, das durch den Arbeitsauftrag insgesamt aus dem Gleichgewicht zu geraten drohte.

Damit lag es nah, endlich den gefürchteten Auftrag genau zu analysieren – und das konnte nur in der direkten Kommunikation mit dem »Auftraggeber« geschehen. Aufgrund ihrer Bereitwilligkeit, Gregor nicht mehr mit negativen Annahmen zu begegnen, ließ Julia sich auf diesen Lösungsweg ein.

Für die »Auftragsklärung«, die im Gespräch mit Gregor erfolgen sollte, stellten wir konkrete Fragen zusammen:

- Welche Probleme sollen durch die Informationen aus dem Team für wen gelöst werden?
- Welche Informationen braucht Gregor zu welchen Zeitpunkten von wem?
- Wie sieht aus seiner Sicht eine mögliche Lösung für Julias Zwickmühle aus?
- Woran erkennt Gregor eine gute Qualität der Informationen?
- Was würde passieren, wenn die Informationen aus dem Team nicht wie erwartet zu ihm gelangen?
- Welches Risiko entsteht durch den neuen Informationsfluss?

- Was würde das Team seiner Meinung nach zu seinen Wünschen sagen?

Diese Fragen sollten Gregor die Möglichkeit eröffnen, seine Erwartungshaltung und Bedürfnisse zu formulieren. Zugleich war es Julia wichtig, eine vertrauensvolle Beziehung mit ihm aufzubauen, wie sie sie selbst in unserer gemeinsamen Arbeit erlebt hatte.

Damit endete meine Beratung. Aber nicht die Geschichte …

Nach einiger Zeit erzählte mir Julia begeistert von der weiteren Entwicklung: Es war ihr gelungen, eine vertrauensvolle Gesprächsatmosphäre in der Gruppe herzustellen, die viel Verständnis für Julias Zwickmühle und ihre Verhaltensweisen zeigte. Gregor gestand, dass er sich keine Gedanken über die Wirkung seines Auftrags gemacht hatte, und schilderte die Hintergründe seiner Anweisung. Auch er hatte sich in einer Zwickmühle gesehen. Er selbst vertraute dem Team durchaus (diese Hypothese stimmte also!), doch seine Chefs hielten wenig von »neumodischen« Konzepten wie Autonomie und sähen ihn in der vollen Verantwortung.

Nun konnten Julia und Gregor klären, was er benötigte und welchen Beitrag er sich von ihr wünschte. Sie entwickelten gegenseitig ein Verständnis für ihre unterschiedlichen »Zwänge«, so dass Julia ihn schließlich zu folgendem Vorgehen einladen konnte:

Das Team sollte schnellstmöglich und in voller Transparenz von dem Arbeitsauftrag erfahren.

In einem Workshop wird zusammen mit dem Team erarbeitet, wie ein regelmäßiger Informationsfluss aussehen soll.

Regelmäßige Prüfungen werden ergeben, ob die Lösung funktioniert oder angepasst werden muss.

Für die Arbeit an der Beziehungsebene hatte Julia zusätzlich eine eigene Struktur konzipiert: Sie hatte die Gespräche zur Auftragsklärung in zwei Termine aufgeteilt und die Zeit dazwischen genutzt, um Gregor ihre Wertschätzung seines Anliegens zu zeigen. Im Rahmen des Möglichen spiegelte sie ihm aktiv wider, was im Team passierte, und ging ausführlich auf seine Rückfragen ein. Daraus gewann sie selbst neue Perspektiven und begegnete Gregor mit einer zunehmend positiven Haltung. So entwickelten sich wertvolle Dialoge, die den beiden das Gefühl eines guten Miteinanders vermittelten.

Resümee

Nach einigen Monaten berichtete Julia, dass gemeinsam eine Lösung erarbeitet worden war, die allen Beteiligten gerecht wird: Das ursprüngliche Anliegen ihres Vorgesetzten kann erfüllt werden, ohne dass das Team einen Vertrauensbruch befürchten muss. Und Julia war ihre Zwickmühle los! Neben diesem konkreten Erfolg gab es für Julia einen weiteren Gewinn: Die zentrale Erkenntnis, wie bedeutsam gute menschliche Beziehungen sind und wie stark diese von eigenen – leider oftmals unbegründeten – Annahmen beeinflusst werden.

Frederick Meseck

Sein Erfolgsrezept ist die konsequente Umsetzung systemischer Ansätze im agilen Kontext. Das zeigt sich in seiner freiberuflichen Tätigkeit als »systemisch agiler Berater«, in der er nicht nur Einzelpersonen durch Coachings und Mentoring unterstützt. Er hilft auch Teams und Organisationen im Umgang mit Veränderungen, um sich zielgerichtet zu entwickeln. Seine Erfahrungen hierzu teilt er in der Weiterbildung von Agile Coaches und in seinen bekannten Vorträgen auf Konferenzen. Tiefere Einblicke in sein Arbeitsfeld finden sich in seinem Buch »Systemisch agil beraten«.

Einen hohen Preis bezahlt

Der Anruf erreichte mich auf der Autobahn. Es war Jean-Pierre: »Du, ich hab da einen im Scrum Master Training, der will ne Motorkomponente mit Scrum machen. Das wär doch was für dich?« Natürlich ist das was für mich. Das will ich mir genauer ansehen. Wenige Tage später war ich vor Ort, um herauszufinden, um was es geht. Im Vorfeld hatte ich mir schon Gedanken gemacht: Was könnten die Inkremente sein? Welche Fertigkeiten und welches Wissen benötigen wir im Scrum Team? Wie beginnen wir eine agile Produktentwicklung einer Mechanik-Komponente? Schnell stellte ich fest, dass diese Fragen an der aktuellen Situation vorbeizielten. Die Komponente, die ein neuartiges Konzept umsetzt, war schon fertig konstruiert und hatte auch schon erfolgreiche Testläufe im Verbrennungsmotor hinter sich. Das sich formierende Scrum Team sollte also nicht die Aufgabe haben, die Funktionalität weiterzuentwickeln, sondern den Systempreis auf die Kundenvorstellung zu senken. Spannend, das hatte ich noch nie.

Doch auch in anderen Aspekten war das erste Treffen für mich überraschend – im positiven Sinne. Sponsor der Scrum-Einführung war nicht etwa das Projekt oder die Entwicklungsleitung, sondern der Qualitätsleiter, Herr Mars. Er wollte für das Unternehmen herausfinden, ob Scrum für diese Produkte und diese Märkte einen Mehrwert bringt – eine Art U-Boot-Projekt, denn das restliche Management schien sich nicht so sehr für das »agile Zeugs« zu interessieren. Und er hatte sich zu den Rahmenbedingungen der angestrebten Pilotierung im Vorfeld Gedanken gemacht: »Ich möchte das Maß an Kompromissen auf das absolute Minimum reduzieren. Nur so können wir wirklich lernen, ob uns Scrum weiterbringt oder nicht.«

Ich war baff, besser hätte ich es nicht formulieren können. Normalerweise bin ich in der Rolle, dem kleinen Scrum-Pflänzchen eine Umgebung zu erkämpfen, in der es zumindest theoretisch eine Überlebenschance hat. Also lauschte ich weiter den Ausführungen von Herrn Mars: »Ich bin gerade dabei, einen Raum für das Team zu organisieren, in dem es bleiben kann. Das ist bei uns gerade schwierig, aber ich habe meine Beziehungen, das bekommen wir hin. Intern ist schon geklärt, welche Entwickler wir benötigen, ich habe mit deren Vorgesetzten gesprochen, dass sie alle zu 80 % zur Verfügung stehen. Der Modus wird sein, dass sie vier volle Tage für unser Scrum Team da sind und einen Tag für die anderen Projekte. Keine Kontextwechsel über den Tag. Alle werden ihre Arbeitsplätze in den neuen Raum verlegen und am fünften Tag auch von dort arbeiten. Ich stelle aus meiner Abteilung eine Vollzeitstelle für den Scrum Master zur Verfügung. Da wir das Gelernte verteilen möchten und ein wenig flexibel sein möchten, werde ich diese Stelle 50/50 aufteilen, auf meine Mitarbeiter Lars und Felix, ich denke, das geht in Ordnung.« Wenn meine Kinnlade nicht eh schon am unteren Anschlag gewesen wäre, hätte sie jetzt die Tischkante berührt. Das klang alles zu gut, um wahr zu sein. Aber, alte Beraterweisheit: Erst mal auf die Taten warten und dann erst die Begeisterung zulassen.

Eine Woche später starteten wir mit einem zweitägigen Scrum Training. Alle Teilnehmer waren freiwillig in dem Team und waren motiviert, etwas Neues zu lernen. Wenige Tage nach dem Training führte ich mit dem Product Owner und den Scrum Mastern noch einen kleinen Vertiefungsworkshop für deren Rollen (damals gab es noch Rollen in Scrum) durch. Danach erweckten wir in der Team Charter das Framework zum Leben, indem wir unter anderem die 3-3-5 Elemente von Scrum (3 Rollen, 3 Artefakte, 5 Events) definierten. Auf zwei Tage verteilt haben wir dann das erste Product Backlog gezimmert und vor allem das Inkrement festgelegt. Das war in diesem Fall ein abgestimmtes Produktionskonzept für die eingeführten Änderungen. So konnte das Team Sprint für Sprint Geometrien und Materialien verändern und hatte am Ende ein neues Produktionskonzept samt neuem Systempreis. Dieser sollte dann Sprint für Sprint nach unten gehen, bis zur Zielmarke.

Was dann kam, hat all meine Erwartungen als Berater übertroffen. Im Folgenden möchte ich ein paar Beispiele für Situationen schildern, an die ich mich auch nach vielen Jahren noch lebhaft erinnern kann. Es begann mit dem ersten Sprintziel: Alle aktuellen Einkaufspreise sollten aktualisiert werden. Das war die Basis, von der aus das Team optimieren wollte. Dazu haben intuitiv alle Teammitglieder zusammengearbeitet, konkret: Alle waren am Telefon, um die Kalkulation zu aktualisieren. Als ich dieses spontane »Schwarmerlebnis« begeistert in einer Management-Runde erwähnte, kam der erste harte Kontakt zur vorhandenen Management-Kultur. Der Linienvorgesetzte des Konstrukteurs Markus im Team war entsetzt: »Der Markus soll konstruieren und nicht rumtelefonieren. Wenn Ihr dem keine Konstruktionsaufgaben gebt, dann nehm' ich ihn wieder aus dem Team, denn er muss konstruieren.« Das war der Praxis-Spiegel der rhetorischen Frage von Henrik Kniberg: »Wollt Ihr beschäftigte Menschen, oder wollt Ihr Ergebnisse?«

Irgendwie konnten die anderen Kollegen im Management organisieren, dass Markus im Team bleiben durfte, und so war schon das erste Sprint-Ende erreicht. Das Team hatte nicht nur die Kalkulation aktualisiert (Sprintziel), sondern auch ein Glossar für das Produkt erstellt und dieses mit einem gerenderten 3D-Modell verknüpft und als Glossar-Poster auf A0 ausgedruckt – damit alle im Unternehmen die identischen Begriffe verwenden konnten. Product Owner und Manager im Sprint Review waren nach zwei Wochen so positiv vom sichtbaren Fortschritt überrascht, dass das Team mit viel Vertrauensvorsprung weitermachen konnte.

Nach dem zweiten Sprint lief das Selbstmanagement des Teams auf Hochtouren – an einem Betonpfeiler im Team-Raum war eine Skala für den Systempreis entstanden und ein Klebepfeil visualisierte den aktuellen Stand. Scrum Master Lars hatte einige Dinge in der Infrastruktur optimiert (Konferenztelefon, Whiteboard, andere Stühle) und zeichnete stolz jeden Abend den Burndown am Whiteboard ein. Beziehungsweise – er zeichnete bis zu dem denkwürdigen Abend, an dem sich die Entwickler zwischen ihn und das Whiteboard stellten, mit der Ansage: »Lass unser Burndown-Chart in Ruhe, wir haben den Burndown gemacht, nicht Du.« Mit diesen Worten zeichnete einer der Entwickler den Burndown ein. Dieses Beispiel erwähne ich immer noch in meinen Trainings: In welchen Kulturen arbeiten Entwickler üblicherweise, wenn ein 5 cm langer Strich mit einem Filzstift zum lang ersehnten Feedback zum eigenen Fortschritt wird und energisch verteidigt werden muss!?

Wie intuitiv das Team das Selbstmanagement wie auch das Verständnis von Effizienz und Effektivität vorangetrieben hat, zeigte sich auch bei einem der Impediments: Ein Lieferant benötigte ein 3D-Modell eines Gussteils, um auf dieser Basis seinen mutmaßlichen Prozess und damit einen Angebotspreis festlegen zu können. Die interne Regelung im Unternehmen war jedoch, dass 3D-Modelle nur zum Lieferanten übermittelt werden dürfen, wenn dieser eine Geheimhaltungsvereinbarung unterschrieben hat und wenn die Übertragung über eine von der IT-Abteilung eingerichtete verschlüsselte Verbindung erfolgt. Dieser Prozess benötigte erfahrungsgemäß 4-6 Wochen. Die Lösung des Teams: Das 3D-Modell kommt auf einen USB-Stick und einer der Entwickler fährt mit Stick und ausgedruckter Geheimhaltungserklärung zum Lieferanten: Tausche USB-Stick gegen Unterschrift. Die Reise hatte eine Übernachtung erfordert, aber die Daten waren so nach einem Tag beim Lieferanten, statt nach den üblichen 4-6 Wochen. Der Scrum Master klärte mit dem Management, ob dieses Vorgehen möglich ist und organisierte ein Pool-Fahrzeug. Das Thema wurde zur nachhaltigen Lösung des IT-Problems als Impediment weitergeführt. Wow! Dieses Vorgehen war aus Projektsicht (und aus Scrum-Sicht) ein voller Erfolg, wäre jedoch in dieser (wie in vielen anderen) von einem fehlgeleiteten Effizienzstreben geprägten Kultur sonst so nicht möglich gewesen.

Nach und nach wurden die Abstände zwischen meinen Besuchen beim Team größer, selten durfte ich mit einem Team arbeiten, das so selbstverständlich nicht nur die Regeln von Scrum, sondern auch die Denkweise dahinter übernommen hat. Ich war inzwischen in anderen Projekten unterwegs und freute mich auf ein kleines Abschlussmeeting Ende des Jahres, wenn das Produkt erfolgreich in den Markt eingeführt werden würde.

Der Anruf erreichte mich auf der Autobahn. Seit dem ersten Sprint waren vier Monate vergangen. Es war Herr Mars: »Herr Pfeffer, das Management hat das Projekt unseres Scrum Teams gestoppt. Es gibt nächste Woche ein Abschlussmeeting, wäre gut, wenn Sie bei diesem Meeting dabei sein könnten.« Ich war geschockt. Alles lief so gut, warum wurde das Projekt gestoppt? Das Abschlussmeeting folgte wieder den alten Regeln: Nur Manager waren anwesend, niemand vom Team. Der Entwicklungsleiter argumentierte nach einer kurzen Einführung: »Das Team hat festgestellt, dass wir mit diesem neuen Konzept den vom Kunden geforderten Systempreis nicht erreichen können. Darum haben wir das Konzept beerdigt. Dieses Scrum war ein voller Erfolg. In ähnlichen Fällen haben wir für eine solche Erkenntnis ein Jahr benötigt, hier jetzt nur vier Monate. Super.«

Leicht in Trance taumelte ich aus dem Besprechungszimmer. OK, frühes Feedback ist ein Erfolg, aber »Abbruch«, »beerdigen« – was sollte mit »meinem« Team geschehen? Drei Ecken weiter war der Teamraum. Ich trat hinein und war erneut geschockt. Die Atmosphäre des Aufbruchs war einer großen Trauer gewichen. Die Kollegen packten ihre Sachen zusammen, um ab der nächsten Woche wieder in ihren ursprünglichen Abteilungen zu arbeiten. Das Scrum Team existierte nicht mehr. Es war auch nicht vorgesehen, für andere Themen oder in anderen Konstellationen mit Scrum zu arbeiten. Scrum war also aus Sicht des Managements ein Erfolg, aber ab dann hatte niemand mehr Interesse daran. Das habe ich bis heute nicht verstanden.

Für das Team war es besonders schlimm. Für vier Monate konnten sie hochmotiviert als Team zusammenarbeiten und Großes bewirken. Danach war alles wieder beim Alten. Nein, es war schlechter als vorher. Freiheitsgrade, Feedback und Erfolg waren einer Demotivation gewichen. Der Kunde wollte den hohen Preis für die Motorkomponente nicht bezahlen, das ist verständlich. Das Ergebnis des Scrum Teams war aus Unternehmenssicht ein Erfolg. Für mich fühlte es sich aber nicht nach Erfolg an. Ich war erst begeistert von diesem tollen Team und dann enttäuscht vom plötzlichen Ende – gepaart mit einem Schuss Verzweiflung und Grübeleien, dass ich das nicht ändern konnte. Das Team aber hat durch das Hin und Her, durch das Neu und Alt, durch das Menschsein und dann wieder das Rädchen im Getriebe sein den höchsten Preis bezahlt.

Joachim Pfeffer
ist Experte für die agile Produktentwicklung von physischen Produkten. Seit vielen Jahren berät er Unternehmen in der Automobilindustrie und im Maschinenbau, um mit ihnen flexible und schnelle Entwicklungsabläufe in einer zunehmend komplexen Welt zu entwerfen.

Co-Leadership: Stellvertretung[2]

»Was möchtest du in der nächsten Zeit mehr machen? Wo möchtest du Erfahrungen sammeln?« So in etwa lauten die Einstiegsfragen in unser Quartalsgespräch.

Wir, das sind Ornella und Fabian. Ornella ist vor ein paar Monaten als Agile Companion zu uns ins Agile Center of Expertise (ACE-Team) gekommen, das Fabian im Jahr zuvor als kleines Team übernommen hat und seitdem leitet. Das Team begleitet die agile Transformation im Bereich Smart Home bei Miele und ist in den letzten Jahren stark gewachsen. Knapp über 20 Scrum Master und Agile Companions begleiten mehr als 50 Teams. Eine Leistung, die nur durch enge Zusammenarbeit und viel Vertrauen möglich ist.

Ornella begeistert sich schon seit jeher für die individuellen Stärken und die Weiterentwicklung von Mitarbeiterinnen und Mitarbeitern. Der Mensch und seine individuellen Bedürfnisse und Motive stehen für sie im Mittelpunkt. Was also wie eine harmlose Icebreaker-Frage daherkam, entpuppte sich als viel mehr, denn Ornella antwortet mit festem Blick und sicherer Stimme: »Ich möchte mehr Verantwortung für das Team übernehmen.« Und das sollte nicht folgenlos bleiben.

Film ab für Fabians Kopfkino, die Synapsen feuern: »Aha, erst seit Kurzem dabei, aber schon Chefambitionen« oder »Dann musst du aufpassen, dass sie nicht bald auf deinem Stuhl sitzt.«

Diese Gedanken kennen wir alle und mit althergebrachten Denkmustern wäre die Antwort wohl »Dann musst du dir einen neuen Job suchen« gewesen und unsere Geschichte damit auch schon zu Ende. Ist sie aber nicht, denn wo Agil draufsteht, sollte auch Agil drin sein – geleitet von den agilen Werten.

In den bunten Corporate-Broschüren dieser Welt lesen sich »Unsere Werte« oft als nette Texte. Kommt dir das bekannt vor? Denkst du dann nicht auch: »Naja, ist eben Marketing, das müssen die ja schreiben, weil das heutzutage ja alle so machen.« Ertappt. Was aber, wenn wir die Aussagen und die Menschen dahinter wirklich ernst nehmen?

Ornella ist zweifelsohne ambitioniert, talentiert und sicherlich – wie es im schönsten HR-Slang heißt – auch Potentialträgerin. Ornella hat also den konkreten Wunsch, mehr Führungsverantwortung in einem Konzern mit klassischen Strukturen zu übernehmen: klare Hierarchien, klare Verantwortungsketten und ein weitverzweigtes wie auch wenig flexibles IT-System, das diese Zuständigkeiten prozessual abbildet. Kaum Platz für schnelle, schlanke Lösungen. Ein Dilemma!

Und nun? Ornella will also mehr Verantwortung übernehmen und hat das Zeug dazu; Fabian will Menschen befähigen und Räume schaffen, in denen Potentiale entfaltet werden können. Die Frage lautet also nicht »Wie verhindern wir es?«, sondern »Wie machen wir es möglich?«.

Agil bedeutet für Fabian auch, Losungen abseits der bewährten Trampelpfade – die oft heißen »Das haben wir schon immer so (oder wahlweise: noch nie) gemacht« – zu finden. So grübelt er und hat ein paar Tage später einen Einfall, den er mit seinem Chef bespricht. Der ist offen für Agilität und ermutigt ihn, dieses Experiment zu probieren. Nun schildert Fabian seine Idee Ornella: »Geteilte Führungsverantwortung. Ich weiß zwar auch noch nicht, wie das konkret aussieht oder funktionieren kann, aber wir können's ja mal probieren.«

Vorwegzunehmen hierbei ist: Begriffe wie Co-Leadership, Joint Leadership, Top Sharing oder auch Job Sharing zählten zu diesem Zeitpunkt noch nicht zu unserem regulären Wortschatz. Wir kannten die Begriffe und Bedeutungen grob, eine Ahnung, welche Bedeutung sie in den darauffolgenden Monaten noch für uns bekommen würden und was das inhaltlich konkret bedeutet, hatten wir zu diesem Zeitpunkt überhaupt nicht.

Ornella zögert nicht und wir überlegen zusammen, wie die ersten Schritte aussehen. Das Fundament dafür sind die agilen Werte. Einer davon ist Transparenz: relevante Informationen teilen, an möglichst vielen Terminen teilnehmen können, aber nicht müssen, offener Austausch zu Hintergründen, Erwägungen und Erfahrungen. Nach einem Probemonat für uns beide stellen wir diese Idee dem ACE-Team vor. Im Team sind wir Experimente gewohnt, wir verproben häufig neue Ideen, verfeinern, geben Feedback, verwerfen, überarbeiten, um – ganz im Sinne unseres Unternehmensmottos – »Immer besser« zu werden. Und so sind die ersten Reaktionen aus den Reihen des Teams positiv für dieses Experiment.

So gestärkt, freuen wir uns beide mit einer Mischung aus Spannung, gesunder Naivität und viel Energie auf das, was da vor uns liegt. Wir haben eine vage Vorstellung von dem Ziel, wissen aber noch nicht, wie wir dahin kommen. Außer, dass ein Schritt nach dem anderen folgt. Genau das bedeutet Agilität für uns.

Welche Hindernisse liegen vor uns? Das erste konkrete Hindernis, über das Fabian stolpert: Ornella braucht uneingeschränkten Zugriff auf seinen Kalender. Du magst dich nun fragen: »Was soll das Problem sein?« Üblicherweise sind Kalender bei uns nicht einsehbar (außer »frei / belegt«) – wahrscheinlich ist das die Grundeinstellung der IT-Systeme in vielen Unternehmen und kaum jemand hat sich je gefragt, wozu diese Einstellung dient. Der Transparenz jedenfalls nicht. Es sind nur wenige Klicks, die für Transparenz sorgen, Fabian dennoch aber erstmal Überwindung kosten, denn das hat es ja noch nie gegeben. Damit kann Ornella sich selbst relevante Termine weiterleiten und auch nachfragen, wofür bestimmte Termine sind. Und wo wir schon beim Thema sind, Fabian öffnet seinen Kalender bei der Gelegenheit auch gleich für den ganzen Konzern. Ein paar aufgeregte Anrufe von Kolleginnen und Kollegen bestätigen, dass es funktioniert hat: »Dein Kalender ist offen, ich kann alle deine Termine sehen, das ist doch bestimmt ein Versehen!« Nein, das ist so gewollt. Das ist ein wahrnehmbares Zeichen für Veränderung.

Das nächste Hindernis ist die Team-Budgetplanung. Kostenstellen, Buchungen, Aufträge usw. sind traditionell empfindliche Bereiche, mit deren Wissen man mit wenig Aufwand vieles kaputt, aber auch ebenso viel besser machen kann. »Wie sollen wir als Team wirtschaftlich arbeiten, wenn wir nicht beide die wirtschaftlichen Eckdaten kennen?«, fragt sich Fabian. Verantwortung übernehmen zu können, bedingt auch immer den dafür notwendigen Kontext und relevante Informationen zu kennen. Wir einigen uns mit Einkauf und Controlling darauf, dass wir dieses Experiment zusammen machen und das Risiko gemeinsam tragen.

Für Ornella folgen nun viele »Aha«- und Lernmomente. Die Möglichkeit, Führung »on the job« zu lernen, Fragen direkt zu stellen und Feedback zu bekommen, sieht Ornella als Privileg. Neben den vielen Vorteilen bringt das Co-Leadership-Modell auch einige Herausforderungen bzw. Limitierungen für sie: »Wie werde ich als Co-Leitung in der Organisation wahrgenommen, wenn ich rein formell keine bin?« Dazu kam das Unterstellungsverhältnis zu Fabian. Schließlich war und ist Fabian noch die Führungskraft des ACE-Teams und damit auch von Ornella. Das Modell kann also nur funktionieren, indem wir offen auf Augenhöhe miteinander umgehen und einander vertrauen.

504 | Agile Missions Impossible

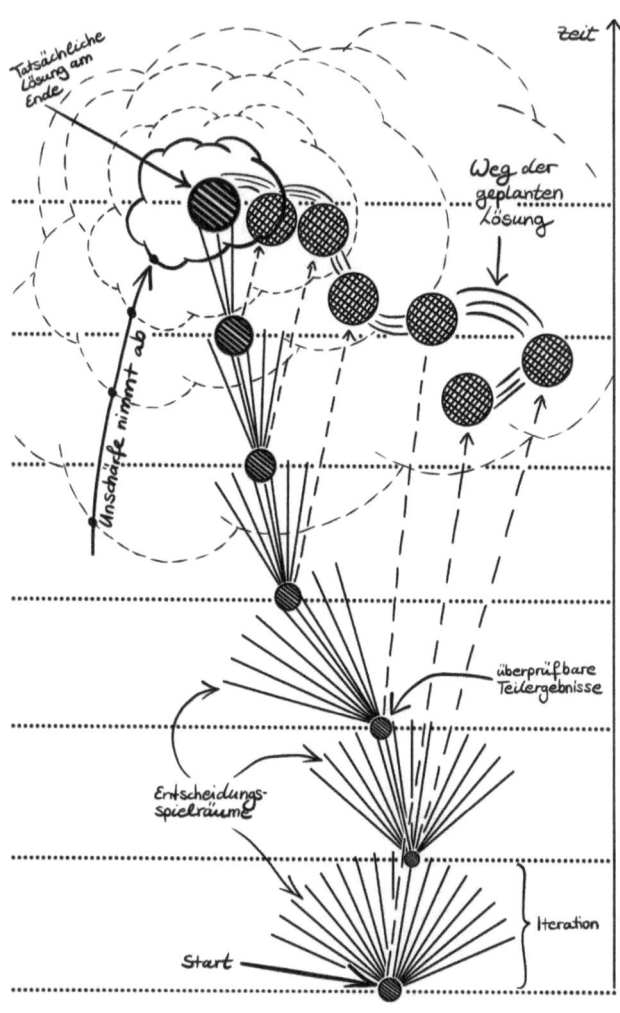

Formell (also im IT-System) bleibt es erstmal alles beim Gewohnten, das ist eine andere Baustelle, um die wir uns später kümmern können.

Nach ein paar Wochen interviewen wir gemeinsam in einem Vorstellungsgespräch. Bei unserer Vorstellung erwähnt Ornella, dass sie Agile Companion und auch die Stellvertretung von Fabian ist. Moment mal, Stellvertretung? Bedeutet das echte geteilte Führungsverantwortung? Auf Augenhöhe und gleichberechtigt? Nein. Was dann? Co-Leadership. Echtes Co-Leadership bedeutet, dass es keinen Unterschied macht, wer denn der »eigentliche Leader« ist. Denn das sind wir ja beide.

Damit steht aber schon die nächste Herausforderung vor der Tür: Wie können wir beide die richtigen Antworten geben und Entscheidungen treffen, ohne uns ständig und zu allem vorab abzustimmen? Daraus ist dann unser Motto »Two people – one voice« entstanden: Sobald einer von uns beiden etwas entscheidet, ist die Entscheidung verbindlich und wird von uns beiden getragen. »Doch wie kann das gehen?«, fragst du dich nun? Der Schlüssel liegt in einem gemeinsamen Verständnis und Antworten auf die Frage: »Wie und vor allem warum würdest du in dieser Situation so entscheiden?«

Wir haben festgestellt, dass Regelungen zweitrangig sind und es auf zwei Dinge ankommt:
1. Ein gemeinsames Anliegen zu verfolgen: Agilität als Schlüssel zum erfolgreichen Umgang mit komplexen Situationen
2. Zu verstehen, wie der jeweils andere zu einer Entscheidung kommt und wie diese daher wahrscheinlich ausfallen würde

Ein gutes Verständnis davon zu haben, wie die jeweils andere Person zu einer Entscheidung gekommen ist, ermöglicht es im Co-Leadership-Ansatz, nicht jede Entscheidung immer im Voraus abstimmen zu müssen, sondern auch allein – dann aber »im Sinne« von beiden – entscheiden zu können. Uns beiden ist es wichtig, den jeweils anderen wirklich ernst zu nehmen und das Warum zu verstehen. Dies prägt einen respektvollen Umgang miteinander.

»Solange Menschen sich gegenseitig als Objekte benutzen, ist keine Potentialentfaltung möglich und sobald sie anfangen einander als Subjekte zu begegnen, ist die Entfaltung der in diesen Menschen und auch in diesen Gemeinschaften angelegten Potentiale unvermeidbar. [...] Potentialentfaltung ist der normale Prozess und wir Menschen sind in der Lage, ihn zu blockieren.«
Gerald Hüther, aus dem Podcast »Warum wir uns keine Ziele setzen sollten«, 2018, Spotify

Damit wir bei über 20 Kollegen und Kolleginnen den Überblick behalten, halten wir uns diszipliniert an Kommunikationsregeln. Vor allem nach Urlauben oder längeren Abwesenheiten schreiben wir uns gegenseitig Zusammenfassungen: Was ist an welchem Tag zu welchem Thema passiert, welche Entscheidungen wurden getroffen oder stehen noch aus? Ein positiver Nebeneffekt der Zusammenfassung: Informationen bleiben länger im Kopf, wir konzentrieren uns auf die wesentlichen Kernpunkte und können im Nachgang nochmal schnell nachgucken. Gute Dokumentation als zusätzlichen Benefit.

Wir haben mit dem Co-Leadership-Modell nun also eine Lösung geschaffen. Aber für welche Probleme eigentlich? Die Vorteile liegen auf der Hand:
- Entscheidungswege und Reaktionszeiten verkürzen sich durch höhere Verfügbarkeit (es sind ja zwei da).
- Wir haben einen Flaschenhals weniger: Terminüberschneidung? Kein Problem, wir können jeweils an

einem Termin teilnehmen und damit zwei Termine gleichzeitig wahrnehmen. Urlaub? Krankheit? Kein Problem, es ist ja fast immer noch die andere Co-Leitung da.
- Bessere Qualität aufgrund diverser Perspektiven und anschließender Reflexion.
- Integrierte Dokumentation von Vorgängen und Entscheidungsfindungen.
- Im Sinne von T-Shaping erweitern wir jeweils unseren eigenen Horizont, indem wir über die eigene Expertise hinaus kontinuierlich voneinander lernen und unsere individuellen Kompetenzen erweitern.
- Beruf oder Familie? Wer sagt, dass wir uns entscheiden müssen? Co-Leadership funktioniert auch sehr gut in Teilzeit.
- Stärken stärken: Durch unterschiedliche Stärkenprofile können wir eine größere Bandbreite von Anforderungen an die Rolle einer Führungskraft abdecken.

Miele ist ein Familienunternehmen in der Hand der Familien Miele und Zinkann, mit Dr. Markus Miele und Dr. Reinhard Zinkann als geschäftsführenden Gesellschaftern sind beide Familien an der Führung des Unternehmens beteiligt. Und dann fragen wir uns: Wenn dies auf Geschäftsleitungsebene doch schon seit Jahrzehnten funktioniert, warum wird das dann nicht auf anderen Ebenen ebenso etabliert?

Die kulturelle Weiterentwicklung ist gerade ein großes Thema bei Miele und die Mitarbeiterinnen und Mitarbeiter wurden zu Ideen und Best Practices befragt. Wir haben die Idee Co-Leadership eingebracht. Ideen sind manchmal wie ein kleines Rinnsal, das sich langsam seinen Weg bahnt, erst zu einem kleinen Bach und dann zu einem Fluss wird. So kam diese Idee immer weiter und wurde irgendwann in der Geschäftsleitung diskutiert. Durchaus kontrovers, aber mit dem Ergebnis: »If you'll find a way how it works, do it! If you find people who want to do it, take them. We need to find ways. We have to challenge the organisational setup.« Damit ist der Anfang gemacht, das Modell wird formalisiert und die Voraussetzungen werden geschaffen, damit es Co-Leadership offiziell gibt. Ein weiterer Schritt auf dem Weg zu einem agilen Unternehmen.

Wir freuen uns auf all das, was noch kommt.

> *»Zusammenkommen ist ein Beginn, zusammenbleiben ist ein Fortschritt, Zusammenarbeiten ist ein Erfolg.«*
> Henry Ford

Fabian Henze

startete als begeisterter Softwareentwickler mit einem Auge für Details und verlagerte seinen Schwerpunkt in den letzten Jahren auf diverse Teamentwicklung.

Er ist ein erfahrener Agilist und von der Kraft selbstorganisierter Teams überzeugt. Agilität zu leben bedeutet für ihn, eine offene Kultur zu fördern, die es erlaubt, schnell zu scheitern und Lernen mehr als lebenslange Chance denn als abzuhakendes Kästchen zu betrachten.

Ornella Corigliano

ist Arbeits- und Organisationspsychologin sowie Systemischer Business Coach. Sie arbeitete bereits als Trainerin, Change Managerin und Moderatorin im internationalen Umfeld.

Seit 2020 ist sie als Agile Companion bei Miele tätig. Sie ist der Überzeugung, dass Vertrauen und Mut, neue Wege zu gehen, die Basis für nachhaltige Veränderungen sind. Sie glaubt an die Selbstwirksamkeit von Teams und fokussiert sich hierbei auf den Bereich »Stärken stärken«.

Seit Mai 2021 leiten Fabian und Ornella gemeinsam das ACE-Team in Form eines Co-Leadership Tandems.

Der Coach ohne Eigenschaften

An seinem 50. Geburtstag blickt Bernhard stolz auf seine Karriere zurück. Eigentlich hatte alles sehr geordnet angefangen, nachdem er den Wirtschaftsfachwirt abgeschlossen hatte und Schritt für Schritt die Gehaltsstufen seiner Firma aufgestiegen war. Es war immer seine Sorge gewesen, sich auch ein bisschen dafür anstrengen zu müssen, aber irgendwie lief es meistens von alleine. Zu den Jahresenden nahm er sich stets einen Nachmittag Zeit, die Tabelle des Rahmenabkommens der Gewerkschaft aufzuschlagen und zu prüfen, wie und wann er in die nächste Entgeltgruppe kommen würde. In den ersten Jahren hatte er noch offen über seine Tradition gesprochen, aber seine Frau Nadine gab ihm beim Zuhören öfter das Gefühl, dass sie damit nichts anfangen konnte. Danach machte er es nur noch für sich.

Bernhard war seines Wissens nie negativ im Büro aufgefallen. Es war gar nicht so, dass er besonders darauf Acht gab, nicht anzuecken. Es passierte einfach nicht, und die meisten schienen ihn eigentlich zu mögen. Er lächelte bei den Witzen der anderen mit, auch wenn er gerade bei den Jüngeren nicht immer verstand, warum diese lustig waren. Morgens grüßte er höflich, falls man Augenkontakt hatte, und auch an der Kaffeemaschine wusste er ein paar Sätze zu seinem Wochenende zu sagen.

Die Arbeit hatte ihm meistens Spaß gemacht, und dachte Bernhard heute zurück, wusste er, dass es ihm immer um die Menschen ging, gar nicht so sehr um die Tätigkeit selbst. Er glaubte, dass dies einer der Gründe für seinen Erfolg war. Egal ob in der Qualitätssicherung, im Einkauf oder später im Projektmanagement; seine Jahresgespräche verliefen immer gut. Selbst im Key Account Management hatte seine Führungskraft sich nicht wirklich beschwert.

Der Kontakt zu Kunden war aber einfach nichts für ihn.

An manchen Tagen wunderte sich Bernhard darüber, wie viel Geld er doch verdiente. Nicht, dass er sich dafür schämte. Aber im Gespräch mit den Nachbarn, die keinen Tarifvertrag hatten, hatte er früh gemerkt, dass nicht

alle so viel für so wenig bekamen. »Wie haben die sich ihr Haus gekauft?«, fragte er sich ab und zu, während er genügsam die gewienerte Wendeltreppe hochging.

Den Raum im obersten Geschoss hatte er sich seit Beginn der Pandemie als Büro eingerichtet. Obwohl er anfangs skeptisch war, ob ihm das Home Office wirklich zusagen würde, hatten es ihm die neuen Umstände angetan. Er konnte nun seinen Passat Variant nicht mehr so oft ausfahren, hatte dafür aber mehr Zeit, Artikel im Internet zu lesen. Noch vor einigen Jahren hatte er auf die Frage, was er denn gerne lese, gleichmütig geantwortet, dass er nicht so der Leser sei. Seitdem er vor fünf Jahren jedoch seine neue Rolle angenommen hatte, war das anders.

Am Anfang hatte seine damalige Chefin gesagt, dass die Abteilung umstrukturiert werden müsse. Dafür waren drei Berater engagiert worden, die als Coaches vorgestellt wurden. Sie sollten alle Teams der Etage ein halbes Jahr lang begleiten. Am Ende der sechs Monate sollten alle agil arbeiten, weil das dafür sorgen würde, dass die Zahlen besser aussähen. Für Bernhard hörte sich das vernünftig an, auch wenn ihm der Ausdruck so noch nie untergekommen war. Er hatte sich aber daran gewöhnt, dass seiner Chefin jedes Jahr ein neues Wort wichtig war.

Bernhard hatte sich selbst immer als neugierig empfunden; er fand die Geschichten anderer Menschen zwar nicht wirklich interessant, aber er wusste immer, was man als Nächstes fragen könnte. Deshalb fiel es ihm auch nicht schwer, den Worten der Coaches in den ersten Einführungsseminaren zu folgen. Sie sprachen von Artefakten und neuen Terminen, von Mindset und vom Gesetz der zwei Füße. Am spannendsten fand Bernhard jedoch die Aufgabe der Coaches selbst. Es gab Leute, die anderen Leuten bei ihrer Arbeit zuschauten und ihnen später sagten, was sie anders machen sollten? Er spürte schnell, dass das seine Berufung war. Vor allem jetzt, wo er ohnehin die letzte Entgeltgruppe vor der außertariflichen Beschäftigung erreicht hatte. Er wollte zwar in Anwesenheit von Menschen arbeiten; die Aussicht auf disziplinarische Führung bereitete ihm jedoch wenig Freude. Chef sein, so hatte er es bei seinen Vorgesetzten gesehen, bedeutete, lange zu arbeiten und oft für den Ärger der Mitarbeitenden herzuhalten. Sein Bekannter Christian hatte ihm kurz darauf den Tipp gegeben, dass man über einen Job wie dem des Coaches auch ohne disziplinarische Verantwortung in die außertarifliche Gruppe kommen könnte.

Neben den zahlreichen Workshops, die von nun an durchgeführt wurden, durften alle, die wollten, auf einer Webseite die Prüfungen zum Scrum Master und zum Product Owner absolvieren. Bernhard nahm das Angebot der Coaches, persönliche Termine mit ihnen einzustellen, oft wahr. Er stellte viele Fragen zu den Prüfungen und interessierte sich für die Werdegänge der Berater. In den darauffolgenden Wochen nutzte er seine Arbeitszeit, um für die Onlinetests zu üben. Die beiden Zertifikate, die er später erhielt, druckte er auf besonders dickem Papier aus und hängte sie bei sich ins obere Stockwerk. Wenn er nun Kollegen, die er länger nicht mehr gesehen hatte, im Büro-Aufzug traf, eröffnete er ihnen, dass er jetzt Scrum Master und Product Owner sei. Manche erwiderten daraufhin, dass er dies doch in einem sozialen Netzwerk verkünden könnte.

Es überraschte ihn, dass sonst nur wenige auf der Etage die kostenlosen Prüfungsangebote genutzt hatten. Gleichzeitig beruhigte es ihn auch, weil er sich nun keine Sorgen machte, ob er eine der nun ausgeschriebenen Scrum-Master-Stellen bekommen würde. Seine Chefin hatte angekündigt, dass es der Plan sei, interne Leute zu finden, die die externen Berater nach ihrem Projekt ersetzen würden.

Nach ein paar Wochen fühlten sich die vielen Fachbegriffe der Berater nicht mehr ganz so neu an. Zu diesem Zeitpunkt bemerkte er, dass sie auch grundsätzlich anders sprachen. Es waren keine Worte, die er noch nie gehört hatte, aber solche, die er selten nutzte. Er mochte diese Worte und fing bald an, sie öfter zu verwenden. Er machte es sich zur Gewohnheit, in Gesprächen oft »spannend« zu sagen, oder »danke für dein Feedback«, und manchmal gelang es ihm auch »wertschätzend« in einen Satz einzubauen. Dies war auch die Zeit, in der er anfing, Artikel im Internet zu lesen. Die Berater hatten ihm einige Seiten genannt, in denen man zu allem rund um das Thema Agile auf dem Laufenden gehalten werden konnte. Viele der Beiträge findet er zwar bis heute schwer zu greifen, aber es macht ihm Spaß, sich mit seiner Berufung auseinanderzusetzen.

Zu dieser Zeit fing er an, mittwochs die Stammtischrunde zu besuchen, die sich selbst Agile Meetup nannte. Hier traf er zum ersten Mal Menschen, die er als Gleichgesinnte bezeichnete. Nicht dass er sich über die agilen Treffen hinaus je mit ihnen verabredet hätte; aber wenn er mittwochs im Stuhlkreis saß und den Blick schweifen ließ, dann fühlte er sich irgendwie angekommen. Er stellte die gleichen Fragen, die er auch den Beratern im Büro gestellt hatte, und bekam die gleichen Antworten. Das beruhigte ihn. Manche der Teilnehmer waren, wie er, noch keine Coaches; andere hatten schon viele Jahre Erfahrung. Diese erkannte er daran, dass sie im Sommer keine Kurzarmhemden trugen, sondern T-Shirts mit Aufdrucken wie »It's not a Bug, it's a Feature« oder »Keep Calm and Ask Your Scrum Master«. Einmal erschien sogar eine Frau zum Treffen, aber ein zweites Mal kam sie nicht.

Auch am Stammtisch ermutigte man ihn, sich auf die neuen Scrum-Master-Stellen im Büro zu bewerben. Projektmanager, wie er zu dem Zeitpunkt einer war, würde in ein paar Jahren sowieso keiner mehr brauchen, sagten sie. Er merkte außerdem, dass sie nicht gut auf die Rolle zu sprechen waren. Sie sagten oft »das ist Wasserfall«, wenn jemand etwas sagte, das ihnen nicht gefiel, und erklärten dann ein paar Minuten lang, warum ihre Meinung besser war.

Insgesamt waren drei Scrum-Master-Stellen ausgeschrieben, auf die sich Bernhard und zwei weitere Kollegen bewarben. Das Auswahlverfahren war das aufwändigste, das er in seiner Karriere erlebt hatte. Am Tag nach der Bewerbungsfrist wurde die Belegschaft der Etage in einen Konferenzraum eingeladen, in dem ein Whiteboard stand. Es wurde erklärt, dass nun alle einzeln hinter das Board gehen und ein Kreuz für alle machen sollten, die sie als Scrum Master gut fänden. Bernhard erhielt knapp die zweitmeisten Stimmen. Alle drei gratulierten sich gegenseitig. Er freute sich darauf, von nun an endlich seiner Berufung nachzugehen.

Ein paar Wochen später verabschiedeten sich die drei Berater und wünschten Bernhard und den anderen beiden Scrum Mastern alles Gute. Er fand es schade, sie gehen zu sehen, freute sich aber auch darüber, nicht mehr beobachtet zu werden. Zu dieser Zeit kaufte er sich auch sein erstes T-Shirt mit Aufdruck. Er zögerte ein paar Wochen und zog es dann für die Arbeit im Büro an. Auf dem T-Shirt stand »Agile Mindset Installed« und darunter war eine voller Ladebalken abgebildet.

Bernhard war nun für drei Teams zuständig. Die Leute beim Stammtisch sagten aber, dass das viel zu viel sei. Verstehen konnte er das nicht, schien ihm seine Berufung doch gut von der Hand zu gehen. Er sorgte morgens dafür, dass seine Teammitglieder ein bisschen am Whiteboard standen, er stellte alle Serientermine ein und er bestellte regelmäßig bunte Haftnotizblöcke. Seine Königsdisziplin jedoch war die Retrospektive. Dort konnten seine Teammitglieder über ihre Probleme sprechen. Dafür dachte er sich jedes Mal ein neues Format aus, das er in den Artikeln im Internet fand. Nach ein paar Monaten tauschte er Probleme durch Herausforderungen aus. Ansonsten blieb alles gleich. Bernhard war zufrieden mit seiner Arbeit.

Heute arbeitet Bernhard fast nur noch von Zuhause aus. Als Eisbrecher für neue Teammitglieder hat er an die Tafel, die man hinter ihm durch die Kamera sehen kann, den Satz »Was ist Agile … für DICH?« geschrieben. Er unterstützt nur noch ein Team, weil gute Scrum Master nur ein Team unterstützen. Die viele Freizeit während der Arbeit nutzt er mittlerweile auch, um Videos zu schauen. Besonders stolz ist er darauf, dass er beim Stammtisch nun einer der alten Hasen ist. Er spricht dort mittlerweile ohne Vorbereitung vor der Gruppe und die anderen nicken oft, wenn er Pointen setzt, die er zuvor in Artikeln und Videos gesehen hat.

Seit ein paar Monaten sprechen seine Teammitglieder in den Retrospektiven meistens nichts mehr an. Für Bernhard ist das ein gutes Zeichen; es bedeutet, dass er einen guten Job macht und sein Team hochperformant ist. Das gibt ihm mehr Zeit, sich bei der Arbeit mit Videos und Artikeln zu beschäftigen. Der Ton der Abteilungsleitung jedoch ist wegen der schlechten Zahlen rauer geworden.

Eines Tages stellt ihm seine Chefin einen Termin mit dem Titel »Next Steps Coaching Orga« ein. Zu Beginn ist sie sehr freundlich und lobt ihn wie immer für seine Arbeit. Irgendwann spricht sie davon, dass die Ergebnisse nicht kongruent zu den Erwartungshaltungen seien, und dass sie nicht sicher sei, ob er weiterhin im Team bleiben könne. Das Unternehmen habe jedoch beschlossen, vollstän-

dig »auf Agile umzustellen«. Dafür werde ein Enterprise Coach gesucht. Sie zeigt Bernhard die Stellenausschreibung: »Stiften Sie echten Wert durch Standardisierung agiler Prozesse, Einführung agiler Metriken und Vereinheitlichung agiler Methoden«. Sie habe ihn bereits für die Stelle empfohlen. Aufgeregt verlässt Bernhard den Videocall. Er erhebt sich von seinem Bürostuhl und stellt sich andächtig vor seine Zertifikate. Gute Scrum Master haben nur ein

Team, aber die besten haben gar keins. »Jetzt kommt Bernhard!«, raunt er sich selbst zu.

»Bernhard, kommst du?«, ruft Nadine von unten. »Essen ist fertig. Bringst du bitte noch einen Kasten Sprudel aus dem Keller mit?« Während er genügsam die gewienerte Wendeltreppe runtergeht, blickt Bernhard an seinem 50. Geburtstag stolz auf seine Karriere zurück.

Robin Morán

Fließend in Scrum, Kanban und allem, was sonst noch agile ist, kehrte Robin Morán 2021 nach seiner Zeit als Manager freiberuflich ins Coaching zurück. Seitdem unterstützt er Startups, Mittelständler und Konzerne mit dem Aufbau sinnvoller Arbeitsumfelder. Nebenher spricht er in seinem Podcast »Abteilungsleiter der Liebe« über den alltäglichen Bürowahnsinn und lehrt an der Hochschule Fresenius Psychologie der Arbeit. Robin lebt und arbeitet in Köln.

Sechs Könige am Übergang

Die Geschichte ist schnell erzählt. Ein Kunde wollte Anfang 2021 Ziele für seine Organisation und das Arbeitsprogramm für das kommende Jahr erarbeiten. Drei Workshoptage waren dafür angesetzt, mit den zwölf Mit-

gliedern des Leitungsteams und dem Chef. Tag eins lief super, Tag zwei fing vielversprechend an. Gegen Mittag kam Sand ins Getriebe, und zwei Stunden vor Schluss brach ich das Unterfangen ab, weil die Runde sich komplett festgefahren hatte. Moderationsversagen? Ehrlich gesagt, am Schluss war ich selbst ratlos – und die Runde frustriert.

Die Langfassung

Der Kunde

Mit der Organisation, um die es hier geht – 400 Mitarbeiter:innen in sechs Abteilungen, zuständig für Straßen- und Kanalbau, Abwasser, Brücken und Ampeln – arbeite ich seit mehr als zehn Jahren. Ich habe eine Abteilung von der Leitung bis hin zu den Kanalarbeitern bei der Organisationsentwicklung begleitet. Die Führungskräfte, allesamt Ingenieure, haben sich an Aufstellungsarbeit gewagt, weil sie mir vertrauen. Ich habe hohen Respekt vor der fachlichen Leistung, ich mag die Menschen, und ich schätze die Kollegialität. Viele haben trotz der herausfordernden Bedingungen auch nach langen Berufsjahren noch viel Leidenschaft und ein hohes Arbeitsethos, auch wenn sie manchmal fast aufgeben wollen. Und von außen kassieren sie viel Kritik, denn Tiefbau nervt, ist im Weg und teuer. Mich hat es schon immer gereizt, die Leistungen und die Menschen dahinter zum Leuchten zu bringen.

Der Auftrag

Die Organisation hatte sich mit dem Anliegen, ein gemeinsames Arbeitsprogramm zu erstellen, schon eine Weile erfolglos herumgeschlagen. Zu viel Druck von den Auftraggebern, eine hohe Taktung in der täglichen Arbeit, ständig neue Anforderungen. Es war nicht zu schaffen. Aber solche Aufträge schrecken mich nicht.

Was außerdem klar war: Ziele und Arbeitsprogramm waren auch der Versuch, gemeinsam den Übergang zu gestalten, denn ein Jahr später würde der Chef in den Ruhestand gehen. Das erklärten mir im Briefing die beiden Abteilungsleiter, die den Auftrag brachten. Warum eigentlich die Abteilungsleiter? Na ja, der Chef wollte nichts mehr kaputtmachen. Ich hab's hinterfragt, aber ein bisschen skeptischer hätte ich hier schon werden können. Wer waren die beiden? Der stellvertretende Chef, am längsten dabei, und derjenige, der als stärkster Treiber die Organisation weiterentwickeln wollte.

Mehrfach haben wir uns zur Vorbereitung getroffen, um ganz klar herauszuarbeiten, was gewünscht war und wie wir vorgehen wollten. Ein hartes Stück Arbeit, aber gut investierte Zeit, denn eine gründliche Auftragsklärung ist schließlich das A und O.

Die Reise

Vorbereitung zum Aufbruch. Ich hatte alle Teilnehmer:innen gebeten, die Aufgaben und wichtigen Themen, mit denen sie befasst waren, auf einem Miro Board (es herrschte ja Covid) zu sammeln. Und wie erwartet: Das Board platzte aus allen Nähten. Es war beklemmend, eine nicht zu bewältigende Fülle an wichtigen Aufgaben. Und genauso fühlten sich alle, als ich am ersten Workshoptag um Kommentierung bat: überfordert, müde. Wie soll man so überleben?

Ich bot »Theory U« an: Führen aus der Zukunft. Was will geboren werden? Was sehen wir am Horizont? Dafür muss man den Blick heben.

Das machten wir spielerisch. Angenommen, der Bundespräsident sei gekommen. Er hat illustre Gäste mitgebracht, denen er zeigen will, wie die Infrastruktur einer Stadt zukunftsfähig geplant und gebaut wird. Unter den Gästen sind z.B. Elon Musk, Michelle Obama und der Londoner Bürgermeister Sadiq Khan – Menschen, die groß denken gewohnt sind. Im Rollenspiel sollten die Teilnehmer:innen jeweils auf die neugierigen Fragen der Gäste zu Zielen und Strategien antworten. Nach diesem Arbeitsschritt war die Stimmung deutlich gehoben.

Im Sinne des Future Thinking ging es nun darum, mit diesem Mindset Szenarien zu entwickeln (»Desirable Futures«), dann die Treiber der Veränderung zu identifizieren sowie die Annahmen dahinter zu formulieren mit den möglichen Auswirkungen auf die Arbeit. Worauf müssen wir uns einstellen? Kaum eine:r hatte sich diese Fragen bislang gestellt.

Mit HMW-Fragen (»how might we«) ging es in die Entwicklung von Strategien, um den Weg zu gestalten. Als Tagesergebnis hatten wir ein Steuerpult mit den Themen, die der Führungskreis auf dem Weg in die Zukunft für wesentlich hielt. Dies war der Übergabepunkt zum zweiten Tag.

Es macht einen Unterschied, ob ich Elon Musk erkläre, was man für zukunftsfähige Verkehrswege tun müsste, oder ob ich selbst aufstehen und Verantwortung übernehmen muss. Tag zwei begann also mit dem Blick auf Verantwortung und Führung.

Wann bin ich eine gute Führungskraft? Was erwarten meine Mitarbeiter von mir? Vielleicht entsteht gerade eine Ahnung, dass es sich um Menschen im öffentlichen Dienst handelt. Der Auftrag kommt von der Politik, und alles geschieht stets unter den Augen einer kritischen Öffentlichkeit. Verantwortung einzufordern ist hier schwierig.

Um alle angemessen abzuholen, die drängenden jüngeren Führungskräfte und die teilweise resignierten Älteren, hoben wir den »Pitch der Könige« auf die (virtuelle) Bühne. Meine beiden Auftraggeber hielten flammende Plädoyers: Das proaktive, missionsgetriebene »Wofür stehen wir als Organisation?« gegen das eher reaktive »Was erwartet man von uns?«.

Die Organisation steht im ständigen Abwägen zwischen den gesetzlichen Anforderungen (das Muss), den Erwartungen der Politik und Öffentlichkeit (das Sollen) und den eigenen professionellen Ansprüchen (das Wollen). Um die Selbstwirksamkeit der Führungskräfte und vor allem ihre Entscheidungskraft zu erhalten, müssen wir das Wollen stärken, denn dafür bleibt am wenigsten Raum im Täglichen.

Wir arbeiteten also, durch ein Gedankenexperiment eingeleitet, an einer kraftvollen Positionierung, um daraus nun endlich die Kernaufgaben und die Ziele für das kommende Jahr abzuleiten. Und mit diesem Moment wurde es schwierig.

Die Abbruchkante

Bis hierhin, und darüber war ich überaus glücklich, war es mir gelungen, immer mehr Möglichkeiten zu erschließen. Es war eine Freude zu beobachten, wie die Teilnehmer:innen mutiger wurden, immer mehr Räume sahen und deutlich freier als zu Beginn ihre Ansprüche und Wünsche formulierten. Man hätte meinen sollen, dass sie nun, Seite an Seite wie die Musketiere, kraftvoll und selbstbewusst die Ziele und Aufgaben hätten formulieren wollen. Stattdessen Chaos. Auf dem Miro Board herrschte hektische Betriebsamkeit. Die Zahl der unglaublich wichtigen Aufgaben aus jeder Abteilung, die es in den gemeinsamen Katalog schaffen mussten, wuchs wieder gefährlich an. Priorisierung und Konzentration auf das Gemeinsame wurde innerhalb von Minuten unmöglich. Kritik an der Arbeitsmethode wurde laut, erst verhalten, dann stärker. Ein Teilnehmer brach aus und legte an anderer Stelle im Miro seine ganz eigene Systematik nieder. Der Rest rebellierte. Wir versuchten einen anderen Weg, aber gerieten erneut in die Sackgasse.

Ernüchterung, Ärger, Frust. Ich unterbrach das Geschehen und versuchte zu ermitteln, was das Problem war, ohne Erfolg. An dieser Stelle brach ich den Workshop ab. Die Stimmung war kaputt.

Eine Woche später trafen wir uns im selben Kreis zur Reflexion. Ich wählte die Geschichte einer fiktiven Feier im Kreis von Freunden, um gesichtswahrend zu erläutern, was aus meiner Sicht geschehen war. In Einzelarbeit bat ich die Teilnehmer:innen, ihre Gedanken dazu aufzuschreiben, bevor wir im Plenum versuchten auszuloten, ob und wie die Arbeit weitergehen sollte.

Wir schafften es nach zweieinhalb Stunden tatsächlich, wieder in ruhigeres Fahrwasser zu kommen. Die Führungskräfte waren erleichtert, aber längst nicht glücklich.

Ich hätte zu dem Zeitpunkt nicht sagen können, wie groß das Vertrauen in mich noch war. Denn die Botschaft war ungemütlich und kein bisschen schmeichelhaft für die Beteiligten. Sie selbst hatten den Workshop vor die Wand gefahren.

Die Konsultation der Weisen

Was war nun eigentlich geschehen? Am Ende des zweiten Workshops hätte ich es nicht erklären können. Ich fühlte mich hilflos, war selbst frustriert. Bislang hatte ich mich für eine gute Moderatorin gehalten. Warum nur war es mir nicht gelungen, die Runde zu einem guten Ergebnis zu führen?

Zwei Supervisionen gönnte ich mir. Und das war im Nachhinein betrachtet die klügste Entscheidung überhaupt. Sie hat mich seitdem in mindestens drei Fällen gerettet.

Ich fragte Brigitte, erfahrene Pädagogin und Supervisorin. Ihr Fazit: Die Organisation stand an der Schwelle zum Übergang im Sinne der Kybernetik zweiter Ordnung. Was das hier heißt? Sechs kleine Könige, alias Abteilungsleiter, hatten die unmögliche Aufgabe, für die übergeordnete Organisation Ziele festzulegen, die für das eigene Königreich negative Folgen hätten bringen können: Bedeutungsverlust etwa, die Aberkennung von Zuständigkeiten oder weniger Geld. Warum sollte jemand so etwas tun, wenn der Ausgang ungewiss ist?

An dieser Stelle wird auffällig, was bislang noch keinen Raum bekommen hat: das Verhalten des Chefs. Er war, von außen betrachtet, eigentlich schon im Ruhestandsmodus. Die Workshops waren nicht seine Initiative, lediglich ein defensiv-gewährendes »Macht ihr mal« war sein Beitrag während der Auftragsklärung. Ich war diejenige, die bei der Planung darauf drängte, ihm einen angemessenen

Platz zu sichern, sodass er seine Rolle als Chef ausspielen konnte. Er war also dabei, verweigerte die Führung, aber räumte auch nicht das Feld.

Wie nun hätte der Erbfolgekrieg laufen sollen unter diesen Bedingungen? Wer hätte das Leitsignal setzen und die Entscheidungen an seiner Stelle treffen sollen? Die Abteilungsleiter, trotz Pochens auf Gemeinsamkeit, konnten es jedenfalls nicht. Mission impossible.

Ich fragte außerdem Michael, Psychotherapeut und internationaler Consultant. Er ließ mich meine beiden Auftraggeber, den einen und den anderen Abteilungsleiter, gedanklich in meine Hände setzen und erfühlen: Wo lag das größere Gewicht? Wem neigte ich zu? Wer zog meine Aufmerksamkeit, und warum? Das war eine Erfahrung der anderen Art. Ich hatte offenbar noch ein paar mehr Dinge nicht gesehen. Auch wenn ich beide seit langem kannte und schätzte – meine Sympathie lag klar auf einer Seite. Dementsprechend nahm ich mir sein Anliegen stärker zu Herzen, und meine Steuerungsfähigkeit war beeinflusst.

Der eine, hierarchisch höher Gestellte, mit der zusätzlichen Funktion der stellvertretenden Leitung ausgestattet, ist der ruhigere von beiden. Er ist konservativer gestrickt, hatte beim »Pitch der Könige« die Rolle des Bewahrers und Auftragsempfängers ausgefüllt. So kannten ihn die anderen. Der zweite, immer vorwärtsdrängend, vertritt Eigenverantwortung und mehr unternehmerisches Denken. Mehr als die Organisation es verträgt, möchte ich fast sagen. Er hatte die klare Mission, forderte Future Thinking und mehr Fokussierung auf das Wollen in der Arbeit.

Ein solcher Charakter bedeutete für den größeren Teil seiner Kolleg:innen Stress. Er war der permanente Stachel im Fleisch, mit der Lust an der Veränderung, dem weiten Blick in die Welt. Im Kontext permanenter Überforderung für manche der pure Horror. Für die Jüngeren, die nachwachsen, der Strohhalm, an den sie sich klammerten.

Ich war in die Retterrolle gerutscht: wollte die Organisation zum Strahlen bringen, den Handlungsraum wahrnehmbar machen, die im Alltag verschlissenen Kräfte wiedererwecken. Und der Großteil der Führungskräfte im Workshop wollte einen Zielekatalog und ein Arbeitsprogramm als Excelliste.

Die Katharsis

Mein professionelles Selbstbewusstsein hatte einen klaren Knacks bekommen, doch nach den Supervisionen überwog das Glücksgefühl. Meine systemische Brille ist geschärft. Meine Vorliebe für Methoden der Körperarbeit noch einmal befeuert. Ich bin vorsichtiger geworden, vor allem im Umgang mit Kunden, die ich gut zu kennen glaube. Nichts als selbstverständlich hinnehmen, immer mit genügend Abstand nochmal auf die Ausgangslage schauen. Das hat mich besser gemacht.

Dr. Wiebke Borgers
ist Design Thinkerin, Moderatorin und hypno-systemischer Coach. Sie berät seit vielen Jahren Unternehmen, Organisationen und Netzwerke bei der Kommunikation und begleitet sie in Transformationsprozessen. Zuvor war sie im Presseamt der Stadt Münster beschäftigt. Technische Themen, interne und Netzwerkkommunikation sowie Krisenkommunikation gehören zu ihren Kernkompetenzen.

Als Lizenzhalterin organisiert sie mit ihrem ehrenamtlichen Team die Ideenkonferenz TEDxMünster.

Epilog 8: Ein Ideal, das nie existierte

Da wir uns mit agilen Missionen beschäftigen, wollen wir abschließend einen Blick auf die Ideale werfen, die hinter einigen Missionen stehen. Die fünf Berichte in diesem Kapitel stellen auf sehr unterschiedliche Weise Ideale dar, die es nicht gibt. Es sind Vorstellungen von perfekter Agilität, von einzelnen perfekt praktizierten agilen Arbeitsweisen oder vom Leben und Identifizieren mit agilen Rollen und Führungsleitbildern.

Manche Menschen streben danach, diese Ideale zu verwirklichen. Im Extremfall neigen sie dazu, die Realität nicht so zu sehen, wie sie ist, sondern wie sie sein sollte. Oscar Wild sagte: »Ein Idealist muss nicht dumm sein, aber er wird immer enttäuscht sein.« Sie erwarten, dass irgendwann jeder erkennen MUSS, dass Agilität die Lösung des Problems ist. Sie streben nach moralischen oder meist ethischen Idealen, die ihnen sinnvoll erscheinen, und verzichten dafür sogar auf persönliche Vorteile. Oft glauben sie, es genüge, etwas moralisch gut zu meinen. Manche nennen es Traumwelt, Idealismus oder romantische Vorstellungen davon, wie es sein sollte. »Agilisten« nennt man die sehr idealistischen Menschen, die sich in der agilen Bewegung sehr engagieren, extreme agile Maßnahmen ergreifen, selbstlos Zeit und Geld für Agilität aufwenden und abenteuerliche Projekte begleiten. Manche richten ihr Leben danach aus, an agilen Konferenzen und Community-Events teilzunehmen, verzichten auf die übliche Karriereleiter und rebellieren massiv gegen bestehende Unternehmensstrukturen. Diese Handlungen mögen von außen betrachtet unkonventionell oder riskant erscheinen. Sie sind jedoch oft Ausdruck einer tiefen Überzeugung und des Wunsches, die Welt zu verbessern oder auf Missstände aufmerksam zu machen.

Es ist wichtig anzumerken, dass solche Aktionen nicht immer erfolgreich sein müssen, aber dennoch zu Fortschritt und sozialem Wandel beitragen und als Inspiration für andere dienen können. Nicht nur in diesem, sondern auch in den vorangegangenen Kapiteln haben wir zahlreiche Beispiele dafür gefunden.

In diesem Kapitel nähert sich **Robin** dem Thema auf satirische Weise. Er hat sich von Robert Musils Werk »Der Mann ohne Eigenschaften« inspirieren lassen. In Musils Werk geht es um einen Intellektuellen auf der Suche nach einer sinnvollen und erfüllenden beruflichen und privaten Existenz. In Robins Beitrag erkundet der Protagonist Bernhard Schritt für Schritt die agile Welt. Es geht ihm nicht um Sinn und Erfüllung, sondern darum, genau die Wege zu gehen, die ihm mit wenig Aufwand viel Geld einbringen. Ist das ein Irrtum, ein gewolltes Missverständnis oder ein Mangel an Idealen? Oder ist es gar so, dass große Unternehmen durch ihre Strukturen dazu beitragen, dass man sich durch selbstgefälliges Nichtstun wohl und sicher fühlt? Eine Travestie dessen, was agile Werte vermitteln wollen.

Wir können wenig sagen, wenn wir nicht den Kontext des Unternehmens kennen, in dem die Person täglich arbeitet. Viele Unternehmen geben Ideale vor, die sie in Wirklichkeit nicht erfüllen. Manche geben vor, umweltfreundlich oder gemeinwohlorientiert zu sein. Andere behaupten, sich vollkommen auf die Bedürfnisse der Kunden zu konzentrieren oder hohe ethische Standards zu erfüllen und besonders LGBTQ+-freundlich zu sein. Fragt man dann einige Mitarbeitende nach diesen proklamierten Idealen, zucken sie mit den Schultern oder lächeln verlegen, weil sie diese Ideale in ihrem Arbeitsalltag nicht spüren. Auch Agilität gehört zu den oft proklamierten Idealen, weil sie besonders attraktiv auf Kunden und potenzielle Mitarbeitende wirkt. Wird die Diskrepanz offengelegt, kann dies zu einem starken Vertrauensverlust führen.

Im Fall von **Frederick** wird deutlich, dass es unterschiedliche Erwartungen an die Transparenz von Informationen zwischen Team und Führungskraft gibt. Hier gerät eine Person genau in die Sackgasse verschiedener unbegründeter Annahmen. Bei **Joachim** startet das Scrum-Team kompromisslos und lernt als hochmotiviertes Team agil zusammenzuarbeiten. Doch der Idealzustand wird schnell widerrufen, als deutlich wird, dass das Team das erhoffte Ziel nicht erreichen wird. Die Erwartungen des Teams, diese Freiheitsgrade und das direkte Feedback beizubehalten, werden enttäuscht und eine große Demotivation macht sich breit.

In jedem der fünf Berichte in diesem Kapitel haben wir es mit einem komplexen Problem zu tun, das so einzigartig ist wie die Menschen und der Kontext, die es umgeben. Wir sind an dem Punkt angelangt, an dem überraschend auftretende Probleme nicht mit einer agilen Methodik oder Denkweise gelöst werden können. Der Umkehrschluss, dass der agile Ansatz das Problem verursacht hat, nur weil er das Problem nicht löst, ist jedoch falsch. Genauso wenig ist derjenige, der das Problem mit agilen und New Work Ansätzen zu lösen versucht, Schuld am Problem. Wenn wir mit diesen Ansätzen keine Lösung finden, ist es besser, wir suchen einen klugen Kopf mit einer Idee zur Lösung des Problems.

Wiebke berichtet von einem Kundenworkshop, der mit ehrgeizigen Zielen, aber in einer unglücklichen Konstellation begann und völlig aus dem Ruder lief. Durch zwei Supervisionen bekam sie einen klaren Kopf und genau die richtigen Anregungen von ihrer Supervisorin, um die Situation für sich und den Kunden zu klären. Mit genügend Abstand gelingt es Wiebke, ihre Annahmen zu hinterfragen.

Und damit sind wir wieder beim WER statt beim WIE. Wir stellen genau die Menschen ein oder beauftragen sie, von denen wir glauben, dass sie unsere aktuellen und zukünftigen Probleme lösen können. Nicht für jedes Problem brauchen wir einen Agenten oder eine Agentin aus der Mission Impossible Force. Aber wenn wir einen »Ethan Hunt« ins Team holen, müssen wir mit einem energiegeladenen Querulanten rechnen. Ist er aufbrausend? Arrogant? Trifft er dumme Entscheidungen? Jeder WILL eine fähige Person wie Ethan Hunt haben, aber KANN jeder mit ihm umgehen? Mit Ethan Hunt ist es wie mit vielen anderen Top-Agenten und Superhelden: Man kann sie nicht steuern, nicht kontrollieren. Sie folgen nur wenigen, am liebsten folgen sie sich selbst. Das Beste, was man erreichen kann, ist, dass das Talent mit dem Team zusammenarbeitet, weil sie für eine gewisse Zeit die gleichen Ziele verfolgen.

In der Mission: Impossible-Filmreihe ist Ethan Hunt äußerst loyal gegenüber seinem Team, er setzt seine eigenen Bedürfnisse und seine Sicherheit für das Gemeinwohl aufs Spiel. Er ist bereit, für seine Fehler geradezustehen und versucht, die Situationen, die er verursacht hat, zu bereinigen. Während die Handlung jedes Films spezifische Herausforderungen und Situationen aufweist, bleiben diese grundlegenden Ideale im Laufe der Serie bestehen. Jeder Agenten- und Superhelden-Film nutzt das Element der hohen Ideale ihrer Hauptpersonen und ihren starken Willen und ihre Umsetzungskraft, die sie dadurch entwickeln.

Ornella und **Fabian** zeigen in ihrem Bericht, was die Aussage eines Talents »Ich möchte mehr Verantwortung für das Team übernehmen« auslösen kann. Das hohe Ideal der beiden bringt sie dazu, eigenständig einen Ansatz für ihre geteilte Führungsverantwortung zu entwickeln. Dabei helfen ihnen unter anderem die hohe Transparenz, das gemeinsame Anliegen und das Verständnis dafür, wie der jeweils andere Entscheidungen trifft.

Wir finden Wege, Organisationsstrukturen so zu verändern, dass sie die Entfaltung des Potenzials, das in den Talenten steckt, nicht behindern. Nur durch die Talente in der Organisation können Ideale geschaffen werden, die heute noch nicht existieren.

Post-Mission

Kein bequemes, aber ein gutes (Arbeits-)Leben

Neunundvierzig unmögliche Missionen liegen hinter uns. Jede einzelne war für die Autorin oder den Autor alles andere als bequem. Im Gegenteil, die Geschichten waren voller Herausforderungen und nicht alle hatten ein Happy End. Jede Geschichte ist ein Juwel in diesem Buch. Wir fühlen uns sehr geehrt, dass wir an den Geschichten teilhaben und in die Gedanken- und Gefühlswelten eintauchen durften.

Schon beim Aufruf zum Mitschreiben wurde uns klar: Keiner der Einsenderinnen und Einsender geht den einfachen Weg. Sie ziehen die Herausforderung der Bequemlichkeit vor.

Wir hören und lesen: »Die neue Generation ist bequem geworden! Der technische Fortschritt und der Wohlstand in unserem Land machen sie so träge! Sobald es unangenehm oder anstrengend wird, kündigen sie!« – Aber hat das nicht schon immer jede Generation über die nächste gesagt?

Nicht so die Autorinnen und Autoren dieses Buches. Sie wählen lieber den richtigen Weg und das gute Leben als den leichten Weg und das bequeme Leben. Die Wahrnehmung und Bewertung dessen, was der richtige Weg und das gute Leben ist, ist natürlich höchst individuell. Was für den einen ein Problem ist, muss für den anderen nicht unbedingt ein Problem sein. Der eine strebt das an, was er mit Begriffen wie Agilität, New Work oder lernende Organisation bezeichnet, der andere kann sich nichts Besseres vorstellen als die bisherige Arbeitsweise.

»Ein Problem ist eine negativ bewertete Diskrepanz zwischen dem Ist- und dem Soll-Zustand.«

Das Problem hängt von unserer Vorstellungskraft ab, was wir uns als Zielzustand vorstellen können. Nur wenn wir den Soll-Zustand als sehr erstrebenswert wahrnehmen und den Unterschied zum Ist-Zustand als relevant einschätzen, stellen wir uns den Weg dorthin als Aufgabe. Und nur wenn der Weg dorthin als mühsam oder unmöglich eingeschätzt wird, wird er zum Problem.

»Man muss schon sehr viel tun, um ein Problem zu bekommen. Ein Problem gibt es nicht umsonst.«
(Dr. Gunther Schmidt)

Vor allem müssen wir die innere Motivation und den Willen aufbringen, uns auf schwierige Missionen zu begeben. Wir fragen uns, ob wir wollen, dass andere später über uns sagen: »Er/sie hatte ein bequemes Leben«. Für diejenigen, die sich regelmäßig auf unwegsame Missionen begeben, klingt das schon langweilig, unspektakulär, ohne jede Herausforderung.

Ein Mathelehrer sagte einmal zu einem Klassenkameraden: »Sie haben eine 4 im Zeugnis. Aber seien Sie sich im Klaren: Sie haben gelernt, sich durchzuboxen. Unsere Einser-Kolleginnen hier werden in Zukunft Herausforderungen eher meiden, weil sie nicht gelernt haben, mit Niederlagen umzugehen. Sie dagegen werden keine Angst haben, sich auch großen Aufgaben zu stellen, an denen man scheitern kann.« – Mein Schulkollege trägt diese Worte bis heute in seinem Herzen und hat es sich bis heute nicht leicht gemacht. Für ihn ging es nach dem Betriebswirtschaftsstudium über verschiedene Führungspositionen immer weiter nach oben. Andere Einser-Kolleginnen studierten ihr Lieblingsfach auf Lehramt und blieben – scheinbar – in bequemen Fahrwassern. Bei der Beurteilung müssen wir vorsichtig sein, denn wir sehen immer nur einen Ausschnitt. Es kann sein, dass wir in einem Bereich unseres Lebens nach einem bequemen Weg suchen, weil wir uns in so vielen anderen Bereichen bereits auf einem unbequemen Weg befinden. Wenn wir aber in allen Bereichen den Herausforderungen ausweichen und immer nur den bequemen Weg gehen, sind wir nicht widerstandsfähig gegen die Kapriolen des Lebens.

Missionen, die wir bewusst auswählen
Wir beginnen unsere Missionen auf unbequemen Wegen, weil wir etwas verändern wollen. Und wir verzweifeln während der Mission, weil sich nichts ändert, nicht so schnell oder nicht so, wie wir es uns vorgestellt haben.

»Choose your battles wisely, because if you fight them all, you'll be too tired to win the really important ones.«
(Quelle unbekannt)

»Wähle deine Kämpfe weise, denn wenn du sie alle kämpfst, wirst du zu müde sein, um die wirklich wichtigen zu gewinnen.«

In der Filmreihe Mission: Impossible heißt es aus gutem Grund in jedem Film: »Ihre Mission, wenn Sie sie annehmen, ist...«.
Es ist eine Einladung, die wir annehmen oder ablehnen. Wir wägen ab, was das Ziel der Mission ist, welche Spielregeln gelten und ob wir auf dem Weg dorthin Fortschritte vermuten. Jede Einladung ist freiwillig. Wir können sie (fast) folgenlos ablehnen.

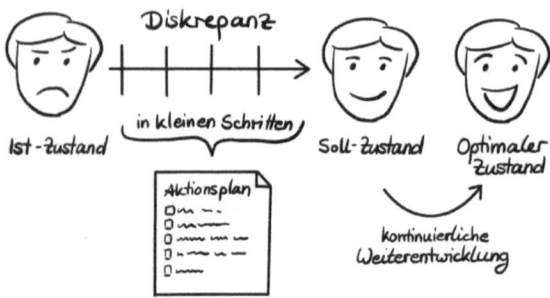

In Filmen lehnen Spezialagenten ihre Aufträge selten ab. Sie glauben fest an das Ziel der Mission und fühlen sich verpflichtet, ihre Fähigkeiten und ihr Wissen dafür einzusetzen. Die Spielregeln sind hart: Sie übernehmen große Verantwortung, gehen persönliche Risiken ein und wissen, dass ihr Handeln Auswirkungen auf das Leben anderer hat. Inmitten all der Schwierigkeiten sehen sie einen erreichbaren Fortschritt. Sie glauben an ihr Team, an Kolleginnen und Kollegen, auf die sie sich verlassen können. Dann packt sie der Ehrgeiz, auch scheinbar »unmögliche« Aufgaben zu meistern und sich zu beweisen.

Ein normales Leben ohne unmögliche Missionen ist für sie keine Tugend, sondern ein Mangel an Mut. Sie geben sich der unmöglichen Mission und ihren Problemen hin.

Lege das Problem zur Seite

Ehrgeiz, Hingabe, Mut auf der einen Seite. Zweifel, Angst, Nachsicht auf der anderen Seite.

Starke Emotionen können uns lähmen und das Vorankommen erschweren. In solchen Situationen ist es wichtig, das Problem der Mission beiseite zu schieben und Abstand zu gewinnen.

Dieses Buch enthält 49 Missionen mit unterschiedlichen Problemen. Vielleicht hast du beim Lesen an deine eige-

Post-Mission | 537

ne Mission, deinen eigenen Auftrag gedacht. Vielleicht ist es dir gelungen, deine eigenen Probleme beiseite zu legen. Keine Sorge, sie sind immer noch da.

Auch in Zukunft kannst du dieses Buch zur Hand nehmen, einzelne Geschichten noch einmal lesen und deine Gedanken schweifen lassen. Dieses Buch möchte dir auf deiner Mission treu zur Seite stehen, wie ein guter Freund. Jede Geschichte in diesem Buch kann deiner eigenen Geschichte ähneln. Und selbst dann unterscheiden sich die Probleme in der Geschichte sehr von deinen. Jede deiner Herausforderungen ist so komplex, dass nur du sie verstehen und lösen kannst.

Um eine Lösung zu finden, ist es hilfreich, das Problem beiseite zu legen und einen Schritt zurückzutreten. Dazu kannst du das Problem metaphorisch und buchstäblich hier ablegen, das Buch zuklappen und erst einmal »ohne Probleme durch den Tag gehen«.

Nach einem sorgenfreien Tag kannst du dein Problem hier wieder aufheben und weiterlesen. In der Zwischenzeit passen dieses Buch und alle Autorinnen und Autoren gut auf dein Problem auf. Und wir geben es dir garantiert zurück! Versprochen!

Ein völlig verrückter und irritierender Gedanke? Ja. – Dieses Buch hilft beim Denken, nicht beim Handeln. Auch in den letzten Zeilen dieses Buches liefern wir keine direkten Lösungen für deine Probleme. Stattdessen wollen wir dich irritieren, deinen Blick in andere Richtungen lenken und dir ein Gefühl für deine Weggefährten geben. Es kann sein, dass du durch die Lektüre dieses Buches auf ganz neue Ideen gekommen bist. Vielleicht hat es dich aber auch auf eine Weise angeregt, die dir hilft, auf Ideen zu kommen, die genau zu deinen eigenen Problemen passen.

Du hast schon viele Probleme gelöst

Du hast bereits viele Male die richtige Idee zur Lösung eines Problems gehabt. Diese Mission ist nicht deine erste. Es kann sein, dass du dich jetzt zum ersten Mal auf eine agile Mission dieser besonderen Art begibst. Hinzu kommt, dass du durch die Lektüre dieses Buches bereits 49 agile Missionen in deinem Kopf miterlebt hast.

Aus den absolvierten Missionen kannst du Mut und Durchhaltevermögen für die jetzige und alle kommenden Missionen schöpfen. Du kannst jede deiner neuen und abgeschlossenen Missionen gedanklich – oder tatsächlich – auf einen Zettel schreiben. Es müssen nicht alle Aufträge sein. Alle Zettel mit abgeschlossenen Missionen kannst du zerknüllen und in ein großes Glas oder eine Vase werfen. Die noch nicht erledigten Aufgaben hängst du neben das Glas. Erst wenn sie erledigt sind, zerknüllst du sie und wirfst sie ebenfalls in das Glas. Al-

lein der Anblick dieses Glases kann dir Kraft und Zuversicht geben, auch die noch ausstehenden Missionen zu meistern. Denn du siehst all die Aufgaben, die dir einmal unmöglich erschienen, die du aber gemeistert hast.

Bei all diesen Missionen hättest du aufgeben können, aber du bist den unbequemen Weg weitergegangen. Viele Probleme auf deinem Weg hast du gelöst. Was dir damals Angst gemacht hat, gibt dir heute deine innere Kraft. Du bist daran gewachsen und kannst stolz auf dich sein.

Den roten Faden siehst du erst hinterher

Wenn wir den Auftrag für uns annehmen, die Einladung zur Mission nicht ausschlagen, dann wissen wir nicht, wie die Geschichte ausgehen wird.

Erzählen wir von den Missionen der Vergangenheit, so ist alles in sich wunderbar schlüssig. Die Geschichte ist kohärent und alles fügt sich ohne Widersprüche zusammen. Jeder liebt eine Geschichte mit einem roten Faden. Wir messen die Qualität von Geschichten daran, ob wir auf alle Fragen eine Antwort bekommen und ob am Ende alles einen Sinn ergibt.

Auch wenn wir über agile Praktiken und Frameworks wie Scrum sprechen, erzählen wir zu jeder Rolle, jedem Event und jedem Artefakt eine mitreißende, kohärente Geschichte. Zum Beispiel folgt jedes Event dem Timebox-Prinzip, indem eine maximale Dauer nicht überschritten wird. So laufen Meetings nicht aus dem Ruder, man arbeitet fokussiert und diszipliniert. Die Geschichte klingt gut, ob sie stimmt, ist nicht wichtig. Eine »Box« ist greifbar, vorstellbar und vermittelt ein sehr reales Gefühl von Sicherheit, indem alles in einer kleinen, aufgeräumten Box verstaut ist. Soweit die Theorie.

Unmöglich, dass sich nichts verändert

Es gibt keine Sicherheit. Auch wenn die Geschichte im Nachhinein kohärent erscheint, gibt es viele Momente, in denen alles still zu stehen scheint. Wir wollen keine Einladung zu einer Mission annehmen, wenn wir keinen Fortschritt erwarten. Niemand will sich auf eine Sisyphusarbeit einlassen. Die größte Qual ist, wenn sich nichts ändert. Gott sei Dank hören wir nicht jeden Tag das Gleiche, lesen wir nicht jeden Tag die gleichen Nachrichten, arbeiten wir nicht jeden Tag an den gleichen Themen, treffen wir nicht jeden Tag die gleichen Menschen. Es gibt Veränderung – aber vielleicht nicht genau dort, wo wir sie uns erhoffen.

Veränderung braucht Spannung und Schleifen, sie braucht Irritation und eine Kraft, die in eine neue Richtung zieht. Wir müssen alte Gewohnheiten durchbrechen und unser Handeln ändern, wenn wir eine andere Reaktion erreichen wollen.

Auch Superhelden wie Ethan Hunt haben mit frustrierendem Stillstand zu kämpfen, wenn die Technik nicht funktioniert, wenn sie in einer Sackgasse stecken, wenn sie keine weiteren Hinweise finden, wenn ein Doppelagent die Pläne sabotiert, gegen sie arbeitet und alle Anstrengungen sinnlos sind.

Der Schlüssel liegt immer darin, den kleinen, feinen Unterschied zu erkennen, der den Unterschied macht. Wer den ewigen Wandel als solchen erkennt, entdeckt den richtigen Punkt, an dem kleine Veränderungen große Wirkung haben können.

Damit sich in deinem Umfeld nichts ändert, damit der Status quo erhalten bleibt, musst du sehr viel tun. Also halte inne und überlege, warum du das Gefühl hast, dass sich nichts verändert. Konzentriere dich auf kleine, realistische Schritte und tue etwas, das dir das Gefühl gibt, Fortschritte zu machen. Suche dir Gleichgesinnte und Unterstützer. Nimm dir Zeit für dich selbst, um neue Energie zu tanken.

Vielleicht möchtest du dieses Buch von Zeit zu Zeit aus dem Regal nehmen und in den Geschichten blättern, dich durch die Illustrationen an die Inhalte erinnern und deine Gedanken schweifen lassen. Du kannst uns gerne schreiben oder dich mit uns in der Facebook- oder LinkedIn-Gruppe austauschen.

Geschafft!
Wir – 57 Autorinnen und Autoren – haben es geschafft! Wir haben unser gemeinsames Buch vollendet. Es ist ein überwältigendes Gefühl, mit diesen letzten Zeilen das Werk abzuschließen. Es ist auch beim zweiten Buch unserer Reihe ein starkes Gemeinschaftsgefühl. Als wir das Gefühl hatten, aufgeben zu müssen, erinnerten wir uns an das erste Buch, Agile Short Stories, und wussten wieder, warum wir angefangen hatten.

Als wir mit der Mission begannen, verdrängten wir viele der Probleme, die wir mit dem ersten Buch hatten. Einige der Probleme aus dem ersten Buch tauchten beim zweiten Buch wieder auf, und einige neue kamen hinzu. Wir waren uns darüber im Klaren, dass der Prozess nicht glatt und reibungslos verlaufen würde. Es muss Reibung und Probleme geben, sonst kann nichts Neues entstehen und sich nichts Wesentliches ändern.

Jetzt feiern wir die Veröffentlichung mit Lesungen, Podcast-Episoden, Buchvorstellungen und Workshops über unmögliche agile Missionen.

Wir wünschen dir viel Erfolg bei deinen agilen Missionen!

P.S.: Wenn du deine Mission gerade beendet hast: Schreibe sie auf! Denke noch einmal über die einzelnen Schritte nach, nimm eine neue Perspektive ein und baue die Spannung wieder auf.

Ein dritter Band wird voraussichtlich im Winter 2026 erscheinen. Das Thema geben wir rechtzeitig bekannt. Wenn du dabei sein möchtest, folge unserer Facebook- oder LinkedIn-Gruppe, um auf dem Laufenden zu bleiben.